1 MONTH OF
FREE
READING

at

www.ForgottenBooks.com

By purchasing this book you are eligible for one month membership to ForgottenBooks.com, giving you unlimited access to our entire collection of over 700,000 titles via our web site and mobile apps.

To claim your free month visit:

www.forgottenbooks.com/free624981

ISBN 978-0-483-66959-8
PIBN 10624981

For support please visit www.forgottenbooks.com

Mme Guyon et Fénelon

Précurseurs de Rousseau

DU MÊME AUTEUR

Introduction à la Philosophie de l'Impérialisme. In-18, 1911 (Félix Alcan, éditeur) .... 1 vol.

Mysticisme et Domination. In-18, 1915 (Félix Alcan, éditeur)...... 1 vol.

L'Avenir de la Philosophie Bergsonienne. In-8, 1917 (Félix Alcan, éditeur).. 1 vol.

Etude sur Ferdinand Lassalle, fondateur du Parti Socialiste Allemand (Couronné par l'Académie française: prix Marcelin Guérin, 1898). In-8, 1897 (Plon-Nourrit, éditeur)..., ... 1 vol.

Littérature et Morale dans le Parti Socialiste Allemand. In-16, 1898 (Plon-Nourrit, éditeur)............................. 1 vol.

La Philosophie de l'Impérialisme (Plon-Nourrit, éditeur)......

    I. — *Le Comte de Gobineau et l'Aryanisme historique.* In-8.

    II. — *Apollon ou Dionysos* (Etude sur Nietzsche). In-8, 1905   1 vol.

    III. — *L'Impérialisme démocratique.* In-8, 1907................ 1 vol.

    IV. — *Le Mal romantique.* In-8, 1908 (Couronné par l'Académie française : prix Marcelin Guérin, 1908).......... 1 vol.

Une Tragédie d'Amour au Temps du Romantisme. In-16, 1909 (Plon-Nourrit, éditeur)................................ 1 vol.

Les Mystiques du Néoromantisme (Karl Marx, Tolstoï, les Pangermanistes). In-16, 1910 (Plon-Nourrit, éditeur)...... 1 vol.

Le Romantisme des Réalistes (Gustave Flaubert). In-16, 1914 (Plon-Nourrit, éditeur)................................ 1 vol.

Barbey d'Aurevilly. In-16, 1901 (Bloud, éditeur)................. 1 vol.

Schopenhauer (*Collection des Grands Ecrivains Etrangers*). In-18, 1912 (Bloud, éditeur)..................................... 1 vol.

Un Artisan d'énergie française. Pierre de Coubertin. In-16, 1917 (Henri Didier, éditeur)................................ 1 vol.

Houston Stewart Chamberlain, le plus récent philosophe du Pangermanisme mystique. In-18, 1917 (La Renaissance du Livre, éditeur) 1 vol.

Le Péril mystique dans l'inspiration des démocraties contemporaines. — Rousseau visionnaire et révélateur, In-18, 1918. (La Renaissance du Livre, éditeur)................................ 1 vol.

Les Educateurs Mystiques de l'Ame Moderne

...

Mme Guyon et Fénelon

Précurseurs de Rousseau

PAR

Ernest SEILLIÈRE,

‹ MEMBRE DE L'INSTITUT ›

FÉLIX ALCAN, ÉDITEUR
108, BOULEVARD SAINT-GERMAIN. 108
PARIS — 6^e

—

1918

· AVANT-PROPOS

Lorsque l'héroïque et regretté Pierre-Maurice Masson, rappela, il y a quelque dix ans, l'attention des historiens sur la correspondance de Fénelon avec Mme Guyon (1), publiée dès le milieu du XVIII° siècle (2) et sut établir, d'ingénieuse façon, l'authenticité de cette correspondance qui avait été niée par les éditeurs les plus soigneux de l'archevêque, il devint évident que l'étude du fénelonisme était à refaire sur cette base nouvelle et la nécessité de ce travail fut aussitôt proclamée de divers côtés (3). Il n'a pourtant pas été réalisé depuis lors.

Nous le tentons dans ce volume, en toute déférence et même en toute sympathie pour l'illustre prélat qui a laissé un si grand nom dans les lettres françaises, mais avec un entier dévouement à la vérité psychologique et morale qui ne doit jamais laisser prescrire ou contester ses droits.

Notre tentative présente, d'ailleurs, une autre face qui la rattache à l'ensemble de nos écrits sur la pensée moderne. Si, en effet, nous avons regardé avec curiosité vers les antécédents de la doctrine fénelonienne, c'est que nous nous sentions profondément intéressé par ses conséquences : c'est qu'elle nous est apparue dès longtemps comme le trait d'union, insuffisamment aperçu jusqu'ici, entre la mystique chrétienne et la prédication rousseauiste, car nous défi-

---

(1) Dans son livre intitulé: *Fénelon et Mme Guyon*. - - Hachette, 1908.

(2) Par Dutoit-Membrini au V° volume des *Lettres Spirituelles* de Mme Guyon.

(3) En particulier par M. H. Delacroix, professeur à l'Université de Paris, dans ses *Grands Mystiques Chrétiens* (Alcan, 1908). Masson lui-même n'a guère relevé entre Fénelon et sa directrice que des analogies de vocabulaire.

nissons volontiers cette dernière comme un mysticisme chrétien hérétique qui, sous les noms divers de jacobinisme, romantisme, socialisme, est devenu la religion de l'âge moderne. Nous ne mettons toutefois aucunement en doute l'orthodoxie de Fénelon, dans les limites où elle est reconnue
par l'Église. A notre avis, Rousseau procède de lui comme Luther de Saint-Paul, Jansen de Saint-Augustin, les
Quiétistes de Sainte-Catherine de Gênes et de Saint-Jean de
La Croix, c'est-à-dire par exagération ou déviation.

Ballanche, qui fut un très typique représentant de la seconde génération rousseauiste, appelait à bon droit Fénelon
« le fondateur de l'ère moderne » ; c'est l'histoire de cette
fondation, si grosse de conséquences, qui fait le sujet de ce
volume. Il sera suivi de près par une étude sur *Le péril
mystique dans l'inspiration des démocraties contemporaines,*
péril préparé par l'enseignement de Rousseau visionnaire
et révélateur.

La guerre malheureuse de 1870 a dicté à Taine ses Origines, à Renan sa réforme morale. La conclusion de la lutte
présente sera glorieuse, tout nous dit de l'espérer : elle n'en
imposera pas moins un nouvel et plus efficace examen de
conscience à la France. Ce sont les cadres de cet examen
que nous souhaitons de préparer.

LIVRE PREMIER

Caractère et formation mystique de Mme Guyon

Lorsqu'après étude des textes et réflexion critique sur les faits, on vient à rechercher la nuance qui sépare le mysticisme paulinien et augustinien exagéré par Luther (1), Calvin, Jansen, du mysticisme quiétiste, issu, par déviation également, de la mystique féminine orthodoxe du xvi° siècle, on arrive à cette conclusion que le premier garde, dans sa prétention à la directe alliance divine et dans son effort vers l'indépendance, l'empreinte d'une pensée masculine, historiste et par suite plus rapidement susceptible des rationalisations sans lesquelles un mouvement mystique ne saurait porter de fruits durables dans la vie pratique ; tandis que le second, même entre les mains de ses interprètes masculins qui furent, pour la plupart, des directeurs de femmes, garde la marque de la mentalité féminine. Ce n'est donc nullement sans justesse que Proudhon, qui connaissait bien nos romantiques français pour avoir partagé leurs illusions dans sa jeunesse, les appelait sur le tard des *femmelins* de l'intelligence.

Nous vivons, depuis plus de deux siècles, sous le signe de la femme. L'on sait que Bossuet avait parfois des paroles inquiètes, presque amères sur ces « saintes » quelque peu envahissantes, dont la toute neuve autorité était désormais mise en balance avec celle des Pères de l'Eglise par certains

---

(1) On trouvera dans notre volume intitulé *Mysticisme et Domination* (Alcan, 1913), une étude sur le mysticisme luthérien d'après les beaux travaux de M. Imbart de la Tour sur les origines protestantes

théologiens sans prudence. C'est Rousseau, dira Sainte-
Beuve, qui mit décidément les femmes de la partie en littérature et souleva cette moitié du genre humain, jusque-là
assez contenue et discrète (1). Comment dépeindre, soupire
le pénétrant critique, cette insurrection féminine universelle
qui éclata après la *Nouvelle Héloïse* et *L'Emile,* qui devança
la Révolution de 1789 et qui, de loin la prépara ! — Rappelons
encore, à titre de suggestion choisie au hasard entre mille,
un mot de Lamartine lorsqu'il travaillait, par ses *Girondins*
et par ses folles campagnes oratoires, à la grande convulsion
sociale qui secoua notre pays en 1848. L'auteur de *Jocelyn*
et de *Raphaël* répondait alors volontiers aux voix de bons
sens qui s'élevaient çà et là autour de lui pour critiquer l'action délétère de ses écrits sur l'opinion publique : « Qu'importe ! Qu'on dise ce que l'on voudra ! J'ai pour moi les femmes et les jeunes gens ! »

---

(1) *Causeries du Lundi,* II, 52. Et JOUBERT disait plus énergiquement que le style de Rousseau fait sur l'âme l'impression que ferait
la chair d'une belle femme en nous touchant, car il y a de la femme
dans son style !

CHAPITRE PREMIER

La Jeunesse de Jeanne De La Motte

La très instructive autobiographie de Mme Guyon fut rédigée par elle à peu près à l'âge où sainte Thérèse composa la sienne, et, de même que la grande mystique d'Avila, elle en écrivit la plus grande part à la veille des heures décisives de son existence, quelques mois avant de rencontrer Fénelon. Elle était alors enfermée au couvent de la Visitation de Paris, par ordre royal, à la suite du premier mouvement d'opinion qui se prononça contre elle et contre son directeur le père Lacombe en 1687. Ces pages sont le seul document qui nous renseigne sur les jeunes années de la béate : elles nous fourniront la plupart des indications que nous allons grouper pour faire connaître leur auteur.

I. — TEMPÉRAMENT ET DISPOSITIONS INTELLECTUELLES.

Jeanne Bouvier de La Motte (sans doute prononçait-on Bouvière, car telle est l'orthographe de ses éditeurs au XVIIIᵉ siècle) naquit le 13 avril 1648 à Montargis d'une famille justement considérée dans la région. Son père, Claude Bouvier, seigneur de La Motte, était procureur du roi au baillage : d'un premier mariage célébré en 1622, il avait eu quatre enfants : deux fils et deux filles qui, tous, entrèrent en relilion ; d'une seconde union nouée en 1645 avec Jeanne Le Maistre de La Maisonfort sortit la future Mme Guyon. Jeanne assure qu'elle fut négligée de sa mère et des domestiques chargés du soin de son enfance, tourmentée en outre par un frère que ses parents semblaient lui préférer et qu'elle jalousait pour cet avantage : « Ce qui causait ma perte, écrit-« elle, c'est que, ne pouvant durer avec les gens qui me mal-

« traitaient, je me réfugiais auprès de ceux qui me cares-
« saient pour me perdre. » Au seuil de l'adolescence, et sans
doute pour imiter les grands modèles féminins de la récente
mystique chrétienne, Catherine de Gênes ou Thérèse d'Avila,
elle « se convertit » sans qu'on voie bien nettement la nécessité d'une si solennelle démarche dans une si jeune personne
et dans un si dévôt milieu. Elle devint en tout cas plus fer-
vente chrétienne : « Je n'aurais pas fait la moindre faute
« volontaire, dit-elle, et l'on ne trouvait pas matière d'abso-
« lution quand je me confessais! » L'impeccabilité restera
sa prétention en tous temps.

Dès sa dix-septième année, ses parents lui firent épouser
un homme de trente-huit ans, que déjà tourmentait la goutte,
mais qui disposait en revanche d'une fortune très considérable pour l'époque. C'était Jacques Guyon, dont le père
avait été anobli sous Louis XIII pour avoir créé le canal de
Briare. Un tel mariage n'était pas fait pour donner le
bonheur à Jeanne ; elle reconnaît pourtant que son mari l'aimait, mais une belle-mère de tempérament impérieux jeta
le trouble dans son ménage et lui rendit la vie conjugale assez
difficile et pénible.

Sa culture classique paraît avoir été peu développée et n'a
guère laissé de trace en son œuvre, bien que peut-être elle
comprit le latin d'église ; mais sa culture religieuse fut assez
ample. Comme Rousseau, comme tant d'autres créateurs de
synthèses métaphysiques, elle avait montré de bonne heure
un goût passionné pour la lecture : « Je l'aimais si éperdû-
« ment, dit-elle, que j'y employais le jour et la nuit. Je fus
« plusieurs mois que j'avais entièrement perdu l'habitude de
« dormir. Les livres que je lisais le plus ordinairement
« étaient les romans! » Il s'agit sans nul doute des œuvres
de d'Urfé, La Calprenède, Scudéry, qui seront aussi les premiers instituteurs de Jean-Jacques. « Je les aimais à la folie,
« poursuit-elle : on ne m'en empêchait pas, au contraire ;
« on a cette manie que l'on imagine qu'ils apprennent à bien
« parler. » C'était alors le règne du genre « précieux », surtout dans les provinces ; nous dirons que Jeanne de La Motte
est toujours demeurée par quelques côtés une Arténice.

Elle ne dédaignait pas, toutefois, les livres plus graves :
Saint François de Sales et Mme de Chantal exercèrent une

action puissante sur son imagination et lui fournirent un idéal de vie qu'elle s'est toujours efforcé de réaliser par la suite, à sa manière. Quoiqu'elle ne le dise pas dans ses mémoires, nous estimons que Sainte Catherine de Gênes dut agir également sur sa pensée, de façon efficace : car l'édition française de Catherine par Desmaret de Saint-Sorlin, qui fut très répandue et plusieurs fois réimprimée, est de 1661, alors que Jeanne de La Motte avait treize ans à peine. Le titre de cette publication : *La Pure doctrine du pur amour*, devait paraître alléchant aux raffinées de la culture précieuse, et Saint François de Sales avait grandement prôné dans ses écrits la mystique italienne. C'était, d'ailleurs, le temps où Saint Sorlin réunissait autour de lui un cercle de prosélytes enthousiastes, presque d'adorateurs ; dans sa polémique contre les *Visionnaires* qui est de 1677, Nicole nous apprend que Desmaret avait fondé l'ordre des *Victimes*, dont les cadres enfermaient plus de douze mille recrues, et qu'il entretenait un « commerce de visions » dans plusieurs villes du royaume. Qui sait si la riante et riche cité de Montargis n'était pas une de ces villes et si Mme Guyon ne compta pas parmi les « Victimes » ?

Au physique, elle souffrit presque constamment par les nerfs. Lacombe, parlant du séjour de sa pénitente au couvent des Ursulines de Thonon, nous dit (1) que la plupart du temps elle y était malade. Dans l'une de ses *Lettres spirituelles* qu'il faut sans doute rapporter au temps de sa vieillesse, elle donne à son correspondant ce détail intime : « J'ai été longtemps sans pouvoir digérer quoi que ce soit : « on me fit prendre un gros de rhubarbe de deux jours l'un, « dont je me trouvais parfaitement... J'en étais venue à une « telle faiblesse de l'estomac que je rendais jusqu'au chile ! » Cela explique bien des choses, et son commentaire sur la Bible la montre éprouvée par cette amertume matinale, dont se plaignent les névropathes (3) : « Une certaine expérience « que presque tous les serviteurs de Dieu ont faite est que,

(1) Texte inédit publié par M. Urbain, dans la *Revue Fénelon* (sept. 1910).
(2) III, 187 (nous citerons toujours Mme Guyon), d'après l'édition de ses *Œuvres* en 40 vol., par DUTOIT-MEMBRINI, 1789-1791.
(3) VIII, 27.

« sitôt qu'à leur réveil ils se présentent devant Dieu, les infi-
« délités qu'ils ont commises leur sont reprochées *par un*
« *trouble secret*, qu'ils éprouvent souvent à leur réveil, sans
« en discerner la cause. Ce petit trouble est une marque de la
« pureté de Dieu et de notre impureté ! » Agréable interprétation mystique d'une disposition qui avait sans doute de
plus vulgaires origines. Enfin, dans une autre de ses lettres
que nous jugeons adressée à Fénelon, on trouve cette indication significative : « Ma santé ne sera guère, à ce que je
« crois, soulagée des eaux. Je fais pourtant ce que vous
« m'avez ordonné. *Les médecins sont peu accoutumés à des*
« *maux pareils aux miens* ! »

II. — PERSÉCUTIONS ET VOCATION.

Disposée par son tempérament de la sorte, Mme Guyon
eut, nous l'avons dit, une vie conjugale difficile ; elle nous
a laissé une longue description de ses souffrances morales
et matérielles, sous le joug d'une belle-mère acariâtre et d'un
mari cacochyme ; les gens de service eux-mêmes croyaient
pouvoir l'offenser impunément, et il ne semble pas que sa
propre famille ait pris souci de l'assister dans ces circonstances pénibles. Elle s'accuse, au surplus, de « vivacités »
et sans doute était-elle, dès cette époque, beaucoup plus exigeante ou même dominante qu'elle ne consentait à s'en
rendre compte. Mais il est certain que son amour-propre dut
cruellement souffrir dans un milieu où, ni ses aspirations
apostoliques, ni ses prétentions mystiques ne trouvaient un
favorable accueil. Elle raconte qu'étant seule un jour, elle
prit, dans son désespoir, un couteau pour se couper la langue:
de la sorte, pensait-elle, elle ne serait plus obligée d'adresser
la parole à des personnes qui ne prêtaient l'oreille à ses
discours que pour avoir l'occasion de la rebuter. Par bonheur,
Dieu lui arrêta le bras au moment où elle allait consommer
ce sacrifice héroïque.

Son vaste *Commentaire* de la Bible, qui remplit vingt
volumes dans l'édition Dutoit-Membrini de ses *Œuvres* et
dont une grande partie fut écrite peu de temps après qu'elle
eût quitté Montargis, trahit le souvenir encore vivant des
persécutions qu'elle subit dans sa ville natale. Le peuple

des âmes « intérieures » est voué, dit-elle (1), à l'opprobre comme Israël le fut durant la captivité de Babylone, mais tout déchiré, tout clairsemé qu'il est, il ne laisse pas de rester terrible aux Démons ou même aux humains, qui le poursuivent de leur haine. Foulés aux pieds par le mépris étrange que l'on a pour eux de toutes parts, ces prédestinés attendent patiemment que leur Allié divin les délivre et les élève au-dessus de leurs ennemis ; mais, jusqu'à l'heure de ce triomphe, il semble vraiment que ses âmes soient « le but et la décharge de toutes les créatures » ; leurs proches parents se placent au premier rang parmi leurs persécuteurs, regardent comme une folie l'interprétation avantageuse qu'elles proposent de leurs épreuves et contrarient par tous les moyens leur vocation. Commentaire frappant de ce vieux proverbe, qui constate une très ordinaire aventure des mystiques : « Nul n'est *prophète* en son pays ! »

Mais Mme Guyon n'a-t-elle rien fait pour s'attirer les tribulations qui pesèrent sur sa triste jeunesse? On lit dans ses *Torrens*, qui ont, çà et là, l'accent d'une confession personnelle, la peinture des imperfections du premier degré de la perfection chrétienne ; peinture dans laquelle il est permis de soupçonner un discret aveu de ses erreurs passées. Les néophytes de la dévotion « intérieure » pêchent, dit-elle, par une certaine estime d'eux-mêmes, par un certain *orgueil secret*, qui les rend honteux de toute faute commise en public, comme s'ils pouvaient prétendre à l'impeccabilité dès ce temps : ou encore par une vanité qui les fait, sans mission divine suffisante, s'exprimer comme s'ils étaient envoyés par le ciel et par une prodigalité inconsidérée qui les pousse à donner de leur nécessaire au lieu de ne faire générosité que de leur abondance.

Ces âmes ont, en outre, une certaine dextérité à dissimuler leurs défauts, et devant autrui et devant elles-mêmes, une modestie gênée ou affectée qui cache mal un secret besoin de se produire, un « fourmillement de réflexion » dès qu'elles sont tombées dans quelque faute apparente et un excessif empressement à juger des actions de leur prochain. Donnant à l'oraison le pas sur l'accomplissement de leurs devoirs

_____

(1) XI. 44.

domestiques, elles deviennent la cause de mille péchés pour
ceux dont elles ont la charge ; elles se rendent incommodes
à leur entourage en ne lui témoignant pas une suffisante condescendance, en se faisant une affaire de se relâcher quelque
peu pour le contenter ; elles affectent une sévérité, un silence
trop austère là où une attitude plus conciliante serait mieux
à sa place, et, en d'autres rencontres, elles ont un babil qui
ne tarit pas sur les choses de Dieu. — Voilà qui est très heureusement analysé, et l'on ne risquera pas de se tromper
grandement, croyons-nous, si l'on se figure sous ces traits la
jeune épouse de Messire Jacques Guyon, seigneur du canal
de Briare.

Son départ de sa ville natale marque son élévation à l'état
apostolique, mission formelle du Très-Haut, superlatif de
l'état déiforme ou union mystique totale. Nous venons de la
voir compter parmi les imperfections des débutants de la
voie « intérieure » leur tendance à faire passer l'oraison avant
l'accomplissement de leurs devoirs domestiques. C'est un
cas de conscience analogue qui se posa devant elle lorsqu'elle
résolut, vers sa trentième année, de mener la vie de béguine
ou demi-religieuse, en abandonnant ses deux fils et en ne
conservant auprès d'elle que sa petite fille, âgée de cinq ans.
Il est des personnes, a-t-elle écrit au quatrième volume de sa
Bible commentée (1), à qui Dieu ôte tellement tout pouvoir
et toute efficacité sur leurs enfants, qu'elles doivent se contenter de la peine qu'elles en souffrent, sans parvenir à les
corriger. Telle paraît bien avoir été son expérience personnelle, au moins à l'égard de son fils aîné, dont elle signale
la précoce insubordination dans certains chapitres de ses
mémoires. Et elle indique encore ailleurs (2) qu'il faut, en
général, considérer comme un crime d'abandonner ses enfants sans avoir achevé leur éducation, mais que, cependant,
les laisser pour Dieu mérite une récompense !

Elle s'arrêta finalement à ce dernier parti, et s'efforça,
avec une véritable éloquence, de justifier sa décision vis-à-vis
du Père de La Motte, son demi-frère (du côté paternel) (3)

---

(1) Page 47.
(2) *Bible* commentée, V. 224.
(3) Sa lettre a été publiée récemment par MM. Lévesque et Urbain dans la *Correspondance Générale de Bossuet* (Hachette), VI. 531.

qui, sans doute, faisait autorité dans la famille. Elle n'ignore point, lui écrit-elle, qu'on la taxera de folie pour avoir écouté sa vocation apostolique et abandonné ses enfants, mais elle écarte ce reproche avec une visible exaltation et l'extravagance mystique perce enfin dans ce développement excessif sur la tutelle que Dieu se chargera s'exercer au profit des jeunes délaissés : « Ce que Dieu fera sans moi sera très bon « et tout divin. Ils auraient une éducation humaine et faite « par un petit esprit (le sien) borné et sans expérience, sans « talent, sans conduite et sans prudence, ni jugement. Ils « auront, au contraire, la conduite toute puissante, toute « sage et toute aimable de Dieu... Ils trouveront un père et « une mère immortelle : Jésus-Christ et Marie... Ils seront « les enfants du Très-Haut, etc... » Témoignages d'une foi qui serait respectable, si elle n'était poussée à un point où elle choque trop évidemment les règles du bon sens.

CHAPITRE II

Le Père Lacombe

La division du travail social, telle que l'ont pratiquée depuis tant de siècles la plupart des races humaines, a rendu l'esprit féminin moins capable que le masculin de ces synthèses mentales vigoureuses qui sont le prélude obligé de la création ou de l'invention en matière intellectuelle; les rares femmes qui font exception à cette règle et s'élèvent à l'originalité de la pensée, s'appuient néanmoins volontiers du conseil intime et constant d'un homme de mérite. Tel fut, parmi les mystiques, le cas de sainte Catherine de Gênes, qui eut à ses côtés Cattaneo Marabotto, et de sainte Thérèse, qui s'étaya de saint Pierre d'Alcantara, puis de ses divers confesseurs jésuites, enfin de saint Jean de La Croix. Avant de rencontrer Fénelon, Mme Guyon avait cherché près du Père Lacombe, Barnabite, des inspirations et des rectifications opportunes : il corrigeait certainement les écrits de sa pénitente, qui ont été rédigés, pour la plus grande part, au temps de leur intimité spirituelle.

L'autobiographie de Jeanne de La Motte nous renseigne sur les circonstances dans lesquelles elle fut mise en relations avec ce religieux. Il lui apporta certain jour à Montargis, alors qu'elle était récemment mariée, une lettre du Père de La Motte, qui appartenait comme lui à l'ordre des Barnabites et devait jouer par la suite un rôle important dans sa destinée. Mme Guyon écrit à ce propos que Dieu s'était déjà servi d'elle pour gagner trois religieux de cet ordre, car elle avait dès lors la prétention de diriger ses directeurs. « Vous

« permîtes, ô mon Dieu, poursuit-elle, que je lui disse des
« choses qui lui ouvrirent la voie de l'intérieur... Dieu lui
« fit alors tant de grâces par ce misérable canal, qu'il m'a
« avoué depuis qu'il s'en alla changé en un autre homme. »
Il y a là, sans doute, une affirmation dictée à l'écrivain par
son immense orgueil mystique, car c'est à la longue seulement que se produisit cette interversion de leurs rôles.

Lacombe, Savoyard de naissance et diocésain d'Annecy,
était un pieux et savant ecclésiastique, qui avait été professeur de théologie à Rome, au temps où Molinos s'y faisait
une nombreuse clientèle, et l'on a donc conjecturé souvent
que les deux hommes avaient entretenu à ce moments des
rapports. Lacombe déclare le contraire dans un document,
dont nous dirons bientôt l'importance, un Mémoire justificatif qu'il rédigea en 1697. « On m'a fait, écrit-il, élévé et
« partisan de Molinos, avec qui je n'eus jamais de com-
« merce, ne l'ayant pas même voulu voir quand je fus à
« Rome, au temps qu'il était encore en grande réputation. »

I. — UNE MISSION IMPÉRATIVE D'EN-HAUT.

Revenu en Savoie après son séjour romain, Lacombe se
signala dans les missions du Chablais, cette région septen-
trionale de la Savoie, qui était demeurée en grande partie
calviniste et qui, depuis saint François de Sales, restait le
principal objectif du prosélytisme catholique des évêques
d'Annecy. Il y déploya un véritable talent d'orateur populaire : sa parole émue touchait les cœurs, et les résultats
obtenus par ses efforts le mirent en sérieuse estime ou même
en faveur marquée auprès de son pasteur. Celui-ci, évêque
nominal de Genève et préposé effectif du diocèse d'Annecy,
était M. d'Aranthon d'Alex, dont le nom reviendra fréquemment sous notre plume : bon théologien, administrateur
expert et clerc de vie exemplaire, ce prélat avait une réputation de quasi-sainteté dans les dernières années du XVIIe
siècle.

C'est pourquoi, en 1697, c'est-à-dire après les Conférences
d'Issy, mais avant les Maximes des saints, Dom Le Masson,

général de l'ordre des Chartreux, publiait à Lyon une biographie édifiante de M. d'Aranthon, alors décédé depuis peu.
Il y parle à mots couverts de Mme Guyon, et très ouvertement
de Lacombe, car il les avait connus personnellement l'un et
l'autre douze années plus tôt à Grenoble, et gardait d'eux,
nous le verrons, une peu favorable impression : il raconte
qu'en 1680 Lacombe alla trouver son évêque, espérant, dit-il,
lui inspirer le goût de la *spiritualité nouvelle,* et il donne
des détails circonstanciés sur cette scène étrange : Le religieux serait entré délibérément dans le cabinet de M. d'Aranthon, et, prenant aussitôt l'air et le ton d'un homme inspiré,
tenant même son chapeau sur sa tête, il lui aurait adressé ce
discours : « Je viens vous dire de la part de Dieu que vous
« êtes prédestiné ! Vous n'êtes pas encore, néanmoins, dans
« les voies où Dieu vous veut. Vous n'écoutez pas assez l'es-
« prit de Dieu, et, si vous le laissiez agir en vous, vous seriez
« plus utile à l'Eglise ! » L'évêque lui répondit, avec humilité, qu'étant un grand pêcheur, il n'osait s'assurer de
sa prédestination, mais qu'il travaillerait à son salut avec
crainte et tremblement, espérant tout de la miséricorde divine
que, pour le reste, il tâcherait de consulter Dieu avec plus
d'instance encore à l'avenir, qu'il ne l'avait fait dans le passé.
Alors, poursuit Dom Le Masson, le nouveau prophète lui
débita toute sa doctrine sur les voies intérieures, discours
que le prélat prit la peine d'écouter de façon fort attentive
jusqu'à son terme : après quoi, il pria son interlocuteur de
lui remettre son exhortation par écrit, et, ayant lu ce fac-
tum à tête reposée, il s'étonna de la hardiesse de cet homme
autant que de ses erreurs : « Je pourrais, lui dit-il, vous per-
« dre à présent, mais la considération que j'ai pour votre
« ordre fera que je prendrai des mesures ! » Il l'interdit
quelques jours plus tard et l'obligea de quitter son diocèse.

Ainsi parle le général des Chartreux. Lorsque Lacombe,
détenu depuis une douzaine d'années par les ordres du roi,
eut reçu dans sa prison la communication de ce texte, il prit
la plume pour y répondre et rédigea un mémoire justificatif
d'une certaine étendue. C'est cette apologie personnelle, de
toutes façons hautement intéressante, que M. l'abbé Urbain
a retrouvée manuscrite à la bibliothèque de la Sorbonne et

publiée dans la *Revue Fénelon* de septembre-décembre 1910.
Nous ferons d'assez larges emprunts à un document nouveau,
qui éclaire utilement la physionomie morale du premier directeur de Mme Guyon, et nous fournira quelques points de
comparaison pour juger des dispositions mentales du second.

Après diverses rectifications aux dires de Dom Le Masson,
Lacombe arrive à ce qui le concerne personnellement dans le
livre de ce religieux : «. Venons maintenant, dit-il, à ma
« *célèbre affaire* ou, si l'on veut, à mon *fanatisme* avec
« l'illustre évêque. Le très-révérend Père (Le Masson) l'a
« si peu sue et la rapporte si mal que, dans tout ce para-
« graphe, il n'y a pas deux ou trois lignes de justes en tous
« points et, outre cela, il contient vingt-six faussetés. J'y
« étais moi, et non celui qui l'a publiée. J'en vais faire le
« véritable récit sans m'épargner, et, d'un bout à l'autre,
« tout comme l'affaire est arrivée. Aussi (bien) cette insigne
« action mérite(-t-elle) d'avoir son lieu dans l'histoire. »
Affirmation toute ironique, évidemment, sous cette plume,
mais notre mystique ne croyait pas si bien dire, car la lumière
qu'il a jetée, par sa justification, sur son acte de « fanatisme »
nous permettra de mieux comprendre d'autres démarches
inspirées par le même état d'esprit.

Il expose donc qu'une certaine religieuse d'un couvent de
la Savoie, qu'on ne pouvait, dit-il, croire facilement trompée
sur la volonté de Dieu, car elle avait « grand intérieur » et
le « témoignage des vertus », le fit avertir que Dieu l'avait
choisi pour porter un message céleste à leur évêque. Lacombe
s'accuse, à ce propos, d'avoir toujours été *trop crédule,* à la
fois par naturelle légèreté d'esprit et par cette persuasion
que Dieu ne laisse pas facilement tromper les âmes qui agissent de bonne foi et qui ont beaucoup d'oraison. Il se pros-
terna donc devant le Saint-Sacrement après cette communication, s'offrant à Dieu pour l'exécution d'une chose si
étrange, aussi bien que pour toute autre qu'il plairait à la
divine Majesté de commander à son serviteur.

Non content de rectifier au passage les « faussetés » sans
nombre qu'il prétend constater dans le récit de Dom Le Masson, Lacombe se préoccupe surtout de démontrer que son projet ne fut nullement de convertir M. d'Aranthon à la « spiritualité nouvelle », comme l'affirme le supérieur des Char-

treux, obsédé par le souvenir des récentes conférences d'Issy sur le quiétisme. « Ce ne fut point, écrit-il nettement, pour « m'être laissé à la ferveur de l'Esprit qui me possédait, se- « lon le Très-Révérend Père — on sait ce que veulent dire « ces termes — *beaucoup moins encore par espérance d'insi-* « *nuer à l'évêque quelque chose de ma doctrine,* ainsi qu'il « (Le Masson) ose le dire, comme s'il avait pénétré mon in- « tention. Le dessein n'en vint pas de moi, comme je viens de « l'exposer : j'y songeais comme à m'aller faire Turc lorsque « la proposition m'en fut faite ; une ferveur de faux esprit « a bien le temps de se dissiper en quinze jours, car, outre « la neuvaine, je mis deux jours à aller à Annecy, et, là, je « fus encore jusqu'au troisième jour sans avoir audience... « J'eus ainsi le temps de dire trois fois la messe à l'autel de « saint François de Sales, *mon apôtre.* Je le priai, autant « que je pus, de m'aider de ses intercessions dans un pas « si périlleux. Ce fut là que, faisant mon action de grâce « devant sa relique, je conçus ma harangue. Quel fut l'esprit « qui l'arrangea dans mon cerveau, *je ne le sais pas avec* « *une entière certitude.* Y réfléchissant depuis, je me suis « condamné moi-même de *pure illusion!* » On voit, chez ce croyant trop sincère, le sens droit né de l'expérience lutter contre les exagérations de la foi mystique et contre les sug- gestions subconscientes élevées, sans contrôle suffisant, à la dignité d'inspirations divines.

Au surplus, tout le long du chemin qui le conduisait vers sa destinée, il eut du temps pour réfléchir à cette périlleuse entreprise et n'étant pas encore, ajoute-t-il, si dénué de bon sens qu'il n'aperçut assez le danger qui le menaçait, il se disait à lui-même avec anxiété : « Que vas-tu faire ? Si le « prélat ne te reçoit pas bien, te voilà perdu. Quelle assu- « rance as-tu que Dieu veuille cela de toi ? Ces bonnes âmes, « sur lesquelles tu as compté, peuvent s'être trompées, et toi « aussi? » Interrogation anxieuse qu'il écartait toutefois de son mieux, en se répétant avec obstination. « O mon Dieu, « c'est à vous seul que je me fie, persuadé que, ne cherchant « qu'à faire votre volonté dans ce que j'entreprends, vous « m'en détournerez si elle ne s'y trouve pas ! »

II. — Un « coup d'essai de fanatisme ».

Durant ces trois journées d'attente désœuvrée qui furent probablement décisives pour l'orientation de sa carrière terrestre, il semble que l'agitation intérieure de Lacombe ait été croissant et que l'hallucination soit venue frapper à la porte de son cerveau. Il s'arrêta, dit-il, un matin à prier, avec une instante ardeur, devant l'image de Notre-Dame-de-Lorette et il lui fut alors mis dans le cœur qu'il devrait, ce jour-là, sentir toute l'étendue de sa faiblesse, mais que, dès le lendemain, il serait revêtu de force pour l'accomplissement de sa mission divine. Bien mieux, il se vit en esprit couvert d'un grand manteau rouge, taillé en façon de chappe, qui marquait assez bien, écrit-il, la confusion qui lui était préparée par son illusion, bien qu'il ne le comprît nullement de la sorte à cette heure, mais plutôt comme une promesse de succès. En outre, toute la journée durant, il trembla de peur comme un scélérat qui attend l'heure de son supplice, sans que pourtant cette épreuve fût capable de modifier sa résolution ou de l'engager à prendre plus sérieusement conseil, — ce qui lui eût été facile, explique-t-il, ayant à Annecy quelques intimes amis, selon le cœur de Dieu. — Au surplus, il sentit, au moment décisif, une fermeté si grande, une telle égalité d'âme, que ce qu'il fit ne lui coûta point et que les objections du prélat ne l'intimidèrent aucunement.

Laissons-lui maintenant la parole, afin de mieux connaître par son récit l'allure exacte de cette scène étrange, que Dom Le Masson avait retracée de si peu ressemblante façon : « Ayant prié l'évêque d'entrer dans son cabinet, je me jetai « à ses pieds pour les baiser : il ne le voulut pas, et, par « grande humilité, se baissant, il mettait la main sur son « pied afin que je la baisâsse et non le soulier. Je lui dis « que je ne lui parlerais point qu'il ne l'eut permis. Il se « rendit. Je me levai debout et me couvris sottement, sans « attendre qu'il ne le dit, m'étant imaginé qu'il le fallait « ainsi pour mieux remplir le personnage que je devais « faire. » Nous avons vu que ce geste insolite avait frappé M. d'Aranthon, puisque son biographe le rapporte : il trahit l'orgueil subconscient né de l'illusion de l'alliance céleste, orgueil qui persistait chez Lacombe sous l'humilité que cul.

tive la discipline chrétienne et luttait avec le sentiment de
la hiérarchie traditionnelle dans le cœur du religieux.

Cette attitude solennelle une fois prise, Lacombe pria son
évêque de ne pas l'interrompre et fut écouté de lui, en effet,
avec une admirable modération. Voici, cependant, ce qu'il lui
fit entendre : « Monseigneur, je suis envoyé vers vous de la
« part de Dieu pour vous faire connaître un défaut subtil
« et secret qui est en vous et qui lui déplaît : celui de la
« *propre suffisance!* Les personnes élevées en dignité et
« douées de grands talents ont bien de la peine à le recon-
« naître : il peut aller néanmoins jusqu'à mettre le salut en
« danger. Il n'y a guère que deux moyens pour en être déli-
« vré : l'un est cruel, c'est une chute grossière qui fait ouvrir
« les yeux à l'âme humiliée pour découvrir sa présomption
« qui y a donné lieu. L'autre est la révélation divine : c'est
« le plus doux. Dieu l'a choisi pour vous. On est persuadé
« qu'il vous aime et qu'il veut vous faire des grâces parti-
« culières : on lui a fait d'instantes prières pour votre sanc-
« tification ! » Dans ce discours, dont nous n'avons aucune
raison de suspecter l'authenticité, on ne trouve rien de particulièrement quiétiste : il trahit seulement la conviction par
sa première partie et l'orgueil mystique par ses dernières
phrases. Telle sera l'attitude de Mme Guyon vis-à-vis de
Fénelon par la suite. Elle aussi présentera son enseignement comme un moyen particulièrement « doux » de l'action
divine, infiniment plus doux même, moins direct et plus
nuancé que le procédé de Lacombe.

Mais laissons de nouveau la parole à ce dernier : « Sitôt
« que j'eus dit, poursuit-il, je me jetai de nouveau à genoux.
« Il protesta qu'il voulait faire, de tout son cœur, ce que
« Dieu exigerait de lui. Je lui dis qu'il ne devait pas s'ef-
« frayer pour cela, que j'avais confiance que Dieu lui inspi-
« rerait ce qu'il demandait de lui. J'avoue présentement (dix-
« sept ans plus tard) que si j'eusse connu la grandeur de sa
« grâce que M. Vincent (de Paul) reconnut par la lumière
« divine dès la jeunesse du prélat, lui prédisant même ce
« qu'il devait être un jour, et que si j'eusse été bien persuadé
« de sa profonde humilité, comme on l'est aujourd'hui (par
« le livre édifiant de Le Masson, sans nul doute), je me
« serais peut-être bien gardé de lui faire un tel compliment

« Il y a apparence que Dieu voulut de lui cette humiliation,
« et, pour moi, l'ignominie qui devait m'en arriver. Qu'on
« remarque aussi qu'il est faux que je lui disse nettement
« qu'il était prédestiné, quoi qu'on soit assez persuadé que
« je ne me serais pas trompé, mais je n'ai garde de me faire
« honneur aux dépens de la vérité. Je ne lui dis rien non
« plus de ce qu'on a conté au Très-Révérend Père ; il n'est
« pas vrai que je voulusse lui donner d'autres avis, ni que
« je lui aie débité d'autre doctrine. » Et l'on admirera la
préoccupation de sincérité qui préside au récit que nous venons de lire, si l'on songe que cet épisode fut pour Lacombe
le prélude d'une existence de tribulations et l'origine du martyre qui tortura les dernières années de sa vie. Car cette vie
devait se terminer par la prison perpétuelle, par la mort
lente et douloureuse de son intelligence, par son naufrage
dans les abîmes de la démence. Il semble bien, d'ailleurs,
que son évêque, sincèrement pieux, ait été touché tout
d'abord par son évidente bonne volonté morale et se soit mis
sans trop de peine à son diapason mystique. L'intervention
de tierces personnes devait rompre entre eux par la suite
cette touchante communion dans la foi.

Mais poursuivons l'analyse d'une entrevue qui nous ouvre
des jours si précieux sur la psychologie des mystiques, car
elle mit aux prises d'une part un enthousiaste, égaré par
l'illusion de l'alliance métaphysique immédiate et de la
mission personnelle d'En-Haut, et d'autre part un croyant
plus mûr, gouverné par la discipline rationnelle la mieux
adaptée à notre constitution mentale qui ait été proposée
jusqu'ici à l'humanité émotive. M. d'Aranthon cherche alors
à savoir de son visiteur — qui représente, il le sent bien,
l'opinion d'une partie de ses diocésains sur son compte —
si on ne le soupçonne point de mauvaise doctrine ; et la
réponse est nettement négative. Après quoi, — et c'est ici
que se place peut-être dans l'esprit du prélat le retour à
l'équilibre logique et la réapparition des mobiles humains, —
il demande à Lacombe s'il consentirait à lui donner par écrit
ce qu'il lui a communiqué de bouche. Laissons de nouveau
sur ce point la parole au Barnabite : « Monseigneur, lui
« dis-je, si Votre Grandeur me l'ordonne, je le ferai pour
« lui obéir et par abandon à Dieu ! Ce ne fut pas une har-

« diesse qui dût le surprendre, comme l'auteur du récit me
« le reproche, supposé que le prélat me crût sincère : je ne
« pénétrai pas sa pensée, mais la mienne fut celle que je
« viens de dire, de quelque mauvais biais qu'on ait pris mon
« action. »

Le soir du même jour, Lacombe porta lui-même au prélat
son écrit, conçu dans les termes dont il s'était servi le matin,
après avoir recommandé très instamment la chose à Dieu. Il
y mit cette inscription vraiment hardie, concède-t-il, et même
téméraire, puisqu'il avait agi sans certitude véritable, en
simple et nue foi et abandon : « *Haec dicit Deus et non
« homo.* C'est Dieu, qui parle de la sorte et non point l'hom-
« me ! » M. d'Aranthon, peut-être choqué par cette nouvelle
faute de mesure, le pria de lui apprendre quel signe il avait
eu pour croire que ces lignes exprimaient la volonté souveraine de Dieu? « Monseigneur, répartit le religieux avec une
« modération digne d'éloge, si Votre Grandeur n'a rien
« senti dans l'âme, elle peut croire que cela ne vient pas de
« Dieu. Mais si vous avez été ému dans votre fond, il y a lieu
« de croire que c'est Lui qui a parlé! » Sur quoi l'évêque,
revenu de sa première secousse émotive, confessa qu'il avait
bien senti quelque chose, mais que cette impression ne suffisait pas pour lui persuader un fait si surprenant.

Le lendemain matin, le prophète revit pour la troisième
fois son pasteur avant de retourner vers le lieu de sa rési-
dence et l'évêque lui apprit alors qu'il avait communiqué la
chose à des personnes *habiles,* dont le sentiment avait été
qu'il ne devait pas y ajouter foi. Tel fut l'effet de l'intervention de la sévère expérience vitale entre deux âmes
sincères qui avaient été, pendant un court instant, au même
diapason émotif. Au surplus, la consultation de l'évêque
ne pouvait guère lui fournir d'autre résultat ; si en effet
ses conseillers ecclésiastiques avaient admis la mission céleste de Lacombe, ç'eût été, d'une part, s'associer indirectement à ses reproches, d'autre part, préparer peut-être à ce
hardi personnage une influence prépondérante sur l'esprit
de l'évêque. Etait-il humain que les collaborateurs habituels
de ce dernier y consentissent ? Si nous insistons de la sorte
sur les particularités de cette aventure, c'est en raison des
rapprochements qu'elle nous fournira pour en apprécier une

autre, qui en est, à notre avis, comme la répétition dans une
sphère différente : l'affaire de la lettre anonyme de Fénelon
à Louis XIV vers 1693.

M. d'Annecy, ayant fixé son sentiment de la sorte, dit encore à Lacombe avant de le congédier que, s'il persistait à
suivre de telles routes, l'interdiction canonique devrait être
prononcée contre lui ; le Barnabite répondit qu'il se soumet-
trait, après comme devant, et de très bon cœur, à toute décision de son pasteur. Mais celui-ci lui laissa tous ses pouvoirs
ecclésiastiques et lui proposa même, à plusieurs reprises, de
lui rendre son compromettant manuscrit : « Monseigneur,
« répondit l'intéressé, Votre Grandeur peut en user selon
« que Dieu l'inspirera. Si elle juge (bon) de me le rendre, je
« le reprendrai, sinon je le laisse à sa disposition. » Il rappelle enfin, pour achever de réfuter Dom Le Masson, qu'il
garda pendant trois années encore le libre usage de son mi-
nistère dans le diocèse d'Annecy, prêchant même à l'occasion devant M. d'Aranthon, et il conclut : « En vérité, un
« évêque qui aurait eu une si molle indulgence pour un
« homme qui lui aurait débité des erreurs en face et les lui
« aurait même données par écrit, s'oublierait furieusement
« et ferait bien mal l'office de grand pasteur d'un grand
« troupeau ! »

Voici quelles furent pour Lacombe les conséquences immédiates de sa démarche : « Comme j'avais dit à l'évêque, écrit-
« il, que nous étions quatre personnes qui avions eu la même
« pensée après l'avoir fort recommandée à Dieu sous un
« entier secret, sans pourtant lui nommer les autres, de
« quoi même il eut la discrétion de ne pas me presser, ce fut
« peut-être ce qui le porta à divulguer lui-même mon action,
« crainte que, si elle venait à être sue d'ailleurs, cela ne
« donnât atteinte à sa dignité. Pour moi, je n'avais garde
« de l'éventer. A peine 'us-je parti qu'on la sut, et, comme
« elle fut bientôt partout répandue, bientôt l'on dit partout,
« de l'air qu'on a accoutumé dans de telles circonstances :
« Le Père Lacombe est un illuminé, un visionnaire. Hélas !
« on l'estimait : il paraissait avec quelque distinction, et,
« aujourd'hui, c'en est fait : il est devenu fou, il est perdu !
« Chacun en dit ce qu'il lui plut et moi, je me vis couvert
« d'*une assez bonne confusion*, grâce au ciel, *pour servir*

« *d'emplâtre à mon orgueil*, et pour salaire de *mon coup d'es-*
« *sai de fanatisme*. Aussi, depuis, en ai-je fait d'autres insi-
« gnes! » Retenons ces aveux si humbles. C'est là un
homme de qui l'expérience vitale a insensiblement décillé
les yeux et qui en est venu à juger son passé mystique avec
appréhension, avec suspicion, sans renoncer cependant à la
foi naïve et sincère qui nous séduit et nous touche en sa
personnalité morale. Notons aussi la forme de son récit, au
total heureuse et vivante, en dépit de quelques provincia-
lismes : c'est bien le professeur romain qui tient ici la plume,
le prédicateur écouté du Chablais, l'auteur d'ouvrages savants, l'homme qui avait « paru avec quelque distinction »
dans son milieu et que la vieillesse, la souffrance n'ont pas
encore changé en ce « fou » qu'il finit, dit-on, par devenir.
Des facultés assurément non médiocres auraient dû lui préparer un moins sombre destin.

CHAPITRE III

Madame Guyon et son premier directeur

Phelipeaux, l'ancien grand-vicaire de Bossuet, a publié dans sa *Relation* bien connue sur le quiétisme (1) la lettre peu mesurée, dont Lacombe régala son évêque avant de quitter le diocèse d'Annecy en 1683 : « J'en sors, écrit-il, après avoir « essuyé des traitements inouïs et extrêmes pour avoir livré « mon âme à la mort et sacrifié ma réputation à l'usage que « vous feriez de ce que j'entreprenais, sur le dernier secret, « pour la sanctification de votre âme. Votre Grandeur déféra « trop à la *passion de mes adversaires* qui s'érigent en maî- « tres de ce qu'ils n'ont jamais étudié et qui condamnent les « sciences mystiques, dont ils ignorent les termes... Un bon « nombre d'âmes qui auraient dû être aidées dans les voies « intérieures où Dieu les veut sont privées de ce secours, au « grand et terrible jugement de ceux qui se sont déclarés les « adversaires de ses plus chères princesses... O mon très « illustre Seigneur, pardonnez cette saillie à ce pauvre reli- « gieux, à qui Dieu, par un excès de sa miséricorde a fait un « peu connaître les secrets de l'intérieur... Dieu, par un excès « de sa bonté, avait envoyé dans votre diocèse des personnes « qui pouvaient enseigner les voies pures de l'Esprit, entre « autres celle qui avait été ôtée à la France pour la donner « à notre pauvre Savoie (Mme Guyon), capable sans doute « d'embaumer tous nos monastères de l'amour de Dieu le « plus épuré, bien loin de les gâter, et on ne les a pas voulu « souffrir ! » Ce plaidoyer trahit une exaltation qui devait confirmer M. d'Aranthon dans son dessein d'écarter de lui un collaborateur décidément visionnaire : nous y constatons également quelle place tenait dès lors Mme Guyon dans l'es-

(1) Pages 8 et 9.

time et dans la vie de son directeur. Reprenons donc en mains
les écrits de la béate pour nous éclairer quelque peu sur ses
relations avec un homme, dont l'influence ou du moins la
collaboration a dominé toute la première partie de sa carrière
apostolique, la plus féconde de beaucoup en rédactions et
en explications de sa doctrine.

I. — Un directeur dirigé.

Elle écrit dans sa *Bible* commentée, à propos de ce passage
des Ecritures ou Saül reçoit Ananie pour son guide, qu'après
la mort d'une âme intérieure (il s'agit de cette mort mystique
qui est la porte de la déiformité pour les nouveaux spirituels),
Dieu envoie toujours à cette âme un homme à qui elle puisse
se confier et se confesser désormais ; Dieu ne manque jamais
de donner un Ananie dans le besoin. Combien a-t-on vu, en
effet, de ces serviteurs de Dieu portés et poussés à aller trouver un pêcheur qui avait déjà reçu quantité de faveurs intérieures sans en avoir profité suffisamment. Lorsque Dieu
veut faire d'un pêcheur un prodige de grâce, il lui donne à
connaître celui qui doit lui servir de guide et l'on voit cela
si clairement que, dès que cette personne se présente, il ne
reste dans l'esprit aucun doute que ce ne soit celui qui a été
promis.

Tel fut, d'après l'autobiographie de Mme Guyon, le début
de ses relations avec le pieux Barnabite : ainsi naquit la
sympathie qui l'attira vers ce prêtre et l'impulsion de même
sens qui entraîna le religieux vers la future compagne de ses
pérégrinations alpestres : « C'est un homme admirable et
« tout de Dieu, en écrira-t-elle de Savoie au Père de La
« Motte. Sa grâce est si grande qu'elle se répand sur ceux
« qui l'approchent. Vous connaîtrez un jour en Dieu la gran-
« deur de cette âme ! » Elle était, néanmoins, supérieure à
son directeur par l'intelligence peut-être, à coup sûr par la
situation sociale, par la richesse et par la tenace volonté de
puissance. Elle ne tarda donc point à réclamer un rôle prépondérant dans l'association spirituelle qui s'était formée
entre eux.

----

(1) Vol. XVII, pge 36

Ses premiers entretiens avec le Barnabite, après leur réunion dans le diocèse d'Annecy, le lui montrèrent moins pénétré qu'elle-même de l'inutilité et parfois. du danger des « lumières » mystiques: une opinion qui avait été vulgarisée par saint Jean de la Croix et ses commentateurs plus ou moins orthodoxes depuis un siècle : « Il me raconta, écrit-« elle dans ses Mémoires (1), les miséricordes que Dieu lui a « faites et beaucoup de choses extraordinaires (parmi les-quelles sans aucun doute son aventure de 1680 avec son évêque). Je craignais fort cette voie de *lumières*. Comme ma voie avait été de foi nue et non dans les dons extraor-dinaires, je ne comprenais pas alors que Dieu voulait se « servir de *moi*, pour le tirer de cet état lumineux et le met-« tre dans celui de la foi nue ! » La dirigée se trouvait ainsi promue directrice, sans le savoir, et uniquement en vertu de la volonté divine, dès le début de ses relations avec le père.

Le Seigneur ne tarda pas, d'ailleurs, à lui faire plus clai-rement entendre que, sans qu'elle en sût rien, il lui avait *donné* dès longtemps cette âme de prêtre, afin de l'attirer par elle vers un état plus parfait que celui dont le religieux avait eu jusque-là connaissance. Malheureusement Lacombe avait marché trop longtemps par la voie de lumière, ardeur, connaissance, assurance, sentiments ; maintenant qu'il lui fallait progresser par le petit sentier de la foi obscure et de la nudité spirituelle totale, il avait une peine extrême à s'y ajuster : obstination dont souffrait grandement sa mère de grâces, car Dieu obligeait celle-ci de sentir et de payer avec une extrême rigueur toutes les hésitations du récalci-trant. C'est-à-dire, en termes moins mystiques, que Mme Guyon souffrait d'inquiétudes subconscientes en sa volonté de puissance lorsque l'homme dont elle désirait passionné-ment la soumission lui semblait se dérober à son influence : « Qui pourrait, ô mon Dieu, soupire-t-elle encore (2), expri-« mer ce qu'il en a coûté à mon cœur avant qu'il fût formé « selon le Vôtre et selon votre volonté ! » Nous retrouverons toutes ces fluctuations affectives dans les relations de la béate avec Fénelon.

Ses exigences se firent, d'ailleurs, plus grandes à mesure

(1) II, 11.
(2) II, 70.

qu'elles étaient mieux couronnées de succès. Éloignée de
Lacombe, elle se sentait, dit-elle (1), sans cesse plus portée à
lui écrire dans le dessein et dans l'ordre de Dieu, à ne *lui
rien pardonner* et à désirer sa totale destruction spirituelle
afin que Dieu régnât seul enfin dans cette âme de choix: « Je
« lui disais avec beaucoup de fidélité tout ce que Dieu me
« donnait à connaître qu'il désirait de lui, et ce fut là *l'en-
« droit fort à passer!* » Nous savons, pourtant, combien Lacombe était disposé à s'incliner devant des suggestions de
cette nature, mais parfois les ordres divins que lui transmet-
tait Mme Guyon lui semblait trop visiblement servir les
sympathies ou antipathies toutes terrestres de la béate :
« L'obligation où Dieu me mit de lui dire les défauts essen-
« tiels de la religieuse qui avait soin de ma petite fille,
« comme il était prévenu en sa faveur à cause des lumières
« qu'elle lui disait avoir, le fâchait contre moi plusieurs
« jours. Lorsque je lui avais dit quelque chose (de ce genre),
« cela lui causait du rebut pour moi et de l'éloignement.
« D'un autre côté, si je ne voulais rien lui dire et retenir
« des vues qui ne servaient qu'à le peiner, Notre-Seigneur
« me mettait *à la mort* et ne me donnait aucun repos que je
« ne lui eusse déclaré ma peine et ma pensée, de sorte que
« j'ai souffert là-dessus un martyre qui passe tout ce qu'on
« peut dire et qui a été très long! » On sent ce qui se dis-
simule de luttes intestines pour la domination dans ces
ambitieuses interprétations mystiques.

Mais voici mieux encore : assistons, en effet, à la pro-
gressive et subtile émancipation de Mme Guyon lorsqu'elle
crut pouvoir refuser sans scrupule et sans péril toute obéissance à son préposé spirituel, et relevons les adroites grada-
tions de cet orgueilleux essor : « Notre Seigneur me donna,
« à l'égard du Père Lacombe, une obéissance si miraculeuse,
« qu'en quelque extrémité de maladie que je fusse, je gué-
« rissais lorsqu'il me l'ordonnait, soit de parole, soit par
« lettre. Ce bon père, ayant été conduit par les témoignages
« (il s'agit des témoignages sensibles de la faveur divine,
« ou « lumières » mystiques), ne pouvait sortir de cette
« voie... Notre Seigneur, pour le faire entrer plus aisément

(1) Autobiographie, II, 122.

« dans ce qu'il voulait de lui et de moi, lui donna le plus
« grand de tous les témoignages, qui fut cette obéissance
« miraculeuse, *pour faire voir qu'elle ne dépendait pas de*
« *moi et que Dieu la donnait pour lui.* Lorsqu'il fut assez
« fort pour perdre tout témoignage, et que Dieu le voulut
« faire entrer dans la voie de la perte (de la mort mystique),
« *cette obéissance me fut ôtée,* de telle sorte que, sans y
« faire attention, *je ne pouvais plus obéir!* Et cela se faisait
« pour le *perdre davantage* et lui ôter le soutien de ce témoi-
« gnage. Car alors, tous ses efforts étaient inutiles : il me
« fallait *suivre au dedans Celui qui était mon maître* et qui
« me donnait cette répugnance à obéir, qui ne dura que le
« temps qui était nécessaire pour perdre l'appui qu'il aurait
« pris et peut-être, moi aussi, dans l'obéissance! » Dextérité
d'orgueil dominateur qui est profondément guyonienne, et
dont nous verrons vis-à-vis de Fénelon de plus étonnants
exemples! Après avoir accordé à Lacombe une obéissance
toute physique, toute flatteuse à celle qui est l'objet d'un
tel *miracle,* et qui offre de plus l'avantage d'aider la béate à
secouer momentanément, par suggestion, ses maux nerveux,
elle invoque une impulsion divine prétendue pour refuser
non seulement cette pseudo-obéissance purement corporelle,
mais encore toute espèce d'obéisance ou de subordination à
son directeur en titre.

Il est donc probable que ce fut le Père Lacombe, dont elle
écarta certain jour les objurgations en ces termes (1) : « Je
« ne puis plus vous regarder comme directeur... Silence...
« toujours silence et jamais plus que silence... Je vous écris,
« mon Père, pour vous faire entendre que je ne veux plus
« tenir ni chemin, ni sentier (prescrit par lui), que je n'ai
« plus de mesures à prendre, que je ne puis plus suivre ni
« écouter que cette divine parole qui se fait entendre au
« fond de mon cœur, et je vous avoue ingénuement que vous
« m'êtes entièrement étranger pour vous voir et pour vous
« parler. J'ai quelquefois attribué la manière réservée où je
« me trouve à votre égard à votre agir *rebutant et toujours*

---

(1) Par une lettre qui figure dans sa *Correspondance* (III, n° 109) :
mais peut-être aussi l'adressa-t-elle au Père Paulin d'Aumale, dont
nous dirons le rôle épisodique dans sa vie spirituelle, car, à Fénelon,
elle n'écrivit jamais de ce style.

« pressé... Je ressens un désir de votre perfection et je vous
« avoue que vous m'êtes cher, etc... » Fut-il jamais plus ca-
tégorique déclaration d'indépendance! Mme Guyon, si habile
le plus souvent à raisonner ses folles aspirations de puissance céda néanmoins, de tous temps, à certaines impulsions
du tempérament féminin qui firent sa faiblesse et ses revers
mais qui devaient faire son attrait en revanche.

II. — LES DÉGUISEMENTS MYSTIQUES DE LA JALOUSIE DÉVOTE.

La plus caractéristique de ces dissensions pour le pouvoir
qui se renouvelèrent sans cesse entre Lacombe et sa pénitente
durant le temps de leurs relations spirituelles intimes, c'est,
à notre avis, celle que nous trouvons longuement contée au
deuxième volume des mémoires de la dame. Nous nous y
arrêterons un instant, pour achever de faire connaître cette
femme singulière. Elle nous apprend d'abord que son directeur, de dispositions fort douces à l'égard de tous, se montrait parfois fort dur envers elle et que, passant pour un
excellent conseiller de morale, il se refusait souvent à la
faire profiter de son expérience. Ils ont donc été « une
bonne croix l'un à l'autre », comme elle le constate, et les
épreuves qui lui sont venues de cette part ont été les plus
grandes de sa vie.

On discerne à travers les mystiques formules de l'autobiographie guyonienne, que la source la plus fréquente de leurs
désaccords dut être dans la jalousie spirituelle, qui torturait
trop souvent la dévote : « Lorsque je disais ou écrivais à ce
« père, explique-t-elle, l'état de quelques âmes qui lui parais-
« saient plus parfaites ou plus avancées que la connaissance
« qui m'en était donnée, il l'attribuait à l'orgueil (à combien
« juste titre!), s'en fâchait très fort contre moi et en prenait
« même du rebut pour mon état!... Il ne pouvait accorder
« (entre elles) une obéissance miraculeuse pour mille choses
« (obéissance dont nous avons dit le caractère purement phy-
« sique et exceptionnel) et une fermeté, qui lui semblait
« alors extraordinaire ou même criminelle en certaines au-
« tres... Il ne comprenait pas assez qu'il ne dépendait nulle-
« ment de moi d'être d'une manière ou d'une autre et que,
« si j'avais eu quelque puissance (sur elle-même), je me

« serais accordée à ce qu'il disait pour m'épargner les croix
« que cela me causait, ou, du moins, j'aurais dissimulé par
« adresse. Ces choses lui paraissaient entêtement, faute de
« lumières, et que Dieu permettait de la sorte pour lui ôter
« l'appui qu'il aurait pris en la grâce qui était en moi ; elles
« le mettaient en division avec moi, et, quoiqu'il n'en témoi-
« gnât rien, au contraire, et qu'il tâchât de toutes ses forces
« de me le cacher, quelque éloigné qu'il fût de moi, je ne le
« pouvais ignorer, car Notre Seigneur me le faisait sentir
« d'une manière étrange, comme si l'on m'eût divisée de
« moi-même et que je sentais plus ou moins douloureuse-
« ment, selon que la division était plus ou moins forte... Il
« éprouvait de son côté que, sitôt qu'il était divisé d'avec
« moi, *il l'était d'avec Dieu!* » Le trait final est typique.
Mais combien d'autres sentiments ne peut-on pas lire entre
les lignes, dans cette page significative : finesse de pénétration singulière, en ce qui regarde les intérêts de sa domination : subtile jalousie intellectuelle, volonté de puissance
exaspérée par la névrose, traduction en faveurs mystiques,
en témoignage d'une constante et imperturbable alliance
divine des moindres incidents qui lui paraissent menacer
son autorité spirituelle sur l'homme de naïve bonne foi qu'elle
a su enchaîner à son char ! De tels documents jettent un
jour sans prix sur les secrets ressorts de l'activité humaine
et des événements de l'histoire, parce qu'ils permettent de
mesurer les raffinements que l'expérience de la vie sociale
a lentement introduits dans les gestes de l'« impérialisme »
originel, chez la créature capable de raison.

Mais venons à l'exemple particulier de contestation pour
le pouvoir dont nous avons promis le commentaire.
Mme Guyon se trouvait à Turin avec Lacombe ; une veuve,
bonne servante de Dieu, dit-elle, mais *toute en lumière et
en sensibilité* vint se confesser au Père. Or, cette personne
qui se trouvait dans un état « tout sensible. », racontait des
merveilles au Barnabite qui en était ravi parce qu'il *sentait
le sensible de sa grâce!* — Cette formule n'est-elle pas déjà
révélatrice du sentiment qui la dicte? La pénitente en titre
souffre visiblement de ne pouvoir retenir l'attention, émouvoir la sensibilité de son directeur par des confidences psychologiques aussi intéressantes que celles de cette imprévue
rivale ! — « J'étais, poursuit-elle, de l'autre côté du confes-

« sionnal. Après que j'eus longtemps attendu, il me dit deux
« ou trois mots, puis il me renvoya. » Voilà qui est impar-
donnable, comme on le conçoit : mais l'imprudent fit bien
davantage : il la renvoya en lui disant qu'il venait de trouver
une âme qui était unie à Dieu, *que c'était véritablement
celle-là qui y était,* (quelle insulte et quelle comparaison)
qu'il en était tout embaumé (quelle trahison spirituelle)
qu'il s'en fallait de beaucoup qu'il trouvât tout cela chez
Mme Guyon (quelle gratuite injure) et qu'elle n'opérait plus
sur son âme que déception et mort! (Quelle cruauté)!

Que pensait cependant la béate en écoutant un pareil discours? Nous allons le savoir par le menu. Elle croit devoir
tout d'abord à l'humilité chrétienne d'assurer au lecteur de
ses mémoires qu'elle eut, au premier moment, de la joie à
songer que le Père avait rencontré une âme si sainte, parce
qu'elle eut toujours beaucoup de bonheur à voir glorifier
son Dieu. Elle s'en retourna donc sans donner plus d'attention à cet incident. Mais attendons la manifestation
de l'impérialisme vital qui, dans les régions subconscientes de cette personnalité si impérieuse, demeure profondément blessé de ce qu'elle vient d'apprendre : « En m'en
« retournant, poursuit-elle, Notre-Seigneur me *fit voir claire-*
« *ment* l'état de cette âme (rivale) qui était très bonne à la
« vérité, mais qui n'était que dans *un commencement,* mé-
« langé d'affection et d'un peu de silence, toute pleine du
« sensible ; que c'était pour cela que le Père ressentait son
« état ; que pour moi, en qui Notre-Seigneur avait tout
« détruit, j'étais bien loin de lui *pouvoir communiquer du*
« *sensible...* De plus, Notre-Seigneur me fit entendre
« qu'étant en Lui comme j'y étais, sans rien qui me fût
« propre, il ne communiquait par moi au Père Lacombe
« que ce qu'il lui communiquait par Lui-même, qui était
« mort, nudité et dépouillement et que toute autre chose le
« ferait vivre en lui-même et empêcherait sa mort (mysti-
« que) ; que, s'il s'arrêtait au sentiment, cela nuirait à son
« intérieur. Il me *fallut* lui écrire tout cela! » Vit-on jamais
plus à plein, dans un esprit d'ailleurs rompu aux interprétations mystiques de ses sentiments, les impulsions de l'impérialisme subconscient se prendre et se donner pour des
expressions de la volonté divine?

Mme Guyon nous apprend encore qu'à la réception de sa lettre, le Père y remarqua d'abord un caractère de vérité, mais que la réflexion étant venue ensuite, il jugea que tout ce qu'elle renfermait n'était qu'*orgueil*. — Et combien jugea-t-il sainement de la sorte à notre avis ! — Une telle constatation lui causa même quelque éloignement pour sa correspondante parce qu'il avait encore dans l'esprit, explique-t-elle, *les règles ordinaires de l'humilité*, conçue et comprise à la manière traditionnelle, et ne voyait pas que, pour une purifiée telle que notre béate, *il ne pouvait plus y avoir d'autre règle que de faire la volonté de son Dieu* ; qu'elle ne pensait donc plus ni à l'humilité, ni à l'orgueil, mais se laissait simplement conduire comme un enfant qui fait et dit sans distinction tout ce qu'on lui fait dire ou faire : « Je comprends aisément, ajoute-t-elle, que toutes les personnes qui ne sont pas entrées dans la perte totale (de la volonté) m'accuseront en cela d'*orgueil* ; mais, dans mon état, je n'y puis *penser !* » Ce qui ne donne que plus libre carrière à cet orgueil, ferons-nous remarquer dès à présent pour notre part, car l'Inconscient est imprégné de volonté de puissance par sa nature même et, seul, l'effort conscient parvient à diriger dans les voies sociales cet imprescriptible « impérialisme » de l'être.

La réflexion ayant donc « égaré » le Père que son « instinct » avait un instant éclairé, il prend la plume à son tour et risposte qu'il a d'abord trouvé dans la lettre de sa pénitente quelque chose qui lui semblait véritable — tel M. d'Aranthon lorsqu'il reçut de lui des représentations de même ordre, — mais que pourtant, après l'avoir relue avec attention, il en a jugé l'inspiration pleine d'orgueil, d'entêtement, de *préférence exclusive* pour les propres lumières de la rédactrice — ce qui sera exactement quelques années plus tard le sentiment de Bossuet étudiant les manuscrits de la même main. — Mme Guyon ne se sentit nullement inquiétée par cette remontrance : « *Je ne pouvais penser à tout cela pour le trouver en moi*, poursuit-elle imperturbablement dans son récit de cette aventure, ni même m'en convaincre comme autrefois en le *croyant* quoique je ne le visse pas ! » Voilà donc le progrès à rebours qui a été réalisé dans sa personne morale par l'invasion de l'orgueil mystique! Elle ne peut même plus « croire » à quelque manquement de sa part, bien loin de savoir le constater par elle-même. « *Cela n'était pas pour moi*, insiste-t-elle encore. Je « ne pouvais *réfléchir* là-dessus. Je lui écrivis pour lui prou- « ver la vérité de ce que j'avais avancé, mais cela ne servit « qu'à le confirmer dans les sentiments désavantageux qu'il « avait conçus de moi. »

Le dimanche suivant, elle retourne se confesser à lui et il lui demande avant tout, si elle persiste dans les sentiments d'orgueil dont elle vient de donner deux fois la preuve : « Jusque-là, je n'avais fait, dit-elle, aucune ré- « flexion ni sur ce que j'avais pensé, ni sur ce que je lui « avais écrit : mais dans ce moment, en ayant fait, cela me « *parut* orgueil comme il le disait. Je répondis : Il est vrai, « mon Père, que je suis une orgueilleuse et cette personne « est bien plus à Dieu que moi! — Sitôt que j'eus prononcé « ces paroles, je fus *rejetée comme du Paradis dans le fond* « *de l'Enfer*. Je n'ai jamais souffert un pareil tourment! » Retenons une interprétation si caractéristique du renversement des valeurs morales qui fait le fond du Quiétisme : l'enfer pour l'humilité et l'obéissance chrétienne : le Paradis pour la vanité opiniâtre et la jalousie masquée!

« J'étais hors de moi, continue cependant cette victime « de passions mal connues d'elle-même et trop subtilement « déguisées à ses propres yeux par ses sophismes mysti- « ques! Mon visage changea tout-à-coup et j'étais comme « une personne qui va expirer et qui n'a plus de raison! » Elle croit peindre un effet de l'irritation de l'Allié céleste dont elle a, pour un instant, transgressé les ordres impérieux ; la vérité, c'est qu'elle entrevoyait, si les choses en restaient là, la destruction, par la morale ecclésiastique rationnelle, de l'ingénieux édifice de puissance, qu'elle avait fondé sur ses prétendues communications avec l'Au-delà ; puis, à titre de conséquence immédiate, la parte totale de son influence, si péniblement conquise et si délicieusement savou-rée, sur le Père Lacombe. — Elle s'affaissa donc comme écrasée par de si cruelles perspectives : « Je tombai sur « mes jambes. Le Père s'aperçut de cela et *fut éclairé dans* « *ce moment du peu de pouvoir que j'avais en ces choses* « *et comme il me fallait dire et faire sans discernement* ce.

« que le Maître me faisait dire et faire. Il me dit aussitôt :
« Croyez ce que vous croyiez auparavant ; je vous l'or-
« donne ! » Ou le religieux obéit à un mouvement de pitié
devant la défaillance de cette femme, dominée par son affectivité impérieuse ; ou il montra moins de résistance morale
que M. d'Aranthon qui n'avait pas, comme lui, capitulé
sans combattre. Quoiqu'il en soit, l'effet de cette concession totale et de cet aveu de défaite fut immédiat sur la
volonté de puissance, dès ce moment tonifiée, de la béate :
« Sitôt qu'il m'eut dit cela, je commençai peu à peu à res-
« pirer et à reprendre vie. *A mesure qu'il entrait dans ce
« que je lui avais dit, mon âme retrouvait le large !* Et je
« me disais en me retournant : *Qu'on ne me parle plus d'hu-
« milité. Les idées qu'on a des vertus ne sont plus pour
« moi !* »

Cette opposition entre les vertus sociales et l'impulsion
divine est la caractéristique du guyonisme : elle est aux antipodes des enseignements d'une sainte Thérèse : ni sainte
Catherine de Gênes, ni Saint-Jean-de-la-Croix, qui forment
le point de départ orthodoxe de l'hérésie quiétiste, n'auraient accepté de la souscrire, et nous voyons d'ici Bossuet
marquer, d'un large trait de son crayon critique, dans le
manuscrit qui fut confié à son examen en 1693, cette page
révélatrice que Fénelon n'avait pas lue ! — Mme Guyon
scelle son bulletin de triomphe en ajoutant que Lacombe
connut bien, à quelque temps de là, par les manières d'agir
de la femme qu'il lui avait un instant préférée, combien cette
personne était éloignée de ce qu'il en avait pensé tout
d'abord (1) !

On voit assez que le Père eut des jours difficiles près de

_____

(1) A une autre page de ses mémoires, Mme Guyon raconte qu'elle
avait une servante négligente et quinteuse. Elle souffrait donc au
contact de cette fille et traduisait cette impression en langage
mystique selon son habitude : Dieu, voulant la purifier, disait-elle,
lui imposait une véritable brûlure à l'approche de la soubrette. Lacombe qui ne voyait en tout ceci que défaut de patience et imperfection dans sa pénitente, lui en faisait des reproches. Un jour, la
fille étant demeurée dans l'appartement malgré les ordres de sa maîtresse que sa présence mettait à la torture, celle-ci, dans son agitation incoercible, se mordit le bras de façon à emporter presque la
pièce ! Telles étaient, devant la contrariété persistante, les réactions
de ce tempérament dominateur !

sa pénitente. Est-ce par un retour sur elle-même et sur ce souvenir de sa vagabonde jeunesse qu'elle se trouva portée plus tard à proclamer dans ses *Lettres* d'édification (1), que la jalousie en matière spirituelle n'est que le plus grossier *amour-propre* et qu'elle-même en a souffert dans le passé avec des peines incroyables. Car le chrétien intérieur digne de ce beau nom voudrait au contraire, en aimant Dieu autant qu'il en est capable, être pourtant celui de tous ses enfants qui l'aimât le moins! Noble sentiment qui nous ramène enfin dans la sphère du christianisme rationnel. — Et néanmoins, poursuit la mystique assagie par les ans, les peines qui naissent de la jalousie spirituelle ont leur utilité et produisent un bon effet quoique sorties d'une source corrompue, car il est certain que si Dieu ne faisait pas sentir des misères si grossières à ceux qui se jugent favorisés de lui, ils s' « approprieraient » davantage encore les dons du Seigneur au lieu de les rapporter tout entiers à son bon plaisir.

Pour achever de nous renseigner sur les relations établies entre Mme Guyon et son premier directeur de marque, écoutons ce dernier dans ce mémoire de 1697 dont nous avons déjà fait un si ample usage pour tracer son portrait moral. « Je ne compte pas, écrit-il, pour une méprise au Très-« Révérend Père (Le Masson) de m'appeler le directeur de « la dame (Guyon) parce que tout le monde avait lieu de le « croire sur ce qui en paraissait. Cependant la vérité est « que *je n'en avais guère que le nom*. J'étais si prévenu d'es-« time pour cette personne, — et non sans fondement, ayant « su sa vie très régulière et vu dans elle des preuves sen-« sibles d'une rare vertu, avec une connaissance des voies « de l'esprit *bien au-dessus de ce que j'en avais compris* « *jusqu'alors,* avant que les choses fussent brouillées comme « elles l'ont été depuis (par le procès de Molinos). — que je « lui déférais extrêmement, jusqu'à respecter les pensées « que j'aurais dû combattre si j'avais suivi les miennes en « bien des rencontres et consentir à des démarches peu ré-« gulières qui ont mal édifié le public (il s'agit sans doute « de leurs communs séjours à Verceil, Marseille, Grenoble

_____

(1) III, 269.

« et autres lieux) en quoi je reconnais que j'ai eu grand tort.
« Je devais me servir de l'autorité que me donnait mon
« caractère et seconder la confiance que la dame avait prise
« en moi ! » Ceci fut écrit après que Mme Guyon, devenue
pour la seconde fois suspecte à l'autorité ecclésiastique,
était également emprisonnée depuis des mois ; mais les lettres de Lacombe à son ancienne pénitente jusque vers 1695
sont d'un accent fort humble et continuent de proclamer la
supériorité de celle-ci dans la « connaissance des voies de
l'esprit. »

III. — Premières campagnes apostoliques de Mme Guyon.

Nous ne raconterons pas les pérégrinations de Mme Guyon
dans la région des Alpes, ses démêlés avec l'évêque d'Annecy-Genève, puis sa rentrée en France et son installation
à Paris en 1686. Ces choses se peuvent lire dans sa copieuse
autobiographie de 1688. Tout au plus conseillerions-nous au
lecteur de ces pages, si riches en suggestions sur la psychologie des mystiques, d'y remarquer au passage quelques
épisodes de couleur assez rousseauiste déjà dont le théâtre
fut la patrie du Vicaire Savoyard : ainsi cette sorte de lapi-
dation que l'étrangère dut subir dans sa petite maison iso-
lée de Thonon comme Rousseau dans son châlet de Motiers-
Travers : ainsi ces impressions d'isolement moral qui l'as-
saillirent au-delà des monts ou à Nice et rappellent d'assez
près la dépression nerveuse dont l'auteur, presque dément,
des *Dialogues* fera par la suite confidence à ses fidèles : une
pauvre créature sans feu ni lieu, rebut de l'humanité qui la
rejette, c'est de la sorte qu'elle s'envisagera elle aussi, après
avoir couru quelques années à l'aveugle, les regards fixés
sur son rêve de régénération religieuse. — Nous rappellerons enfin le témoignage de l'évêque d'Annecy sur son
compte, document qui est devenu fameux par l'usage que
Fénelon en fait quelques années plus tard : « Je ne puis
« approuver, écrivait le prélat dès le 29 juin 1683, qu'elle
« veuille rendre son esprit *universel* et qu'elle veuille l'in-
« troduire dans nos monastères au préjudice de leurs insti-
« tuts. *Cela divise et brouille les communautés les plus*

saintes! » Oui, telle sera bien l'action du guyonisme qui dé-
chaîne l'affectivité humaine sans l'avoir suffisamment disciplinée au préalable : tel sera plus tard le fruit du rousseauisme, ce quiétisme laïcisé, dans les grandes communautés nationales ou sociales qui accepteront imprudemment ses
mystiques promesses. M. d'Aranthon ajoutait d'ailleurs qu'il
n'avait contre sa diocésaine de jadis, que ce grief et qu'*à cela
près*, il l'estimait et l'honorait au-delà de l'imaginable :
rendant par ces derniers mots justice à la droiture d'intention et à l'innocence réelle de mœurs que nous admettons,
comme lui, chez Mme Guyon.

Elle paraît s'être compromise davantage à Grenoble où
elle fit un assez long séjour en compagnie de Lacombe avant
de gagner Paris. Nous nous y arrêterons un instant parce
que, sur ce séjour du moins, nous sommes renseignés par
d'autres documents que par ses très fantaisistes mémoires.
— Ce sont vraisemblablement ses aventures dauphinoises
qui lui ont dicté certains passages significatifs de sa *Bible*
commentée dont elle achevait la rédaction vers cette époque
de sa vie. Lorsque des personnes *apostoliques* s'arrêtent,
dit-elle (1), dans quelque ville où la doctrine « intérieure »
ne jouit pas encore de la considération qu'elle mérite, le Démon met dans le pays toutes choses en état de trouble ; plusieurs prennent sans sujet une mauvaise opinion de ces missionnaires et le Diable se sert de ses suppôts pour les dé-
crier, d'une manière d'autant plus nuisible aux âmes qu'il
le fait sous prétexte de zèle et par des personnes d'*autorité*.

Parmi ces personnes d'autorité qui, en Dauphiné aussi
bien qu'en Savoie, s'élevèrent pour contrarier la vocation
apostolique de Mme Guyon, il faut mettre au premier rang
le cardinal Le Camus, évêque de Grenoble, dont la réputation était grande dans les milieux ecclésiastiques du temps.
— Si nous en croyons le récit de la voyageuse (2), le supérieur et le maître des novices d'un certain couvent de Grenoble se déclarèrent contre elle sans la connaître et se montrèrent fâchés qu'une femme fût si fort *recherchée*, comme
conseillère de spiritualité, dans leur voisinage. En effet,

---

(1) **XIV**, 28 et 699-707.
(2) *Vie*, II, 215.

les attraits de la voyageuse, son éloquence insinuante, sa très réelle valeur intellectuelle et les singularités de sa vie errante eurent bientôt attiré nombreuse compagnie autour d'elle dans cette ville de large culture qu'était la patrie de Beyle-Stendhal, une centaine d'années avant la naissance de ce spécieux romantique. Nous possédons une lettre qu'elle adressa, très probablement de cette ville, à son demi-frère dom Grégoire Bouvier de La Motte, chartreux, qui paraît avoir été moins méfiant des voix intérieures que le Père de La Motte, barnabite : « Vous êtes le seul de la famille, « écrit-elle, qui goûtiez la conduite de Dieu sur moi. Elle « est en effet trop impénétrable pour être comprise par la « raison : le cœur la goûte et la raison s'y perd... Dieu « m'a mise dans l'impossibilité de faire autre chose que ce « qu'il veut, de moment en moment. Tout est à Dieu et tout « est Dieu ! Vous ne sauriez croire le nombre de personnes « de mérite et d'âge, prêtres, religieux, qui veulent bien « chercher Dieu de tout leur cœur dans leur intérieur où il « habite et agréer ce que Dieu leur fait dire par une petite « femmelette ! » Cette dernière formule est empruntée de sainte Thérèse : « Ils ne l'ont pas plutôt fait avec *docilité*, « poursuit-elle, que Dieu, *pour confirmer ce qu'elle leur dit*, « leur fait expérimenter sa présence d'une manière très in- « time ! »

Le cardinal Le Camus s'inquiéta bientôt de ces pratiques peu saines. Le 16 avril 1685, il écrivait à M. d'Aranthon en termes très peu favorables à la béate : « Son directeur « (Lacombe) me paraît sage et fort posé et je ne doute pas « qu'il n'arrête cette attache sensible que cette dame a pour « lui et à laquelle les dévotes son sujettes si on ne les ré- « prime... Elle a besoin d'*être beaucoup humiliée* et tenue « dans le rabaissement : je ne sais si elle pourrait le sup- « porter : cela lui serait très avantageux ! » Et l'on n'a ja- mais jugé avec une plus entière clairvoyance psychologique l'état prétendu « apostolique » de cette femme.

Lorsque se déchaîna la controverse du quiétisme, Le Ca- mus fut prié de donner son sentiment sur les faits dont il avait été le témoin quelques années plus tôt. Son rapport envoyé à Rome en 1698, a été reproduit par Phelypeaux

dans sa *Relation* antifénelonienne de la célèbre controverse :
il est vrai que l'authenticité de ces pages fut alors contestée
par les amis de Mme Guyon, mais les savants éditeurs de
la *Correspondance* de Bossuet, MM. Levesque et Urbain, ne
la mettent nullement en doute. — Le cardinal y expose que
la voyageuse se mêla de *dogmatiser* dans son diocèse, qu'elle
y tint des conférences de jour et de nuit où bien des gens
de piété se trouvèrent. C'est ainsi que les novices de l'ordre
des Capucins, à qui elle *faisait des aumônes* y assistaient
sous la conduite d'un frère quêteur ! Par son *éloquence naturelle,* continue le prélat, et par le talent qu'elle possédait
de parler sur la piété de manière à gagner les cœurs, elle fit
beaucoup de progrès, séduisit des gens de distinction en
grand nombre, ecclésiastiques, religieux, conseillers au Parlement, et fit même imprimer à leur intention sa méthode
d'oraison. — C'est le fameux *Moyen court,* fruit de ses
succès enivrants de Grenoble et plus tard pierre d'achoppe-
ment de l'imprudente mystique. — Le Camus achève en
mentionnant les diverses rumeurs scandaleuses qui coururent
alors sur son compte et sur lesquelles nous aurons l'occasion
de revenir : il se plaint qu'elle ait tiré de lui une lettre de
recommandation pour le Lieutenant civil de Paris (frère de
l'évêque), sous prétexte d'un procès dont elle fit montre, bien
que n'ayant pas, en réalité, de procès ! Enfin, il affirme que
le Général des Chartreux se vit contraint de quitter sa solitude monastique pour aller réparer les désordres que cette
dame avait causés dans quatre couvents de filles Chartreuses
où, comme partout ailleurs, elle *avait fait la prophétesse.*

Ce Général des Chartreux, Dom Le Masson, que le mémoire
justificatif de Lacombe nous a fait connaître, écrira de son
côté à M. Tronson, supérieur de Saint-Sulpice, dès la fin
de 1694 pour présenter Mme Guyon comme « une dame
« *directrice* dont la doctrine *métaphysique* a fait bien du
« tort à plusieurs bonnes âmes et la conduite encore plus
« à quelques-unes ! » Il ajoutera qu'il a trouvé son *Explication du Cantique des cantiques* (un fragment de sa *Bible*
commentée qu'elle publia également à cette date) entre les
mains de ses filles Chartreuses et que ce document leur eût
insinué dans l'esprit de *dangereuses rêveries* s'il ne s'était

empressé d'y mettre bon ordre ! « C'est un grand service « pour le public, conclut-il, que d'arrêter le cours du dom- « mage que cette illuminée causera partout ! »

Nous concluerons des divers documents signalés par nous que le séjour de Grenoble marque une date importante dans la carrière de notre mystique. Le succès qu'elle y obtint exalta sa vanité foncière, la poussa aux publications qu'elle eut tant sujet de regretter plus tard et l'engagea à préciser encore davantage dans sa pensée les traits de cette doctrine « métaphysique », à laquelle Fénelon, — après l'avoir très largement rationalisée dans le sens du christianisme ration- nel, il faut en convenir — allait donner une popularité euro- péenne.

Afin de ménager la bienveillante attention de nos lecteurs et de ne pas retarder, par une trop longue digression tech- nique, le récit des relations intellectuelles entre Fénelon et Mme Guyon, qui fait le sujet de cette étude, nous avons cru devoir rejeter à la fin de notre volume , dans un appendice théorique, l'exposé de la métaphysique guyonienne, telle que nous l'avons dégagée de ses écrits.

On trouvera également dans cet appendice un aperçu de l'influence que Fénelon exerça sans le savoir sur les convic- tions de son amie. En effet, tout en le façonnant jusqu'à un certain point à sa ressemblance, elle se modela sur lui par une évolution inverse, en sorte qu'elle se présenta sans cesse au regard complaisant de son nouveau directeur sous un aspect tout autre que celui qu'elle avait offert au public du temps de Lacombe. Or, Bossuet, qui, tout d'abord, ne connut pas Mme Guyon, mais seulement les manuscrits ré- digés par elle durant la période lacombienne de sa pensée la jugea de toute autre façon que Fénelon qui connut beau- coup la femme, au contraire et la trouva disposée à mainte concession théorique pour conserver sur lui son influence, mais s'occupa très peu des manuscrits qu'elle avait jetés sur le papier avant leur rencontre. De là, selon nous, l'égale bonne foi qui anima les deux grands hommes au cours de leur regrettable et retentissante controverse. Ils n'ont pas raisonné sur la même personne morale.

LIVRE II

La conquête de Fénelon par Mme Guyon

L'autobiographie de Mme Guyon nous raconte, de façon
assez confuse et très partiale, les démêlés de son directeur
barnabite, le Père Lacombe, avec son demi-frère, le Père
de La Motte, lorsque le couple apostolique et voyageur dont
nous avons fait entrevoir les aventures de route fut venu
se fixer à Paris à la fin de 1686. Lacombe fut bientôt arrêté
et emprisonné par lettre de cachet ; il devait finir ses jours
sous les verroux après de longues années de souffrance, sans
avoir été jamais ni jugé, ni même soumis à une instruction
canonique sérieuse. De son côté, Mme Guyon vit ses publications condamnées par l'archevêque de Paris, Harlay, et
fut internée au couvent de la Visitation, rue Saint-Antoine,
au début de 1688. Mais, dans cette pieuse enceinte, elle allait
manifester encore une fois ses dons si surprenants de séduction spirituelle et ce talent qu'elle possédait « de parler sur
« la piété de manière à gagner les cœurs », pour nous servir des termes du cardinal Le Camus. Après quelques mois
de réclusion, grâce à l'influence alors exercée sur Mme de
Maintenon par sa cousine germaine du côté maternel, la
célèbre chanoinesse de La Maisonfort, et grâce à l'intervention, plus décisive encore, d'une femme de haute autorité
dans les milieux dévôts, Mme de Miramion, elle obtint son
élargissement. On était au milieu de septembre 1688. L'heure
solennelle de sa carrière allait sonner.

CHAPITRE PREMIER

Le Tempérament de Fénelon

Les mémoires de Mme Guyon, rédigés pendant son séjour à la Visitation de la rue Saint-Antoine en 1688, furent augmentés par elle un peu plus tard du récit de ses premières relations avec Fénelon. Or, au cours de l'année 1693, elle fut amenée à soumettre ses manuscrits à l'examen de Bossuet et lui confia son autobiographie en même temps que ses vastes commentaires mystiques sur l'Ecriture sainte. A la réflexion, elle reconnut toutefois que les pages consacrées par elle au précepteur des princes pourrait grandement compromettre cet ami qui tenait si fort à ne pas l'être. Elle pria donc le duc de Chevreuse qu'elle appelait alors son « bon tuteur » d'arracher du manuscrit de ses mémoires cinq feuillets dictés par l'enthousiasme et par l'orgueil mystique, en conséquence des espoirs de puissance qu'elle avait fondés sur sa très brillante conquête spirituelle de l'automne 1688. Le duc s'aquitta de la commission, mais trop tard, car l'évêque de Meaux avait déjà lu et copié en partie ces pages, qui devinrent par la suite une arme terrible entre ses mains. Comme nous le dirons, elles ne figurèrent pas dans l'édition de l'autobiographie guyonienne par Poiret au commencement du XVIII° siècle, ni dans celle de Dutoit-Membrini, soixante ans plus tard. P.-M. Masson les a publiées pour la première fois en tête de la correspondance de Mme Guyon avec Fénelon, lorsqu'il réédita cette correspondance en 1908. Nous aurons plus d'une fois à y recourir. Mme Guyon y expose que peu de jours après sa sortie de la Visitation, elle se rendit à Beynes, proche de Versailles, chez son amie de longue la date, la duchesse de Charost, née Fouquet. Là, on lui parla de M. L., initiale qui désigne Fénelon et fait sans doute allusion à ce nom patronymique de La Mothe qui lui était commun avec Mme Guyon : telle est du moins l'ingénieuse hypothèse de P.-M. Masson.

« Un soir, écrit-elle, je fus tout à coup occupée de lui
« avec une extrême force et douceur. Il me sembla que No-
« tre-Seigneur me l'unissait très intimement et plus que nul
« autre. Il me fut demandé un consentement : je le donnai :
« alors il me parut qu'il se fit, de lui à moi, une filiation
« spirituelle... Il me fut donné une fois à connaître que
« Notre-Seigneur m'avait donné M. L., comme le fruit de
« mes travaux et de ma prison. Je me trouve en lui trop
« bien payée de toutes mes douleurs. Avant d'y entrer, (en
« prison), j'avais eu un de ces désirs que je ne peux propre-
« ment appeler désirs, puisqu'ils sont hors de moi et qu'un
« plus puissant que moi les opère ; et je disais, dans une cer-
« taine langueur d'amour : Donnez-moi des enfants où je
« mourrai. Je ne pouvais douter de l'*avoir engendré à Jésus-*
« *Christ* après qu'étant à B(eynes) il me fut offert afin que
« je l'acceptasse dans une pleine connaissance : je ne pou-
« vais m'empêcher de le regarder comme mon fils, et, quoi-
« que je n'osasse le lui témoigner par respect, mon fond le
« nommait de cette sorte et il fallait que quelquefois, pour
« évaporer ce que j'avais au-dedans à cause de la contrainte,
« je m'écriasse : O mon fils, vous êtes mon fils bien-aimé
« en qui je me plais uniquement !... Ce fut vers la Saint-
« François d'octobre 1688. » Saint-François d'Assise est
fêté par l'Eglise le 4 octobre.

I. — NÉVROPATHIE CONSTITUTIONNELLE.

Quels étaient cependant la constitution mentale et le tempérament affectif chez ce prêtre, de si grande espérance, que Mme Guyon rencontra soudain sur sa route et sentit très propre à remplacer auprès d'elle, avec avantage, le directeur-dirigé qui lui avait été ravi quelques mois plus tôt ? Le caractère de Fénelon est une sorte d'énigme psychologique qui a trompé mainte fois la perspicacité de ses historiens. Nous le définirions pour notre part comme un affiné de la culture et un affaibli du système nerveux qui portait néanmoins, à bon droit, dans la vie une ample volonté de puissant : c'est-à-dire comme un client de choix pour cette thérapeutique par la suggestion que la mystique chrétienne féminine avait perfectionné au cours des deux siècles précédents : thérapeutique que sa destinée lui fit connaître en premier lieu sous une forme déviée et déjà nettement hérétique, par la bouche et par la plume de Mme Guoyon. Dès leurs premières entrevues toutefois, il commença de corriger et de rationnaliser, en prêtre romain conscient de sa mission morale et de sa responsabilité sacerdotale, les convictions mal pondérées de la pénitente du Père Lacombe, comme nous allons le dire. Puis, quand sa directrice et lui-même se trouvèrent en butte aux suspicions de l'orthodoxie alarmée, quand les événements l'avertirent et le pressèrent, sa souple et lucide raison le conduisit à se rapprocher davantage encore du christianisme rationnel, entraînant à sa suite celle qui avait tenté de l'en écarter, sans y jamais pleinement réussir.

Nous verrons dans sa correspondance avec Mme de Montberon, — le plus précieux document psychologique, à notre avis, qui soit jamais sorti de sa plume — comment il décrivait sur le tard les faiblesses originelles de son tempérament nerveux. Disons seulement, à titre d'indication sommaire, que ce treizième enfant d'un père déjà avancé en âge au temps de sa naissance ne jouit jamais d'une santé robuste. Au temps de la Controverse du Quiétisme, c'est-à-dire avant sa cinquantième année, il écrivait à Bossuet, son aîné d'un quart de siècle, que l'âge avancé déjà de celui-ci et « sa propre infirmité » les conduiraient bientôt l'un et l'autre au tribunal de Dieu ! Sa vulnérablité affective était extrême : il explique un jour à l'une de ses pénitentes (1) que si on demeurait sans cesse dans la peine, on s'y endurcirait ou bien on n'y durerait guère, mais que les intervalles de

---

(1) Cette anonyme pourrait bien être Mme Guyon d'après le ton de la lettre. *Lettres*, VI, 95. — Nous citerons la correspondance de Fénelon d'après l'édition Leclerc de ses lettres.

calme et de respiration renouvèlent les forces pour la douleur et rendent plus pénible le retour assuré de l'amertume :
« Pour moi, quand je souffre, proclame-t-il dans toute la
« sincérité de son âme, *je ne vois plus que souffrance sans*
« *bornes,* et, quand le temps de la consolation revient, la
« nature craint de sentir cette douceur de peur que ce ne
« soit une espèce de trahison qui se tourne en surprise plus
« cuisante quand la croix recommencera... En vous disant
« ceci, j'ai horreur de tout ce que l'expérience de ces choses
« porte avec soi : *je frémis à la seule ombre de la croix* ;
« mais la croix extérieure sans l'intérieure, qui est la déso-
« lation, l'horreur et *l'agonie,* ne serait rien. Voilà ce que
« je vous dis sans dessein parce que c'est ce qui m'occupe
« en ce moment. J'ai aujourd'hui le cœur en *paix sèche et*
« *amère* (une définition de son état mental qui revient sou-
« vent sous sa plume dans ses lettres à Mme Guyon). Le
« demain m'est inconnu. Dieu le fera à son bon plaisir et
« ce sera toujours le pain quotidien : il est quelquefois bien
« dur et bien pesant à l'estomac ! » De pareils accents ne
trompent guère ; ils sont d'une saveur toute moderne qui
les fait aisément reconnaître. C'est déjà là ce que la troisième génération romantique appellera le « mal du siècle »!

« Ma vie est triste et sèche comme mon corps, soupire
« une autre fois cet aïeul authentique du mélancolique
« Oberman (1), mais je suis dans je ne sais quelle paix lan-
« guissante. *Le fond est malade* et il ne peut se remuer sans
« une douleur sourde. Nulle sensibilité ne vient que par
« amour-propre ! *On ne souffre que parce qu'on veut encore,*
« ajoute-t-il (en usant d'une formule frappante que lui eus-
« sent envié sainte Catherine de Gênes dans le passé, Ar-
« thur Schopenhauer dans le futur)... Heureux le jour où
« nous ne voulons plus prévoir le lendemain !... La croix
« me fait frémir, me donne des *convulsions* dès qu'elle se
« fait sentir et tout ce que j'ai dit de ses opérations salu-
« taires *s'évanouit dans l'agonie où elle met le fond du cœur.*

---

(1) *Lettres* VI, pages 127, 133, 137, 159, 197. Ces divers fragments
de lettres qui furent groupées sous le titre de *Lettres Spirituelles*
dans la première édition de la correspondance fénelonienne d'édification ,en 1718, y figurent sans indication de destinataire.

« Mais dès qu'elle me laisse respirer, je rouvre les yeux, je
« la vois admirable et je suis honteux d'en avoir été si ac-
« cablé. L'expérience de cette inégalité est une profonde le-
« çon... Il y a en moi, ce me semble, un fond d'*intérêt pro-
« pre* et une légèreté dont je suis honteux. La moindre chose
« triste pour moi m'accable : la moindre qui me flatte un
« peu me relève sans mesure. Rien n'est si humiliant que
« de se trouver *si tendre pour soi, si dur pour autrui,* si
« poltron à la vue de l'ombre d'une croix, si léger pour se-
« couer tout à la première lueur flatteuse. Mais tout est bon.
« *Dieu nous ouvre un étrange livre pour nous instruire quand
« il nous fait lire dans notre propre cœur!...* Je sais, par
« expérience, ce que c'est que d'avoir le cœur flétri et dé-
« goûté de tout ce qui pourrait lui donner du soulagement.
« Je suis encore, à certaines heures, dans cette disposition
« d'*amertume générale* et je sens bien que, si elle était sans
« intervalles, je ne pourrais y résister longtemps... Oh! qu'il
« y a loin depuis le mépris et la lassitude de soi-même jus-
« qu'à la véritable correction. *Je suis à moi-même tout un
« grand diocèse* plus accablant que celui du dehors et que
« je ne saurais réformer!... Je dis tout cela bien à mon aise,
« moi qui recherche le repos et la consolation, moi qui crains
« la peine et la douleur, moi qui *crie les hauts cris* dès que
« Dieu coupe dans le vif... Le défaut subsistant et facile à
« dire, c'est que je tiens à moi et que *l'amour-propre* me dé-
« cide souvent. J'agis même beaucoup par prudence natu-
« relle et par un arrangement humain. Mon naturel est pré-
« cisément opposé au vôtre. Vous n'avez point l'esprit com-
« plaisant et flatteur comme je l'ai quand rien ne me fatigue
« et ne m'impatiente dans le commerce. Alors, vous êtes
« bien plus sèche que moi. Vous trouvez que je vais alors
« jusqu'à gâter les gens, et cela est vrai. Mais quand on
« veut de moi certaines attentions suivies qui me dérangent,
« je suis sec et tranchant, non par indifférence ou dureté,
« mais par impatience et vivacité de tempérament... Au sur-
« plus, je crois presque tout ce que vous me dites, et, pour
« le peu que je ne trouve pas en moi conforme à vos remar-
« ques, outre que j'y acquiesce de tout mon cœur sans le
« connaître, en attendant que Dieu me le montre, d'ailleurs
« je crois voir en moi infiniment pis par une *conduite de na-*

« *lurel* et de naturel *très mauvais!* Ce que je serais tenté de
« ne pas croire sur vos remarques, c'est que j'aie eu au-
« trefois une petitesse (humilité) que je n'ai plus. Je man-
« que beaucoup de petitesse, il est vrai, mais je doute que
« *j'en aie moins manqué autrefois.* Cependant, je puis faci-
« lement m'y tromper! » On n'a guère poussé plus loin la
sincérité psychologique vis-à-vis de soi-même et la bonne
volonté morale. C'est ici un mystique entraîné par le besoin
de tonifier à tout prix son affectivité sans cesse menacée de
dépression mortelle ; mais c'est, d'autre part, un chrétien que
la discipline rationnelle de l'Eglise a marqué d'une indélé-
bile empreinte. De Maistre aura de ses accents pour parler
de lui-même : et si l'auteur des *Fables*, des *Dialogues des
morts*, du *Télémaque* a paru trop souvent compter sur la
bonté *naturelle* de l'homme, on voit qu'à la différence de
Rousseau, il était loin de s'accorder à lui-même cette bonté
de nature que son imagination le portait parfois à supposer
chez autrui.

II. — TENACE VOLONTÉ DE PUISSANCE.

Les dernières lignes de ces pathétiques et, pour ainsi dire,
saignantes confidences nous conduisent à mettre également
en relief chez leur auteur une ardente volonté de puissance
qui chercha son aliment dans la mystique raffinée de l'époque. Oui, un fond d'intérêt propre, de prudence éveillée,
d'arrangement humain, d'esprit complaisant et flatteur, un
défaut de petitesse, une « conduite de naturel mauvais » ou
plutôt de naturel avide de pouvoir, ce sont là les trop humaines tendances que ce psychologue de génie se voit contraint de discerner sans cesse à la base de son activité volontaire. Dispositions également reconnues chez lui, comme
on le sait, par tous ses observateurs de quelque perspicacité,
en particulier par Saint-Simon, qui connut si bien son entourage et ses projets de vieillesse, s'il ne fit guère que l'entrevoir à la cour, peu de temps avant l'heure de sa disgrâce.
Mme Guyon a certainement progressé dans sa confiance parce qu'elle lui promit sans cesse, au nom de Dieu, le gouvernement d'un grand peuple et l'accomplissement de grandes cho-

ses. Même après sa disgrâce totale de 1697, il resta longtemps
encore à ses propres yeux, comme à ceux des courtisans, le
premier ministre en perspective, le Richelieu d'un règne
futur, si bien qu'en 1699 d'Aguesseau devant porter la parole
au nom du Parlement de Paris sur le bref papal qui frappait
les *Maximes des saints* traita le condamné sans la moindre
rigueur ; il en agissait de la sorte, nous dit-il, « par consi-
« dération des révolutions si ordinaires à la cour où celui
« qu'on venait de flétrir par une censure rigoureuse pouvait
« un jour revenir pour y jouer le premier rôle ! » Et l'on
sait en effet ce que fut, à Cambrai, ce printemps de 1711 qui
vit le duc de Bourgogne dauphin par la mort imprévue de
son père : toute la cour se pressa, sous des prétextes divers,
dans les antichambres du prélat disgrâcié. — Enfin, lorsque
son élève disparut peu de mois plus tard, il se rattacha, dit-
on, à l'espoir que lui donnait la déférence marquée du duc
Philippe d'Orléans pour sa personne et ne désespéra pas de
gouverner la France sous ce très probable et très prochain
Régent.

Écoutons au surplus son ancien maître, le sulpicien Tronson, qui le connaissait si bien, le féliciter avec quelques réserves caractéristiques, après sa désignation pour le préceptorat des enfants de France : « Vos amis vous console-
« ront sans doute sur ce que vous n'avez pas recherché votre
« emploi, et c'est assurément un juste sujet de consolation
« et une grande miséricorde que Dieu vous a faite. Mais
« il ne faut pas trop vous appuyer là-dessus. On a souvent
« *plus de part à son élévation qu'on ne pense*. Il est très rare
« qu'on l'ait appréhendée ou qu'on l'ait fuie sincèrement.
« L'on ne recherche pas toujours avec l'empressement or-
« dinaire les moyens de s'élever, mais l'on ne manque
« guère de lever adroitement les obstacles. On ne sollicite
« pas fortement les personnes qui peuvent nous servir, mais
« on n'est pas marri de se montrer à eux (1) par les meil-
« leurs endroits : et c'est justement à ces petites découver-
« tes humaines qu'on peut attribuer le commencement de

(1) Personne est du masculin au pluriel dans la langue du xvii⁰ siècle, du moins pour les écrivains formés pendant la première moitié
de ce siècle. D'Andilly applique constamment cette règle. Mme Guyon
n'y manque jamais. Mme de Sablé pas davantage.

« son élévation. Ainsi, personne ne saurait s'assurer entiè-
« rement qu'il ne se soit pas appelé soi-même. Ces démar-
« ches de manifestations des talents qu'on fait souvent sans
« beaucoup de réflexion ne laissent pas d'être à craindre ! »
Voilà qui est d'un pénétrant psychologue « impérialiste »
parce qu'il s'agit d'un psychologue chrétien. Mais il faut
ajouter, pour rester juste envers Fénelon, que celui-ci s'est
souvent cru très sincèrement détaché des grandeurs et que
M. Tronson n'a jamais cessé de lui garder de l'indulgence, à
la différence des deux autres commissaires d'Issy, Bossuet
et Noailles.

P.-M. Masson, dont la pénétrante introduction à la correspondance entre Fénelon et Mme Guyon est, à notre avis,
l'un des morceaux critiques qui font le plus regretter sa
fin prématurée, a montré dans ces pages l'ami de Mme Guyon
persuadé de bonne foi et presque jusqu'à sa fin de sa future
grandeur terrestre. Il se voyait pas la pensée, écrit Masson,
à la tête du grand peuple qu'il aurait à diriger dans les voies
du salut ; avec un pieux mais robuste espoir, il regardait
grandir ce « petit prince », élu du Seigneur, qui devait
être un saint, lui aussi et donner par surcroît la puissance temporelle à son ancien maître. Cette foi, cette *intime
assurance* avaient illuminé son installation à la cour qui suivit de quelques mois les débuts de son intimité avec
Mme Guyon : elles soutinrent son courage et sa dignité aux
heures de l'épreuve. Sauf dans ses tous derniers mois peut-
être, on sent dans son esprit l'*invincible certitude* d'un avenir éminent et imminent. « Tout ce qu'avait naturellement
« d'énergies ambitieuses cet homme, si avide de diriger et
« de conquérir, insiste Masson, se réveillait dans ses visions
« saintes y trouvait une *force* nouvelle et comme une *justi-
« fication !* » — Là est en effet selon nous, comme on le sait,
le caractère essentiel de la conviction mystique : elle promet
une céleste alliance aux âmes qui ambitionnent les triomphes
de la lutte vitale. C'est ce que nous exprimons de façon plus
brève en disant que le mysticisme est un tonique de l'« impérialisme » originel et essentiel de l'être.

Irons-nous pourtant jusqu'à proclamer, comme le fit naguère Ferdinand Brunetière, que la postérité s'est trompée
du tout au tout sur le caractère de l'archevêque de Cambrai

et que le XVIII° siècle sentimental n'a révéré qu'un fantôme, façonné à sa propre ressemblance, dans ce prélat plein de mansuétude apostolique qui ramenait à l'étable le bétail égaré de ses diocésains? Irons-nous jusqu'à considéré la *dureté* comme le trait distinctif de sa personnalité morale, parce que, en effet, il s'est souvent accusé de ce défaut et qu'il écrivait par exemple à Mme de La Maisonfort : « Je suis ravi d'ap-« prendre que vous vous apprivoisez à mes sécheresses et à « mes duretés ! » — Non, car ce sont là des formules que dicta l'humilité chrétienne, mais que démentent trop d'au-tres passages de ses écrits et trop d'autres faits de sa vie.

CHAPITRE II

Réciproque adaptation mentale

Abordons maintenant l'examen de cette surprenante correspondance dont nous venons d'invoquer le témoignage. Il
y a là, en effet, selon nous, pour l'étude de la pensée mystique, l'un des plus précieux documents que nous ait transmis
le passé. « Tôt ou tard, on ne jouit que des âmes », a dit
Joubert, ce gourmet de psychologie raffinée. Une telle disposition de l'esprit a de quoi se satisfaire amplement par
l'étude attentive et perspicace de ce merveilleux dialogue.

Nous avons dit les mérites de P.-M. Masson en ce qui regarde l'authentification définitive de ces pages : il les a ran-
gées de plus dans un ordre chronologique très plausible et que nous adopterons le plus souvent. Toutefois nous
voudrions placer avant les autres, la lettre que le soigneux
éditeur a imprimée, la soixante-quatorzième de son recueil.
Car nous y croyons recueillir un écho immédiat de ce voyage
en carrosse que Fénelon et Mme Guyon firent entre Beynes
et quelque localité voisine, presque aussitôt après avoir été
présentés l'un à l'autre : voyage qui fut le principe de leur
amitié spirituelle. Arrêtons-nous un instant à justifier notre
sentiment sur ce point.

Voici tout d'abord le texte de Phelipeaux par lequel est
depuis longtemps connu cet épisode initial de la liaison célèbre. « Pour leur donner occasion de parler plus librement
« de dévotion, lisons-nous dans la *Relation sur le quiétisme*,
« on les renvoya ensemble de Beynes à Paris (?) dans le
« même carrosse, avec une demoiselle de la dame. Pendant
« le voyage, Mme Guyon s'appliqua à lui expliquer tous les
« principes de sa doctrine, et, lui demandant s'il compre-
« nait ce qu'elle disait et si cela entrait dans sa tête : » Cela
« y entre, répondit l'abbé, par *la porte cochère!* » — Mot

peu fénelonien selon nous et qui nous est en outre suspect, pour la raison que nous allons dire.

Mais citons d'abord quelques phrases de la lettre dont nous cherchons à préciser la date et que Dutoit-Membrini a placée le 192ᵉ dans le IIᵉ volume des *Lettres spirituelles* de Mme Guyon : « Je ne pus point vous parler hier, écrit-elle, « et tout ce que je disais n'était que par violence et sans « nulle correspondance intérieure : à la réserve de ce qui « me regardait moi-même que j'avais facilité de dire et que « j'eusse poussé plus loin si on l'avait exigé de moi. La rai- « son de cela était que les choses que je disais de moi- « même étaient une *démonstration des mêmes choses que* « *vous savez* (par ses lectures antérieures, sans doute). Mais « comme il ne s'agit pas de convaincre ni d'éclairer votre « esprit très éclairé et plus que suffisamment convaincu, je « compris et je sentis tout d'abord que ce n'était pas là la « manière dont Dieu voulait que je vous parlasse. *Je n'avais* « *d'inclination que pour le silence :* mais, comme je ne trou- « vais pas de votre côté toute l'attention du cœur ni tout le « silence de l'esprit, cela n'avait pas l'effet que Dieu en « prétendait. Il a permis que je *m'en allasse avec vous* pour « vous apprendre qu'il y a un autre langage, lequel lui seul « peut apprendre et opérer... Je vous demande donc au- « dience de cette sorte de vouloir bien cesser toute autre « action et toute autre prière que celle du silence, etc... »

Eh bien, le 20 juin 1689, date aux environs de laquelle Masson propose de placer ces lignes, Fénelon était dès long-temps converti au silence à deux, comme on le voit par les lettres précédentes. En outre, précautionneux et ménager de sa réputation jusqu'à l'extrême, il ne voulait voir celle qu'il avait dès lors acceptée pour sa directrice que dans le confessionnal de Saint-Jacques-du-Haut-Pas (selon sa lettre du 16 juin) ; il est donc fort peu propable qu'il *s'en soit allé* avec elle après leur entrevue de ce jour-là. Au contraire, — et sans parler du ton de la lettre, beaucoup plus cé-rémonieux que celui des pages qui la précèdent dans l'édi-tion de P.-M. Masson, — divers traits en conviennent bien mieux selon nous au récit que Mme Guyon a fait du retour de Beynes en carrosse dans les cinq feuillets dont nous avons parlé plus haut : « Je sentais intérieurement, dit-elle, que

« cette première entrevue ne le satisfaisait pas, qu'il ne me
« goûtait pas et j'éprouvais un je ne sais quoi qui me faisait
« tendre à *verser mon cœur dans le sien*, mais je ne trou-
« vais pas de *correspondance*, ce qui me faisait beaucoup
« souffrir. La nuit, je souffris extrêmement à son occasion.
« *Nous fîmes trois lieues en carrosse ensemble* (donc pour se
« rendre à Versailes plutôt qu'à Paris, qui est à huit lieues
« de Beynes, mais peut-être Mme Guyon poursuivit-elle
« seule jusqu'à Paris). Cela s'éclairait *un peu* (nous voilà
« donc loin de la *porte cochère*). Mais il n'était pas encore
« comme je le souhaitais. Je souffris huit jours entiers :
« après quoi, je me trouvai unie à lui sans obstacles, et,
« depuis ce temps, je trouve toujours que l'union augmente
« d'une manière très pure et ineffable ! »

1. — RAPIDE INTERVERSION DES ROLES ENTRE DIRECTEUR
ET DIRIGÉE.

A part la lettre que nous venons de reproduire en partie, —
et si tant est que notre impression sur ce texte soit exacte,
— nous ne possédons pas les premières confidences échan-
gées par écrit entre les interlocuteurs du carrosse de Beynes. L'œuvre de séduction est déjà commencée quand il nous
est donné d'en suivre les étapes. Mme Guyon se considère
dès lors comme une intermédiaire autorisée entre Dieu et celui qu'elle continue d'appeler, par ménagement, son directeur
Tout au plus apporte-t-elle encore quelque discrétion et quelque prudence dans l'affirmation de son autorité apostolique :
écoutons plutôt cette exhortation significative : « Dieu me
« donne en vous beaucoup de confiance, mais elle ne vous
« sera jamais à charge, car cela n'exigera aucun soins *qui*
« *puissent se faire remarquer*... Je suis, depuis quelques
« jours, dans un continuel état de prières pour vous. Non
« que je désire rien de particulier ni que je demande chose
« aucune : c'est un état qui peut être comparé à une lampe
« qui brûle sans cesse devant Dieu... comme ce que Dieu
« veut opérer en vous par cet état de prière trouve chez vous
« encore quelque opposition et n'a pas son effet, cela me fait
« souffrir une peine très forte qui est comme un resserrement

« du cœur (c'est ici, traduite en langage mystique, l'angoisse
« de ne voir pas progresser plus régulièrement son opéra-
« tion conquérante) : en sorte que j'éprouve que Celui qui
« prie en moi n'est pas entièrement exaucé. Cette prière
« n'est nullement libre en moi, ni volontaire, mais l'*esprit*
« *qui prie* n'a pas plutôt eu son effet, que la prière cesse et
« donne lieu à l'*effusion de la grâce*. Cela m'arrive souvent
« pour les âmes, mais moins fortement et pas si longtemps.
« Il faut que les desseins de Dieu sur vous s'accomplissent.
« Vous pouvez bien les reculer par un arrangement presque
« imperceptible, mais non les empêcher. Le retard ne ser-
« vira qu'à augmenter la peine et allonger la rigueur (de la
« purification passive préalable)! Souffrez ma simplicité! »
Quelle habileté instinctive mais consommée dans ces lignes
d'apparence modeste. Et qui donc y discernerait facilement
si l'auteur se donne pour une âme pieuse, bonnement occupée à recommander au ciel un chrétien désireux de perfection morale, ou si elle se pose en interprète autorisée d'un
Esprit divin qui prie dans sa déléguée sur terre avant de si-
gnifier par elle sa souveraine volonté au lévite prédestiné?

La lettre placée par Masson la seconde dans son recueil
a été écrite vingt-quatre heures après la précédente, et,
déjà, découvre davantage les mystiques batteries de la conquérante : « Vous m'êtes très uni, affirme-t-elle : la séche-
« resse me paraît moindre : il me semble que Dieu verse en
« ce cœur tout ce qui *vous* est nécessaire... voulant que ses
« grâces *passent par un si misérable canal!* » La voilà donc
nettement directrice et c'est dès ce moment que Fénelon aurait dû se mettre en garde contre une ambition spirituelle
trop évidente ; mais il ne paraît pas qu'il y songe, car il prend
au sens figuré, sans nul doute, les expressions que la béate
employait au sens propre, alors qu'elle couvrait ses vues
conquérantes du voile de son style équivoque et sans préci-
sion : « Dieu me presse encore plus que devant, poursuit-
« elle en effet... Les âmes qui me sont *données* comme la
« vôtre, Dieu, en me les appliquant très intimement, me
« fait aussi connaître ce qui leur est propre et le dessein
« qu'il a sur elles. Je l'ai connu et je vous l'ai *écrit dès le*
« *commencement,* dans le temps même que je n'avais point
« de commerce (régulier) de lettres avec vous... A mesure

« que dans plusieurs années d'ici, *le reste se vérifiera*, ce
« vous sera un témoignage qu'il a voulu se servir de ce mé-
« chant néant (formule d'excessive humilité que Mme Guyon
« affectionne) pour vous communiquer ses miséricordes...
« Dieu veut assurément *cette docilité de vous pour un temps,*
« jusqu'à ce qu'il vous ait entièrement perdu en Lui ! » Est-
ce docilité à lui-même ou à sa missionnaire que Dieu veut ?
C'est à Fénelon de décider là-dessus, mais la suite va l'incliner discrètement vers la seconde solution : « Alors, re-
« prend en effet notre subtile mystique, ce ne sera plus une
« communication pareille à celle d'une fontaine *supérieure*
« qui se déchargera dans une autre (c'est donc ainsi qu'elle
« envisage leurs présentes relations et proclame sa *supério-*
« *rité* au moins provisoire), mais comme deux rivières por-
« tées l'une dans l'autre à la mer ne font plus qu'un seul lit
« égal qui n'est plus qu'une même eau ! Recevez donc *ce*
« *pauvre cœur* (c'est-à-dire : recevez-le pour maître bien
« qu'elle semble dire : recevez-le en don) *puisque Dieu le*
« *veut de la sorte*, et soyez assez *petit* pour agréer ce moyen
« qui glorifie Dieu d'autant plus qu'il est plus bas et plus
« misérable... Vous devez vouloir cela parce que Dieu le
« veut ! » — Le seul fait que Fénelon accepte dès lors ces
accents si dominateurs sous leur molle enveloppe, en dit long
sur sa préparation mystique antérieure et sur la puissance
de séduction affective que possédait sa nouvelle amie.

On attend sans doute avec curiosité le moment où il va placer son mot dans ce dialogue qui est resté jusqu'à présent
pour nous un monologue. La première réponse que nous pos-
sédions de lui est datée du 2 décembre 1688 : elle est donc
écrite environ deux mois après la rencontre de Beynes ; mais
ces lignes sont un simple encouragement, de caractère assez
banal, à l'adresse de celle dont il semble résolu dès lors à
supporter les bizarres familiarités de plume, en considération des profits spirituels qu'il attend de son « expérience »
mystique. Toutefois, il n'a pas encore entièrement renoncé à
son rôle de directeur, quoiqu'il prenne évidemment fort au
sérieux les prétentions de sa dirigée à l'inspiration divine :
« Dans l'état où vous êtes, lui indique-t-il avec complai-
« sance et en entrant dans ses vues avec *simplicité*, comme
« elle le demande, c'est gêner l'esprit intérieur que d'en-

« treprendre soi-même un travail : il faut seulement se
« prêter à ce que Dieu veut faire... La simplicité et l'uni-
« formité de votre état font qu'il doit être très difficile à
« représenter. Je m'imagine, sans le savoir, qu'on ne voit
« plus que Dieu, sans le voir d'une manière à pouvoir ex-
« primer cette vue... Je croirais seulement que vous feriez
« bien de dire, sur cette disposition, ce que Dieu vous don-
« nerait d'expliquer et cela une seule fois. » Lui aussi supprime le pronom déterminatif et n'écrit pas : vous feriez
bien de *me dire* : tout demeure entre eux dans ce vague qui
est l'élément propice aux communications principalment affectives. Parlerait-il pourtant avec ce reste d'autorité s'il
n'avait la prétention, lui aussi, de connaître quelque peu
les états mystiques à cette date par ses études, sinon par
son expérience personnelle.

Mme Guyon s'est sentie amnistiée, encouragée, même dans
ses hardiesses dominatrices : elle va donc marcher plus droit
à son but dorénavant et nous la verrons même accentuer
sans délais ses suggestions directrices, tout en les entrecou-
pant de délicats hommages : « Il m'a semblé, dit-elle en
« parlant de son correspondant à la troisième personne, —
« par une formule qu'elle emploiera bien souvent pour le
« rassurer sur toute indiscrétion, — il m'a semblé que Dieu
« le dispense de la manière ordinaire dont il fait marcher
« les autres *pour le plus avancer!* » Et c'est ici la première
de ces dispenses célestes à l'égard de Fénelon que nous verrons prendre plus tard un ample développement sous la
plume de son initiatrice ! « Cela se fera en lui de cette sorte,
« explique-t-elle dès lors, à cause des grandes lumières qui
« font qu'il entre aisément dans ce qu'il y a de plus parfait.
« Il n'en est pas de même en nous autres qui ne savons
« rien... Dieu nous a dénués en surmontant notre opéra-
« tion par l'abondance de la sienne. *Il arrivera sans cet or-*
« *dre* (¹)... Encore une fois, il n'y a rien à faire à présent
« pour lui, *il est bien!* » — Quelle condescendance dès lors
et quelle complaisance ! Et voici venir les premiers bulle-
tins d'une longue série de victoires psychiques : « Ne vous
« étonnez pas de la joie et de la paix que vous goûtâtes
« l'autre jour *avec moi*. C'est une opération de Dieu... Il
« n'est pas nécessaire que N. (Fénelon) s'unisse à moi *en*

« *distinction* ; il suffit qu'il ne soit point opposé et qu'il
« se laisse aller à ce que je ne sais quoi qu'il doit goûter
« pour que mon âme ait toute liberté de se communiquer à
« la sienne. Dieu l'ayant voulu de la sorte, je m'en trouve
« bien et *en suis soulagée*. O commerce des cœurs et des es-
« prits sans l'entremise des corps, que vous êtes pur, sim-
« ple, divin et digne de Dieu. C'est ce qui rend les vrais
« enfants de Dieu uns en Lui ! »

Dès son second billet, Fénelon semble avoir définitivement
déposé les armes et quitté l'attitude vaguement défensive
qu'il gardait encore au commencement de décembre : ce directeur en titre n'est plus qu'un dirigé volontaire et restera
le plus souvent tel à l'avenir. Le seul sujet de ses lettres,
c'est ce que *lui-même* éprouve et le ton des réponses qu'il
reçoit se fait aussitôt plus impératif : « Vous n'avez garde,
« écrit la béate, d'avoir goûté jusqu'à présent la délicatesse
« de la pure opération divine, puisque vous l'avez toujours
« extrêmement mélangée de la vôtre, ne vous tenant jamais
« ferme et invariablement attaché *au conseil que je vous ai*
« *donné sur cela !* Combien de fois *avons-nous éclairci cet*
« *article* où je vous ai dit que, lorsque Dieu opérait, il
« fallait tout quitter pour le laisser faire ! » N'est-ce pas
l'attitude que prendrait un pédagogue strict, dans un moment d'impatience, en face d'un disciple insuffisamment attentif? Malgré tout, l'union mystique se resserre entre eux
si l'on en croit la béate, car telle est l'assise solide qu'elle
prétend donner à ce commerce épistolaire sur lequel nous la
voyons concentrer désormais l'effort de sa volonté de puissance : « Il a fallu me sacrifier pour souffrir pour vous...
« Dieu fait que, du même lien dont il s'unit étroitement,
« l'âme (c'est-à-dire *mon* âme) et la possède, il la serre étroi-
« tement avec votre âme, en sorte qu'elle porte ses lan-
« gueurs. » Et voici une réponse anticipée à l'objection qui
ne laissera pas de surgir par la suite dans la pensée de Fénelon, à ses heures de réflexion et de sang-froid : « Après que
« j'ai voulu me persuader qu'il pouvait y avoir de l'*ima-*
« *gination* dans ce que j'éprouvais à votre occasion, je fus
« quelque temps ôtée de cette expérience, sans que je pusse,
« même en le voulant, me donner la moindre pente ; et,
« sitôt que je fus rentrée dans ma première croyance que

« cela est un pur effet de la grâce, mon âme fut aussitôt
« remise en communication avec la vôtre. »

II. — LA DOCILITÉ DE FÉNELON.

Le second des billets de Fénelon qui portent une date
précise nous transporte au 12 mars 1689 ; il est extrêmement bref mais très encourageant pour la directrice. Aussi
cette dernière répond-elle sur un ton véritablement passionné : « Si j'avais mille vies, je les donnerais pour votre
« âme... Je ne puis résister à Dieu ni faire autrement que
« d'être unie à vous de la manière du monde la plus intime
« et la plus pure ! » Dans sa lettre suivante, le dirigé
s'explique de façon déjà plus ouverte sur ses dispositions
internes ; en veine de sincérité, il hasarde même une objection d'ordre rationnel aux mystiques enseignements qui lui
sont, depuis quelques mois, prodigués : il présente toutefois
cette réserve sous la forme la plus courtoise : « Pour N. qui
« ne veut pas que l'âme passe en Dieu et qu'elle s'y *repose,*
« je m'imagine qu'il a entendu ces expressions dans un sens
« où il aurait raison de les condamner. Il est vrai qu'en cette
« vie on ne passe jamais en Dieu en sorte qu'il soit com-
« préhenseur et qu'on cesse d'être voyageur. L'union *com-*
« *mencée* avec Dieu est encore imparfaite en ce qu'on ne
« voit pas clairement l'essence divine et *qu'on n'est jamais*
« *impeccable...* Pour le repos en Dieu, il serait une *oisiveté*
« et une illusion si on cessait d'être fidèle à l'accomplisse-
« ment de l'Évangile et aux devoirs de providence (pru-
« dence) pour le dehors et pour le dedans, en se conformant
« à toute la volonté de Dieu. *L'abandon bien entendu est un*
« *exercice continuel de notre liberté* pour la délaisser à tous
« les mouvements du Saint-Esprit... Ce qu'on appelle *pas-*
« *sivité* est un *usage très libre de notre volonté* pour la
« laisser conduire par celle de Dieu ! » Voilà donc les idées
de Mme Guyon transformées dès lors par l'accent rationnel
et stoïco-chrétien qu'y superpose la pensée du prêtre, façonné
par la tradition de l'Église.

Mais la directrice n'accepte du premier coup ni ces velléités d'indépendance chez son pupille, ni ces corrections

apportées à son système métaphysique par le théologien dont elle finira pourtant par subir l'influence à son tour. Elle lui oppose encore à cette heure, sur tous les points touchés par sa lettre, la plus souple obstination féminine : elle continue provisoirement de nier la liberté et la responsabilité continuées chez les déiformes : « J'entends les choses « comme vous les entendez, profère-t-elle avec précaution « tout d'abord. Ce qui me *paraît différent* et que je sou- « mets avec une entière sincérité à vos lumières, c'est que « je ne trouve plus ma première liberté ni nul pouvoir de « donner cette liberté à Dieu... Je sais, j'ai senti, j'ai « éprouvé longtemps ma liberté et combien elle m'a été « *funeste : quelquefois* Dieu veut bien reprendre une li- « berté qu'on lui remet librement et il *n'en laisse plus* « *d'usage à l'âme,* devenant lui-même sa vie et le principe « de tous ses mouvements ! » C'est ici l'automatisme affec- tif, l'allure inconsciente de l'activité psychique substi- tuée, autant du moins qu'il est possible, à ce continuel effort conscient vers le mieux moral et social, que Fénelon, comme tous les psychologues de quelque expérience pratique, pré- férerait voir combiné sans cesse avec l'impulsion sentimen- tale du fond.

En ce qui concerne l'impeccabilité des parfaits « inté- rieurs », la béate ne sera pas moins obstinée tout d'abord à leur conserver ce privilège et consentira seulement sur ce point quelques concessions, plus apparentes que réelles : « Je crois qu'une telle âme pourrait peut-être, par effort et « après avoir bien souffert, se reprendre. Mais que cela est « *difficile !* Et combien il est *rare* que l'âme en vienne jus- « qu'ici !... Tant que nous sommes en cette vie, nous pou- « vons déchoir : mais qu'il est *rare* que Dieu rejette une « âme qui lui est *si chère* et qu'il possède parfaitement, « quoique sous le voile de la foi ! » — C'est le contraire de l'enseignement des mystiques suffisamment traditionnels, tels que Sainte-Thérèse, et c'est même contredire la plus vulgaire expérience ! — Puis encore, elle maintient tout ce qu'elle a dit du passage et du *repos* de l'âme en Dieu, conception que son correspondant n'avait voulu admettre que sous réserves explicatives, ainsi que nous l'avons vu : « Sitôt que l'âme, par la mort d'elle-même, perd tout pour

« entrer dans la fin, elle y *passe* très véritablement et très
« réellement : non qu'elle perde en cela la qualité du voya-
« geur... mais elle cesse de marcher, pour peu que ce soit,
« de ses propres pas... pour entrer dans la fin qui n'est autre
« que le *repos* du Seigneur ! »

Afin d'appuyer et de voiler tout à la fois cet habile effort
de résistance théorique, elle hasardera en terminant une
fuyante profession de foi où les protestations de docilité al-
terneront avec les refus d'obéissance, sous le prétexte d'une
entière impossibilité de cette obéissance : car c'est ainsi que
nous l'avons déjà vu opposer son allié divin à son directeur
ecclésiastique, lorsque nous avons résumé ses relations avec
le Père Lacombe : « Je n'ai point de science. Je conçois ce
« que vous me dites : je le goûte et il me semble que j'aime
« l'Eglise à un point que je donnerais mille vies pour elle.
« Pour ce qui regarde les sentiments, il n'y en a aucun...
« que je ne soumette avec la plus grande docilité non seu-
« lement à l'Eglise, mais à vous, Monsieur. Je ne sais rien,
« je ne connais rien, je ne vois rien... *Mais il me semble que*
« *Dieu est tellement en toutes choses* que je ne vois, n'aime
« et ne goûte que Lui ou *ce qu'il me fait voir, aimer et goû-*
« *ter en lui!*... Je crois tout, aveuglément, sans savoir à
« qui je crois et pourquoi je le crois. Dieu est, et cela me
« suffit... J'ai peur sans peur (1) de vous tromper, car je
« ne trouve en moi nulle puissance *de me soumettre ou de*
« *ne pas me soumettre*. Je suis un enfant à qui l'on dit :
« *Cela est* et qui dit de même : Cela est, et le croit *dans le*
« *moment*. Ensuite, il ne sait plus ce qu'on lui a dit et *n'y*
« *peut plus penser*... Qui suis-je et où suis-je? » Ce singulier fakirisme, ces allures de dormeuse éveillée réalise-
raient parfaitement ce que nous appellerions volontiers
l' « ahurissement » quiétiste, s'il n'y avait une bonne part
de métaphore en tout ceci et si l'intelligence de la béate
n'était point, en réalité, si présente, si nette et si souple
en chacune de ses lettres à Fénelon. Telles sont d'ailleurs,

---

(1) Formule déjà assez ancienne dans la mystique chrétienne de
caractère féminin. Mme Guyon en use largement et Fénelon la lui
empruntera parfois. Elle traduit bien ce renoncement à la marche
logique de la pensée qui est le fruit de la prépondérance accordée à
l'affectivité dans la vie mentale.

à peu de chose près, les échappatoires qu'elle opposera, six ans plus tard, aux critiques de Bossuet. Celui-ci voudra triompher par l'autorité de ces résistances, tandis que Fénelon, en continuant le dialogue sur le mode conciliant et confiant, réalisera peu à peu pour une grande part cette rationalisation du guyonisme que son adversaire illustre ne réussit pas à emporter de haute lutte.

Nous le voyons en effet pratiquer la plus entière tolérance dans ses relations avec l'adroite mystique : il semble accepter pour argent comptant ses protestations de docilité feinte et questionne à son profit beaucoup plus qu'il n'enseigne au bénéfice de sa pénitente : « Il me semble, écrit-il, « que notre union va toujours *croissant*... Je continue à sen-« tir tout ensemble de la sécheresse et de la distraction avec « beaucoup de paix dans l'oraison... J'aurais besoin d'une « ample explication... Si on me nommait à un évêché, ne « pourrais-je, sans blesser l'abandon, le refuser, supposé « que je sois manifestement attaché ici à un travail ac-« tuel pour des choses *plus importantes que toutes celles* « *que je pourrais faire dans un diocèse?* Pensez-y devant « Dieu et ne me répondez, s'il vous plaît, qu'après avoir « attendu deux ou trois jours ce qu'il vous mettra au cœur « sur cette matière! » Cette dernière sollicitation est assurément de sa part une faiblesse : car Mme Guyon n'est plus interrogée cette fois sur des matières de spiritualité pure, en raison de son *expérience* mystique supposée, mais sur une affaire en grande partie temporelle : il y a là une consultation comme celles que réclame des voyantes, prétendues lucides, le grossier mysticisme des incultes.

Aussi, se voyant encouragée de la sorte dans ses prétentions de sibylle, l'amie prendra-t-elle plus que jamais le ton didactique ou même pédagogique avec son interlocuteur ; elle élucidera, par exemple, le problème des dernières épreuves de la purification passive, (le sacrifice du salut éternel) au moyen d'un développement qui prendra place presque mot pour mot dans le texte des *Maximes des saints* huit ans plus tard ; quant aux hésitations de son correspondant de-

---

(1) Voir notre appendice sur le système de la métaphysique guyonienne.

vant l'exil épiscopal, elle évitera de les faire cesser sans délai par une réponse précise et préfèrera laisser au ciel toute
la responsabilité de la résolution à intervenir : « Dieu vous
« donnera dans le moment un mouvement très fort de le re-
« fuser ou de l'accepter... N'hésitez point : ne consultez
« personne, unissez-vous à *ce pauvre cœur* et Dieu vous don-
« nera toutes choses non en certitude de lumière ou connais-
« sance, cela n'est pas pour vous, mais une simple inclina-
« tion de votre cœur pour la chose... Si vous êtes fidèle à
« suivre cette conduite douce et suave de Dieu sur vous en
« foi, vous ne vous méprendrez point : les hommes raison-
« neront en hommes, mais Dieu vous conduira en enfant! »
Et, à propos de l'état d'enfance mystique, elle s'engage
dans une série d'équivoques métaphoriques, très favorables
à la réserve dans laquelle elle juge prudent de s'enfermer
sur ce sujet, jusqu'à plus ample informé.

Sa lettre suivante fournit sur quelques points de son système métaphysique de longues explications que Fénelon
accueille avec reconnaissance : ces pages lui ont fait, dit-il,
encore plus d'impression que les précédentes ; tout l'y ac-
commode parfaitement : il a pourtant beaucoup à progresser
encore avant de pouvoir se conduire par la seule inspiration d'En haut : « Pour les répugnances du fond, auxquelles
« vous dites qu'il faut céder, j'avoue que je ne suis pas assez
« simple et assez souple pour les discerner. Je suis trop
« accoutumé *à me servir de ma raison* et à *repenser* souvent
« une chose avant de m'y fixer... Dois-je me contenter de
« m'arrêter dans le moment, dès que je m'aperçois que le
« mouvement de propriété me conduit, et puis *me laisser*
« *comme un enfant à mes premières pensées?* Je crains que
« *cela n'aille trop loin* et ne m'engage à *abandonner la pru-*
« *dence* qui est recommandée dans l'Evangile. D'un autre
« côté, j'ai aussi à craindre d'être trop sage, trop attentif
« sur moi-même et trop jaloux de mes petits arrangements...
« La règle de marcher comme un aveugle jusqu'à ce que
« la muraille arrête, et qui se tourne d'abord (alors) du
« côté où il trouve l'espace libre, me plaît beaucoup ; mais
« *dois-je espérer que Dieu me fermera ainsi tous les côtés*
« *où je ne dois pas aller?* Et dois-je marcher hardiment
« tant qu'il ne mettra point le mur devant moi pour m'ar-

« rêter? » Nous verrons bientôt reparaître chez lui, plus pressantes, ces hésitations du bon sens· et ces scrupules de l'expérience logique.·

Mais recueillons auparavant quelques confidences très précieuses pour la psychologie de cet ambitieux sincèrement chrétien qui sent alors venir à grands pas vers lui la fortune. C'est d'abord l'aveu qu'il se contristerait peut-être si certaines personnes considérables, qui le traitent bien, cessaient de le rechercher : c'est ensuite la mention d'une humeur railleuse qui l'a entraîné à quelques paroles fort contraires à la charité, paroles dont une personne présente (et, sans doute, une personne influente) lui a paru mal édifiée : il en a ressenti, confesse-t-il, une douleur qui l'a percée jusqu'au vif. Après quoi il résume cette confession véritable par ces lignes bien dignes d'un psychologue chrétien : « Si c'était à « moi à juger, je croirais que je n'ai aucune *propriété* vo- « lontaire et délibérée. Je sens néanmoins souvent des mou- « vements *si naturels et si malins* qui m'échappent, que je « conclus que *le venin est au dedans :* je comprends qu'il « n'en peut sortir que par une opération plus violente! » A savoir celle de la purification par la main de Dieu qui est l'hypothèse métaphysique des mystiques « *intérieurs* ». Et il renouvèle enfin son objection rationnelle de tout à l'heure : « Ferai-je comme l'aveugle qui tâtonne et marche sans « hésiter tant qu'il trouve un espace ouvert? Ne sera-ce « point une simplicité trop hardie? Je *la goûte,* quoique la « pratique en doive être rude à mon esprit *circonspect! »*.

III. — DEVANT LA PERSPECTIVE DU TRÈS PROCHAIN POUVOIR.

Le dialogue théorique s'étant continué entre eux pendant quelque temps de la sorte, voici que, le vendredi saint 8 avril 1689, une première et très fugitive appréhension s'impose à la raison du directeur dirigé, qui ne l'exprime d'ailleurs qu'après l'avoir enveloppée des expressions de sa gratitude : « Je pense très souvent à vous et je me trouve « uni à vous de plus en plus... Je suis persuadé, comme « vous, que Dieu se sert de vous pour me préparer ses dons. « La pensée que j'ai de vous m'est toujours utile, car je ne

« vous vois jamais qu'en Dieu et Dieu à travers de vous
« sans m'arrêter à vous. *J'ai quelquefois certains petits*
« *mouvements de doute et de tentation sur votre sujet,* mais
« ils ne sont que passagers et dans l'imagination. Notre
« union est fixe et elle va toujours en croissant dans ce
« temps même... C'est une vue confuse et comme morte qui
« a néanmoins le germe de tout, avec un goût de paix et de
« rassasiement en Dieu... Je ne sais pas ce que vous ferez
« aux autres, *mais je sais que vous me faites beaucoup de*
« *bien!* » Oui certes, le système guyonien quelque peu corrigé par lui, affermira, en fin de compte, la santé psychique
de cet intellectuel fatigué par la tension continue de sa pensée vers le pouvoir ; et le malade, amélioré, ne cessera jamais
de témoigner sa gratitude à celle qui lui versa ce cordial sur
le rude chemin de la vie.

Soutenue par le ton général de la lettre qu'elle vient de
recevoir, Mme Guyon ne se montre pas trop effrayée de la
réserve qui s'y dessine. Elle parle avec modération et avec
dignité de la « tentation » dont on lui fait confidence :
comment l'abbé n'aurait-il pas de doute à son sujet, répond-
elle, puisqu'elle en aurait infiniment sur elle-même si elle
se sentait encore capable de réflexion? Il arrive même, con-
fesse-t-elle, que ce doute finisse par s'imposer à sa pensée
engourdie et demande à être réfuté : elle se confirme alors
dans la certitude de l'alliance divine en opérant quelques
miracles de l'ordre psychologique, les seuls qu'elle se sache
en mesure de réaliser dans son entourage : « Hier, il me vint
« quelque pensée sur ce que je me trouvais dans la dispo-
« sition que je vous ai marquée, si je ne me la *procurais*
« peut-être pas? Cela me paraissait impossible sans savoir
« pourquoi. J'eus la pensée que, si c'était l'esprit de Dieu
« qui produisait cela en moi, une personne qui est bien à
« Dieu et qui était présente en ressentît les effets, sans rien
« marquer de ce que je pensais. Aussitôt cette personne en-
« tra dans une profonde paix et me dit, sans savoir ce que
« j'avais pensé, qu'elle goûtait près de moi quelque chose de
« divin! »

Elle persiste d'ailleurs à plaider près de son protégé pour
la conduite de pur abandon entre les mains de Dieu, la nature et la « propriété » dussent-elles continuer de s'y glis-

ser quelque peu tout d'abord : car ces imperfections se purifieront dans la suite. Et, formulant une fine remarque psychologique qui a été présentée récemment par M. Bergson sous une autre forme, elle ajoute que souvent en effet la nature et la propriété (l'impérialisme originel) ne prennent leur part dans un acte libre qu'au moment où on l'exécute ou même après qu'il a été accompli ; mais du moins l'acte en question était-il, auparavant, et pendant sa délibération, resté pur de toute propriété spirituelle, cette misère qui dure autant que notre vie. Elle a donc là ferme confiance que Fénelon ne laissera pas d'en venir sans délai au degré d'abandon où elle entend l'amener. Dieu, ayant sur lui des desseins tout particuliers, ne l'a créé si clairvoyant de nature que pour le rendre plus aveugle dans la suite, et d'un aveuglement d'autant plus étrange au jugement du patient qu'il ne pourra s'y dérober, quoi qu'il tente. Car c'est ainsi que Dieu se fait un jeu de détruire, dans *les plus grands hommes,* ce qu'il semblait leur avoir donné à dessein et avec profusion tout d'abord.

Après un tel encouragement, dont la nuance est toute spirituelle, Mme Guyon revient à ce cordial, plus efficace peut-être, qui est la promesse d'un avancement temporel prochain. Au moyen d'anagrammes adressées à un de leurs amis communs, — c'est-à-dire sous la forme innocente d'un jeu de société qui n'engage pas grandement sa responsabilité en cas d'insuccès, — elle prédit à Fénelon son élévation imminente au préceptorat des enfants de France. Or, cette prophétie, qui vient toucher sans nul doute en son point le plus sensible une âme secrètement et presque inconsciemment avide de pouvoir, engage aussitôt le chrétien rationnel qui conserve le plus souvent le gouvernail en cette complexe personnalité de génie dans une magnifique méditation de psycholgie sainement pessimiste : « Je me disais en « moi-même, écrit-il, — au sujet de cette prédiction, si « grosse de conséquences pour leur avenir à tous deux : — « — Pourquoi Dieu, dont la conduite est de me tenir dans « la plus obscure foi, a-t-il permis qu'elle m'ait dit une « telle chose ? Est-ce afin que je m'y prépare ? Ou bien pour « me certifier, par cette prédiction, la solidité de la voie où « il me mène ? Mais n'importe !... Allons toujours par le *non-*

« *voir,* comme dit le bienheureux Jean de La Croix. Il suffit
« qu'une certaine sensibilité, réveillée sur cette matière,
« m'humilie et me donne un certain travail intérieur dont il
« me semble que je ne me soucie point, car je ne veux ni
« adhérer, ni le faire cesser. — Souvent mon esprit cher-
« cherait à se prendre à quelque chose pour se soutenir,
« tantôt une espérance de succès, tantôt des moyens hu-
« mains pour assurer et faciliter l'affaire, tantôt des ré-
« flexions pour me condamner moi-même dans ces mouve-
« ments, pour renoncer à ces avantages temporels et pour
« les fuir. Mais je sens la main de Dieu qui romp toutes
« les branches sur lesquelles mon esprit cherche à se rac-
« crocher et qui me replonge dans l'abime obscur du pur
« abandon. »

En fait, et comme devait le lui rappeler peu après son
vénérable maître M. Tronson, dans une page que nous avons
plus haut reproduite, on prépare souvent de loin, sans bien
le savoir et par des moyens très humains, les élévations de
cette sorte : mais du moins l'ami de Beauvilliers, renonça-t-
il, en esprit de foi, à toute démarche de la dernière heure !
Il est vraiment émouvant de pénétrer ainsi, grâce à la précieuse publication de Dutoit, dans l'intimité de cette conscience d'exception et de choix à l'heure même où va se
décider sa destinée terrestre, destinée que tout permettait
alors de présager plus éclatante encore que les événements
ne l'ont réalisé par la suite. Pour arrêter, en effet, l'essor
presque irrésistible de Fénelon vers la première dignité de
l'état, il a fallu qu'une série de hasards extraordinaires
vinssent se placer à la traverse : rencontre de Mme Guyon,
rationalisation inachevée de sa métaphysique pieuse, entrée
en scène et bientôt en campagne de Bossuet, mort prématurée du duc de Bourgogne. Il est beau qu'une conscience,
façonnée par la discipline chrétienne, ait su conserver ce
sang-froid, ce contrôle à peu près absolu sur les frémisse-
ments instinctifs du moi profond lorsqu'elle put entrevoir
soudain de si énivrantes perspectives.

Il est vrai que, tout au fond de cette âme hautement morale, subsiste la conviction mystique d'une alliance divine
privilégiée et que l'abîme obscur « du pur abandon » s'y
éclaire en conséquence d'une subtile et mystérieuse lueur

d'espérance : c'est ce que révèleront au psychologue attentif les dernières lignes de cette lettre mémorable, qui est datée du 30 avril 1689. « Au reste, ne croyez pas que ce soit une « grande agitation. Non, je suis paisible et peu occupé de « tout cela. C'est seulement, comme je vous l'ai dit, un « certain travail intérieur qui ne me distrait point ni de « mes occupations, ni de mon recueillement mais qui *me* « *mine secrètement et profondément*, lors même que je va- « que à toute autre chose et que je suis le plus gai! Au « surplus, je ne voudrais pas me faire pape, ne fallût-il « pour l'être que le vouloir sans que personne en sût jamais « rien! Quelquefois même, je suis tout honteux de *craindre* « *si peu l'élévation* et de me sentir de la peine lorsque *je* « *suis dans l'incertitude d'y parvenir*. Mais je laisse cette « *mauvaise honte* avec tout le reste, comme elle le mérite. « Enfin, malgré cette *démangeaison intérieure*, je suis en « paix et je n'ai besoin de rien! » Quelle curieuse et sub- tile définition de la subconsciente Volonté de puissance!

Une telle disposition d'esprit n'en est pas moins un suc- cès pour Mme Guyon dont elle favorise les manœuvres prudemment conquérantes. Aussi s'empresse-t-elle à profiter de cet avantage en confirmant dans son attitude expectante, mais discrètement armée, celui qu'elle considère dès lors comme l'instrument prochain de sa propre grandeur, celui dont elle voudrait devenir l'Eminence Grise : car nous sa- vons assez que ce sont les pouvoirs d'opinion qu'elle a choi- sis pour objets de son impérialisme vital : « Tout le défaut « que vous feriez en cela, écrit-elle donc, serait de rejeter les « choses par *humilité*, comme voulant vous rabaisser et com- « battre ce qui vous *paraît* humain, *ce qui n'est plus de* « *saison* et vous ferait plus de tort (au spirituel) que tous « les bruits de votre imagination ne vous en peuvent faire, « parce que c'est une action propre qui veut rejeter ou ac- « cepter! » Tel est le subtil détour de l'orgueil subconscient dans le mysticisme insuffisamment équilibré de raison : on prétend faire honneur à l'Allié d'En-haut lorsqu'on s'élève par son bras puissant, et l'humilité n'est donc *plus de sai- son* pour les pélerins de cette voie *passive!* Sur ce dernier point, Fénelon s'est laissé, nous le verrons, persuader par sa directrice, et cette persuasion l'a rendu par la suite en-

tièrement aveugle aux manifestations de l'orgueil dans cette
dominante personne, qui, d'ailleurs, en surveilla vis-à-vis
de lui l'expression avec un soin de toute heure.

Voyons-la cependant achever cette exhortation spécieuse,
dont l'objet est d'interdire à l'abbé tout recul inopportun devant la haute destinée qui vient s'offrir à lui : « Il n'y a
« rien à faire que d'attendre avec patience que Dieu, qui
« *vous aime* avec une tendresse de *père,* fasse de vous ce
« qu'il a destiné. Dieu vous conduit avec une bonté qui me
« charme. Je le vois appliqué à vous avec un amour infini,
« content de votre délaissement en ses mains... Je goûte
« votre cœur d'une manière que je ne puis vous exprimer
« et j'y trouve une convenance entière... *Oh ! que vous êtes*
« *bien et que le bras qui vous porte est puissant !...* Vous
« êtes le jardin de l'Epoux... Tout ce qu'il vous permet,
« c'est de voir, avec une complaisance d'amour, qu'il le
« regarde seul et le plaisir qu'il y prend, sans penser à
« vous ni à votre seul avantage. Vous pouvez *prétendre à*
« *tout sans prétendre à rien.* Celui qui vous défraie est *plus*
« *que suffisant pour tout.* Dans l'état où vous êtes, tout
« sert à vous détruire et à vous faire mourir ! » Conclusion
rassurante, mais hasardeuse dans laquelle on reconnaît
le fruit de la peu clairvoyante psychologie quiétiste : comme
un psaume de la lyre hébraïque, ces lignes célèbrent l'Alliance surhumaine, ce tonique incomparable du Moi humain que le guyonisme affiche pourtant la prétention de
détruire !

CHAPITRE III

Intermittentes rébellions de la logique masculine.

Contre les « tentations » de doute et de méfiance qui l'assaillent parfois au cours de son étrange aventure spirituelle, Fénelon se fortifie volontiers par ces arguments historiques qui persuadent l'esprit masculin, plus soucieux de logique que la pensée féminine. Il cherche son recours et son assurance dans les mêmes régions théoriques que hanta deux siècles plus tôt la méditation de Luther. Le 11 mai 1689, il expose clairement en effet le motif, d'ordre théologique, qui le dispose favorablement à l'égard de la doctrine guyonienne : c'est qu'il ne voit nullement dans cette thèse métaphysique spécieuse une nouveauté spirituelle, une exagération hardie des récentes suggestions de Sainte Catherine de Gênes ou de Saint Jean de La Croix. C'est un des premiers interprêtes de la parole du Christ, c'est Saint Paul qu'il donne pour ancêtre et pour précurseur à sa directrice, en interprétant dans le sens guyonien les ardentes assertions mystiques de l'apôtre des Gentils. L'état d'exaltation généreuse que trahissent les écrits de Paul et qui dans cette âme ardente n'était que le durable écho des éblouissements du chemin de Damas, Fénelon l'envisage comme un état de *mort* mystique et croit discerner dans les différentes expressions qu'en donnent les Epîtres, toutes les modalités psychiques singulières dont Mme Guyon entretient sans se lasser depuis quelques mois son directeur. L'apôtre se voit, dit-il, crucifié pour le monde, c'est-à-dire pour tout ce qui n'est pas Dieu : il ne se sent plus coupable de rien sans néanmoins se considérer comme justifié devant Jésus, ne se glorifie plus qu'au Seigneur, parle de lui-même comme il parlerait d'un autre et ne craint donc pas d'en rapporter des choses *subli-*

mes parce qu'il est hors de soi et sans aucun intérêt propre désormais. La béate de Montargis avait repris en effet toutes ces affirmations à son compte.

I. — INSTABILITÉ DE POTENTIEL NERVEUX CHEZ FÉNELON.

Pour avoir suggéré de tels rapprochements à son fils spirituel, Mme Guyon voit croître son autorité sur l'esprit de ce croyant sincère, et les confessions ou consultations d'une part, les instructions ou exhortations de l'autre vont se succéder entre eux, pendant un certain temps, sans incidents notables. La directrice profite des dispositions soumises de son dirigé pour se précautionner à l'avance contre les objections rationnelles qu'il pourrait soulever de nouveau : « La « raison pour laquelle Dieu vous choisit par dessus une « infinité d'autres, écrit-elle, est la *docilité* qu'il a donnée à « votre cœur... Je vous assure que *je ne trouve cela en per-* « *sonne* et que même les âmes les plus avancées bâtissent « souvent des murailles entre Dieu et elle et *entre elles et* « *moi par leur résistance...* Ce qui me fait le plus souffrir, « c'est que la conduite de Dieu *ne paraît pas toujours telle* « *à la raison.* Mais comment Dieu la ferait-il mourir s'il « n'avait pas une conduite intérieure propre à lui faire per- « dre toute trace et à la renverser ? »

Fénelon acquiesce de son mieux et s'efforce de réduire en effet sa raison au silence ; il y apporte une sincérité vraiment touchante, et tente les efforts les plus méritoires pour ne contrarier en rien les vues supposées de Dieu sur sa personne : « Je suis tout persuadé, mande-t-il à sa correspon- « dante le 12 juin 1689, qu'il faut que la sagesse meure, « mais *ce n'est pas à moi* à lui donner le coup de la mort. « C'est la main de Dieu qui doit l'égorger et à moi de me « tenir immobile sous la main... J'accepte tout sans réserve « et je laisse tout tomber (1). Que puis-je faire autre chose ? « *Faites le reste auprès de Dieu pour moi !* En vérité, je ne « veux point vous faire souffrir par ma résistance, et, si je « le fais sans le savoir, ne m'épargnez pas !... Je n'ai le

_____

(1) Expression guyonienne fort pittoresque qui reviendra très fréquemment dans les écrits de Fénelon.

« goût d'aucune lecture *si ce n'est de vos lettres lorsqu'elles*
« *arrivent* (1) enfin je deviens *un pauvre homme* et *je le veux*
« *bien!* Pour la sagesse, vous savez qu'il n'est pas aisé de
« s'en défaire : elle n'est pas comme la chair qui fait hor-
« reur : la raison a toujours de beaux prétextes. Mes pre-
« miers mouvements ne sont point de grâce, ils sont de
« *prudence mondaine* ou d'orgueil : les secondes vues sont
« des retours sur moi-même. Je laisse tomber volontiers tout
« cela ; mais, quand il faut se déterminer à agir, cette mul-
« titude de vues embrouille et on ne sait ce que Dieu veut.
« Souvent, je prends le parti qui me paraît le *plus raisonna-*
« *ble, en esprit d'abandon* afin que, si ce n'est pas celui que
« Dieu veut, il m'en punisse et me confonde tant qu'il voudra
« pour sa gloire! » C'est là une élégante solution du problème dans un sens, malgré tout, rationnel : tel sera le principe d'action du prélat pendant les dernières années de sa
vie et Mme Guyon n'aurait pas proposé de son chef une règle si sage.

Une si visible dépression du système nerveux chez un
homme de médiocre force vitale, — mais qui pourtant, quoi
qu'il en dise, ne deviendra jamais un *pauvre homme*, —
l'engage d'abord à se tourner avec plus de confiance vers
celle dont sa volonté de puissance reçoit un subtil et secret
réconfort : « Je ne suis pas, proclame-t-il, d'un *degré* (mys-
« tique) à être pour vous ce que vous êtes pour moi! » Ca-
pitulation ouverte que l'intéressée exploite aussitôt en ces
termes : « Je puis dire que Dieu m'a *associée à votre égard*
« *à sa paternité divine*. Je vous aime du même amour qu'il
« vous porte... Mon maître me donne bien de l'envie de vous
« voir. Il a du dessein en cela. L'après-dîner, je me suis sen-
« tie saisie d'un je ne sais quoi de très fort : il m'a fallu me
« retirer à part, quoique assez proche du repas, pour don-
« ner essor à mon cœur qui crevait! Il me semblait que ce
« qui m'était donné pour vous dans ce moment ne trouvait
« pas assez d'issue, était comme une eau qui tourne et enfin

---

(1) Notons cet aveu capital afin de mieux comprendre les jugements si dissemblables de Bossuet et de Fénelon sur Mme Guyon : le
premier lecteur de ses manuscrits antérieurs à 1688 seulement : le
second uniquement (ou à peu près), de ses lettres à lui adressées
après cette date et infiniment plus rationnelles.

« redonde sur elle-même en sorte que le cœur ne peut tout
« porter : il désire toujours plus de s'écouler dans le vôtre ! »
C'est une variante de la scène de Beynes que Bossuet trouvera relatée dans l'autobiographie de la béate et qui ne lui
inspirera qu'ironie mordante (1). Mais Fénelon n'a pas de
ces réactions immédiates du sens logique : sa fine raison garde
plus de souplesse et il ne répond tout d'abord que par des
encouragements plus pressants à la dispensatrice des grâces
célestes · « Je voudrais bien, Madame, pouvoir deviner ce
« qu'il faut faire pour vaincre votre timidité (!) à mon
« égard... Vous craignez toujours sans fondement, ce me
« semble, de me gêner ou de me scandaliser. Mme de C. (2)
« ne vous inspire-t-elle pas quelque chose de sa sagesse ex-
« cessive?... Vous me mandez que c'est à moi de comman-
« der. Hé bien, je le veux et je commande de tout mon
« cœur que vous soyez plus libre. Si vous ne le faites, vous
« manquerez à Dieu et à moi, et vous me nuirez ! »

L'écoulement de grâces dont il vient d'être question n'ap-
portera pourtant pas un bien prompt remède aux « ennuis »
tenaces de cet ancêtre de René, plus solidement chrétien malgré tout que son petit-fils, car voici là très frappante expression d'une mélancolie sans cause, qui n'est guère que « mal
« du siècle » exposé dans le langage dévôt de l'époque ·« Je
« n'ai rien senti, Madame, depuis deux jours que la paix sè-
« che dans l'âme et, dans le corps, une langueur qui me tient
« comme anéanti. En cet état, je ne fais rien que porter
« le fardeau de moi-même : même m'échappe-t-il des airs,
« des regards et des tons si secs et si dédaigneux que je
« m'étonne qu'on puisse me souffrir !... Il n'y a guère
« d'amis dont la conversation ne me fatigue. Tout m'est
« difficile et dégoûtant au dehors et je ne trouve rien au
« dedans, pas même la liberté d'esprit pour l'occuper de
« Dieu... Il me semble que Dieu veut m'atterrer et me faire
« invalide avant que de mettre en œuvre... Pour l'union
« avec vous, elle est intime, quoique je ne puisse, *dans mon*

---

(1) Mme Guyon raconte qu'elle se trouva certain jour si rem-
plie de grâces pour ses enfants spirituels que son corps (de jupe ou
corsage) en creva et que la duchesse de Charost, son amie, dut dé-
lacer ce corsage en toute hâte.
(2) Mme de Charost, ou Mme de Chevreuse.

« degré, correspondre avec tout ce que Dieu vous donne pour
« moi, etc... »

Mme Guyon, fidèle à son mode d'interprétation métaphysique habituel, n'aperçoit dans tout cela qu'un progrès de
la purification *passive* que subit son fils spirituel : elle semble
même considérer cette action purificatrice, de la Divinité
alliée comme assez près de son terme : « Il y a en vous,
« dit-elle, un feu secret qui brûle continuellement quoique
« insensiblement : il ne laisse jamais un moment son sujet ;
« il le consume peu à peu et le transforme insensiblement
« en lui-même (c'est-à-dire en feu divin, en émanation di-
« vine). Cette sourde mais continuelle opération est ce qui
« vous rend tout *languissant* et elle consume l'âme aussi
« vite que des opérations plus sensibles et plus violentes...
« C'est là et ce *sera là*, autant que je le comprends, votre
« plus ordinaire état... Deux choses vous feront remarquer
« cette présence (de Dieu) cachée et desséchante : la pre-
« mière est cette inclination secrète pour la *solitude*... l'au-
« tre cet *Amen* continuel pour toutes choses qui ne peut
« jamais se faire sans un très grand amour de Dieu... Il
« y a même dans cet *Amen* (1) un goût caché que vous
« n'apercevez peut-être pas à cause de sa délicatesse et
« qui est un très grand réveil pour la volonté : ce qui me
« fait voir qu'elle n'est pas si sèche que vous le dites, quoi-
« que la nudité vous la fasse paraître telle ! » Eh certes !
l'*Amen* à la direction supposée d'un Allié omnipotent est
un très grand « réveil », un tonique précieux, un inestimable réconfort pour la volonté de puissance : c'est ce que
Mme Guyon a bien connu par sa propre expérience avant
de le constater chez son enfant de grâce et de le lui faire
toucher du doigt : « Je suis convaincue, conclut-elle, que
« tout se fera en vous *en langueur et en faiblesse*... Les uns
« meurent par le glaive et vous mourrez par la *défaillance* !»
Voilà une excellente consultation de thérapeute mystique,
spécialisée dans le traitement des névroses pieuses. Fénelon
n'oubliera pas ces leçons et il en répétera l'essentiel à d'au-

---

(1) Dutoit-Membrini et après lui P.-M. Masson ont imprimé ici
« amour » : mais, faut lire *Amen* à notre avis, comme on le lit quelques lignes plus haut, pour rester fidèle au sens général du passage.

tres malades quand il aura pris ses grades de docteur ès-
sciences mystiques.

II. — UNE NUIT D'INSOMNIE ET SES CONSÉQUENCES.

Dans les premiers jours de juillet 1689, Mme Guyon
ayant fait lire à son dirigé un de ses opuscules théoriques (1), Fénelon, sans la contredire ouvertement, lui répond par des considérations fort rationnelles et sages sur
les « dernières épreuves » de la purification passive dans le
guyonisme : tentations d'impureté, de blasphème et de désespoir. En outre, sa lettre, qui ne nous est parvenue que
tronquée, contenait (2) le récit d'une conversation entre lui
et Mme de M., — c'est-à-dire Mme de Maintenon très probablement, — qui aurait formulé dès lors quelques réserves
sur la dévotion guyonienne : réserves que l'épouse du Roi
écartera, comme on le sait, de sa pensée pendant les années
suivantes, pour y revenir et s'y tenir enfin à dater de 1694.
La béate sent donc sur deux points à la fois quelque résistance chez son enfant de grâce, résistance théorique et résistance mondaine; son humeur en est profondément affectée et sa riposte va déchaîner entre eux une première crise
de malentendu sentimental dont le spectacle sera pour nous
fort instructif.

Elle commence par réfuter subrepticement, selon sa coutume, toutes les restrictions de bon sens que son interlocuteur a cru devoir formuler par rapport aux suprêmes
épreuves, ces manifestations névropathiques extrêmes qui
sont l'aboutissement du mysticisme mal surveillé. Ainsi,
Fénelon avait fait remarquer qu'on peut se mettre soi-même
dans des états de ce genre par témérité ou par illusion : « Il
« serait *très difficile* de se mettre soi-même dans ces épreu-
« ves, retorque-t-elle. Il peut bien y avoir de l'illusion dans
« le désir des choses *sublimes* et en se figurant des *lumiè-*
« *res* qui, souvent, viennent plus de la *débilité du cerveau*

---

(1) C'est sans doute de ce petit traité de métaphysique pieuse
dont ses éditeurs ont fait le 19e et important *Discours* dans le IIe volume de ses *Discours spirituels*.

(2) Nous le savons par la lettre de Fénelon qui est datée du 11 juillet 1689.

« que de Dieu : mais qui serait assez ennemi de soi-même
« pour se livrer à des tourments intolérables où il n'y a
« pour la nature que rage, fureur et certitude de n'avoir
« qu'une peine sans nul plaisir? » C'est-à-dire qu'elle estime que son mysticisme, écartant par principe les « lumières » surnaturelles, visions, extases ou ravissements, ces désordres qu'on nomme les dernières épreuves dans la langue
dévote du temps n'y peuvent venir de la *débilité cérébrale*,
mais seulement de la main du Dieu purificateur, en dépit
des doutes exprimés par Fénelon.

Mais ce n'est pas là ce qui lui tient le plus à cœur. Elle
s'exalte bien davantage à la pensée de la concurrence féminine qu'elle entrevoit (1) et redoute plus encore que la re-
sistance théorique d'un auditeur jusque-là si parfaitement
docile à ses leçons. Elle achève donc sur le ton le plus agité
sa réponse : « Quand je serais un *démon*, je ne saurais
« m'empêcher de vous prier, au nom de Dieu, de n'entrer
« jamais en défiance ni de votre grâce, ni du don de Dieu...
« Quand il me faudrait mourir comme une infâme, je me
« trouverais trop bien payée d'avoir pu vous dire ce que
« je ne doute point que Dieu ne veuille de vous. Je vous
« dirais volontiers que *Satan a demandé à vous cribler*,
« mais que votre foi ne défaudra pas, et, comme Dieu vous
« conduit par la pure foi, il a voulu se servir d'un sujet
« si vil qu'il ne pût jamais vous servir d'appui. Ne jugez
« pas, Monsieur, (et non plus : mon enfant, comme précédem-
« ment) les choses que j'ai eues pour vous : je vous assure
« que vous êtes l'unique et tout le monde se plaint de mon

---

(1) La rivalité de ces deux femmes, attachées au même guide spirituel, bien qu'avec une inégale ardeur, devait prendre par la
suite des proportions beaucoup plus amples. Il semble que cette ri-
lité ait commencé à se dessiner dès ce temps, par intermittences.
Mme de Maintenon était, pour Fénelon, un très puissant appui
dans l'ordre temporel. Mme Guyon en sentait bien les avantages,
mais, à certains moments, sa jalousie, dont nous connaissons l'im-
pétuosité, n'en prenait pas moins le dessus dans son âme. Elle conte
à l'abbé dès le 28 mai 1689 un rêve singulier où figure une femme qui
arrête ce prédestiné dans ses progrès sur la voie intérieure : «Lors-
« que cette femme se fût retirée, je vous serrai plus fortement et
« nous retrouvâmes notre pente, ajoute-t-elle! » Son activité subconsciente, débarrassée de tout frein conscient par le sommeil, s'inquiète des possibles progrès de sa rivale.

« silence ! » C''est-à-dire, d'après le début de la réponse fénélonienne que nous allons étudier à l'instant : « Vous êtes
« le seul à qui je parle dévotion, quoi qu'en disent les gens
« qui m'accusent de *trop parler!* » Tout cela est parfaitement incohérent : mais en ce moment, la peur se joint à la
jalousie pour agiter cette femme qui avait été si récemment
privée de sa liberté par des imprudences de même nature.

Fénelon se montre un peu abasourdi de cette algarade,
car il a peine à concilier une telle sortie avec le « repos
central » et la « quiétude » dont se vante à l'occasion son
amie ! Il fait toutefois bonne contenance, se réfugie dans
une parfaite sincérité vis-à-vis de lui-même et se contente
d'établir, pour sa défense, le bilan de ses relations avec sa
directrice jusqu'à cette date : « Vous avez pris, Madame,
« trop fortement deux choses : l'une qu'il y a peut-être des
« gens qui parlent trop, l'autre qu'il ne faut point écrire
« sur les purifications passives. Pour le premier article,
« c'est une chose que Mme de M. m'a dite et que je vous
« ai racontée simplement. Il est vrai qu'en vous la racon-
« tant, j'ai eu la vue de vous rendre compte de la peine que
« cela m'a fait *pendant une nuit,* et, en même temps, de vous
« avertir, afin que vous prissiez garde à vous assurer de la
« discrétion des personnes auxquelles vous parlez avec con-
« fiance. Il est vrai que, pendant une nuit, j'ai eu sur *tout*
« *cela* je ne sais combien de réflexions qui venaient en
« foule me mettre dans une amertume insupportable ! Tout
« se montrait à moi *par le plus affreux et le plus humiliant*
« *côté.* Je ne pouvais non plus dissimuler ces pensées et la
« douleur qui en était la suite, que je pourrais maintenant
« voler au milieu de l'air ! Mais, comme je ne faisais que
« souffrir et me tenir à Dieu sans pouvoir rien juger de
« vous, ni en bien, ni en mal, je ne crois pas avoir commis
« d'infidélité et il me semble que Dieu m'en fait tirer le
« profit d'avoir acquiescé, sans aucune réserve aperçue pen-
« dant cette épreuve, à tout ce qui peut crucifier ma vanité,
« mon ambition et ma *fausse sagesse!* Maintenant, je suis
« dans le calme depuis plusieurs jours et vous pouvez me
« croire quand je vous assure que je n'ai jamais été si inti-
« mement uni à vous que je l'ai été ce matin ». Quelle page
frappante ! Cette heure encore fut décisive dans la carrière

de Fénelon. Certes, la raison, vaincue au prix d'un si pénible effort, le sera plus facilement, trop facilement dans la
suite par le pieux abbé en semblable occurence ; mais sa directrice ne lui en voudra pas moins quelque peu d'avoir
subi l'assaut de ces « tentations » si périlleuses pour elle,
et, près de leurs amis communs, elle se plaindra qu'il pé-
chait trop souvent par la foi !

Il se préoccupe ensuite d'excuser les suggestions théoriques qui ont été si mal accueillies de sa correspondante. Il
n'a jamais voulu dire, explique-t-il, qu'on ne doive pas
écrire sur les purifications divines en secret, au profit de
quelques âmes de choix, mais seulement qu'on ne devait
rien faire imprimer sur de tels sujets sans nécessité. Et,
à ce propos, il cherche à se rassurer lui-même, en même
temps que son amie, sur le caractère insolite qu'ont si rapidement revêtu leurs relations spirituelles : « Je suis persuadé
« qu'il s'en faut beaucoup que je n'entende beaucoup de
« choses très délicates et très profondes dont l'expérience
« seule peut donner la vraie lumière. Mais, pour les prin-
« cipaux états de la voie (intérieure), il me semble que je
« les comprends sur vos écrits d'un bout à l'autre, du moins
« en gros et d'une vue générale, en sorte que je les *réduis*
« *sans peine aux vrais principes de la plus sainte théologie.*
« Ainsi, *rien ne peut me scandaliser à* cet égard-là ! » Il la
suppose donc dès lors aussi avancée que lui dans la rationalisation prudente de leurs communes aspirations métaphysiques ; et ceci est rassurant pour Mme Guyon ; mais voici,
qui l'est beaucoup moins et qui devait de nouveau l'inquiéter
grandement sur la foi de son ami dans la délégation divine
dont elle s'attribuait le privilège : « Ma tentation de scan-
« dale se tournerait plutôt vers votre état où vous suivez
« sans examen (rationnel) votre goût intérieur avec tant de
« vivacité ou, pour mieux dire, avec une force qui vous
« *entraîne* si rapidement ! Je craindrais ces *sorties*, d'ail-
« leurs si opposées à celles de mon état *toujours délibérant*
« *et précautionneux !* Je craindrais même horriblement
« d'être entraîné comme vous dans une conduite qui *démon-*
« *terait* ma sagesse *aux yeux de tout le monde* et aux dé-
« pens de ma réputation, ce qui ferait que la nature jette-
« rait les hauts cris dès les premières alarmes ! Mais il est

« bon de voir toute sa faiblesse et d'avoir peur d'une ser-
« vante comme saint Pierre qui avait tant fait le brave! »
Conclusion qui tranquilliserait son interlocutrice, s'il
n'ajoutait aussitôt que ces tentations de scandale lui revien-
dront peut-être, car il aurait grand tort de répondre de lui!

Mme Guyon porte d'abord de façon assez ferme ce, second coup plus mesuré, plus amorti, mais en revanche
plus médité et plus mûri que le premier. C'est, nous le
verrons, dans une lettre postérieure de quelques jours que
se trahira l'orage soulevé dans sa subconsciente Volonté de
puissance par la perspective d'un échec possible de sa plus
audacieuse campagne de conquête : « Pour votre peine, elle
« ne m'en fait aucune, écrit-elle tout d'abord avec un feint
« détachement. J'en ai écouté le récit comme d'une chose
« qui vous arriverait bien d'autres fois et dont je ne suis
« nullement surprise, étant rompue à ces sortes de choses! »
Elle en souffre pourtant lorsque ces choses lui viennent d'un
disciple dont la persévérance lui est à ce point désirable et
nous allons le constater sans retard en continuant de la
lire : « Je vous demande seulement par grâce, poursuit-elle,
« *de me les dire,* par petitesse : je crois que Dieu veut de
« vous cette fidélité, quand bien même il permettrait que
« je fusse assez ridicule pour le prendre mal, ce que je ne
« crois pas. Je ne crois pas que vous ayez commis une im-
« perfection dans toute cette peine, prononce-t-elle encore,
« désireuse qu'elle est de remettre autant que possible les
« choses dans l'état antérieur par une opportune amnistie.
« Au contraire, je crois que cela vous a fait faire d'excellents
« sacrifices et a beaucoup *purifié* votre âme. » Sa lettre se
termine même par une large concession à l'état « délibérant
« et précautionneux » dont son correspondant s'est accusé
vis-à-vis d'elle : « Si j'ai fait quelques fausses démarches,
« c'est par le défaut de mon naturel : c'est pour n'avoir pas
« assez suivi Dieu quoi qu'il soit vrai qu'on m'en ait beau-
« coup attribuées que je n'ai point faites... Vous êtes à cou-
« vert par votre bon esprit et *sagesse naturelle* (!) et l'expé-
« rience que vous avez des imprudences que le manquement
« qui est en moi toutes ces choses me pourrait faire faire! »
Voilà donc le retour, pour une fois, au simple bon sens,
l'abjuration de toute prétention « déiforme », un hommage

soudainement rendu à la *sagesse* et à *l'expérience* humaines !
Ce sont de ces concessions que Fénelon seul a su lui arracher par la douceur et dont il lui a fait avec le temps une
seconde nature ; en sorte qu'il a pu confondre de bonne foi
sa propre thèse métaphysique, presque orthodoxe, avec les ·
premières suggestions de Mme Guyon qui ne l'étaient pas.

III. — FÉNELON RÉSUME EN LES RATIONALISANT,
SES ACQUISITIONS GUYONIENNES.

Quelque temps après, l'abbé reçoit de sa correspondante
une instruction d'ensemble qui a été publiée · par Poiret au
tome II des *Opuscules* de Mme Guyon : c'est le *Petit abrégé
de la voie et de la réunion de l'âme à Dieu*, un de ces exposés sommaires et succincts de son système métaphysique
qui ne coûtaient que peu d'effort ou même peu d'attention
à la béate, imbue qu'elle était ·jusqu'aux moelles· d'une si
spécieuse interprétation mystique des phénomènes de la névrose légère. — Fénelon répond à cet envoi par la lettre la
plus ample de toutes celles que Dutoit-Membrini nous a
· · conservées de sa plume. Il s'arrête d'abord à résumer avec
soin le document soumis à sa méditation et l'on dirait d'un
écolier qui récite consciencieusement sa leçon. Rien ne paraît le
rebuter dans les très arbitraires distinctions que son amie
lui propose de faire entre les différents degrés de l'échelle
mystique. Aussi bien, se croit-elle tenue de suivre en ceci
la tradition établie par Sainte-Thérèse dans son *Château
de l'âme ;* et c'est d'ailleurs en de tels morceaux que triomphe la virtuosité métaphysique ou allégorique de cette précieuse de province, qui transporterait si volontiers dans
l'au-delà la carte du pays de Tendre. · Pourtant le disciple
s'est heurté à deux difficultés d'ordre rationnel qu'il expose
en détail, et même avec une certaine complaisance à celle
dont il n'accepte pas sans examen les oracles.

Tout d'abord, le psychologue chrétien sainement pessimiste, qui connaît la nature humaine et qui s'en méfie, ne
peut croire la désappropriation de la volonté (nous dirions
l'extinction de la ·Volonté de puissance) entièrement parfaite et parachevée dans le pèlerin de la voie intérieure au

moment de la mort à soi-même, ce dernier échelon de la
perfection mystique. L'âme, opine-t-il, a encore besoin d'être
purifiée jusque dans cette résurrection mystique qui l'élève
à l'état *déiforme*. En effet, même après la mort des « puissances » de l'âme (c'est-à-dire après l'assoupissement de
ses facultés conscientes tant bien que mal, éteintes par l'effort vers l'automatisme affectif), il demeure en cette âme
quelques restes de la volonté propre qui la souillent encore
légèrement et dont elle ne sera dépouillée que dans la vie
bienheureuse. Mme Guyon semble parfois désigner ce résidu
de la volonté de puissance sous le nom de *rouille*, métaphore
que son correspondant juge mal choisie. L'âme étant un pur
esprit, dit-il, ne connaît point de rouille, mais un reste de
cet attachement à elle-même qu'on appelle en termes théologiques la *propriété* spirituelle. Elle n'achève de sortir de
soi que quand elle achève de se perdre en Dieu à la fin de
son pèlerinage terrestre.

Il développe bien davantage cependant la seconde difficulté
qui l'arrête et nous trouvons encore une fois sous sa plume
à ce propos un éloquent plaidoyer en faveur de la *raison*,
toujours subsistante et agissante à son avis dans l'âme déiforme — trait qui caractérisera jusqu'au bout le Fénelonisme comme un Guyonisme sagement, largement rationalisé dans son principe. — Sa seconde hésitation, expose-t-il
en effet, porte sur les *ténèbres* de la foi : car la foi parfaite
ne consiste pas à ne plus rien voir du tout, et il y aurait
même de l'impiété à le croire, puisque ce serait confondre
la foi avec le mouvement aveugle des *fantasques* et des *faux
inspirés*. L'obéissance de la foi est *raisonnable* selon Saint-
Paul et selon Saint Augustin. Rien n'est si *raisonnable* que
le sacrifice que nous faisons à Dieu de notre raison ! — Ce
qui est entrevoir et marquer quelque peu le caractère en réalité « impérialiste » et par là tonique du système métaphysique guyonien qui prétend pourtant combattre et détruire
en nous l'impérialisme vital : trait que nous avons signalé
déjà comme la *contradiction* logique essentielle dont souffre
cet enseignement tout affectif, dicté par le tempérament féminin. Fénelon répugne à s'enfermer dans cette contradiction puérile et fait de son mieux pour y échapper. Si, dit-il,
(dans un langage un peu moins clair toutefois que celui que

nous allons employer), si on abandonne sa raison entre les
mains de Dieu sur la voie de purification *passive,* c'est qu'on
s'y sent décidé par une raison *supérieure,* par la perspective
de s'acquérir une puissance plus grande en nouant plus étroitement entre soi-même et Dieu l'alliance défensive et offen-
sive pour le temps et pour l'éternité. — La foi est *obscure,*
indique-t-il en propres termes, en ce que son autorité nous
soumet à croire et à faire les choses qui vont au-delà de toutes
nos lumières naturelles : mais d'un autre côté, elle est très
claire (aux yeux de l'impérialisme vital devenu logique dans
l'homme avec les siècles) puisqu'elle n'exige le sacrifice de
notre raison qu'en faveur d'une autorité *toute divine* (et par
conséquent douée de suprême raison, selon la conception chrétienne de la Divinité). — C'est ainsi que l'on ne croit pas à
l'Evangile parce qu'il est *obscur* : au contraire on surmonte
cette obscurité qui est *une raison pour ne pas croire,* à cause
de l'évidence des miracles et des prophéties qui rendent clair
ce qui demeure obscur dans les mystères. Comprendre autrement la foi, c'est la renverser (en tant que rationnelle) car elle
doit être tout ensemble obscure et *lumineuse.* Ne croire que
ce que la raison comprend, ce n'est pas foi, mais philosophie :
en revanche croire sans comprendre ce qu'on croit ou du
moins *pourquoi on le croit,* ce n'est plus ni raison, ni foi,
c'est *fanatisme,* c'est *enthousiasme extravagant !*

Protestation qu'il reprend aussitôt sous une autre forme
en soulignant cet aspect *rationnel* de la discipline chrétienne
ecclésiastique qui a maintenu jusque-là tant de mystiques
chrétiens dans les bornes d'une activité efficacement sociale.
Les âmes intérieures, affirme ce prêtre fidèle à son vœu
d'obéissance, doivent toujours soumettre leurs attraits et leurs
expériences aux décisions de l'Eglise qui est, selon la promesse de Jésus-Christ dans l'Evangile, plus assistée du
Saint-Esprit pour décider sur la doctrine que tous les Saints
les plus éclairés ensemble ne le seraient, fussent-ils appuyés
sur *toutes leurs expériences (mystiques) intérieures !* — Par
là, les âmes les plus intérieures et les plus éprouvées dans
la nuit de la foi ne cessent jamais d'avoir une entière certitude de leur voie, certitude qui se réduit *à la règle de foi dictée par l'église* et à la simplicité de ses enfants pleins de soumission. De la sorte, le chemin de la foi peut bien être téné-

breux et impénétrable, mais le Dieu de l'Eglise, qui reste notre guide, nous le rend clair par son *autorité* infaillible. Quoique nous ne sachions pas où nous sommes menés, nous savons du moins que c'est Dieu qui nous mène et que ce Dieu est *souveraine raison* : certitude qui nous demeure dans le temps de la tentation la plus extrême quoique nous soyons alors momentanément incapables d'en *faire usage pour nous calmer*. — Et encore, remarquerons-nous ici, une telle certitude, même passagèrement oubliée pour les noires suggestions de la névrose, agit-elle toujours comme un *calmant* efficace au fond de l'âme. C'est même ce qui permet de comprendre les succès thérapeutiques du quiétisme et ceux de sa forme rationalisée, le Fénelonisme.

Cette certitude nous demeure si bien, insiste en effet Fénelon, qu'on ne voudrait pas, pour un bonheur éternel, sortir un moment de cet état extrême : tant il est vrai que la conviction (d'alliance surhumaine) qui fait la foi peut bien être *enveloppée*, mais ne laisse pas d'être *inaltérable*, au moins dans le chrétien bien préparé à subir les épreuves de la voie passive par ses efforts *actifs* antérieurs. — Toutefois, — et s'il n'en était pas ainsi, *il n'y aurait pas d'épreuve* au sens propre de ce dernier mot, — toutefois Dieu ne permet pas (au cours de la voie passive) qu'on puisse réfléchir de façon expresse sur la foi pour se rendre à soi-même le témoignage qu'on la possède encore, car ce retour sur soi équivaudrait à une « propriété » qui empêcherait l'âme de se déprendre d'elle-même. Ce n'est pas l'âme qui quitte à ce moment sa lumière, c'est la lumière qui la quitte tout à coup ; et encore, la lumière véritable et pure ne la quitte-t-elle *jamais* en réalité : si en effet on s'avisait alors de lui proposer quelque chose qui serait véritablement un mal, la conviction intérieure de cette âme se réveillerait aussitôt (en raison de l'entraînement moral conscient qu'elle s'est acquis au préalable) et elle répondrait : « J'aime mieux mourir que de résister à Dieu et de *violer sa loi* ! » Dieu prend seulement plaisir à *embarrasser* une telle âme pour la réduire à lui sacrifier toutes choses, jusques et y compris son éternité bienheureuse au besoin ! — Sauf ce dernier trait qui est discutable, il y a là une bien intéressante description du cadre rationnel solide que fournit à toute affectivité engagée sur la voie mystique la conception du Dieu hautement *moral* de l'Église, sans cesse observateur et juge des gestes sociaux du chrétien.

Ecoutons plutôt Fénelon achever son commentaire dans le même sens. Jusque durant cette agonie dernière, explique-t-il, l'âme tient donc toujours *par le fond de sa volonté* à ce qui lui paraît le plus droit *devant Dieu.* Si elle ne peut plus suivre Dieu clairement, à la piste, elle va du moins à tâtons le plus près qu'elle peut de ce Dieu infiniment saint et *juste,* ce qui lui est suffisant pour trouver *la certitude de la conscience* dans sa droiture d'intention. En cet état, tout ténébreux qu'il puisse être, il reste une lumière simple et qui, sans retour de l'âme sur elle-même, est plus pure, plus lumineuse, plus *certifiante* et plus chère à cette âme que toutes les consolations ou certitudes plus *sensibles* des autres états préliminaires : « D'où je conclus, ajoute le prêtre catholi-
« que, en terminant cette belle analyse psychologique, *que*
« *l'état de foi pure n'exclut jamais la raison* : il exclut bien
« la raison de *propriété,* c'est-à-dire cette sagesse par laquelle
« on est sage à soi-même, comme dit l'Ecriture ; il exclut
« cette sagesse intéressée qui veut toujours s'assurer pour
« soi et se répondre à soi-même, de son assurance pour en
« jouir avec une pleine propriété : mais il n'exclut jamais
« cette raison simple et sans réflexion sur elle-même qui
« tend toujours à ce qu'elle aperçoit de plus droit. Ce
« n'est pas qu'elle y tende par des raisonnements multiples
« et réfléchis : encore une fois, tout cela n'est pas la raison,
« mais *l'imperfection de la raison même!* » C'est-à-dire que
Fénelon n'exclut de la raison chrétienne que ce qui ne serait plus la raison, digne de ce nom, instruite par l'expérience et pleinement maîtresse d'elle-même : à savoir l'hésitation, la délibération vétilleuse et inutilement prolongée : sa correspondance de direction en fournirait mainte autre preuve. Conviction saine après tout, car elle l'a sauvé de ces excès où cherchait à l'entraîner Mme Guyon, et que n'éviteront point, après lui, certains de ses disciples, tout au moins le plus influent d'entre eux, Rousseau. Il demeure de la sorte un rationnel par sa fidélité à la tradition de l'Eglise, cette tradition qui s'est lentement bâtie sur quinze siècles d'expérience gouvernementale, après s'être greffée dès son point de départ sur la synthèse morale réalisée par les races mé-

diterranéennes antiques, c'est-à-dire sur le stoïcisme romain. — Voilà pourquoi il a bien pu être averti, rectifié par l'Eglise, mais non pas retranché de son sein. Telle qu'il la comprend, la pure foi, sans raisonnement *inquiet*, est non seulement raisonnable, comme Saint-Paul lui en est garant, mais elle est encore, pour reprendre ses propres termes, *le comble de la parfaite raison.*

Mme Guyon ne viendra que lentement, incomplètement à une conviction si sage. Elle s'empresse pourtant d'acquiescer, au moins en paroles, à la doctrine qu'elle sent inébranbles en son disciple. « On ne peut prendre mieux les cho-
« ses que vous le faites ; je les entends comme vous l'ex-
« primez... Je n'ai jamais prétendu que la foi ôtât la rai-
« son (elle l'a prétendu cent fois et le prétendra encore)...
« L'état de pure foi se termine à celui de Jésus-Christ, Sa-
« gesse éternelle. Mais de même que Jésus-Christ a été
« scandale aux Juifs et folie aux Gentils, de même les effets
« de la pure sagesse ne paraissent pas tels à ceux qui sont
« pleins de la sagesse de la chair qui doit être détruite pour
« laisser régner Jésus seul ! » — Il faut avouer que ce procédé de retraite en bon ordre est souverainement adroit. Une fois de plus, Fénelon aura ramené, peut-être sans s'en apercevoir, sa directrice vers le droit chemin où, dans sa bonne foi, il la supposait engagée de tout temps. Et tel sera finalement, sur presque tous les points, le résultat de leurs discussions théoriques.

IV. — FÉNELON PRÉCEPTEUR DES PRINCES.

Le 16 août 1689, éclate la nomination de l'abbé de Fénelon au préceptorat du duc de Bourgogne qui achève à ce moment sa septième année et qui doit être retiré des mains de sa gouvernante pour recevoir un gouverneur, selon l'usage observé dans la maison de France. Ce gouverneur est Beauvilliers qui s'adjoint aussitôt son ami. Mme Guyon en triomphe, puisqu'elle s'est donné le mérite de prédire un événement, d'ailleurs assez facile à pronostiquer. Elle en indique aussitôt à son fils spirituel les possibles et désirables conséquences par une lettre datée du 18 août : « Moins il y aura

« de vous-même dans l'exercice de votre emploi, plus il aura
« de Dieu. Vos talents naturels ne vous seront utiles dans
« cet emploi qu'autant que votre âme sera docile aux mou-
« vements de l'Esprit sanctificateur... Dieu a des desseins
« sur ce prince d'une miséricorde singulière ! » — Fénelon
répond, dans un billet daté du 21, par une adhésion sommaire, mais fort déférente, aux exhortations de son amie :
« Je me trouve dans une paix et dans une union avec vous
« qui n'ont jamais été plus grandes... Votre lettre m'a fait
« un grand plaisir pour apaiser mes sens émus et pour me
« rappeler au recueillement... je vous suis dévoué en Dieu
« avec une reconnaissance infinie... Je meurs d'envie de vous
« voir : je devrais parler plus civilement, mais je ne puis le
« faire avec vous... J'aurai mes consultations à vous
« faire, etc... » Et le 31 août : « Je ne m'embarrasse point
« de certaines fautes de prudence que j'aperçois après qu'el-
« les sont faites vers les personnes avec qui il semble qu'il
« faudrait le moins en faire : mais il me semble que *la terre*
« *ne peut me manquer* et que Dieu me mène à son but au-
« tant par mes fautes que par tout le reste ! » C'est ce que la
science appelle l' « euphorie » du système nerveux : elle
naît ici de la joie, à grand'peine contenue, du triomphe !

Puis, le 1ᵉʳ octobre, après que six semaines ont passé sur
son élévation soudaine, l'abbé se dispose à une confession
plus détaillée de son état d'âme et sa lettre mérite d'être
analysée avec soin. Il se sent depuis le début de ses fonctions nouvelles à la fois dans une sécheresse très marquée
et dans un largeur très grande. Rien ne l'embarrasse, as-
sure-t-il, ni difficultés, ni faux pas : toutes choses se passent
pour lui si naturellement, avec si peu de recueillement et
d'effort qu'il est parfois tenté d'attribuer cette facilité extrême à la dissipation ou à l'indifférence pour les choses
spirituelles. Il est même confirmé jusqu'à un certain point
dans cette opinion par la légèreté de son esprit qui vagabonde
sans cesse et parvient moins que jamais à se fixer dans
l'oraison. Pourtant, sans être en mesure de formuler clairement ses motifs, il croit n'avoir jamais été à Dieu jusque-là
d'une manière si simple, si totale, si profonde, si continuelle
qu'il l'est à ce moment. Les incidents de sa vie le *chatouil-*
lent quelquefois un peu dans sa vanité ; il lui arrive de lais-

ser échapper quelque parole qui l'avertit de ce chatouille-
ment dissimulé. Mais son cœur ne se repose jamais de façon
volontaire, à ce qu'il lui paraît, sur aucune de ces choses
qui peuvent flatter la nature : en sorte qu'il ne trouve rien,
dans cette élévation, sur quoi Dieu le laisse s'appuyer pour
favoriser son amour-propre. — Il y a dans ces lignes une sincérité évidente; mais aussi quelque naïveté. Cette âme que
tout porte à concevoir les plus vastes espoirs, lutte avec courage contre elle-même afin de masquer à ses propres yeux les
perspectives dont elle ne veut pas être éblouie. Effort admirable bien qu'infructueux, sans nul doute, car de telles perspectives ne se laissent guère oublier ! Attitude qui était d'ailleurs, humainement parlant, la plus habile des préparations
pour le pouvoir futur, puisqu'aussi bien elle gagna le cœur
du souverain présomptif de la France et prépara sa docilité
parfaite à l'égard de son précepteur.

Le succès, la distraction se montrent alors très favorables à la santé psychique du nouveau dignitaire et agissent
de la façon la plus tonique sur son fragile équilibre nerveux.
C'est ce que sa lettre du 10 octobre viendra confirmer pour
nous de précise et savoureuse façon. Il constate, dit-il, que
son oraison se dessèche et lui échappe sans lui laisser pourtant aucun regret : au lieu qu'il sent encore un regret cui-
sant sur ses fautes extérieures : de sorte qu'en consultant
et sa conduite et son oraison il n'y trouve plus rien que ce
qui est dans *le commun des chrétiens* dont la *crainte* de Dieu
est encore la règle de vie. — Ce que nous traduirions volontiers en ces termes : sentant beaucoup moins ses misères
névropathiques habituelles, il lui semble être sorti de cette
voie privilégiée qui est celle de la purification par la main
de Dieu. Bien mieux, puisqu'il recule après avoir été favorisé, puisqu'il se trouve entièrement *déchu* de sa précédente
grâce, il devrait se juger, dit-il, *fort au-dessous* de ces chrétiens vulgaires auxquels il se contentait de s'assimiler dans
la phrase précédente. Mais en dépit de tout cela, et s'il en
croit un « certain fond inexprimable » dont il constate toujours en lui la présence, il n'a pas cessé de pratiquer l'abandon et de laisser tout faire à Dieu, au dehors comme au
dedans, sans vouloir remuer sous cette main puissante, en
sorte qu'il ne s'est jamais senti *autant au large* qu'il s'y

trouve depuis son entrée en charge. — Aussi Mme Guyon, enchantée des dispositions de son disciple, se contente-t-elle de le confirmer dans sa quiétude présente et de maintenir avec soin vis-à-vis de lui les droits et privilège de la purification passive, dont elle a fait son moyen de puissance, en lui démontrant qu'il parcourt simplement une étape nouvelle de cette purification sans savoir clairement le reconnaître.

V. — ENCORE UN NUAGE, MAIS PLUS RAPIDEMENT DISSIPÉ.

Soudain, voici que surgit entre eux, de façon inopinée, et, une fois de plus, après l'intervention d'un tiers, un nouveau malentendu doctrinal et sentimental qui sera d'ailleurs plus facilement dissipé que les précédents. La duchesse de Chevreuse (ou la duchesse de Charost) a lu à Fénelon un passage d'une lettre où Mme Guyon accusait son dirigé de *manquer de foi* — de foi en Dieu sans nul doute, mais aussi de foi en elle, de foi dans son privilège de délégué céleste ! — Et, certes, c'était se montrer envers lui bien exigeante après les incroyables témoignages de soumission qu'elle en avait reçus ! Aussi, la justification de l'accusé aura-t-elle des accents de plaidoyer et parfois des intonations de réquisitoire : « Voici précisément, écrit-il, comment il me semble que je « suis. Je n'ai jamais douté un seul instant de la pureté et « de la parfaite droiture de vos intentions. Je suis persuadé « que vous avez une grâce éminente avec une lumière d'ex- « périence pour les voies intérieures qui sont extraordinai- « res et je suis très convaincu de la vérité de la voie de pure « foi et d'abandon où vous marchez et faites marcher ceux « que Dieu vous donne. Pour les mouvements particuliers « ou pour les vues que Dieu vous donne sur les personnes « et sur les événements, *je ne suis pas pire que vous-même* « (au point de vue de la foi) ; vous m'avez dit vous-même « que vous outrepassiez (passiez outre à) ces choses sans les « juger, en les donnant simplement telles que vous les avez « reçues, sans décider ! » Eh oui, certes, telle est l'affirmation ordinaire de la béate, pour se couvrir en cas d'insuccès et pour conserver les apparences de l'humilité chrétienne. Mais comment ne sent-il pas qu'elle déplore d'être par lui prise au mot sur ce point? N'avait-il pas parlé tout autrement de ce don de seconde vue au lendemain de son élévation et dans le premier élan de la satisfaction ou de la reconnaissance? Mais peut-être aussi, avait-elle, sans que nous le sachions, réitéré sans discrétion ses prophéties depuis ce moment?

« Voilà comme je suis, poursuit cependant le précepteur, « un instant infidèle à sa déférence coutumière! Je ne crois « rien, ni vrai, ni faux. Je ne doute pas même, car je ne « juge point du tout, mais j'outrepasse simplement, respec- « tant ce que je ne connais pas. Aussi n'est-ce point du tout « par ces choses, non pas même par celles qui sont *déjà véri-* « *fiées* que je tiens à vous » Et ce « déjà » trahit la confiance inavouée qui persiste en lui devant des prédictions après tout si flatteuses à sa volonté de puissance : « J'y « tiens par la voie de pure foi, *très conforme à tous les prin-* « *cipes les plus exacts de la doctrine évangélique,* par la « simplicité que je trouve en vous et par l'expérience des « morts à soi-même et de la souplesse dans les mains de « Dieu qu'on tire de cette conduite. Tout le reste est *au-des-* « *sus de moi* et regarde des états dont je suis bien éloigné. « Il me suffit d'être entièrement *uni* à vous selon mon degré « et sans regarder plus haut. Mais vous pouvez compter que « cette manière d'outrepasser tout ce qui est au-dessus de « moi ne diminue en rien la confiance et l'union. » Oui, Fénelon a trouvé apaisement et réconfort dans l'explication métaphysique que Mme Guyon lui a fournie de ses inquiétudes constitutionnelles, et il prétend s'en tenir, jusqu'à plus ample informé ou plus évident progrès, à cette constatation de son *expérience* personnelle, la plus intime et la plus sensible de toutes.

Les derniers mots que nous venons de reproduire avaient été dictés par l'intention de rassurer l'amie soupçonneuse, mais les suivants seront beaucoup moins encourageants pour une personne si vulnérable à la moindre suspicion de la part de l'homme qui incarne à cette heure tout son espoir de puissance spirituelle à venir : « Je vous avouerai de plus que je « me sens porté à croire que vous vous trompez quelquefois « sur les gens et sur leur disposition, quoique je ne croie

« pas que vous vous soyiez trompée sur moi : c'est là une
« *tentation* que je vous ai avouée plusieurs fois. Elle va, de
« temps en temps, jusqu'à (me faire) craindre que vous n'al-
« liez trop vite, que vous ne preniez *toutes les saillies de*
« *votre vivacité pour un mouvement divin,* et que vous ne
« manquiez aux précautions les plus nécessaires! Mais,
« *outre. que je ne m'arrête pas volontiers* dans ces pensées,
« de plus, quand je m'y arrêterais, elles n'y feraient rien,
« ce me semble, contre le vrai bien de notre union qui est
« la droiture et la voie de pure foi et abandon que je veux
« suivre. — Quant aux affaires temporelles, j'aurais peine
« à croire que vous ne fissiez pas de faux pas. Peut-être Dieu
« vous tient-il à cet égard dans un état d'obscurité et d'im-
« puissance pendant qu'il vous éclaire sur le reste. Encore
« une fois, je suis infiniment uni à vous, au-delà de tout
« ce que je puis dire et comprendre! »

En dépit des atténuations de ces dernières lignes, le coup
est rude à porter pour la directrice. Sa réponse n'en sera
pas moins digne, adroite, chrétienne même, dans le meilleur
sens du mot : elle ne trahira qu'en terminant quelque chose
de la souffrance aiguë qu'elle a ressentie devant les trop
sincères déclarations de son ami. Elle rétracte d'abord la
boutade imprudente qui lui a valu cette vive riposte : « Je
« vous dirai que c'était un songe que j'expliquais à Mme
« de C. où je vous disais *en rêvant* que vous n'aviez pas foi
« *en moi* et que vous me l'aviez avoué. C'était pour la *diver-*
« *tir* que je lui contais ces *fariboles.* Jugez si je suis assez
« folle pour vouloir que vous ayez de la foi en un néant.
« Vous êtes toujours bien lorsque vous êtes comme Dieu
« vous fait être pour moi! » Excuse assez peu persuasive,
il faut le dire, car les songes trahissent les préoccupations
de l'état de veille; en outre, il est singulier que Mme Guyon
se donne pour tâche de « divertir » ses amies par des confidences de ce genre. Quant aux formules d'humilité qui re-
viennent si fréquemment dans sa correspondance, il ne faut
pas les prendre trop au sérieux, puisqu'elles sont le plus souvent suivies, comme nous allons le voir, d'un plaidoyer *pro*
domo de ce « méchant néant » qui ne se résigne pas volontiers à être considéré comme tel : « J'avoue que je réussis
« mal dans les affaires temporelles... mais c'est pour hésiter

« plus que sur les autres, pour trop demander conseil, trop
« donner au respect humain, à la condescendance en ne sui-
« vant pas un je ne sais quoi dans le fond qui me redresse
« toujours. Il faut porter les suites des croix attachées à
« mon peu de courage. Je vous dirai simplement cependant
« que, *pour les autres,* j'ai toujours remarqué que, lorsqu'ils
« ont assez de petitesse (j'entends ceux que Dieu m'a *don-*
« *nés*) pour me demander mon sentiment malgré mon inca-
« pacité, et même en choses excédant ma portée, je leur ai
« toujours donné un conseil *juste :* et, lorsqu'ils l'ont suivi,
« Dieu a donné bénédiction : lorsqu'ils ne l'ont pas suivi,
« ils ne s'en sont pas bien trouvés... Comptez que, par moi-
« même, je ne suis qu'une bête, et vous compterez juste ! »
On prend ici sur le fait, en ses subterfuges, une tenace
volonté de puissance qui ne semble abandonner toute prétention personnelle que pour se réfugier aussitôt dans l'alliance et l'inspiration divine privilégiées, comme dans une
inexpugnable forteresse !

Enfin, vient la conclusion, amèrement plaintive, à laquelle
nous avons fait allusion déjà : « Je vous dis simplement ce
« qui m'est mis dans l'esprit. Cela me *soulage,* car j'ai souf-
« fert ce matin de telle sorte, peut-être par ma résistance
« que, dans plusieurs heures que j'ai été à l'église, j'ai dit
« souvent à Dieu qu'il vous donnât patience de me souffrir
« *dans ce qu'il exige de moi à votre égard* ou qu'il m'ôtât
« du monde; car je ne puis vivre et porter son indignation ! »
— Ou plutôt elle ne peut porter la défiance et le refroidis-
sement de Fénelon à son égard ! Nous n'avons pas la réponse
de Fénelon, par malheur, et, quand se renoue sous nos yeux
le fil de la correspondance, l'orage est dissipé sans avoir
laissé de traces.

Les derniers mois de 1689, ne nous apportent que des
échanges de vues moins attrayants au point de vue psychologique. Peu de lettres ont été conservées de Fénelon ; celles
qui nous restent sont de courts billets sans portée : les réponses de Mme Guyon se font plus strictement théoriques
et répètent, en les atténuant à l'usage du précepteur des
princes, les leçons de sa *Bible* commentée. Car il ne montre
nulle propension à demander ces éclaircissements aux volumineux cahiers manuscrits qu'elle dépose périodiquement

entre ses mains. Il lui faut la conversation écrite ou parlée de la béate, la communication directe et personnelle avec cette souple directrice. On reconnaît d'ailleurs sans peine que celle-ci a mûri sa pensée au cours de ses dernières tribulations et qu'elle fait désormais effort pour ne pas heurter par des assertions excessives, le fil spirituel d'exception et de choix qui a été mis entre ses mains par le ciel. Ce qu'elle produit à cette heure vaut beaucoup mieux que ce qu'elle rédigeait naguère, à tous points de vue : pour l'orthodoxie conservée, pour la souplesse psychologique, et pour le respect plus scrupuleux de la logique et de la raison. Nous avons déjà dit que là est à nos yeux le nœud de la Controverse du quiétisme qui se prépare. Fénelon n'aura guère connu de Mme Guyon que sa parole et ses lettres postérieures à 1688 : Bossuet la jugera à peu près uniquement sur ses travaux théoriques antérieurs · à cette date. De ce malentendu est né le regrettable antagonisme qui opposa l'un à l'autre les deux plus grands esprits de l'époque.

CHAPITRE IV

. Une amitié spirituelle assise sur d'inébranlables bases.

I. — CE QUE MME GUYON GOUTAIT DANS L'AMITIÉ DE FÉNELON.

C'est sur un accord parfait que se termine, en décembre 1689, la correspondance que nous venons de parcourir, et que nous garantit le témoignage de Dutoit-Membrini, ce second éditeur de Mme Guyon, aussi pieusement dévoué à sa mémoire que son premier zélateur Poiret. Nous rechercherons bientôt, parmi les nombreuses. *Lettres spirituelles* que ces deux ecclésiastiques protestants ont en outre publiées, celles qui ont pu s'adresser à Fénelon après 1689. Mais, auparavant, nous nous arrêterons encore à préciser le sens et la portée de ce rare commerce intellectuel ; et pour atteindre ce résultat, nous demanderons d'aobrd à Mme Guyon en personne son impression rétrospective sur ses premiers rapports intellectuels avec l'homme de génie dont elle a, de toutes façons, orienté la destinée terrestre.

Ces impressions, nous les trouvons consignées, en termes fort topiques, dans les cinq feuillets de son autobiographie qui ont été datées par elle de juin 1689 : feuillets qui furent plus tard détachés du manuscrit comme trop compromettants, ainsi que nous l'avons indiqué plus haut. Nous leur avons emprunté déjà le récit de la rencontre de Beynes en octobre 1688. Depuis ce temps, elle assure n'être jamais descendue dans le fond de son âme sans trouver ce fils chéri tout près de son cœur, d'une manière aussi pure ou spirituelle que réelle : elle l'y sentait, dit-elle, plus pressant et plus proche que les enfants de chair dont ses entrailles avaient jadis porté matériellement le fardeau, et c'était entre eux une intimité inexprimable ! A moins d'être faits à deux une même chose, il ne se peut rien imaginer de plus intime ! Aussi toutes les grâces de Dieu devaient-elles passer par son intermédiaire

avant d'atteindre Fénelon : « Il suffisait, écrit-elle, que je
« pensasse à lui pour être plus unie à Dieu, et, lorsque Dieu
« me serrait plus fortement, il me paraissait que, des mêmes
« bras dont il me serrait, il le serrait aussi ! »

Les huit jours qui suivirent leur rencontre furent pourtant fort pénibles pour elle : elle trouvait entre eux comme
un chaos. Mais ce chaos, peu à peu, se « détortilla »,
et, depuis lors, son cœur a pu se verser dans celui de l'abbé
avec une suavité incomparable sans qu'elle lui parlât, sans
même qu'elle le vît, jusqu'à lui faire éprouver un écoulement presque continuel de Dieu dans son âme, et, de là,
dans celle de son enfant de grâce, comme il arrive pour ces
cascades qui s'épanchent d'un bassin dans un autre. Si, en
effet, cet écoulement se trouvait suspendu pour la mère,
le fils se voyait aussitôt « mis en sécheresse » ! Dieu avait
d'ailleurs déclaré sans délai à sa confidente l'affection qu'il
portait à cette âme de prêtre et les grands desseins qu'il
avait sur elle, afin que la dispensatrice ne s'étonnât point
dans la suite de recevoir pour celui-là seul *plus que pour tous
les autres ensemble*. Sur ces choses, elle n'osait s'expliquer
de vive voix avec l'abbé : mais parfois, elle se sentait poussée si fort à l'en instruire, que, surmontant ses répugnances
naturelles, elle lui en écrivait du moins avec un très ample
détail !

Aussi bien lui avait-il été montré en songe dès 1680, sous
la forme d'un bel oiseau dont elle deviendrait l'oiselière.
Elle le chercha huit années avant de le reconnaître : et quand
leur liaison enfin fut chose accomplie, elle fut amenée à
comprendre que Dieu le voulait mener comme un *enfant* par
la *petitesse*, et qu'elle avait à le sustenter de son lait spirituel pour qu'il ne restât pas tout languissant : ou encore que
Dieu voulait le conduire vers la mort mystique en se servant,
pour cet homme sage entre les sages, du sujet le plus faible
et le plus insuffisant en apparence. « Quelque union que j'aie
« eue pour le Père L(a) C(ombe), insiste-t-elle, j'avoue que
« celle que j'ai pour M. L. est encore d'une toute autre na
« ture, et il y a quelque chose dans la nature de l'union que
« j'ai pour lui qui m'est entièrement nouvelle, ne l'ayant
« jamais éprouvée ! Il en est de même de ce que je souffre
« pour lui. Cette différence ne peut jamais tomber sous l'ex-

« périence. Je crois que Dieu me l'a donné de cette sorte
« pour l'exercer et le faire mourir par l'opposition de son
« naturel (au mien). Aussi vois-je clairement qu'il ne sera
« point exercé par les fortes croix, son état étant un et non
« sujet aux alternatives de douleur et de joie. Il faut donc
« détruire sa propre sagesse dans tous les endroits où elle
« se retranche : et c'est à quoi il me paraît que Dieu me
« destine ! »

L'enthousiasme s'empare de son âme lorsqu'elle mesure
l'influence conquise par elle en quelques mois sur cet esprit
si remarquable, et elle se laisse aller sans prudence à parler
tout haut son rêve d'avenir. Elle fait pis encore : elle jette
sur le papier ces phrases apocalyptiques dont Bossuet con-
servera copie pour leur donner place dans sa célèbre *Relation
sur le quiétisme* : « Il me semble que Dieu m'a choisie en
« ce siècle pour détruire la raison humaine et faire régner
« la sagesse de Dieu par le débris de la sagesse humaine
« et de la propre raison ! Le Seigneur fera un jour éclater
« sa miséricorde : il établira les cordes de son *empire en
« moi* et les nations reconnaîtront sa puissance souveraine !
« *Son* esprit sera répandu en toute chair. *Mes* fils et *mes*
« filles prophétiseront et le Seigneur mettra en eux ses dé-
« lices ! C'est *moi*, c'est *moi* qui chanterai, du milieu de ma
« faiblesse et de ma bassesse le cantique de l'Agneau qui
« n'est chanté que des Vierges qui le suivent partout : et
« il ne regarde comme vierges que ceux dont le cœur est
« parfaitement désapproprié. Tout le reste lui est en abo-
« mination ! Oui, je serai *en lui dominatrice de ceux qui
« dominent,* et ceux qui ne sont assujettis pour quoi que ce
« soit seront *assujettis en moi* par la *force de son autorité
« divine* dont ils ne pourront jamais se séparer *sans se sé-
« parer de Dieu même !* Ce que je lierai sera lié ; ce que je
« délierai sera délié et je suis cette pierre fichée par la Croix,
« rejetée par tous les architectes qui sont les forts et les
« savants qui ne l'admettent jamais, mais qui servira cepen-
« dant à l'angle de l'édifice intérieur que le Seigneur s'est
« choisi pour composer cette Jérusalem descendue du ciel,
« pompeuse et triomphante comme une épouse qui sort de
« son lit nuptial ! » Jamais cet impérialisme irrationnel,
— qui est à nos yeux le fruit typique de la conviction mys.

tique s'il n'est suffisamment réfréné par l'expérience sociale
ou raison, — ne s'est affiché en termes plus clairs avec son
insatiable appétit de pouvoir! Tel fut sans cesse pour
Mme Guyon, à travers mainte période de dépression, d'hésitation ou d'épreuve, le genre de satisfactions qu'elle ré-
clama et obtint de sa plus éclatante conquête psychique,
François de Lamothe-Fénelon!

II. — Ce que Fénelon désirait du commerce de Mme Guyon

Mais que goûtait de son côté Fénelon dans une amitié qui
parut si peu digne de lui à de bons juges? Nous l'avons fait
plus d'une fois pressentir et nous n'aurons guère qu'à résumer sur ce point nos suggestions antérieures. Pour nous en
tenir tout d'abord à l'explication la plus courante, il attendait de son amie les clartés de l' « expérience » mystique
dont il manquait presque complètement pour son compte, en
dépit d'une constante volonté de l'acquérir. C'est ce qu'il
résumait plus tard dans cette phrase pittoresque dont Phé-
lipeaux nous a conservé le souvenir et qui a été tant de fois
citée depuis lors : « Si, de Paris, je voulais aller à Dammar-
« tin et qu'un paysan du lieu se présentât pour me conduire,
« je le suivrais et je me fierais à lui quoique ce ne fût qu'un
« paysan! » Mme Guyon fut pour lui une « paysanne » du
pays céleste, rencontrée par fortune sur le chemin de la vie
terrestre. Il est d'ailleurs possible qu'elle lui ait suggéré cette
comparaison (à moins qu'elle ne l'ait empruntée de lui tout
au contraire), car nous lisons ce trait dans une de ses lettres
spirituelles (1) : « Il me semble qu'il y a la différence de
« moi aux autres directeurs comme d'un *paysan* à un gou-
« verneur (d'enfants de haute race). Le gouverneur conduit
« un enfant avec autorité et *par raison*, et, comme il le mène
« par un chemin, il vient à lui un pauvre paysan qui lui dit :
« Monsieur, je sais un chemin bien plus beau et bien plus
« court que celui que vous suivez. *J'y passe tous les jours :*
« suivez-moi, je vous y mènerai! On suit ce pauvre paysan
« *à cause de son expérience* et non par nulle autorité qui soit
« en lui! »

_____

(1) III. 577.

Mais Fénelon ne se contenta pas de cheminer de concert avec cette naïve enfant de Dieu : il s'efforça de se pénétrer de son esprit pour lui emprunter quelque chose de sa simplicité reposante. Ecoutons plutôt le conseil qu'il donna par la suite (en 1699) à son plus cher ami, le duc de Chevreuse, après que tant de traverses eurent été pour lui-même la conséquence de sa liaison avec Mme Guyon, et au lendemain de sa défaite finale dans la Controverse du Quiétisme : « Il vous « faudrait un peu d'entretien avec quelqu'un qui eût *un vrai* « *fond de grâce pour l'intérieur.* Il ne serait pas nécessaire « que ce fût une personne consommée ni qui eût une supé- « riorité de conduite sur vous. Il suffirait de vous entretenir, « dans la *dernière simplicité,* avec quelque personne *bien* « *éloignée de tout raisonnement* et de toute curiosité ! » Quelle soigneuse culture de l'impulsion affective, à l'exclusion de toute influence rationnelle ! Et que tout cela prépare bien le dix-huitième siècle rousseauiste ! « Vous lui ouvririez « votre cœur, reprend le prélat, pour vous exercer à la sim- « plicité et pour vous *élargir.* Cette personne vous console- « rait, vous *nourrirait,* vous développerait à vos propres « yeux et vous dirait *vos vérités.* Par de tels entretiens, on « devient moins haut, moins sec, moins rétréci, plus ma- « niable dans la main de Dieu, plus accoutumé à être repris. « Une vérité qu'on nous dit nous fait plus de peine que cent « autres que nous nous dirions à nous-mêmes ! » Après cet avis qui lui est si visiblement suggéré par de vivants souvenirs, il indique toutefois qu'il faut mettre le plus grand soin à choisir le confident avec qui l'on aura cette communication cœur à cœur, car la plupart gêneraient, dessècheraient, boucheraient plutôt l'âme à la grâce véritable de son état.

Quelques semaines plus tard, l'archevêque fait un pas de plus et désigne au duc la personne qu'il juge propre à tenir près de lui ce rôle délicat. Les premiers éditeurs de Fénelon, comme ceux de Mme Guyon, ont le plus souvent effacé les noms propres dans ces lettres, mais il semble qu'il s'agisse en cet endroit de la duchesse de Beauvilliers, belle-sœur de Chevreuse : « Elle a de la lumière, écrit le conseiller spiri- « tuel : elle vous aime ; vous l'aimez : vous vous connaissez. « Ne vous rebutez point de ses défauts. *Les apôtres en* « *avaient...* Il faut toujours quelque contrepoids pour *rabais-*

« *ser-la personne* et quelque voile pour *exercer la foi des* « *spectateurs!* » Comme il a profité des leçons guyoniennes ! « Quand même vous y trouveriez quelques peines, n'en faut- « il pas trouver et peut-on être *aidé à mourir* sans peines et « sans douleurs? » Il se propose enfin comme négociateur du pieux traité : « Je me charge de régler tout entre vous deux « et de modérer tout ce qui ira trop loin. Dieu ne permettra « pas que cette liaison de grâce tourne mal! » Nous voici donc renseignés par ce détour sur le genre d'avantages que Fénelon avait recherché et obtenu, dans ses relations avec Mme Guyon.

Il est rare cependant qu'on choisisse un très proche parent pour son confesseur et Chevreuse annonça bientôt à son ami qu'il avait préféré à sa belle-sœur un autre confident, peut-être quelque dévôt et éprouvé serviteur, si l'on en juge par l'appréciation que nous allons reproduire : « Je suis ravi, « mon bon duc, écrit en effet l'archevêque, que vous trou- « viez dans la personne dont vous me parlez, ce que vous « avez besoin de chercher. Qu'importe d'où viennent la lu- « mière et le soutien? Il n'est question que de la *source ;* le « *canal* ne fait rien. Ce qui exerce le plus notre foi, ce qui « *démonte le plus notre sagesse humaine,* qui nous simpli- « fie, qui nous rapetisse, qui nous désabuse le plus de notre « propre esprit a quelque chose de plus propre aux desseins « de Dieu... Il ne s'agit pas de vouloir savoir ce que Dieu « cache : il suffit d'être fidèlement attentif à ce qu'il mon- « tre! » Tout cela, Fénelon l'avait donc trouvé naguère dans son commerce avec Mme Guyon.

Le conseil donné à Chevreuse gardait quelques traits ra-tionnels et put être mis sans inconvénients en pratique ; mais l'archevêque y revint parfois avec moins de succès. Il semble que la direction féminine lui soit apparue comme une panacée capable de guérir tous les désordres de l'âme masculine. Son neveu, à la mode de Bretagne, le jeune mar-quis de Montmorency-Laval, marquant des intentions de ré-forme après avoir donné quelques déplaisirs à sa famille, le prélat lui conseille une confidente et lui désigne pour rem-plir cet office sa propre mère, l'ex-marquise de Laval, née Fénelon, et redevenue alors Fénelon par son second mariage avec un frère de l'archevêque : « Courage sans courage,

« cher Monsieur, écrit-il à ce seigneur — dans le jargon
« guyonien le plus authentique, ainsi qu'on le voit, — Saint
« Augustin a dit que Saul était grand, courageux, savant
« devant la Loi et zélateur des traditions, mais que, deve-
« nant Paul qui signifie petit, il devint effectivement petit,
« souple, insensible selon le monde et que ce fut en le terras-
« sant que Dieu l'instruisit pour l'apostolat. Oh, la bonne
« instruction que d'être terrassé et aveuglé ! Soyez aveugle
« et abattu si vous voulez être Paul, c'est-à-dire petit ! »
Est-ce bien le langage qu'il convient de tenir à un jeune
homme de grande race qui achève de jeter sa gourme ? Voici
pourtant qui devient plus singulier encore : « Votre peti-
« tesse doit paraître principalement dans une union intime
« avec Madame votre mère et dans une entière dépendance
« d'elle ; mais il faut que ce soit une dépendance toute
« intérieure de jugement et de volonté : il faut une docilité
« sans réserve ! Si vous réservez dans votre docilité le moin-
« dre petit recoin de propriété, de pensée ou de volonté se-
« crète, vous mentez au Saint-Esprit dans votre désappro-
« bation comme Ananias et Séphira... Vous étiez libre de
« demeurer homme de bien dans un train commun en gar-
« dant vos pensées et vos volontés, mais une désappropria-
« tion qui cache une ressource de propriété est un mensonge
« au Saint-Esprit et un larcin sur son propre sacrifice ! Que
« votre cœur soit donc nu comme le corps d'un petit enfant
« qui tette sa mère et qui ne sait pas ce que c'est que nu-
« dité. *Dites-lui tout, pour et contre vous, sans réflexion ;*
« et, après le lui avoir dit, ne croyez et ne voulez que ce
« qu'elle vous fera croire et vouloir. Vous n'aurez de paix
« que dans cette désappropriation universelle ! »

Puis, se tournant vers la mère pour qui son affection est
ancienne et que sa plume a tant de fois gratifiée de lettres
charmantes, Fénelon reprend : « Je souhaite, ma chère sœur,
« que Monsieur votre fils soit petit, simple et souple dans
« vos mains. Quelque tendresse que je ressente pour lui (1),
« je ne puis l'aimer qu'autant qu'il vous croira et qu'il sera
« fidèle à vous obéir. S'il vous laisse voir son intérieur sans

_____

(1) Fénelon avait eu le marquis de Laval adolescent comme
pensionnaire au palais archiépiscopal de Cambrai, de même qu'un
peu plus tard il y hébergera les petits-enfants du duc de Chevreuse,

« réserves, avec une naïveté de petit enfant et s'il se laisse
« mener comme par la lisère, toutes ses faiblesses se tour-
« neront à profit pour lui, car on n'est fort qu'autant qu'on
« se sent faible et sans aucune ressource en soi-même... Te-
« nez donc Monsieur votre fils pour le conduire pas à pas
« *sans le laisser jamais décider de rien à sa mode!* Il est vo-
« tre enfant selon la grâce autant que selon la nature. Dès
« qu'il se soustraira à votre conduite, il n'éprouvera que fai-
« blesse et que chûte avec un grand péril d'égarement, etc...»
Peut-être, mais Mme Guyon n'était que par élection la mère
de l'abbé de Fénelon. N'était-ce donc pas demander beaucoup à ce sang illustre et guerrier des Montmorency, aux approches de la vingtième année, qu'une pareille « désappropriation », qu'une si complète démission entre de telles
mains?

Aussi bien le résultat en aurait-il pu devenir fort regrettable ; car nous voyons le prélat obligé très peu après (dans
sa lettre du 12 février 1706), de blâmer sévèrement la déléguée de Dieu qu'il avait précédemment intronisée sans précaution dans un si auguste rôle. En effet, Mme de Laval prétend empêcher son fils de servir dans l'armée royale quoique
tout l'appelle à ce service ; et le gentilhomme de se réveiller
alors dans le directeur guyonien pour défaire de son mieux
ce qu'il a fait : « Je trouve Monsieur votre fils bien à plain-
« dre car, en ce cas, il se trouve entre une mère qui a de
« bonnes raisons pour vouloir l'empêcher de servir, et le *pu-*
« *blic dans lequel il sera déshonoré sans ressources* malgré
« ces raisons inconnues s'il ne sert pas ! » Fénelon a toujours
préféré la loi de l'honneur chevaleresque à celle de l'humilité chrétienne : mais le pupille, mal conseillé, n'était-il pas
en droit de rappeler à son illustre parent les prescriptions
qu'il en avait si récemment reçues : « Ne croyez et ne vou-
« lez que ce que Madame votre mère vous fera croire et vou-
« loir ! » (1)

Ces principes, nés pour Fénelon de ses souvenirs de 1689

---

(1) Cette expérience ne paraît pas avoir éclairé durablement l'archevêque sur les périls de la direction féminine. Lorsque son autre neveu, le marquis de Fénelon, l'aimable « Fanfan » de sa
correspondance, vint à manifester de son côté, en 1713, après une
blessure au service, des velléités de dévotion « intérieure », ce furent

ou des années immédiatement suivantes, sont faits pour choquer, quelque peu les chrétiens de plus rationnelle formation. Nous verrons qu'ils ont rendu ses écrits d'édification suspects à l'autorité ecclésiastique jusqu'à l'heure où l'influence rousseauiste se fit sentir même dans le catholicisme, l'inclinant à l'indulgence pour un des plus authentiques ancêtres de Jean-Jacques. Mais constatons dès à présent de quelle façon la correspondance publiée par Dutoit et aujourd'hui reconnue authentique fut jugée, il y a peu de temps encore, par un prêtre d'irréprochable doctrine, l'abbé Gosselin, auteur de l'*Histoire littéraire de Fénelon*. Nous avons déjà dit que, dans sa grande édition de l'œuvre fénelonienne, dont cette *Histoire* forme l'introduction, ce critique avait cru devoir et pouvoir exclure ces lettres qu'il jugeait l'œuvre d'un faussaire. Or voici en quels termes malencontreux cet ecclésiastique a soutenu son opinion au milieu du xixe siècle : « Cette « correspondance roule tout entière sur les matières de spiri- « tualité, écrit-il, mais de cette spiritualité *singulière* dont « Bossuet a si bien montré le ridicule dans sa *Relation sur le* « *quiétisme* et que Fénelon ne réprouve pas moins haute- « ment dans sa *Réponse à la relation* de l'évêque de Meaux. « Les deux interlocuteurs jouent successivement le rôle le « plus *singulier*. Mme Guyon raconte gravement à Fénelon « ses révélations et ses songes prophétiques. Fénelon, de « son côté écoute *respectueusement* Mme Guyon, la consulte « comme un oracle sur tous les points les plus importants « de la vie intérieure et reçoit ses réponses avec la docilité « d'un enfant! Puis, par la plus étonnante *contradiction,* « il se permet de redresser et de corriger la prophétesse, fai- « sant successivement à son égard le rôle de consultant, de « maître et de disciple! » Oui, tout cela est étrange en effet, mais les lettres n'en sont pas moins authentiques! « Notre « collection eût été déparée, conclut Gosselin, par l'insertion « de cette prétendue correspondance secrète, véritable *libelle* « *diffamatoire*, aussi contraire à l'esprit et aux sentiments « de Fénelon qu'*injurieux à sa mémoire!* » Et voilà comment les hommes représentatifs sont envisagés par la pos-

---

les duchesses de Mortemart et de Chevreuse que le prélat lui indiqua comme très propres à lui élargir le cœur, au prix de la plus entière confiance.

térité suivant ses passions et façonnés le plus souvent par
elle à son image !

Au surplus le jugement de Gosselin nous paraît fort excessif ! Y a-t-il donc, répondrions-nous volontiers, tant de différence entre ces lettres de 1689 et celles que cet éditeur a acceptées et admirées sans scrupules dans le *Manuel de piété*
de l'archevêque, par exemple, ou encore dans sa correspondance de vieillesse avec Mme de Montberon ? C'est ce que nous
examinerons de plus près quand le moment sera venu : mais
tout lecteur de bonne foi sentira l'étroite parenté qui unit ces
différents textes. Non, la mémoire de Fénelon ne fut nullement « diffamée » selon nous par la publication apologétique
de Dutoit. Le correspondant de Mme Guyon n'a péché que
par trop de foi ou par une insuffisante clairvoyance en matière
de foi : car nous avons pu admirer la belle défense rationnelle
qu'il inaugura dès lors contre les excès affectifs du guyonisme lacombien, et qu'il continua par la suite jusqu'au
terme de sa carrière : nous avons goûté la noble sincérité
qu'il porte dans l'examen de sa conscience, la haute vertu
stoïco-chrétienne qu'il manifeste sur le terrain glissant de
la cour, après y avoir fait un si éclatant début ; enfin la
constante et irréprochable courtoisie de son attitude à
l'égard d'une femme trop souvent déconcertante, mais dont
la bonne volonté morale ne faisait néanmoins aucun doute.
— C'est pourquoi il nous apparaît comme beaucoup plus directeur en tout ceci qu'on ne pourrait le croire au premier
abord ! Sans ostentation ni éclats de voix, il a largement rationnalisé, avec le temps, la pensée de sa pénitente, la ra-
menant peu à peu dans une voie plus saine par la contagion
de ses hauts scrupules intellectuels et par les précautions
que le souci de le satisfaire vint conseiller à une imagination
jusque-là trop vagabonde.

CHAPITRE V

Les lettres probables de Mme Guyon à Fénelon après 1689.

Dutoit-Membrini nous apprend que la correspondance entre Fénelon et Mme Guyon dont nous lui devons la publication a été mise entre ses mains par un « tissu de miracles » : toutefois ce miracle s'est arrêté en chemin car le pasteur vaudois n'a pu nous procurer qu'une année environ de cette précieuse correspondance, en y laissant subsister d'évidentes lacunes. Or, pendant plus de trois ans encore après l'automne de 1689, l'échange de lettres put et dut se poursuivre entre eux dans des conditions de sécurité parfaites, au prix des précautions minutieuses que Fénelon exigea toujours sur ce point de son amie. Quel regret pour nous que de ne pas posséder davantage !

Les lettres de Fénelon semblent perdues sans retour ; mais, en revanche, une lecture attentive des *Lettres spirituelles* de Mme Guyon, publiées par Poiret en quatre volumes, nous a convaincu qu'on y trouve non seulement ses exhortations de 1688-1689, comme Dutoit l'a révélé, mais encore un grand nombre des instructions qu'elle continua d'adresser au précepteur des princes jusqu'à l'époque des conférences d'Issy en 1695, car leur accent à la fois déférent et passionné, familier et quelque peu craintif permet, selon nous, de les reconnaître sans trop de peine entre celles qui s'adressent à d'autres dirigés de la béate.

En outre, et sans doute parce que Poiret voulut soutenir l'attention de ses lecteurs, c'est vers la fin de chaque volume qu'on rencontre les plus émotives d'entre ces pages, celles

que nous rapportons pour notre part à la période des suspicions grandissantes dont les deux amis se virent l'objet
dans leur entourage, depuis le milieu de l'année 1693. —
Quand nous étudierons cette époque de leur commerce spirituel, nous pourrons détacher de ces volumes édifiants, si
soigneusement émondés par leur ordonnateur de tout nom
propre et de toutes particularités ou « curiosités » mondai-
nes, quelques pages qui laissent bien loin derrière elles, pour
la fermeté ou pour l'émotion de l'accent, celles que nous
avons signalées au cours de l'an 1689. — On pourrait même
dire que seules, ou à peu près seules, les exhortations adressées vraisemblablement à Fénelon ont du caractère et de
l'originalité dans ce long recueil, comme dans celui des *Discours* de Mme Guyon. Vers la fin de sa vie surtout, elle
tomba dans la formule et dans le cliché. Les trente-sept lettres de sa plume qui se placent au début du tome IV\ :sup de Poiret et dont le destinataire fut le marquis de Fénelon, — le
« Fanfan » de la correspondance de son oncle, — sont profondément médiocres. Ce sont donc bien ses relations avec
François de Fénelon qui l'ont élevée pour un temps au-dessus d'elle-même.

I. — Assurance sans cesse accrue de la directrice.

Des pages dont nous jugeons Fénelon le destinataire,
nous détacherons d'abord quelques fines consultations psychologiques sur son caractère, car on n'en trouve guère de
telles sous la plume de Mme Guyon pendant la première
année de leur amitié spirituelle. Sans doute s'enhardit-elle
par degrés seulement à ces franches admonitions qui nous
font connaître comment elle jugeait et orientait dans la vie
son dirigé. « Vous *aimez à être aimé*, lui écrit-elle par une
« formule heureuse qui rappelle *l'Amabam amare* de Saint
« Augustin. Vous êtes tendre *en apparence* pour autrui :
« mais, si le *sensible* va droit au prochain, *le fond demeure*
« *tout pour vous-même* et vous n'aimez que pour rechercher
« plus d'amitié! Le trouble où vous met le moindre mé-
« compte sur le retour d'amitié d'autrui vous doit appren-
« dre que c'est vous et non le prochain que vous recherchez

« dans toutes ces belles affections... Votre naturel est véri-
« tablement tendre et obligeant, mais tendre et obligeant
« pour vous complaire dans vos amitiés... Quel remède à ce
« fond corrompu? Vous avez besoin de trouver des cœurs
« secs, durs, ingrats et trompeurs (Mme de Maintenon?) afin
« que ce mécompte vous sèvre de la recherche d'être aimé...
« Il ne faut aimer que ceux qui aiment Dieu, et à propor-
« tion de ce qu'ils l'aiment et ne vouloir être aimé d'eux
« qu'à proportion de ce qu'ils voient Dieu en nous! » Combien de fois Fénelon ne répétera-t-il pas à d'autres ce conseil austère, et d'ailleurs intéressé de la part de Mme Guyon!
— « Tout le reste, poursuit-elle cependant, n'est que vanité,
« qu'amollissement de cœur, que délicatesse sur soi-même...
« Priez Dieu de démonter vos amitiés généreuses et tendres
« pour ne vous laisser *qu'un seul ami* qui vous rende tous
« les autres, *en la manière qui Lui plaira!* » Ici perce vraiment trop le bout de l'oreille, après les fermes suggestions
rationnelles et chrétiennes que nous venons de lire : « Ce
« goût vous gâte le cœur, achève la béate, et il vous éblouit
« car il paraît venir d'un cœur excellent... Le véritable
« amour corrige les attendrissements où l'on se recherche
« en paraissant s'oublier et où l'on *s'énivre de son propre*
« *vin!* Courage, Dieu est fidèle et il vous aidera si vous ne
« partagez point votre cœur » (1).

Ailleurs, ce sont des commentaires de spiritualité raffinée qui devaient paraître fort instructifs au prêtre curieux
d'expériences rares en matière d'alliance mystique : « Le
« calme qui vient sur la fin de votre oraison n'est pas
« comme vous le dites une *touche* (de toucher, émouvoir) ;
« ce serait un état *inférieur au vôtre.* C'est un petit écoule-
« ment de ce fond perdu qui se répand sur la volonté, qui
« n'éclaire pas, mais qui fait goûter, et c'est comme une
« espèce d'assurance que l'âme, malgré la nudité de son
« oraison, ne laissait pas d'être appliquée à Dieu. Tout ce
« qui se répand ou entre à présent en vous ne doit point être
« lumineux, mais savoureux, tout tombant dans la volonté
« qui n'a ni connaissance, ni souvenir! » (2) Cela est assez

---

(1) *Lettres.* II, nᵒˢ 28, 29 et 30.
(2) *Lettres,* III, p. 295.

schopenhauerien d'accent et l'on ne saurait dire plus clairement, dans le langage de l'époque, que seul le Subconscient
doit participer par son activité à l'évolution morale d'une
âme engagée sur la voie « intérieure ».

Parfois aussi, nous rencontrons des avertissements. qui
paraissent singulièrement audacieux lorsqu'on songe qu'ils
s'adressent à ce directeur d'âmes si recherché, si choyé, qui
prodigue alors avec autorité aux Maintenon ou aux Gramont
les consultations de sa plume de cygne (1) : « Le dimanche
« matin 15, je souffris beaucoup par l'esprit de la personne
« que vous savez ». Il s'agit de Fénelon lui-même, car cette
formule de prudence est familière à son amie. « Il me semble
« que Dieu veut que tout ce qu'il y a de propre soit détruit
« en lui. Je voyais comme quoi les vérités qu'il dit ou écrit
« sortent de son cœur, mais la facilité qu'il a d'agir par
« l'esprit est si grande que, sans qu'il s'en aperçoive, elles
« passent en lui par l'esprit comme *par un alambic qui les*
« *subtilise.* En effet, comme l'alambic, en séparant ce qui
« est grossier, sépare aussi le substantiel et le convertit en
« vapeur, il en est de même de l'esprit : c'est ce qui fait
« l'effet qu'elles produisent : elles remuent le cœur pour des
« moments parce qu'elles en sortent, mais le goût est tout
« pour l'esprit! » Voilà qui est finement aperçu! Et ceci,
qui vise les lettres de direction de l'abbé à Mme de Maintenon, très probablement : « Ne voyez-vous pas qu'il faut tou-
« jours quelque chose de nouveau? Ne sauriez-vous prier
« *qu'on épuise les avis donnés* et que vous en donnerez
« d'autres (alors)? Ne parlai-je point trop hardiment?
« Qu'importe! Dire la vérité et mourir est tout ce que je
« prétends. Ah, ah, ah! Seigneur, éclairez et pénétrez ce
« cœur d'une vérité divine où le *goût de l'esprit* n'ait aucune
« part! » Fénelon s'inclinait sans nul doute, au moins pour
quelques heures, devant ces admonestations clairvoyantes :
elles le laissaient en tous cas plus fortement attaché à celle
qui, seule, savait les lui faire accepter, au grand profit de la
tranquillité de son âme.

C'est sur ce dernier bienfait de l'hygiène morale passive
qu'insistent les lignes suivantes où nous verrons se prépa-

_____

(3) *Lettres.* III, n° 140.

rer le renouvellement des méthodes féneloniennes de direction sous l'influence de Mme Guyon (1) : « Vous craignez « et l'on (Mme Maintenon ?) craint souvent pour vous que « l'on (Mme Guyon) ne vous *dénue trop* (de raison pour le « vêtir d'ahurissement quiétiste)... Il faut que toutes les « idées (rationnelles) que vous vous étiez faites de vertus, de « pratiques, d'arrangements, soient renversées et détruites... « Jusqu'à présent, vous avez tout attendu de vos soins et « de vos pratiques, même *les plus spirituelles*. C'est ce qui « fait que les moindres dérangements vous ont toujours « troublé, aussi bien que ce fond de nature *qui veut aimer et* « *qui veut des correspondances*... Soyez large et gai et ne « songez jamais à être autrement que Dieu ne vous fait « être !... Jusqu'à présent, par trop de bonne volonté, vous « avez pris trop activement les conseils passifs, comme pour- « rait faire une personne à qui l'on dirait de laisser couler « une rivière et qui voudrait, au lieu de demeurer en repos « auprès de ce fleuve, le faire couler... Ne faites pas une « action d'une cessation d'action. » Cela est certes ingé- nieusement présenté.

Mais cette direction, si remarquable au total, se fait par- fois impérieuse et toute dogmatique (2) : « Je vous voyais l'au- « tre jour si petit, si simple, mais je comprenais que le Maître « vous voulait infiniment plus simple. Il se rit des défauts « extérieurs comme sont *le vif,* la promptitude : il regarde « cela comme des défauts d'enfant, mais il ne peut souffrir « la hauteur, la raideur... Défiez-vous de toute raison ; ne « donnez nulle entrée à rien... Que votre âme sera belle ! « Qu'elle sera grande et pure ! Le maître veut que je vous « dise *qu'il a mis en moi son esprit de vérité* et que vous « *l'exerciez,* par quelque question qu'il vous plaira, *que c'est* « *dommage de me laisser oisive, qu'il n'y en a point à qui* « *il l'ait donné plus universel.* Je suis comme dans un sac « bouché quand on ne me demande rien ! Mais dans le mo- « ment actuel du besoin et lorsqu'on me demande quelque « chose, il déploie toutes ses richesses. Je suis une bête pour « moi. *En lui, j'ai la vérité essentielle !* Vérité au-dessus de

---

(1) Lettres. II, pp. 175, 183, 188.
(2) Lettres, IV, pp. 536, 7.

« toutes les autres vérités ! » Voilà des accents que n'aurait pas laissé passer sans protestation un Bossuet : ils sont
en contradiction directe avec les assertions plus rationnelles, plus précautionnées que nous avons déjà recueillies
de la même bouche : la béate avait de ses rechutes dans ses
prétentions de jeunesse quand elle cessait un instant de sur-
veiller ses expressions ou sentait son dirigé en veine d'indulgence. Et, certes, Fénelon devait déjà être solidement
assujetti sous le joug pour ne pas s'effaroucher de ces fan-
faronnades orgueilleuses. Mais nous dirons qu'il avait, une
fois pour toutes, excusé les explosions de vanité sans bornes
que la déléguée du ciel se permettait avec lui de temps à autre : il pensait en rencontrer de telles chez les plus grands
saints et se croyait donc autorisé à n'en pas tenir compte. A
la longue, aucun avertissement fondé sur ce défaut si cho-
quant de la béate ne fut plus capable de l'ébranler dans sa
confiance ou même dans sa déférence à l'égard de Mme Guyon.

Parfois, l'accent de la directrice se fait plus humble, mais
non moins insistant malgré tout (1) : « Vous avez raison de
« vous défier d'une personne sans étude, décriée de tout le
« monde, en qui vous ne voyez que des choses méprisables.
« Pardonnez ma hardiesse de m'être mêlée de choses qui ne
« sont peut-être pas de ma portée ; c'est que la raison, chez
« moi, n'a point d'entrée ; je suis aveuglément... Je n'ai ja-
« mais prétendu que vous fussiez à moi (! !), mais je vous
« dis toute ma pensée car vous l'avez voulu. Je ne me sens
« nulle envie d'aider aux âmes, quoique je sois prête à m'ex-
« poser aux flammes pour celles dont Dieu m'a chargée... Ne
« croyez pas cependant que j'aie moins d'affection pour vous
« servir ; nullement ! Je serai toujours votre pis-aller. Es-
« sayez de tout le reste auparavant afin que vous n'ayez
« rien à vous reprocher. » Comme elle est sûre, au fond, de
son influence et que ces fausses sorties lui préparent de triom-
phales rentrées.

C'est d'ailleurs ce qu'elle explique un jour davantage,
avec bien de la grâce encore (2) : « Ce que vous avez pour moi
« ne contente ni votre raison, ni vos sentiments, parce

---

(1) *Lettres*, II, n° 25.
(2) *Lettres*. II, p. 321.

« qu'il (1) est *au-dessus de l'un et de l'autre ;* il est pour-
« tant si ferme et si réel que vous quitteriez, pour cet *in-*
« *connu,* tout ce qui est au monde qui vous est le plus agréa-
« ble. Il en est de la voie par laquelle je dois vous conduire
« comme de moi-même. *Rien ne vous y contente, mais tout*
« *vous y suffit avec excès !...* Je vous dis encore (2), vous
« n'aurez aucune assurance pour moi (sur la mission de Mme
« Guyon) tant que vous en voudrez chercher quelques-unes,
«. sinon *une facilité pour les choses* et que toutes vos répu-
« gnances vous seront ôtées, mais en manière de perte et non
« de certitude : la voie ne le porte pas ! » Excellente expression du résultat tonique de la morale affective et de la cure
guyonienne sur les nerfs fatigués du courtisan ; car ces in-
génieuses promesses ne restaient pas pour lui sans effet ; il
souffrait moins que par le passé de ses vapeurs.

Il arrive aussi que, dans une heure de raison revenue, la
directrice pense avoir besoin de quelque excuse pour pallier
les hardiesses habituelles de sa plume : « Ne vous fâchez
« pas, implore-t-elle alors (3), car il ne dépend pas de moi de
« me taire. Je me sens *animée à votre poursuite* et je vous
« poursuivrai jusqu'à ce que vous m'accordiez l'effet de ma
« demande et que je vous introduise où je suis. Tournez tant
« que vous voudrez : différez, craignez, soutenez : il faudra
« toujours en venir là... O Dieu, si vous m'aimez, ne lui don-
« nez point de repos que vous ne l'ayez introduit où vous
« l'appelez... Si je vous aimais moins, je vous serais moins
« sévère... Si Dieu ne permettait pas *que je connusse par*
« *moi-même vos attaches et vos défauts,* vous ne me les di-
« riez pas, et c'est cependant *ce qu'il faut dire...* Dieu veut
« que vous vous apprivoisiez insensiblement avec la peti-
« tesse *dans un lieu d'où elle est entièrement bannie* (Ver-
« sailles) ».

Enfin, et sans doute aux approches de l'orage, vers 1693,
le ton de la béate se fera plus sombre, comme si elle commençait à mesurer toute la témérité de son entreprise apos-

---

(1) Ce pronom et le suivant, pris au sens neutre, se rapportent au
« Ce » qui commence la phrase.
(2) *Lettres.* II, p. 498.
(3) *Lettres,* II, pp. 476 et 485.

s.

tolique, comme si elle entrevoyait les dangers suspendus sur
la tête de ses adeptes depuis que certains d'entre eux se
trouvaient entraînés, par ses exhortations antirationnelles,
hors des voies de la prudence (1) : « Il m'est mis dans l'es-
« prit, écrit-elle alors, que comme Sainte-Catherine de Gê-
« nes a été un exemple de pur amour, (2) je serai un exemple
« sans exemple de foi nue et d'abandon total, le jouet de la
« Providence sans résistance, et *vous aussi,* bien que votre
« foi ne soit *pas si nue...* Dans ce siècle où la *raison semble*
« *être dans son véritable empire,* où l'on prétend avoir trouvé
« le fin de la perfection, où tous les esprits sont plus déli-
« cats, où l'on croit avoir mieux remarqué *les tromperies*
« *de la dévotion* que dans les siècles passés, dans ce siècle,
« dis-je, il faut que *vous et moi* soyons pour confondre tout
« cela et qu'après avoir longtemps servi de jouets à la sa-
« gesse et à la prudence humaines, nous soyons les exem-
« ples sans exemple de l'indépendance de Dieu à se servir
« de tous les moyens pour faire son œuvre ! » Ce que réitère
ailleurs, en termes plus énergiques encore, cette formule
d'adjuration solennelle (3) : « Consentez de toutes vos for-
« ces, et pour vous et pour moi, que nous soyons les proies
« du néant... Soyons les deux victimes d'un total anéantis-
« sement... que Dieu ne nous tire jamais de là et mourons
« *anéantis dans l'estime de toutes les créatures !* J'aime
« mieux cela pour vous que les mitres et les tiares et la
« conversion de tout le monde... Je vous prie de dire la
« messe demain lundi et mardi pour nous sacrifier sans ré-
« serves à toutes les suites les plus étranges du néant ! » —
Fénelon n'était pas tout à fait de cet avis sans nul doute
ou du moins envisageait-il la tribulation comme un prologue
que devait suivre quelque vaste expansion de puissance ;
mais il s'inclinait provisoirement avec condescendance devant la noble exaltation de son amie.

---

(1) *Lettres,* II, n° 200.

(2) C'est bien la sainte gênoise, on le voit, qui est ici présentée
comme l'objet principal de l'émulation de notre mystique.

(3) *Lettres,* II, p. 530.

II. — ENCOURAGEMENTS CONSENTIS ET EXEMPTIONS PRODIGUÉES

Avec ces accents tragiques alternaient au surplus des effusions de tendresse maternelle dont nous ferons connaître quelques-unes : celle-ci par exemple (1) : « O mon cher en-« fant, que j'enfante chaque jour à Jésus-Christ, avalez sim-« plement et recevez la nourriture que je vous présente, et « votre âme, étant engraissée, sera dans la joie ! C'est le seul « moyen de devenir souple : sans cela, il se fait du calus à « vos jointures. Entrez d'un cœur enfantin en ceci et vous « recevrez la vie, car *mes paroles* sont pour vous *esprit et* « *vie*... Recevez donc cet esprit qui est en moi pour vous... « Lorsque je vous pose à terre, vous le sentez... Que Dieu « vous donne la petitesse de vous laisser porter dans le sein « d'une petite femmelette... O mon Dieu, ne communique-« rez-vous point aux autres ce dont vous avez rempli ce « pauvre cœur ? Ah ! donnez-moi des cœurs ou me faites « mourir ! (2) » Un beau vers involontaire, n'est-il pas vrai et fort expressif de la féminine Volonté de puissance.

Ailleurs le ton se fait plus mièvre, comme il arrive souvent dans tous les écrits de la béate. Uu jour, (3) elle compare son âme dénuée à un jardin fleuri qui aurait été dévasté par un sanglier (au temps de la purification passive) : « Voilà « ma confession générale, cher N., ajoute-t-elle. Voyez après « cela s'il y a personne qui ne soit meilleur que votre mère. « Il ne resterait plus, pour être pire que le Démon, que d'en « vouloir imposer et faire croire qu'il y a des trésors cachés « sous ces mottes (de terre en désordre). Mais il n'en est « rien du tout ; il n'y a pas une obôle. Ainsi, prenez vos « mesures là-dessus. Le Maître a tout détruit, il est allé « ailleurs ; il a bien fait... Si vous avez une autre idée de « moi, effacez-la comme injurieuse à la Suprême Vérité ! » Agréable paradoxe que, sans doute, elle aurait été bien marrie de voir prendre au sérieux par son fils spirituel.

La maternité ne comporte pourtant pas toujours des émotions tendres ou des grâces mutines : elle impose aussi des

---

(1) *Lettres*, IV, p. 534.
(2) *Lettres*, II, p. 395.
(3) *Lettres*, II, p. 326.

préoccupations, des souffrances ; et les plaintes de s'échapper alors, soit pour traduire les « tiraillements furieux » (1)
de la parturition mystique, soit pour déplorer l'aveuglement
des enfants ingrats qui se dressent trop souvent contre leurs
parents dans l'ordre de la grâce. En effet, non content de
faire payer à ces derniers, par des tortures intestines d'une
extrême rigueur, les infidélités des âmes dont il leur confia
la charge, Dieu les rend encore suspects à ces mêmes âmes,
en sorte qu'il leur faut devenir à la fois *le but et le blanc*,
recevoir les coups réciproques de Dieu sur ces âmes et de
ces âmes rebelles aux ordres de Dieu! (2) « Si vous ne trou-
« vez pas Dieu et la paix sur ce sentier, gémit certain jour
« la déléguée du Ciel, je consens de vous le voir quitter,
« quoique je me sois offerte à souffrir étrangement afin que
« votre cœur n'échappât point à Dieu ! Je suis dans ces hor-
« ribles peines où je ne puis prendre aucune nourriture. Je
« ne puis entendre parler de vous, car votre nom ne fait
« qu'augmenter mon mal : les souffrances corporelles unies
« ensemble ne sont qu'un crayon (une ébauche) de ces sortes
« de souffrances! » La volonté de puissance a des agitations,
presque des convulsions de ce genre lorsqu'elle se trouve
gravement inquiétée sur ces calculs d'avenir dans une âme
exagérément émotive : « Je les ai éprouvées un peu pour
« quelqu'un, poursuit l'ancienne pénitente du Père Lacombe,
« mais jamais avec de pareilles violences. Le dernier assaut
« m'a duré trente heures et m'a plus changée, affaiblie et
« rompue que huit jours de fièvre continue. Si vous mouriez
« étant en grâce, je ne souffrirais rien de votre mort. Si
« vous mouriez en péché mortel, je n'en souffrirais qu'un
« moment, car vous me seriez arraché avec violence. O Dieu,
« envoyez un rayon qui fasse comprendre la vérité de ce
« que je dis... Mon âme demeure dans sa paix et dans son
« abandon, contente de souffrir infiniment si elle espérait
« que ses souffrances rendissent à Dieu *ce cœur fugitif qui*
« *s'échappe!* » (3).

Oui, c'est là qu'il faut chercher le secret de cette mysté-

---

(1) *Lettres*, III, n° 129.
(2) *Lettres*, III, p. 383.
(3) *Lettres*, III, n° 132.

reuse souffrance : un cœur fugitif menace parfois d'échapper à la missionnaire de Dieu et par conséquent à Dieu lui-même, selon la métaphysique guyonienne, ce poème tout personnel d'ambition spirituelle. De là pour Mme Guyon des angoisses analogues à celles de Jésus pendant la nuit de Gethsemani, angoisses bien plus intolérables à son avis que celles du Calvaire, car, sous les oliviers de la banlieue de Jérusalem, le Christ souffrit la *perte* de tous les chrétiens à venir au lieu que sur la croix, il les enfanta simplement à la grâce ! Or, cette mère de famille, qui connut à mainte reprise les douleurs de l'enfantement matériel proclame n'avoir senti sur son lit d'accouchée qu'une ombre de souffrance en comparaison de ce qu'il lui faut endurer dès que Fénelon lui paraît se détacher d'elle.

C'est pourquoi, en vue de le retenir dans la voie droite, elle lui prodigue les exemptions et les dispenses de manière que la purification passive n'ait presque plus, pour ce privilégié, de rigueurs. Elle connaît ses aspirations inconscientes et lui garantit que l'action de Dieu sur lui ne portera nulle atteinte à son prestige extérieur ou à sa réputation (1). Il ne doit aucunement redouter cette forme d'épreuve, car Dieu a résolu de se servir de lui pour régner ici bas et se gardera donc de *renverser* son *extérieur* au regard des hommes : tout au contraire, il établira cet extérieur *dans une autorité toujours grandissante,* d'une manière très propre à *satisfaire tout le monde.* C'est le dedans que Dieu se contentera d'éprouver et de renverser, mais de façon que nulle créature n'en puisse soupçonner quelque chose ! — Et nous voilà pour un moment bien loin de cette perspective de tribulations et d'opprobres qu'elle fait d'ordinaire inséparables de la purification passive et qu'elle prédit à Fénelon lui-même aux heures où elle ne croit plus aussi nécessaire de l'encourager par de réconfortantes assurances.

Encore les exhortations que nous venons reproduire parlent-elles de dures épreuves *intérieures.* Si toutefois un tel avenir apparaissait comme trop pénible à l'extrême vulnérabilité nerveuse de l'élu, on l'écarterait au besoin de son horizon. Qu'il accepte seulement de pratiquer sans délai la sou-

(1) *Lettres,* I, n° 94.

plesse entre les mains du Maître, ou plutôt entre celles de
sa déléguée terrestre et il *ne souffrira guère* (1) pour satisfaire aux desseins de Dieu, car ce Dieu de bonté ne se plaît
pas à tourmenter sa créature : « Ah ! que Dieu vous aime.
« Que ne ferait-il pas pour vous perdre sans ressources.
« *Que sa cruauté sera charmante* et que sa pitié serait
« cruelle ! Ne-soyez point malade, je ne le veux pas ! Et,
« si vous l'étiez par hasard, guérissez au nom de Dieu ! »
Ainsi la béate se guérissait jadis à la voix de Lacombe ! —
Ailleurs, après avoir rappelé que Dieu conduit le plus souvent les pélerins de la voie intérieure par un entraînement
« inconnu », qui renverse la nature, elle présage que, *s'ac-
commodant* tout au contraire *au naturel* de Fénelon (qu'il
s'agit pourtant de détruire !), ce guide divin le conduira *en
lui montrant le chemin* (2), afin d'être constamment *vu* par le
voyageur et de ne lui laisser aucun doute ni sur la voie à
suivre ni sur Celui qui le fait progresser par cette voie ! Ce
qui est la négation même de tout l'enseignement guyonien
sur l'obscurité de cette voie passive qui ne devrait purifier
que par les ténèbres et par l'angoisse d'un abandon supposé
de Dieu !

---

(1) *Lettres*, I, p. 361.
(2) *Lettres*, I, n° 200.

LIVRE III

Les fruits portés par le premier Guyonisme et le malentendu né du second.

Depuis la fin de 1689 jusqu'au milieu de 1693, trois ans et demi s'écoulent pour Mme Guyon et son dirigé dans le calme et même dans une prospérité toujours croissante. Fénelon travaille sans relâche à ce chef-d'œuvre de pédagogie insinuante et souple que fut l'éducation morale du duc de Bourgogne, dont Saint-Siméon nous a dit les résultats dans une page inoubliable. Entre temps, le précepteur des princes dirige ce cercle pieux de ducs et duchesses qui l'a choisi pour guide sur les voies de la perfection chrétienne et, en outre, quelques pénitents ou pénitentes de marque tels que la belle Hamilton, comtesse de Gramont. Mais surtout, il exhorte et conseille, de compte à demi avec Godet-Desmarais, évêque de Chartres, la reine masquée de la France, Mme de Maintenon dont l'influence est dès lors prépondérante à la cour, son mariage avec Louis XIV ayant été consacré par l'Eglise en 1685. Auprès de cette femme de tête, arrivée par la raison et grandement fatiguée par sa longue contention intellectuelle, l'abbé représente le raffinement, presque la fantaisie spirituelle, tandis que le prélat continue d'incarner au besoin la règle prudente : mais entre ces deux inspirateurs inégalement doués, le partage d'influence se fait pendant quelques années de bonne grâce.

Mme Guyon n'est guère moins appréciée que son fils spirituel par cette petite société de choix. Elle s'acquiert, dans le duc de Chevreuse, un « tuteur » bénévole ou plutôt un chevalier servant que rien ne pourra détacher d'elle : elle intéresse même Mme de Maintenon pendant quelque temps, semble-t-il, bien qu'à notre avis la marquise ait dû se tenir toujours dans une certaine réserve vis-à-vis de la voyageuse alpestre et de la recluse de 1688 dont elle n'ignorait ni le passé aventureux, ni la condamnation canonique. Qu'elle la fît quelquefois mander pour se distraire ou se réconforter pendant ses accès de dépression nerveuse, cela est possible, car nous avons assez indiqué déjà que le guyonisme — comme le fénelonisme et le rousseauisme au surplus —, est avant tout une hygiène mentale à l'usage des névropathes de disposition mystique. Mais nous ne croyons pas que Sa Solidité, — pour parler comme son royal époux, — se soit abandonnée, même un instant, sans réserves entre les mains de la suspecte guérisseuse. — Elle lui permet du moins l'accès de Saint-Cyr et la conquête spirituelle de cette Mme de La Maisonfort dont le caractère a été tant de fois discuté par les historiens du XVIIᵉ siècle finissant. Il semble que les deux cousines germaines (1) aient eu des caractères assez semblables, une égale capacité de séduction, mais aussi une pareille vivacité du tempérament affectif, une analogue propension aux étourderies de grave conséquence.

Pour justifier dès à présent le titre de notre *III⁰ Livre,* rappelons que c'est par les imprimés de sa première période théorique, par son *Explication du cantique des cantiques,* par son fameux *Moyen court,* enfin par son manuscrit, dès lors très répandu, des *Torrents* que Mme Guyon va révolutionner Saint-Cyr, car sa doctrine ne prend un aspect plus rationnel à cette époque que vis-à-vis de Fénelon dont elle redoute la raison demeurée si pénétrante, et c'est la dirigée de Lacombe qui devient la directrice des dames ou demoiselles de la célèbre maison d'éducation dans laquelle Mme de Maintenon a placé toutes ses complaisances.

---

(1) Mme Bouvier de Motte, mère de Mme Guyon était la propre sœur de M. Le Maistre de La Maisonfort, père de la célèbre chanoinesse et dame de Saint-Louis.

Cet heureux temps prend fin avec l'été de 1693. L'horizon politique s'assombrit à ce moment pour la France par l'opiniâtreté de ses ennemis, en dépit des victoires de ses armes, tandis qu'une mauvaise récolte vient accroître les souffrances causées par la guerre aux populations du royaume. Or, il nous paraît qu'il y a lieu d'établir une connexion plus étroite qu'on ne l'a fait jusqu'ici entre les soucis gouvernementaux de Louis XIV et la seconde persécution dirigée contre Mme Guyon, persécution qui devait être fatale à son directeur de ce temps, Fénelon, de même que la première avait été à l'infortuné Lacombe.

CHAPITRE PREMIER

Imprudences d'illuminés.

.Lorsque le Roi de France avait accepté Fénelon des mains de 'Beauvilliers pour le préposer à l'éducation de son petit-fils et héritier présomptif, il est probable qu'il ne le connaissait guère. On ne saurait imaginer en tous. cas deux tempéraments plus dissemblables que celui du monarque et celui de l'abbé. Louis avait le sens de l'autorité : il savait qu'il est difficile de gouverner les hommes: sa psychologie était toute « impérialiste » comme on peut le constater par la lecture de ses *Mémoires* où la volonté de puissance est magnifiée sous le nom de « gloire » ou de désir de la gloire : « Un cœur bien élevé est difficile à contenter et ne peut être « pleinement satisfait que par la gloire : mais aussi cette « sorte de plaisir le comble de bonheur en lui faisant croire « qu'il n'y avait que lui de capable d'entreprendre et digne « de réussir... La gloire n'est pas une maîtresse que l'on « puisse jamais négliger, ni être digne de ses premières fa-« veurs *si l'on n'en souhaite incessamment de nouvelles...* « La chaleur qu'on a pour la gloire n'est point une de ces « faibles passions qui se ralentissent par la possession. Ses « faveurs, qui ne s'obtiennent jamais qu'avec effort, ne « donnent aussi jamais de dégoût et quiconque se peut pas-« ser d'en souhaiter de nouvelles est indigne de celles qu'il « a reçues ! » Sans doute, de telles maximes renferment le germe d'un impérialisme *irrationnel*, incapable de s'arrêter en temps opportun pour assurer les résultats obtenus par ses premiers efforts ; et c'est en quoi Fénelon ne laissera pas voir et de parler quelquefois juste dans les avertisse-ments célèbres que nous allons rappeler. Mais on aurait tort d'oublier que cette conception du devoir royal fut aussi l'une des sources de la grandeur française en cette heure incomparable de notre histoire, et c'est ce que ne comprit pas toujours assez le « chimérique » disciple de Mme Guyon. A l'heure où nous écrivons ces lignes, on traduirait ce reproche en disant que Fénelon a été quelque peu « défaitiste » ! Tels les socialistes rousseauistes du temps présent qui sont, selon nous, ses descendants spirituels sans le savoir.

Nul mieux que le cardinal de Bausset n'a caractérisé l'opinion que Louis XIV conçut de ce Gascon à l'imagination aventureuse et brillante, au cœur passionné, qui façonnait sous ses yeux l'âme et le caractère du futur roi de France. Le monarque, dit l'excellent biographe de Fénelon, regretta, après les tardives révélations de Bossuet, de s'être fié à un homme dont les principes lui parurent dangereux parce qu'il les jugeait entièrement opposés à l'opinion qu'il s'était faite de la nation que le duc de Bourgogne était appelé à gouverner après lui et incompatibles avec la fermeté nécessaire pour réprimer le caractère léger des Français. C'est pourquoi lorsque, en 1699, il put prendre connaissance du *Télémaque,* toutes ces maximes de modération et de popularité, ces tableaux riants de la vie pastorale et du bonheur des travaux champêtres, cette *haine des conquêtes,* cette simplicité modeste des rois et des grands, cette candeur et cette bonne foi dans les négociations extérieures ne lui parurent à lui, connaisseur des hommes, que les *jeux puérils d'une imagination peu familiarisée avec les réalités de la vie,* avec la véritable science du gouvernement des sociétés. — Nous allons rappeler qu'il avait eu, six ans plutôt, quelque avantgoût de ces maximes en lisant une admonestation qui lui fut directement adressée par la même plume, en sorte qu'il ne put méconnaître dans le *Télémaque* une directe critique de sa conception gouvernementale. C'est cet épisode, assez obscur, des relations entre Louis et Fénelon qu'il nous faut élucider de notre mieux maintenant.

I. — FÉNELON SUR LES VOIES DU « FANATISME ».

Sous le charme des lettres de direction qu'elle recevait du précepteur des princes vers 1692, Mme de Maintenon avait vraisemblablement parlé au Roi de ces pages exquises. La

curiosité du monarque s'éveilla : « Je l'avais vu, écrira plus
« tard la marquise au cardinal de Noailles, je l'avais vu
« me solliciter de *lui lire les écrits de M. de Fénelon,* en lire
« lui-même de Saint-François de Sales et être si touché qu'il
« voulait faire et fit en effet une confession générale! »
Louis XIV aurait donc eu sa période de fénelonisme, peut-
être sous l'influence dépressive de quelque revers politique
ou de quelque souci de santé : mais cette période fut courte,
car sa dévotion ne tarda pas à se refroidir ou à se manifester
de façon moins féminine et moins attendrie, comme nous le
savons également par les confidences de la marquise à l'archevêque de Paris.

Rappelons maintenant qu'entre 1691 et 1694, mais plus
probablement en 1693, Fénelon écrivit au Roi une lettre anonyme fameuse sur les erreurs et les fautes de son gouvernement pendant les années précédentes : lettre qui ne fut publiée que dans la seconde moitié du XVIIIᵉ siècle, et contribua
grandement à l'apothéose philosophique de l'archevêque de
Cambrai, lorsqu'elle fut connue des lecteurs de Rousseau. —
Mme Guyon eut-elle quelque part à la conception et à la
rédaction de cette lettre? Il est certain que, nourrie de l'Ancien Testament, elle put être tentée de pousser son ami à
l'imitation des prophètes bibliques : « Je vous assure en
« Dieu lui-même, lui écrivait-elle dès le 12 août 1689, tan-
« dis qu'elle le félicitait sur son accession au préceptorat des
« enfants de France (1), je vous assure que vous n'êtes pas
« là seulement pour le petit prince, mais *pour le plus grand*
« *prince du monde.* Un peu de patience vous découvrira bien
« des choses... Ne dis point : Je suis un enfant, car tu iras
« partout où je t'enverrai et tu diras tout ce que je te com-
« manderai! Voilà ce qui m'a été imprimé *pour vous,* y
« ajoutant : J'ai mis *ma parole en ta bouche pour lui!* » Ces
incitations sont caractéristiques. Elle-même fut parfois tentée de s'adresser à Mme de Maintenon sur le même ton
quand celle-ci se fut déclarée contre elle, car nous la voyons
écrire à la duchesse de Beauvilliers (2) : « Si Mme de M...
« continue de me persécuter, je lui écrirai, quoiqu'il m'en

_____

(1) *Lettres,* v. p. 329.
(2) *Lettres* de Fénelon. — Edit. : Leclerc, IX, p. 148.

« puisse arriver, une, lettre *si forte* que, si elle m'attire des
« malheurs, j'aurai la consolation de lui avoir *dit ses vérités*,
« que *la lâcheté de tous les hommes lui cache* et que la jus-
« tice de Dieu découvrira un jour, et peut-être plus tôt
« qu'elle ne pense. Il y a un Juge qui ne reçoit pas les
« mauvaises excuses, et qui la fera payer pour elle-même et
« pour le salut du Roi ! » Nous ne savons si elle a mis sa
menace à exécution, mais Fénelon, du moins, a rempli ce
programme vis-à-vis du royal époux de la marquise, et cette
démarche peut être utilement rapprochée par les psychologues de celle qui conduisit Lacombe devant son évêque en
1680, Mme Guyon ayant sans doute tenu vis-à-vis de son
directeur de 1693 le rôle des trois pieuses filles savoyardes
qui poussèrent le Barnabite à ce qu'il appelait lui-même
par la suite, avec une sorte d'humilité ironique, son « coup
d'essai de fanatisme » !

La différence entre les deux admonitions mystiques, c'est
que la foi de Lacombe lui donna le courage de parler à visage
découvert, tandis que Fénelon, non seulement préféra garder l'anonymat, mais encore tenta d'égarer les recherches du
monarque en lui affirmant, dès les premières lignes de la
lettre, que l'auteur n'était pas connu de lui. L'abbé Gosselin,
dont nous avons déjà dit la prévention et la médiocre clairvoyance sur certains points de la biographie fénelonienne,
a soutenu que cette lettre était demeurée à l'état de projet et
n'avait jamais été envoyée à son adresse. Mais quelques passages des lettres de Mme de Maintenon à Noailles permettent de croire, au contraire, que non seulement la lettre vint
à sa destination, mais encore que l'anonymat en fut assez
rapidement percé à jour. En effet, la marquise soumit au
futur cardinal en 1695 un document adressé naguère au roi
et qu'elle jugeait de nature « à irriter et à décourager celui-
« ci plutôt qu'à le ramener. » Puis, après avoir reçu du
prélat une réponse que nous ignorons, elle ajouta : « Je
« suis bien aise que vous trouviez la lettre que je vous ai
« confiée trop dure : elle *m'a toujours parue telle*. N'en con-
« naissez-vous point le *style?* » Ce que tous les historiens
sérieux de Mme de Maintenon ou du Quiétisme, — Lavollée
et Griveau entre autres, — ont considéré comme se rappor-
tant à l'écrit anonyme de Fénelon.

Ajoutons que la correspondante de Noailles était mieux préparée que personne à reconnaître ce style, non seulement par suite de ses rapports épistolaires de longue date avec le précepteur des princes, mais encore en conséquence de certain souvenir personnel, qui lui devait être fort présent. En effet, dans une autre lettre presque également fameuse, celle que Fénelon lui adressa sur sa demande pour décrire et critiquer son caractère, elle avait pu lire cette appréciation, déjà si audacieuse, au sujet de son auguste époux : « Au reste, comme le Roi se conduit bien moins par des « maximes suivies que par l'impression des gens qui l'en- « vironnent... le capital est de ne perdre aucune occasion « pour *l'obséder de gens sûrs* qui agissent, de concert avec « vous, pour lui faire remplir, dans leur vraie étendue, ses « devoirs *dont il n'a aucune idée!* S'il est prévenu en faveur « de ceux qui font *tant de fautes grossières,* il le serait bien- « tôt encore plus en faveur de ceux qui suivraient les règles « et qui l'animeraient au bien. C'est ce qui me persuade que, « quand vous pourrez augmenter le crédit de MM. de Beau- « villiers et de Chevreuse, vous ferez un grand coup, etc... » .

Lisons maintenant quelques passages de la lettre anonyme et notons-en la ressemblance, d'une part avec les lignes que nous venons de reproduire, d'autre part, avec les accents qui frappèrent l'oreille étonnée de M. d'Aranthon d'Alex le 16 juin 1680, dans sa ville épiscopale d'Annecy : « La per- « sonne, Sire, qui prend la liberté de vous écrire cette lettre « n'a aucun intérêt en ce monde. Elle ne l'écrit ni par cha- « grin, ni par ambition, ni par envie de se mêler des grandes « affaires. Elle vous aime *sans être connue de vous.* Elle « regarde Dieu en votre personne. Avec toute votre puis- « sance, vous ne pouvez lui donner aucun bien qu'elle désire « et il n'y a aucun mal qu'elle ne souffrît de bon cœur pour « vous faire connaître les vérités nécessaires à votre salut. « Si elle vous parle fortement, n'en soyez pas étonné, c'est « que la vérité est libre et forte... Vous êtes né, Sire, avec « un cœur droit et équitable, mais *ceux qui vous ont élevé* « ne vous ont donné pour science de gouvernement que la « défiance, la jalousie, l'éloignement de la vertu, la crainte « de tout mérite éclatant, le goût des hommes souples et « rampants, la hauteur et l'attention à votre seul intérêt! »

Mazarin est surtout visé dans ce passage et peut-être sa nièce
Olympe Mancini, comtesse de Soissons, que Saint-Simon,
de son côté, fera responsable pour une grande part de la
fâcheuse formation morale de Louis XIV adolescent : telle
était évidemment l'opinion de la coterie Beauvilliers, qui
documenta tout à la fois sur ce point et l'auteur du *Télémaque,* et celui des immortels *Mémoires.*

« Dieu tient son bras levé sur vous, poursuit cependant
« l'émule éloquent de Lacombe, mais il est lent à vous frap-
« per parce qu'il a pitié d'un prince qui a été obsédé toute
« sa vie de flatteurs et parce que, d'ailleurs, vos ennemis
« sont aussi les siens. » Il s'agit ici des protestants, naguère
catéchisés par Fénelon en Saintonge, et peut-être aussi des
jansénistes. « Mais il saura bien séparer sa cause juste
« d'avec la vôtre, qui ne l'est pas (dans la guerre contre 'a
« Ligue d'Augsbourg), et vous humilier pour vous conver-
« tir, car vous ne serez chrétien que dans l'humiliation ! »
C'est l'épreuve de la purification passive, mais il est regrettable que cette fois la France doive partager, pour le salut
de son souverain, une humiliation de ce genre. « Vous n'ai-
« mez point Dieu, insiste le moderne prophète : vous ne 'e
« craignez même que d'une crainte d'esclave, car c'est l'en-
« fer et non pas Dieu que vous craignez... En voilà assez,
« Sire, pour reconnaître que vous avez passé votre vie entière
« hors du chemin de la vérité et de la justice et, par consé-
« quent, hors de celui de l'Evangile... Vous avez un arche-
« vêque (Harlay) corrompu, scandaleux, incorrigible, faux,
« malin, artificieux, ennemi de toute vertu et qui fait gémir
« tous les gens de bien... Pour votre confesseur (La Chaise),
« il n'est pas vicieux, mais il craint la solide vertu et il
« n'aime que les gens profanes et relâchés, etc... » Encore
une fois, c'est à peu près exactement l'état d'esprit de
Lacombe et de sa coterie pieuse en 1680 ; c'est la même mise
en scène, transportée sur un plus vaste théâtre. On sait que
la lettre se termine par des appréciations assez rudes sur
Mme de Maintenon et même sur Beauvilliers, sans doute
pour donner le change aux recherches, et qu'elle conclut en
sommant le Roi de France de s'*humilier sous la puissante
main de Dieu,* en traitant coûte que coûte de la paix immédiate avec ses ennemis, afin de donner le repos à ses peuples.

Ainsi Tolstoï, par la bouche de ses disciples, conseilla récemment le peuple russe.

Si, comme il est probable, Louis XIV soupçonna dès lors d'où lui venait cette mercuriale, il eut du mérite à n'en rien laisser paraître au dehors, mais sa première ferveur de dévotion était encore intacte à cette heure, et, de tout temps, il permit aux ecclésiastiques une certaine liberté dans leurs remontrances. Pourtant lorsque, peu de temps après, Mme de Maintenon dut lui signaler les progrès du quiétsime à Saint-Cyr, son inquiétude en fut vive, car il crut voir naître un nouveau Port-Royal aux portes même de Versailles et retrouver une autre famille Arnauld dans les deux disertes cousines, Mmes de La Maisonfort et Guyon. Puis, quelques mois plus tard, au lendemain de la publication des *Maximes des saints,* il fallut l'éclairer, en outre, sur le rôle joué par Fénelon dans ces désordres, et il pensa retrouver la distinction « du droit et du fait » dans les articles « vrais ou faux » de ce livre subtil. On connait le texte de Voltaire dans son *Siècle de Louis XIV* : « Il est très vrai que Fénelon ayant « continué l'éducation du duc de Bourgogne depuis sa « nomination à l'archevêché de Cambrai, le roi... voulut « avoir une conversation avec le nouvel archevêque sur ses « principes en politiques... Le roi, après la conversation, dit « qu'il avait entretenu le plus bel esprit et le plus *chimé-* « *rique* de son royaume. Le duc de Bourgogne fut instruit « de ces paroles du roi. Il les redit quelque temps après à « M. de Malézieux, qui lui enseignait la géométrie. C'est ce « que je tiens de M. de Malézieux et ce que le cardinal de « Fleury m'a confirmé. Depuis cette conversation, le roi « crut aisément que Fénelon était aussi *romanesque* en « fait *de religion qu'en fait de politique !* » Nous dirions *romantique,* car il s'agit du même mot, revenu vers nous d'Angleterre, ainsi qu'on le sait, et Fénelon est bien, selon nous, à la source du romantisme religieux comme à celle du romantisme politique de notre âge. On remarquera que Voltaire reste imprécis sur la date de la conversation dont il parle, mais elle eut lieu, à coup sûr, car le roi n'aurait pas condamné le prélat sans l'entendre.

Ce fut une heure de haute importance historique que celle qui dressa de la sorte en face l'une de l'autre les deux mo-

rales qui prétendent aujourd'hui à gouverner les sociétés
civilisées, la morale de l'« impérialisme » prévoyant, qui
fait effort vers une attitude de plus en plus rationnelle avec
l'expérience accrue de l'espèce, contre la morale du sentiment, presque nécessairement appuyée sur la conviction mystique de quelque surhumaine alliance : celle de l'ancien
Régime français avant son déclin et de notre grand siècle
classique contre celle de la Révolution qui fut rousseauiste
dans son germe. A notre avis, par la lettre de 1693, Louis
avait connu Fénelon comme « romanesque » en matière de
politique ; il l'accepta provisoirement tel, par égard pour son
autorité de prêtre. Mais, l'ayant trouvé romanesque en religion après l'éclat de 1697, il lui retira sa faveur et la publication du *Télémaque* en 1699 ne fit plus que confirmer en lui
un jugement qu'il avait prononcé *in petto* plus de cinq ans
avant cette date : « Un esprit *inquiet et singulier* me fait
« peur partout », avait-il dit aux Saint-Cyriennes assem-
blées, lors de l'expulsion, en sa présence, des quiétistes les
plus exaltées parmi leurs dames. Ce sont ces épithètes que,
sans nul doute, il appliquait dès lors à l'esprit de Fénelon.

A nos yeux, la controverse du Quiétisme peut donc être
considérée comme un duel entamé dès 1693 entre ces deux
hommes, représentants qualifiés de deux thèses antagonistes
en matière de gouvernement, Bossuet n'ayant été en cette
affaire que le porte-parole du Roi et l'interprète éloquent de
l'esprit traditionnel ou classique imposé par Louis XIV à
son temps. C'est par contre-coup seulement et presque par
contrainte que ce duel devint aussi la querelle de deux femmes, Mmes de Maintenon et Guyon, car la première n'avait
pas été fort éloignée, tout d'abord, des dispositions de la
seconde, bien que plus facile à rejeter dans les voies de la
raison. Si l'épouse de Louis XIV ne s'était pas sentie par lui
influencée ou même moralement contrainte, peut-être eût-elle
conservé à Fénelon sa bienveillance et à Mme Guyon sa pro-
tection, plus distante. Nous aurons bientôt à revenir sur ce
point.

II. — LES CLIENTS NÉVROPATHES DE MME GUYON.

Après avoir rappelé l'immense, mais courageuse imprudence mystique de Fénelon en 1693, soulignons les inadver-

tances beaucoup moins généreuses dont Mme Guyon se rendit de son côté coupable auparavant et dans le même temps. Sa *Bible* commentée nous enseigne (1) que les persécutions viennent aux véritables « intérieurs » de leurs proches, des dévots dont la vertu reste propriétaire, mais surtout des *anciens intérieurs* que Dieu a rejetés hors de cette voie éminente. Le Démon les suscite, en effet, contre les apôtres dès que ceux-ci paraissent dans quelque ville où ils menacent de lui arracher trop de suppôts. — En réalité, les grands mystiques de tous les temps son obsédés de névropathes qui sentent en eux des frères par le tempérament. Les voyant toutefois plus énergiquement doués pour l'action, ces malades les saluent comme des consolateurs par la vertu du génie, comme des délégués du Dieu fort, apparus ici-bas pour procurer par leur médiation puissante à qui les en prie un peu de cette vigueur psychique dont les éprouvés de la névrose sentent si âprement le besoin.

Or, de tels clients, lorsqu'ils se sentent, ou seulement se croient négligés et rebutés, deviennent aussitôt les plus implacables, les plus malicieux ennemis des prétendus inspirés qui ont déçu leur attente, menti à leurs espoirs de miraculeuse guérison. C'est ce que Mme Guyon nous rappelait dans sa *Bible* commentée, en termes mystiques ; c'est aussi de cette façon qu'un romancier russe imagina récemment d'interpréter le personnage évangélique de Judas : il faisait de l'homme aux trente deniers le plus fervent des premiers disciples du Christ, un enthousiaste éperdu de la personne et du caractère de Jésus, qui aurait été en peu de temps désabusé par les intrigues, trop humaines, qu'il crut voir nouées dans l'entourage du Maître et déçu par ce qu'il considérait comme des défaillances dans le pouvoir thaumaturgique de celui-ci.

Rappelons encore que Jean-Jacques, l'initiateur mystique le plus influent de notre époque, connut après ses deux grands succès européens de l'*Héloïse* et de l'*Emile*, les importunités de ces névropathes qu'il ne pouvait souffrir parce qu'ils offraient à son regard méfiant de malade une sorte de caricature de sa propre physionomie morale, parce qu'il

_____

(1) XVI, pages 30 et suiv.

était contraint de se contempler comme en un miroir défor-
mant dans la pensée de ces dégénérés, qui n'étaient pas
dotés comme lui du génie de la démonstration sophistique et de l'expression artistique! On sait que le prophète
genèvois, peu maître de ses humeurs, leur réservait, de son
propre aveu, un accueil « si brusque qu'on le pouvait qua-
lifier de brutal ». Puis, cette satisfaction une fois donnée
à ses nerfs trop tendus, sa manie des persécutions s'aug-
mentait de l'appréhension justifiée que lui causaient les très
probables rancunes de ses visiteurs éconduits! George Sand,
la fille spirituelle la plus authentique de Rousseau dans la
troisième génération romantique, nous a conté dans ses
Mémoires, en une page bien remarquable, les expériences
de même nature qui suivirent pour elle ses initiales prédi-
cations de mysticisme passionnel et social. Ainsi se rassem-
blent autour de tout mystique de quelque réputation les men-
diants de pouvoir métaphysique, implorateurs qui deviennent
sans délai des persécuteurs après leur très habituelle déception.

Mme Guyon n'a pas échappé à ce destin. Riche et fort
aumônière, passant aux yeux du commun pour bien plus
riche encore qu'elle ne l'était en réalité, ainsi qu'il advient
d'ordinaire en pareil cas, elle eut de bonne heure sa clientèle de détraqués, d'abord flatteurs et demandeurs (comme
cette Jeannette de Lourdes, qu'elle gratifia d'un anneau d'or
par l'entremise de Lacombe, alors enfermé dans le château
de cette petite ville pyrénéenne); puis parfois acharnés à sa
perte, comme la béate dite sœur Rose, son ancienne solli-
citeuse, qui devint sa concurrente en matière de thaumaturgie
psychique, ou encore comme ces dévotes dangereuses qu'elle
nomme les « filles du père Vauthier » dans ses mémoires justificatifs. Aussi bien, n'avait-elle que trop recherché de si
faciles et si décevantes conquêtes. Ecoutons plutôt sur ce
point le Père Paulin d'Aumale, — un religieux qu'elle eut
quelque temps pour directeur, dans l'interrègne qui sépara
Lacombe de Fénelon et qui paraît digne de foi: « Mme Guyon
« vint me voir d'une façon assez surprenante, écrit-il en
« relatant ses rapports avec elle. Sans beaucoup de discours,
« elle me dit d'un air et d'un ton fort passionnés, *les lèvres*
« *toutes tremblantes et comme livides, le visage enflammé*

« *et le corps tout ému*, qu'elle cherchait, qu'elle *voulait les*
« *cœurs :* ce qu'elle répéta plusieurs fois sans me dire autre
« chose ! » Et nous avons, en effet, relevé dans ses lettres
une exclamation toute pareille. Aspiration généreuse, mais
souhait imprudent pour qui connaît la nature humaine et ne
la mesure pas à l'étalon de la conviction mystique !

Il lui arrivait même de jouer en quelque sorte avec ces
malades, de faire à leur égard, et trop souvent à leurs dépens,
la thaumaturge : « Certaines âmes sont éprouvées par les
« démons, nous dit une autre de ses lettres (1) : j'en connais
« beaucoup de cette sorte en province et ici (à Paris). Il y
« a plus de six à sept ans que, sans que j'en sache la
« raison, sitôt que j'approche d'elles ou que je défends au
« Démon de les tourmenter, il les laisse et ne les ose appro-
« cher... Le même mouvement qui m'a porté à délivrer
« certaines âmes obsédées m'a porté à *en livrer d'autres* (!)
« sans savoir ce qui me le faisait faire, sinon qu'étant accou-
« tumée avec Dieu à une souplesse infinie, je fais sans atten-
« tion et sans recours tout ce qu'il me fait faire. Celles que
« j'ai eu mouvement de livrer de la sorte ont été tourmen-
« tées d'une manière étrange, soit par les idées de l'esprit,
« soit par ce qu'il exerçait sur leur corps. Lorsqu'elles me
« disaient cela, je sentais en moi un pouvoir de les soulager
« ou de les livrer de nouveau, et *demeurant sans action,* je
« faisais ce que Dieu me faisait faire ! » Peut-être même le
leur disait-elle, les prenant ainsi pour confidentes des obscures fluctuations de son affectivité à leur égard ? Et, en ce
cas, quels espoirs suscités, quelles déceptions préparées,
quelles rancunes engendrées dans ces âmes préalablement
hypéresthésiées par leur mal ! La déléguée du Très-Haut n'a
pas toujours rencontré de *bonnes filles,* comme elle se plaît
à les nommer dans ses lettres (2), et comme elle proposa
d'en appeler une en témoignage, lors de ses conversations
théologiques avec Bossuet. De bien mauvaises filles se sont
aussi levées çà et là sur sa route pour la charger d'incriminations et de reproches.

La plus connue de ses mésaventures en ce genre, ce sont

(1) **IV**, n° 147.
(2) **Par** exemple **V**, p. 229.

ses démêlés avec une certaine Cateau Barbe, de Grenoble, dont Michelet a jugé bon d'évoquer le souvenir au tome XVI de son *Histoire de France,* car l'imagination de ce poète romantique a pu se donner sur cet incident libre carrière. Cette fille s'éprit, dit-il, de Mme Guyon, en fut enivrée et comme anéantie ; elle la suivit dans ses voyages, mais ses parents l'ayant réclamée, et sa directrice lui ayant conseillé de leur obéir, sa passion devint de la haine. Et voilà bien l'évolution que nous marquions tout à l'heure. — « Elle « partit, écrit Michelet, mais si ulcérée, si haineuse, qu'elle « dit tout ce que lui firent dire les ennemis de Mme Guyon. « Elle vomit mille calomnies contre elle, tourna en honte « ses bontés, ses tendresses. Tout cela dit, épuisée de fureur, « elle pleura, eut horreur d'elle-même, et, de remords, 'per- « dit l'esprit ! » Elle l'aurait probablement perdu, en tous cas, un jour ou l'autre ; mais, quoiqu'il en soit, il y a là un cas typique des expériences de la béate avec ses clients névrosés ; et, par malheur, tous ne rétractèrent pas ensuite leurs imputations comme Cateau. Beaucoup ne cessèrent jamais de la détester et restèrent assez lucides pour lui nuire. Aux théologiens des Conférences d'Issy, elle a cru devoir énumérer certain jour les personnes qu'elle considérait comme les plus acharnées à sa perte : c'était la Gentil, les époux Gautier, qu'elle traitait de faussaires, les filles du Père Vauthier, la fille de Grenoble (Cateau Barbe), la de Fé, etc... La « sœur Malin » était encore une de ces furieuses qui allèrent, dit-on, dans tous les confessionnaux de Paris s'accuser d'aberrations molinosistes grossières, en ajoutant, avec une noire perfidie, que le Père Lacombe et Mme Guyon les y avaient entraînés, ce qui suscita contre le couple mystique la persécution de 1687. Nous avons déjà nommé la « sœur Rose » (Catherine d'Almayrac), que mentionne Saint Simon, et qui paraît avoir joué un grand rôle dans les origines de la seconde persécution (celle de 1693) qui décida du sort de Mme Guyon, puis par répercussion, de celui de Fénelon : rôle de concurrente et de jalouse rivale en matière de prophétie sans nul doute, mais aussi rôle de confidente rebutée et rancunière, car Mme Guyon assurait avoir reconnu en elle une femme, d'un très suspect passé, qui lui avait fait autrefois confession de ses faiblesses ! Traduisons :

une cliente névropathe qui, s'étant vue négligée par sa
directrice, se crut menacée dans sa réputation, après les
aveux qu'elle avait imprudemment consentis et ouvrit les
hostilités, pour mieux assurer sa défense.

C'est par la déposition, devant les examinateurs d'Issy,
du Père Paulin d'Aumale, que nous serons toutefois le mieux
renseignés sur cet appétit de prosélytisme imprudent. Repor-
tons-nous par la pensée à l'époque où Mme Guyon, venue à
Paris après son voyage alpestre, alla s'établir au cloître
Notre-Dame et chercha, sans grand discernement, des relations pieuses dans la capitale pour satisfaire à sa vocation
« apostolique ». La duchesse de Charost l'assistait dans cet
effort et s'employait à lui recruter des adeptes jusque dans
les rangs du clergé parisien, car le Père Paulin nous apprend
que, dès 1686, cette grande dame l'entretint d'une personne
qui était consommée dans les voies intérieures et qui parlait
même d'un certain état d'*abandon* bien *au-dessus* de tous les
états de la vie intérieure, dont on avait jusque-là connaissance! Une fois qu'on y était parvenu, assurait-elle, il n'y
avait *plus rien à faire!*

Alléché de la sorte, le religieux lut le *Moyen court,* ce
catéchisme de la métaphysique guyonienne, mais le petit
livre lui parut suspect de quiétisme, surtout dans le chapitre
touchant l'abandon. L'autre publication de la béate, le commentaire sur *le Cantique des cantiques* lui sembla plus con-
testable encore, principalement dans le passage où l'épouse
biblique dit à son époux qu'elle a lavé ses pieds et qu'elle
a de la peine à *les salir de nouveau* pour lui obéir, ajoutant
qu'elle a déposé sa tunique et ne peut plus se résoudre à la
revêtir. Mme Guyon expliquait, en effet, que cela se doit
entendre de la *propre* pureté, justice et innocence de l'épouse
(l'âme chrétienne) qui demeurait trop attachée à ces vertus
et dont l'époux (Dieu) voulait qu'elle les *abandonnât* pour
ne plus songer qu'à lui! Et certes, ces raffinements de la
morale affective ne pouvait que choquer un directeur spirituel, accoutumé à de moins subtiles pénitentes.

Mme Guyon, se piquant au jeu cependant, eut l'imprudence de soumettre alors à ce prêtre de bon sens son commentaire manuscrit sur le *Livre des juges.* Il en tira des extraits,
c'est-à-dire qu'il en copia des passages, comme Bossuet devait

le faire à son tour quelques années plus tard, puis, anticipant aussi sur le jugement de l'évêque de Meaux, il déclara ce monument du Guyonisme lacombien entaché d'erreur ou même d'*hérésie* et tout à fait digne d'être détruit par le feu! Il avait fort bien constaté dans ces pages la glissante distinction qui fait, selon nous, le danger du quiétisme continué sur ce terrain par le rousseauisme : la distinction entre le péché proprement dit, qui se commet dans la voie *active* de la perfection chrétienne et le péché *voulu de Dieu,* qui fleurit dans la voie passive, mais ne saurait être imputé au pêcheur dont il favorise le progrès tout au contraire. A celle qui tentait de lui faire partager ces opinions hasardeuses, le religieux indiqua nettement qu'elle versait dans l'hérésie, admonition qui agit sur elle à la façon d'un coup de foudre, ajoute-t-il, car elle tomba sous ses yeux en défaillance et cet évanouissement se prolongea durant quelque temps. Nous l'avons déjà vue pâmer devant des objections moins graves de la part du Père Lacombe, et les avertissements sévères de Bossuet produiront parfois chez elle de semblables faiblesses. Ce sont les violentes réactions physiques d'une Volonté de puissance sans bornes, qui se voit soudain menacée dans ses points d'appui les plus décisifs et dans ses recours les moins contestés par ses clients habituels.

CHAPITRE II

Premiers résultats de l'apostolat guyonien.

La veuve de Scarron s'était élevée à son incroyable fortune
par l'effort soutenu de ses facultés conscientes, par l'exercice
incessant de sa souple intelligence et de sa ferme raison ;
elle avait dû se maintenir en quelque sorte à la force du
poignet sur ces sommets de la vie, pour lesquels elle n'était
pas née, car on sait aujourd'hui que sa noblesse était fort
courte, que son grand-père Agrippa d'Aubigné sortait de
souche roturière et qu'il s'était rattaché par fraude à une
plus ancienne maison du même nom. On connaît le mot
qu'elle jetait parfois à ses familiers avec une modestie prudente, mais aussi avec un sentiment de sourde fatigue : « Je
« ne suis pas grande. Je suis élevée! » C'est pourquoi, au
cours des années qui suivirent la bénédiction de son mariage
secret, et lorsqu'elle eut perdu l'espoir de voir cette union
déclarée — si tant est qu'elle ait jamais nourri cet espoir, —
elle sentit le besoin de se détendre et de donner quelque
repos à ses facultés de conquête. Elle parut céder alors aux
suggestions séduisantes de Fénelon, qui lui proposait de
faire faire par Dieu à sa place, en acceptant l'hygiène morale passive, ce travail de perfectionnement moral qui lui
avait coûté jusque-là tant de peines. Elle reçut et conserva
de lui des lettres de direction innombrables, qu'elle put faire
relier en quatre volumineux recueils.

On sait aussi la place tenue dans sa vie par la maison de
Saint-Cyr, qu'elle créa et développa rapidement dès que
se fut établie sa faveur ; Saint-Cyr devint à la fois un reflet
de sa personnalité morale et un résumé de son expérience
vitale. Elle y voulut des caractères façonnés sur le modèle
du sien, non des contemplatives ou des exaltées, mais des

femmes de sens et de conduite, capables de tenir leur rang dans le monde ou même, si le mérite de leur époux les y conduisait, jusque dans les salons de Versailles. Elle reconnut bientôt cependant que ses pupilles n'étaient pas toutes taillées sur son modèle ; en 1691, la maison traversa cette crise de dissipation et de vanité mondaine, dont la représentation triomphale d'*Esther* avait marqué le début. Obligée de changer d'orientation, la marquise essaya quelque temps pour ses élèves, aussi bien que pour elle-même, de la *courte et facile* adaptation sociale par l'opération directe de Dieu, selon les promesses de Mme Guyon et de Fénelon. Tous deux eurent l'accès de Saint-Cyr ; tous deux y répandirent, l'une avec légèreté, l'autre avec tact et mesure, un système métaphysique qu'ils n'envisageaient pas exactement de même au surplus, malgré leur long travail intellectuel en commun sur ces matières. C'est le résultat de cette tentative qu'il nous faut à présent rappeler.

I. — UNE CONSULTATION DE L'ÉVÊQUE DE CHARTRES

Quels étaient dès lors les précédents susceptibles de nous faire prévoir les effets de la dévotion guyonienne, lorsque cette dévotion raffinée serait, non plus proposée à quelques individualités de loisir et de choix dans le monde, mais vulgarisée dans l'un de ces étroits groupements sociaux que forment les communautés religieuses? Deux évêques, conscients de leur responsabilité pastorale, avaient déjà trouvé l'occasion de fixer leur sentiment sur ce point. Celui d'Annecy-Genève, M. d'Aranthon, s'était exprimé de la sorte en 1683 dans une lettre, dont Fénelon méconnut si complètement la portée : « Je ne puis approuver qu'elle veuille rendre son esprit « *universel* et qu'elle veuille l'introduire dans nos monas- « tères *au préjudice* de leurs instituts. *Cela divise et brouille* « *les communautés les plus saintes!* » Résultat inévitable, en effet, du déchaînement méthodique de l'affectivité subconsciente, sauf dans le cas, fort rare, d'une très solide préparation morale consciente antérieure ; résultat qui sera celui du rousseauisme dans les groupes sociaux qui l'adopteront pour cadre de leur effort vital.

Un peu plus tard, l'évêque de Grenoble, le cardinal Le Camus, expliqua dans une lettre, également devenue publique (1), que le général des Chartreux, son diocésain, avait été obligé à « sortir de sa solitude pour aller réparer le « désordre que cette dame avait fait dans quatre couvents « de Chartreuses, où elle avait fait la prophétesse comme « partout ailleurs ! » Or, un troisième évêque, — celui de Chartres, de qui dépendait la maison de Saint-Cyr, c'est-à-dire Godet des Marais, alors directeur en titre de Mme de Maintenon, — crut s'apercevoir, vers le milieu de l'année 1693, que cette institution montrait à son tour quelques symptômes d'indiscipline et de désordre. Sa correspondance avec sa célèbre pénitente a été publiée au XVIII° siècle par La Beaumelle, dissimulé sous le pseudonyme de l'abbé Berthier (2), et l'on y trouve une lettre (3) qui, selon nous, marque le début de l'affaire du Quiétisme. On en jugera par quelques extraits :

« Il y a, Madame, écrit le prélat à la marquise, plusieurs « choses dans la lettre que vous m'avez *montrée* que je n'en- « tends pas assez bien ! » Il s'agit sans nulle doute d'une lettre de direction, rédigée par Fénelon, lettre qui avait enfin éveillé quelques scrupules chez sa correspondante de longue date et que celle-ci avait alors résolu de soumettre à son principal conseiller spirituel. « On doit, ce me semble, pour- « suit Godet, vouloir trouver en soi une certaine perfection « de vertus, qui doit tenir lieu de tous autres bienfaits, et « l'on doit se consoler par là des choses extérieures que la « Providence nous enlève ; et une *indolence* qui nous rendrait « *indifférents touchant la perfection de la vertu serait blâ-* « *mable !* » Voilà, en effet, le nœud du débat mis dès les premières lignes en évidence : la morale stoïco-chrétienne, d'allure consciente et rationnelle, s'y montre inquiétée par la subtile morale affective dont la prétention est de la remplacer en laissant tout à faire à Dieu et en dépréciant les vertus *acquises* comme entachées de *propriété* spirituelle. « Il est vrai, reprend l'homme droit et modéré qui tient ici

---

(1) Phelipeaux. — *Relation*, p. 21.
(2) Bruxelles, 1755.
(3) C'est la 68° du recueil et l'éditeur lui a donné ce titre: *Sur l'Amour désintéressé.*

« la plume, il est vrai aussi que si c'est l'amour-propre et
« non le désir de plaire à Dieu qui anime, ce n'est plus vertu.
« Je crois encore que c'est le sentiment de M... » Il s'agit de
l'abbé de Fénelon, évidemment, et cet « encore » est significatif, car il suppose des étonnements de longue date, « Je
« ne comprends pas non plus que, pour être pur dans la
« perfection, il faille la regarder en soi comme en autrui,
« sans nulle satisfaction que ce soit soi plutôt qu'un autre,
« à moins qu'on ne veuille parler de la complaisance de
« l'amour-propre ; car, d'ailleurs, la *vraie* charité (la cha-
« rité rationnelle) a pour règle d'aimer sa perfection *préféra-*
« *blement à celle d'autrui.* Il ne faut pas la regarder, comme
« Lucifer, par orgueil, mais pour en remercier Dieu et pour
« tâcher de la conserver et de l'augmenter autant qu'il se
« peut, selon cette parole : Que celui qui est juste se justifie
« encore ! » Ces deux prêtres sont, au fond, d'accord, mais
ils ne mettent pas l'accent sur les mêmes termes dans leurs
suggestions de morale.

« Il y a d'autres choses que je n'entends pas clairement,
« écrit le Sulpicien, continuant de méditer sur le texte pro-
« posé à son examen. Pour venir à ce que vous m'avez mar-
« qué, je crois qu'on ne vient point à cette *mort* du chrétien
« sans *courage,* sans pratiquer l'humilité du cœur et la sim-
« plicité qui ne recherche que Dieu, s'éloignant sans gri-
« maces et sans hésitation de ce qui lui déplaît. Mais je suis
« bien persuadé qu'*une paresse et une simple indolence et*
« *dépouillement de courage et de pratique serait une passi-*
« *vité blâmable* pour vous et condamnable par les règles de
« l'Eglise. Voici une proposition condamnée par un concile
« général de Vienne contre les Béguins et les Béguines qui
« étaient des illuminés. C'est une imperfection de s'exercer
« dans les actes de vertu et une âme parfaite doit s'éloigner
« des pratiques de vertu ! Ces faux illuminés établissaient
« qu'une âme peut devenir si parfaite en cette vie, qu'elle
« était impeccable et ne pouvait aller plus loin : ce qui n'ap-
« partient qu'à la perfection de *l'autre vie !* » Les décrets
du Concile de Vienne en Dauphiné (1311), joueront un grand
rôle dans la Controverse du quiétisme, parce que Molinos
venait de rappeler l'attention des théologiens romains sur les
aberrations du mysticisme germanique à la fin du XIIIe siècle,

aberrations cultivées, surtout dans ces groupements de demi-religieuses qu'étaient les béguinages, et dont la béate connue sous le nom de Svester Cathrei est un exemplaire typique.

Godet se défend, d'ailleurs, de vouloir pousser trop loin le rapprochement qu'il vient d'indiquer : « Il y a une différence « totale entre le sens de M. de... (Fénelon) et celui-ci, et « je ne vous l'ai rapporté qu'à l'occasion de cette perfection « idéale qui consisterait dans une mort entière et sans imper- « fection, qui bannirait toute sensibilité, qui anéantirait « complètement la créature et qui la remplirait de Dieu « *sans effort de sa part* et sans pratique. C'est la *perfection* « *du ciel*. Dieu fera (alors) toutes choses en nous, comme dit « Saint Paul, sans que la créature y mette rien par son tra- « vail : elle recevra tout et sera dans une *passivité* heureuse, « ce qui sera *la récompense et le prix de ses travaux et de* « *ses pratiques passées*. Ici-bas, nous devons *mourir au* « *péché,* nous devons marcher dans une vie nouvelle, les « membres de notre corps ne doivent plus être des armes « d'iniquité et nous devons nous donner à Dieu *comme* « *vivants, de morts que nous étions,* et lui conserver les « membres de notre corps pour *servir à sa justice!* » Ce qui est une formule très ferme, quoi qu'un peu confuse, de morale chrétienne *rationnelle*.

Suivons jusqu'au bout le prélat dans l'instructive, quoique discrète protestation que lui suggère le fénelonisme guyo- nien : « Il faut obéir du fond du cœur à la doctrine de Jésus- « Christ, à laquelle nous sommes livrés par la grâce. Voilà « ce que je lis dans le Nouveau-Testament, où il est parlé à « fond de la mort des chrétiens : tout cela demande du « courage et *des pratiques solides de vertus*. Si, par petitesse « et par simplicité, (c'est ici le vocabulaire guyonien qui « parvient à notre oreille après avoir été répercuté par deux « échos successifs), *on* entendait quelque chose qui donnât « exclusion à cette incontestable doctrine, je n'y souscrirais « *jamais!* Je ne sais point ce que c'est que cette *désappro-* « *priation des dons de Dieu,* petitesse et mort sans réserve « qu'une infinité de personnes pénitentes et vertueuses *ne* « *connaissent pas plus que moi ;* mais, en tous cas, ces per- « sonnes pénitentes et vertueuses ne seraient pas privées « de la lumière nécessaire à leur salut si elle persévèrent

« dans la pénitence et dans la vertu. Ellès se garderont de
« se *rien attribuer de la gloire de Dieu* ; elles continueront
« à être humbles de cœur et à mourir *au péché* sans réserve
« (non pas à l'activité consciente, remarquons-le ; elles
« tiendront à ce qu'il y a de plus pur dans la perfection de
« leur état, mais elles comprendront que la perfection pure
« et sans défauts *est pour l'autre vie,* car Dieu y a mis une
« mesure (ici-bas). Il est vrai que, comme nous ignorons
« cette mesure et celle du progrès que nous faisons, nous
« avons tous les jours besoin de courage et d'attention pour
« avancer, selon cette exhortation du Saint-Esprit : Que
« celui qui est saint se sanctifie encore ! Et notre mesure ne
« sera pleine qu'à la mort, car recevant tous les jours de
« nouvelles grâces, nous y devons répondre tous les jours
« par une nouvelle reconnaissance. Ainsi, c'est un bien que
« nous ne connaissions pas toute l'étendue de notre mesure,
« afin que nous ne nous endormions jamais ! »

Cela est pesant de forme et bien éloigné du charme féné-
lonien ; mais, en revanche, on se sent ramené par cette page
judicieuse vers la tradition du christianisme rationnel, qui
ne dédaigne pas, au surplus, la collaboration de l'affectivité
disciplinée. Enfin, la conclusion sera charitable et digne,
comme tout ce qui la précède : « Je suis persuadé, Madame,
« que mes sentiments sur cela sont *les mêmes* que ceux de
« M. de..., et, quoiqu'il voie plus que moi, je crois fermement
« ne pas penser autrement que lui. J'ai, néanmoins, pris
« occasion de vous instruire, *comme mère d'une commu-*
« *nauté,* sur un certain langage de dévotion *mal entendue,*
« et je crois que tout ceci peut vous servir en votre particu-
« lier. Dieu veuille vous accorder le grand don de persévé-
« rance ! » Mme de Maintenon était d'un trop perspicace,
d'un trop méfiant caractère pour négliger un tel avertissement, que ses propres scrupules l'avaient d'ailleurs conduite
à provoquer.

II. — LES INCIDENTS DE SAINT-CYR ET LEUR EXPLICATION PSYCHOLOGIQUE.

Nous ignorons la date de cette lettre capitale, mais il faut
nécessairement la placer avant, et sans doute peu de temps

avant cette visite pastorale à Saint-Cyr qui éclaira définitivement l'évêque de Chartres sur les progrès du guyonisme
dans la pieuse maison. L'état d'esprit qu'il y constata nous
est décrit d'une plume spirituelle, dans les *Mémoires des
dames de Saint-Cyr,* dont on a souvent invoqué le témoignage à ce propos. Voici comment la rédactrice de ces pages,
une des religieuses de la maison, Mme du Pérou, s'exprime
sur les dirigées de Mme Guyon : « Ces dames avaient de la
« froideur, de l'éloignement et même un peu de mépris pour
« celles qui n'étaient pas de leur *causerie,* une grande indé-
« pendance des supérieurs et des directeurs, beaucoup de
« présomption et d'orgueil... elles n'assistaient au sermon
« que le moins qu'elles pouvaient, disant que cela ne fai-
« sait que *distraire* et que Dieu seul suffit... Presque toute
« la maison devint quiétiste. On ne parlait plus que de pur
« amour, d'abandon, de sainte indifférence, de simplicité,
« laquelle on mettait à se bien accommoder en tout pour
« *prendre ses aises,* à ne s'embarrasser de rien, *pas même*
« *de son salut!* De là vint cette prétendue résignation à la
« volonté de Dieu qu'on poussait à *consentir aussi franche-*
« *ment à sa damnation* qu'à être sauvée ; c'était en cela que
« consistait le fameux acte d'abandon qu'on enseignait... Ces
« façons de parler étaient si communes que les Rouges
« même (les élèves de la petite classe) les tenaient ; jus-
« qu'aux sœurs converses et aux servantes, il n'était plus
« question que de pur amour. Et il y en avait qui, au lieu
« de faire leur ouvrage, passaient leur temps à lire les *livres*
« de Mme Guyon, qu'elles croyaient entendre ! »

La satire est vive et piquante. La Beaumelle, qui eut ces
pages manuscrites entre les mains et qui put les compléter
par la tradition orale de Saint-Cyr (1), les a commentées sur
le mode ironique qui lui est habituel, mais son amplification
rend moins bien que le texte original le spectacle d'une communauté envahie par la morale purement affective et par le
mysticisme guyonien : il n'avait pas vu de ses yeux ce qu'il
dépeint. Mme du Pérou, au contraire, ajoute une note topique
au tableau, lorsqu'elle écrit encore que les novices ne lui

---

(1) Voir le livre si vivant de Taphanel sur *Angliviel de la Beaumelle et Saint-Cyr,* Paris, 1898.

obéissaient plus : « On avait des extases. Le goût pour
« l'oraison devenait si vif et si incommode que les devoirs
« les plus essentiels étaient négligés. L'une, au lieu de ba-
« layer, restait nonchalamment appuyée sur son balai ;
« l'autre, au lieu de vaquer à l'instruction des demoiselles,
« entrait en inspiration et s'abandonnait *à l'esprit !* La sous-
« maîtresse (des novices) menait furtivement les illuminées
« dans quelque réduit, où l'on se nourrissait des idées de
« Mme Guyon. Sous prétexte de tendre à la perfection, on
« négligeait la règle commune qui y conduit, etc... » Et ce
dernier mot est encore une protestation de la morale stoïco-
chrétienne contre la morale purement affective que préco-
nisait un mysticisme féminin trop désencadré de raison.

Ces diverses constatations psychologiques sont, à notre
avis, d'une importance capitale, puisque, le rousseauisme a
préparé, selon nous, dans les sociétés démocratiques qui
acceptèrent ses inspirations sans les corriger par l'expérience
synthétisée de la vie sociale ou raison, un désordre moral
de même nature que celui dont nous venons d'entrevoir le
spectacle. Il n'y a rien de si dangereux, dira le XXIXᵉ des
articles d'Issy, que de conduire toutes les âmes comme si
elles étaient *arrivées à l'état de perfection* ou de motion divine
qui est si rare, — nous dirions en langage modernisé : comme
si elles étaient parvenues à l'état de culture morale achevée
qui est si exceptionnel et même si fragile dans l'homme, en
raison de la constante poussée impérialiste irrationnelle du
fond.

Mais demandons plutôt une consultation sur les incidents
de Saint-Cyr à Fénelon en personne, à Fénelon devenu
archevêque, et conduit par la menace d'hétérodoxie suspendue sur sa tête à rationaliser, plus soigneusement que
jamais, les thèses guyoniennes, qu'il n'accepte pas de répudier entièrement toutefois. Arrêtons-nous à étudier de près,
dans l'inoubliable article XVIIᵉ des *Maximes des saints,* le
verdict d'une psychologie saine sur la thèse mystique qui,
sous prétexte d'égalité devant Dieu, prétend appliquer aux
âmes moralement incultes une hygiène acceptable seulement
pour certains privilégiés de la plus soigneuse culture morale.
Il n'y a, écrit le métaphysicien de la purification *passive,*
qu'un *très petit nombre* d'âmes qui soient vraiment dans ces

« épreuves » d'origine divine qui les amènent à répudier tout intérêt *propre*. Un directeur ne doit pas se rendre facile à supposer que les *tentations* où il voit une âme sont des tentations *extraordinaires*, c'est-à-dire des *épreuves* procédant directement de Dieu, comme nous venons de le dire (1). On ne saurait trop se défier, en effet, de l'*imagination échauffée* (c'est-à-dire de l'affectivité prématurément émancipée de tout frein), qui exagère tout ce que l'on ressent ou que l'on croit ressentir, ainsi que d'un *orgueil subtil* et presque imperceptible, qui tend toujours à *se flatter d'une conduite extraordinaire de Dieu* (c'est-à-dire d'une alliance plus intime avec le Tout-Puissant) !

Il est donc capital, insiste le préiat, de supposer d'abord que les tentations d'une âme ne sont que des *tentations communes,* dont le remède est la mortification extérieure ou intérieure, avec tous les actes de *crainte* et toutes les pratiques de l'amour *intéress..* Les directeurs doivent même se montrer fermes pour ne rien admettre au-delà jusqu'à ce qu'ils aient acquis entière conviction que ces remèdes *éprouvés* sont absolu..ent inutiles et que le seul exercice simple et paisible du pur amour apaisera la tentation mieux que tout le reste. Mais, encore une fois, ajoute-t-il, c'est en pareille occasion que le danger d'illusion ou d'erreur est *extrême,* à la fois chez le directeur et chez le dirigé. — On voit clairement par notre commentaire du texte fénelonien des *Maximes* que l'inspiration secrète du mysticisme féminin dévoyé (et plus tard celle du rousseauisme qui le continue) à savoir la suppression du Tentateur antisocial et son remplacement par un Dieu responsable du péché de sa créature, est ici aperçue et tout aussitôt *rejetée,* ou du moins très strictement restreinte dans sa portée, par le grand esprit qui a si longuement médité ces délicats problèmes psychologiques et moraux. Usera-t-il cependant de cette sagesse dans la pratique et avec Mme de Montberon par exemple? C'est là une autre question, sur laquelle nous aurons à revenir.

Suivons-le pour l'instant dans son décisif commentaire.

---

(1) Notons qu'il s'agit en réalité, sous le nom d'*épreuves* divines, des dernières rebellions antisociales d'une affectivité qui achève de se confirmer par le recueillement dans l'*habitude* morale consciemment acquise.

Si un directeur sans *expérience*, poursuit-il, — et l'on voit par le contexte qu'il s'agit cette fois d'expérience logique, sociale et rationnelle, non plus d'expérience affective ou extatique, comme il arrive le plus souvent sous la plume des écrivains mystiques, — si un tel directeur vient à confondre une tentation *commune* avec l'une de ces tentations *extraordinaires,* dont le but est la purification de l'amour, ce guide spirituel égaré *perd une âme!* Il la *remplit d'elle-même ;* il la jette dans une indolence incurable sur le vice dans lequel elle ne pourra désormais manquer de tomber! Telle fut l'œuvre de Mme Guyon à Saint-Cyr vers 1693, comme nous venons de le dire, et, certes, jamais Bossuet ni Godet des Marais n'ont exprimé en termes plus énergiques les saines conclusions psychologiques et morales que l'Église a tirées de sa très longue pratique du gouvernement des âmes! Oui, insiste encore l'auteur des *Maximes,* si quelqu'un détourne des motifs *intéressés* de l'action droite ceux qui ont *encore besoin* de ces motifs, celui-là agit comme un homme qui ôterait à un enfant le lait de sa nourrice et le ferait mourir de faim pour l'avoir sevré à contre-temps. C'est même un devoir strict pour les directeurs que de résister avec fermeté aux suggestions de certains pénitents à cet égard, car il arrive souvent que des âmes très imparfaites et *toutes pleines d'elles-mêmes* s'imaginent, *sur des lectures indiscrètes* et disproportionnées à leurs besoins, qu'elles sont dans les plus rigoureuses *épreuves* du pur amour, pendant qu'elles ne sont que dans des *tentations* très naturelles, dont elles se sont attiré l'inconvénient elles-mêmes par une vie lâche, sensuelle et dissipée. Ainsi, la métaphysique guyonienne ne convient qu'à des chrétiens pourvus, au préalable, de la plus soigneuse préparation morale consciente.

Et voici venir enfin une définition des *épreuves* de source divine, qui limite fort utilement la portée de cette dangereuse et contagieuse conception du mysticisme féminin dévoyé. « Les épreuves, dont nous parlons ici, écrit en effet Fénelon, « ne regardent que des âmes *déjà consommées dans la morti-* « *fication intérieure et extérieure, qui n'ont rien appris* « *par des lectures prématurées!* » Ces lignes corrigent tant bien que mal la contradiction logique fondamentale de l'enseignement guyonien : contradiction qui consiste à amener, par un exposé théorique infiniment subtil et persuasif, les dévôts à considérer comme *épreuve* divine ce qui est au vrai *tentation* diabolique, c'est-à-dire impulsion désordonnée de l'impérialisme affectif : et cela au mépris de l'affirmation essentielle du système, qui est que, même dans le cas de l'épreuve, Dieu *veut* laisser l'éprouvé dans l'*ignorance* de son action directe sur lui, afin de ne pas fournir un appui de plus à son orgueil, à son impérialisme vital !

On se demande, après avoir lu ces lignes si sages, comment Fénelon put continuer de croire, jusqu'à sa mort, à la vocation divine de son inspiratrice? Si, en effet, Mme Guyon, quittant Montargis pour entamer ses voyages apostoliques, était consommée déjà dans la mortification extérieure et intérieure, ce qui est plus que douteux, encore était-elle certes bien loin de n'avoir « rien appris par des lectures prématurées » ! Elle s'adapta toutefois si rapidement aux exigences rationnelles qu'elle rencontrait chez son directeur que ce dernier la jugea toujours au-dessus des règles ou des lois que nous venons de le voir formuler avec tant de maîtrise.

Ecoutons-le résumer enfin les précautions qui s'imposent aux directeurs en face des pénitents que Dieu semble engager sur la voie *passive* de la perfection chrétienne. Les *épreuves,* dit-il, ne saurait visiter que des âmes instruites de la conduite de Dieu sur elles, non par les livres, mais par la seule expérience (il s'agit cete fois d'expérience mystique) ; des âmes ne respirant que docilité et que candeur, toujours prêtes à croire qu'elles se trompent (qu'on songe à Mme Guyon en face de Bossuet !), et à juger qu'elles feraient mieux *de rentrer dans la voie commune* (Mme Guyon n'a cessé de proclamer qu'elle ne le pouvait sans manquer à l'ordre de Dieu et sans se voir par Lui torturée) ! Seules, les âmes disposées de la sorte ne seront mises en paix par aucun des remèdes moraux *ordinaires,* qui sont les motifs d'un amour *intéressé* (les suggestions de la morale rationnelle) ; mais une fidèle coopération à la grâce du pur amour calmera ce qu'elles prennent pour des *tentations* (diaboliques), alors qu'il s'agit d'*épreuves* (divines) !

Tel est donc le critère que Fénelon propose aux directeurs pour distinguer les épreuves (ou tentations extraordinaires) des tentations (ou épreuves communes) : c'est l'insuccès des procédés rationnels du progrès moral, après parfaite préparation rationnelle préalable du sujet. Voilà qui est fort bien, mais les pénitents, qui auront été avertis par les livres guyoniens ou féneloniens, accepteront-ils longtemps de leurs directeurs la sévère hygiène morale de l'amour *intéressé,* de la mortification et de la crainte? Ne préféreront-ils pas baptiser leurs tentations du nom d'épreuves pour y céder alors avec délices. De cette dernière attitude est né le mysticisme passionnel qui a fleuri depuis dans le sein du rousseauisme romantique et qui proclame la passion voulue de Dieu?

Nous achevons, avec ces derniers mots, notre commentaire de l'article *vrai,* dont nous avons invoqué le témoignage. Jetons, pour terminer, un coup d'œil sur l'article *faux* qui le suit, conformément au plan des *Maximes ;* on verra alors si cet article déclaré « faux » par l'auteur ne semble pas avoir été découpé, au hasard, dans l'un des nombreux écrits de la première période guyonienne pour devenir ensuite le programme des désordres de Saint-Cyr? Voici ce texte frappant : « L'exercice simple, paisible et uniforme du pur « amour est le seul remède qu'il faut employer contre toutes « les *tentations* de tous les différents états. On peut supposer « ser que toutes les *épreuves* tendent à la même fin et ont « besoin du même remède! » Epreuves et tentations sont ici confondues à dessein, notons-le, puisque ce sont des hérétiques qui sont supposés porter la parole. « Toutes les « pratiques de l'amour *intéressé* et tous les actes exercés par « ce motif ne font que remplir l'homme d'amour-propre, « qu'irriter la jalousie de Dieu et que fortifier la tentation. « Parler ainsi, conclut Fénelon suivant sa formule habituelle, « c'est *confondre ce que tous les saints ont si soigneusement* « *séparé* (épreuve et tentation) ; c'est aimer la séduction « et courir après elle : c'est pousser les âmes dans le *préci-* « *pice* en leur ôtant toutes les ressources de leur grâce *pré-* « *sente.* » C'est-à-dire, toutes les ressources de l'état *actif* de la perfection chrétienne qui n'est pas encore remplacé en elles par cet état *passif,* où règne incontestablement l'*épreuve* de source divine! On ne saurait mieux dire, et quand on songe que ces déclarations eurent l'approbation de

Mme Guyon (à quelques furtives réserves près), on constate une fois de plus à quel point elle avait été rationnalisée par l'influence de son directeur, car un pareil texte lui aurait paru, dix années plus tôt, tout à fait contraire à la foi sans réserves qu'elle réclamait de ses adeptes.

Revenons à Saint-Cyr où Mme de Maintenon reconnut non sans stupeur, après l'avertissement de Godet-Desmarais, toutes les dispositions résumées dans l'article *faux* que nous venons de reproduire. C'est de cette constatation qu'elle fait part à Mme de La Maisonfort, en termes suffisamment mesurés : « Quant à Mme Guyon, vous l'avez trop *prônée* « et il faut se contenter de la garder pour vous. Il ne lui « convient pas, non plus qu'à nous, qu'elle *dirige* nos da- « mes : ce serait lui attirer une nouvelle persécution. Elle « a été suspecte. (Réminiscence bien tardive!) C'est assez « pour qu'on ne la laisse jamais en repos, si on voyait « qu'elle se mêlât de quelque chose. Elle m'a paru d'une « discrétion admirable et ne vouloir de commerce qu'avec « vous. Tout ce que j'ai vu d'elle m'édifie et je la verrai « toujours avec plaisir ; mais il faut conduire notre maison « par les règles ordinaires et tout simplement! » Plus tard, elle sera bien plus sévère pour Mme Guyon, qui a « troublé « l'ordre de la maison par une conduite particulière », car « rien n'est plus propre à séduire les jeunes filles que de « leur proposer une piété qui *nourrit l'amour-propre* (bien « loin de le détruire, comme on le leur promet), en les « assurant qu'elles sont des âmes *de premier ordre!* » Voilà qui est bien vu. Plus tard encore, elle résumera en ces termes, au profit des Dames de Saint-Louis, ses impressions de ce temps : « Mon peu d'expérience en ces matières me révoltait « contre M. l'abbé de F... (énelon), qui *ne voulait pas que* « *ses écrits fussent montrés* (à d'autres qu'aux destinataires). « Cependant, il avait raison. Tout le monde n'a pas l'esprit « *droit, ni solide.* On prêche la *liberté des enfants de Dieu* « à des personnes qui ne sont *pas encore ses enfants* et qui « se servent de cette liberté pour ne s'assujettir à rien. *Il* « *faut commencer par s'assujettir!* » C'est toujours la règle psychologique que nous avons déjà signalée tant de fois comme la règle essentielle de la direction chrétienne rationnelle : il faut pratiquer longtemps la morale consciente avant

de relâcher, tant soit peu, la bride aux impulsions affectives !
Et voilà donc la raison de nouveau prépondérante chez celle
que son royal époux nommait Sa Solidité, mais qui, sur sa
route trop constamment ardue, s'était laissé un instant amuser, amollir et distraire !

III. — LES ÉCHAPPÉES D'UNE SAINT-CYRIENNE DE MARQUE

Mme de La Maisonfort vient de nous apparaître comme le
centre principal de l'influence guyonienne et fénelonienne
dans l'institution si chère à Mme de Maintenon. Étudions
maintenant de plus près l'attitude de cette typique Saint-
Cyrienne, qui peut servir, en quelque façon, de thermomètre
pour mesurer la température morale aux divers instants de
la crise, dans cette féminine académie de perfection chrétienne.

Fille sans fortune, celle qu'on appela d'abord la « chanoinesse » avait été mise par un pur hasard en relation avec
Mme de Maintenon. Sa séduction naturelle agit dès le premier abord sur une âme pourtant peu accessible à l'entraînement des impressions sentimentales et elle se trouva bientôt attachée par les liens fort étroits à la destinée de Saint-
Cyr. Ce fut la marquise qui mit son amie entre les mains
de Fénelon, lui conseillant de se livrer sans réserves à cet
incomparable directeur : « Rendez-vous simple à l'abbé de
« Fénelon et à M. de Chartres, écrit-elle en 1691. Je serai
« toujours soumise moi-même à l'opinion de ces deux saints.
« Accoutumez-vous à vivre avec eux, *mais ne répandez point*
« *les maximes de l'abbé devant des gens qui ne les goûtent*
« *point !* » Il y a donc comme une complicité de discrétion et
de silence, à cette date, entre ces deux ferventes du même
guide spirituel : Mme de Maintenon forme « causerie » avec
la cousine de Mme Guyon, selon l'expression de Mme du
Pérou.

Pourtant, l'année suivante, le ton se fait différent déjà :
« Vous êtes destinée, ma chère fille, à être une pierre fon-
« damentale de Saint-Cyr. Vous devez soutenir un jour ce
« grand bâtiment par votre régularité et par vos exemple.
« Mais ne soyez pas si vive : parlez moins et surtout ne

« vous emportez pas. Vous dites *qu'il ne faut se gêner en*
« *rien,* qu'il faut s'oublier et n'avoir jamais de retour sur
« soi-même. Ces discours jettent le trouble dans l'esprit de
« plusieurs de nos dames. Vous savez mieux que moi que
« chaque chose a son temps... Ou je me trompe fort, ou
« vous . prenez la piété d'une manière *trop spéculative*
« (expression heureuse pour caractériser l'action de la subtile
« métaphysique guyonienne) ; vous faites tout consister en
« mouvements subits, en abandons, en renoncements. Mais
« quel est le renoncement de celle qui veut avoir l'esprit en
« liberté et le corps à son aise? »

Ces lignes nous révèlent dans Mme de La Maisonfort une
élève, dès lors très docile, de sa séduisante cousine. Quant
à Fénelon, on sait que le rôle accepté par lui en ce temps
dans la vie de l'aimable Saint-Cyrienne, ce fut de la conduire à prononcer ses vœux de religieuse. Comment fut-il
conduit à exercer sur elle cette pression, parfois bien insis-
tante dans la forme, comme nous n'hésitons pas à le reconnaître? Il y aurait témérité, selon nous, à décider (avec
Michelet, par exemple), que son intervention fut intéressée
. qu'il accepta de servir sur ce point les souhaits de
Mme de Maintenon, très désireuse de lier définitivement la
chanoinesse à sa maison de Saint-Cyr ; nous allons voir,
en effet, que lui-même a très vivement protesté contre une
pareille interprétation de sa conduite. Ce grand connaisseur d'âmes jugea probablement de bonne foi que celle-là
risquait son salut éternel en restant une « béguine » ou
demi-religieuse, et qu'elle avait besoin de la discipline plus
stricte des règles conventuelles?

Toujours est-il qu'il lui envoyait en ce temps de belles
lettres exaltantes, dont nous croyons retrouver quelques-
unes parmi celles qui figurent, sans désignation de leur destinataire, dans sa *Correspondance* spirituelle. Celle-ci, par
exemple (1), qui nous rappelera quel poète et quel entraîneur
de sensibilités il savait être au besoin : « Il ne faut cher-
« cher curieusement à rien voir en soi, ni l'avancement, ni
« les forces... Nous ne mourrions jamais à nous-mêmes si
« Dieu montrait sensiblement sa main, toujours appliquée

---

(1) Edit. Leclerc, VI, 151.

« à nous secourir ! En ce cas, Dieu nous sanctifierait *en lu-*
« *mières* (Mme de La Maisonfort connaissait assez, par
« Mme Guyon, le sens de ces formules mystiques), en vie et
« en revêtissement de tous les ornements spirituels, mais il
« ne nous sanctifierait point sur la croix, en ténèbres, en
« privation, en nudité, en mort !... Oh ! trop heureuse l'âme
« qui n'a plus rien à soi et qui se délaisse au Bien-Aimé,
« étant jalouse de n'avoir plus de beauté que lui seul. O
« épouse, que vous serez belle quand il ne vous restera plus
« nulle parure propre ! Vous serez toute la complaisance de
« l'Epoux quand l'Epoux sera lui seul toute votre beauté.
« Alors, il vous aimera sans mesure, parce que ce sera lui-
« même qu'il aimera uniquement en vous. Ecoutez ces choses
« et croyez-les. Cet aliment de pure vérité sera d'abord amer
« dans votre bouche et dans vos entrailles, mais il nourrira
« votre cœur et il le nourrira de la mort qui est l'unique vie.
« Croyez ceci et ne vous écoutez point. Le *moi* est le grand
« séducteur : il séduit plus que le serpent séducteur d'Eve.
« Heureuse l'âme qui écoute en toute simplicité, ce qui
« l'empêche de s'écouter et de s'attendrir sur soi ! Que ne
« puis-je être auprès de vous ? Mais Dieu ne le permet pas.
« Que dis-je ? Dieu le fait invisiblement et il nous unit cent
« fois plus intimement à lui, centre de tous les siens, que
« si nous étions sans cesse dans le même lieu. *Je suis en esprit*
« *auprès de vous.* Je porte avec vous votre croix et toutes vos
« langueurs... Je donnerais ma vie pour vous ôter la vôtre
« et pour vous faire vivre celle de Dieu ! » Comment sacrifier une telle lettre d'une telle plume ? Quand on l'exigea
par la suite de Mme de La Maisonfort, on la jeta litté-
ralement hors de ses gonds ! Comment se déprendre d'une
telle emprise ? On sait qu'elle ne s'en libéra jamais !

Ailleurs, les avertissements se mêlent aux encouragements
affectueux (1) : « La grâce est l'attrait intérieur du Saint-
« Esprit, commun à tous les justes, mais plus profond, plus
« délicat, moins aperçu et plus intime dans les âmes déjà
« *dénuées* et de la désappropriation desquelles Dieu est ja-
« loux... C'est la trace d'un poisson dans l'eau (c'est-à-dire
« quelque chose d'insaisissable : ingénieuse comparaison

_____

(1) *Lettres* VI, 155.

« biblique que Mme Guyon utilisa souvent de son côté)...
« Comment prétendez-vous que Dieu vous laisse *posséder*
« ce don, puisqu'il ne vous l'accorde qu'afin que vous ne
« vous possédiez en rien vous-même... Vous êtes notre an-
« cienne et c'est votre ancienneté qui fait que vous devez
« à Dieu plus que tous les autres. Vous êtes notre sœur
« aînée : ce serait à vous à être le modèle de toutes les
« autres pour les affermir dans les sentiers des ténèbres et
« de la mort. Marchez donc comme Abraham... Je ne perds
« de vue ni vos longues peines, ni vos épreuves, ni le
« mécompte de ceux (Mme de Maintenon?) *qui me parlent*
« *de votre état sans le bien connaître.* Je conviens même qu'il
« m'est plus facile de parler qu'à vous de faire, et que je
« tombe dans toutes les fautes où je vous propose de ne
« pas tomber. Mais enfin, nous devons plus que les autres
« à Dieu, puisqu'il nous demande des choses plus avancées :
« et peut-être sommes-nous, à proportion, les plus reculés?
« Ne nous décourageons point! »

Fénelon fut seul capable d'amener cette âme indépendante
et primesautière à se lier par les vœux monastiques. La
lettre, si connue, qu'il lui écrivit à ce sujet et qui peut
paraître étrange, sophistique, hypocritement cruelle même,
au premier abord, se comprend beaucoup mieux quand on
se place au point de vue de la métaphysique guyonienne.
Pour en bien pénétrer le sens, nous conseillons de lui comparer cet autre texte fénelonien de destination anonyme, mais
qui allait très probablement à la même adresse (1) : « Toutes
« les fois que vous voudrez prévoir l'avenir et chercher des
« sûretés avec Dieu, il vous confondra dans vos mesures, et
« tout ce que vous voudrez retenir vous échappera... Ne
« vous écoutez donc plus vous-même et marchez hardiment
« après les décisions... Dieu vous prend toute à lui et vous
« ne vous laissez pas prendre?... Il vous rendra sage en
« détruisant toutes les réflexions inquiètes de votre fausse
« sagesse... Son règne doit être d'un empire souverain...
« pure désappropriation de toute volonté... Sinon, n'étant
« point purifié par le pur amour en cette vie, on le sera en
« l'autre par le feu de la justice divine dans le Purgatoire! »

---

(1) *Lettres* VI, p. 401.

La profession de Mme de La Maisoniort put paraître à son directeur mystique un sacrifice voulu de Dieu pour détruire plus foncièrement en elle une active volonté de puissance, dont il n'avait sans doute que trop constaté la présence et mesuré l'étendue chez sa pénitente, au cours de leurs relations spirituelles.

Bien qu'elle ait obéi sur ce point, après une lutte pénible, aux suggestions d'un guide si doucement persuasif, elle ne suivit pas toujours ses conseils moins en décisive matière. Lorsque Godet des Marais entreprit de mettre une digue aux progrès de la dévotion guyonienne dans la maison de Saint-Cyr et édicta quelques prescriptions à cet effet, Mme de La Maisonfort commença, dit Phelipeaux, de *mépriser ouvertement les règles introduites par M. de Chartres*. Fénelon s'efforça de la contenir et se prit à l'exhorter en ces termes : « Votre peine, par rapport à la maison où vous êtes, ne « vient que de mauvaises préventions contre les règles qui, « en elles-mêmes, sont utiles à toute la Communauté, et de « votre attachement excessif à vos heures d'oraison et à vos « *spiritualités*. Ces règles, que vous trouvez gênantes, sou- « tiendront la plupart des âmes et, pour vous, elles vous « seront plus utiles qu'aux autres, car il faut bien que vous « mourriez à ce goût de liberté et à ce mépris des choses « qui vous paraissent petites. D'ailleurs, vous avez besoin « d'un assujetissement qui vous détache de votre avarice « spirituelle... Si vous parlez de vos peines à M. l'évêque « de Chartres, *ne lui en parlez, je vous prie, que comme* « *d'une pure tentation que vous devez condamner et com-* « *battre!* » Ce dernier trait est caractéristique. Il souligne le danger qui menaça toujours les sectateurs de la mystique féminine dévoyée et bien davantage encore, les rousseauistes romantiques : le danger de confondre la *tentation* diabolique qu'il convient de repousser, avec l'*épreuve divine* qu'il faut accepter, car cette dernière est honorable, flatteuse, garantie de faveurs ou de gloires futures, et l'on doit se garder de l'écarter de soi par une « activité » morale intempestive. Il est frappant que Fénelon ait non seulement aperçu dès lors le péril d'une telle confusion dans cette âme ardente, mais encore qu'il se soit préoccupé tout aussitôt de cacher à l'évêque de Chartres ces subtils débats de psychologie affective.

Par malheur, son avertissement n'eut pas l'effet qu'il en attendait, puisque peu de temps après éclata dans la pieuse enceinte de Saint-Cyr une scène de quasi-rebellion, sur laquelle les détails no·· manquent par malheur, mais qu'il nous faut considérer comme une date marquante dans l'histoire de la Controverse quiétiste. Mme de La Maisonfort s'emporta ce jour-là en paroles devant Mme de Maintenon et devant toute la communauté jusqu'à faire scandale, taxant surtout d'étroitessè les prescriptions édictées par le chef spirituel de la maison, Godet des Marais. Rien ne pouvait choquer, désaffectionner, inquiéter davantage une personne aussi maîtresse d'elle-même que la marquise. Ce fut là, sans doute, le coup de cloche qui la réveilla décidément de son demi-sommeil mystique, en l'éclairant sur la valeur morale de l'hygiène guyonienne et même, jusqu'à un certain point, de la direction fénelonienne, lorsque cette direction se trouvait proposée à des pénitents insuffisamment doués de raison.

IV. — Commentaires féloloniéns sur le cas de Mme de La Maisonfort.

Aussi bien, Fénelon paraît-il sentir dès ce moment qu'il devient lui-même suspect à sa puissante dirigée ; il songe à se justifier devant elle ; c'est alors qu'il lui adresse ces deux grandes lettres, si intéressantes pour nous, des 10 et 16 novembre 1692, lettres dont les *Maximes des saints* ne seront guère que la paraphase et le commentaire : « Mme de « La Maisonfort, écrit-il avant tout, sait assez que je « regarde comme une pure illusion toute oraison et toute « spiritualité qui n'opère ni douceur, ni patience, ni obéis- « sance, ni renoncement à son propre sens. Je n'aurais « jamais cru qu'elle aurait été capable d'un emportement « plein de présomption et de hauteur. J'espère que Dieu « n'aura permis cette chûte, si mal édifiante, que pour lui « montrer dans son cœur ce qu'elle n'aurait jamais cru y « trouver... Un peu de docilité et de soumission l'aurait bien « mieux préservée de cet emportement que *toutes les vues* « *de perfection*, dont sa tête s'est échauffée *sans aucune pra-*

« *tique solide.* Ces sentiments, même les plus purs, sur la
« mort à soi-même *se tournent en vie secrète et maligne*
« quand on s'y attache avec âpreté comme elle fait ! » Oui,
ces considérations d'intervention divine, faites pour donner
le dernier coup à la volonté de puissance, ont le plus souvent
pour effet de la tonifier en secret, comme nous l'avons indiqué souvent. « Ce n'est pas la faute des *maximes,* poursuit
« le futur auteur du livre qui portera ce titre : c'est la
« faute de la personne qui s'en sert mal et qui se fait *un*
« *aliment de vie naturelle* de ce qui porte par soi-même la
« mort et le détachement de toutes choses ! C'est une chose
« bien *étrange* que les personnes qui veulent marcher dans
« la voie où *l'on ne tient à rien,* tiennent *à la voie même et*
« *aux gens qui la conseillent !* » Eh ! pas si étrange que cela,
interjetterons-nous ici ! Comment en serait-il autrement si
l'on songe à l'imprescriptible volonté de puissance qui anime
tout ce qui vit et se déploie de façon plus brutale qu'ailleurs
dans ces régions affectives de la personnalité humaine où
elle est destituée du frein de l'expérience consciente synthétisée ou raison ! Mais le directeur qui, en cet endroit, pense
surtout aux conséquences de l'incident pour sa réputation
achève cependant sa protestation en ces termes : « C'est
« détruire la voie et la *déshonorer.* C'est rendre *suspects les*
« *gens qui l'enseignent de bonne foi...* On ne profite de la
« meilleure oraison qu'autant qu'on est prêt à la quitter
« pour l'obéissance ! » Certes, tel est le précepte de la raison, mais non celui de Mme Guyon, qui a toujours refusé
de le pratiquer pour sa part ; si, en effet, l'on entend laisser
à la raison le dernier mot dans le débat, encore faudrait-il
n'avoir pas tant souligné l'opération directe de Dieu dans
l'oraison intérieure.

Ici se place sous la plume de Fénelon la déclaration à
laquelle nous avons fait allusion tout à l'heure. Selon nous,
ces lignes établissent qu'il n'y eut jamais partie expressément liée entre le précepteur des princes et Mme de Maintenon pour pousser Mme de la Maisonfort à sa profession religieuse ; sinon il n'apostropherait pas sur ce ton sa complice : « Si elle (Mme de La Maisonfort) croit que je parle
« ainsi *par politique,* elle doit conclure que je suis faux et
« indigne de toute croyance. Quelque respect que j'aie pour

« vous, Madame, en telles matières je ne dirai jamais rien
« pour vous plaire, ni pour vous ménager. Je suis prêt même
« à vous déplaire et à vous scandaliser, s'il le fallait, pour
« rendre témoignage à la vérité ; mais je proteste qu'en tout
« ceci je ne parle que selon le fond de mon cœur ! »

Revenant alors au mauvais cas de sa compromettante dirigée, le directeur tient le langage de la plus rationnelle morale ecclésiastique : « Mme de La Maisonfort n'avait, dit-il,
« qu'à se souvenir qu'elle avait besoin des règlements pour
« elle-même, pour se rapetisser et pour mourir à son propre
« esprit, plein de hauteur et de grandes idées de spiritualité
« *sans pratique réelle*... Dans le fond, vous savez Madame
« qu'elle est de bonne foi, que son oraison est innocente,
« quoiqu'elle n'en ait pas fait un usage humble et soumis et
« qu'enfin elle est douce, quoique Dieu ait permis qu'elle
« soit tombée dans un étrange emportement à vos yeux... Je
« vous conjure, Madame, de vouloir lire cette épitre de.
« Saint Paul à Philémon... Elle vous donnera l'esprit de com-
« passion et de support nécessaire en cette rencontre ! » Il
la prie encore de lire la lettre qu'il vient d'adresser à Mme de
La Maisonfort, ce qui écarte tout soupçon d'un double jeu
de sa part, et il déplore les larmes que cette fille insuffisamment docile vient de coûter à sa mère en religion.

Six jours plus tard, il reprend la plume, et c'est pour
donner un plus large cours aux sentiments de charité qui
s'affirmaient vers la fin de sa lettre précédente, car cette
fois il semble s'accuser lui-même du dommage. Peut-être
aussi les conversations poursuivies dans l'intervalle l'ont-
elles plus directement mis en cause, mais nous préférons
supposer chez lui une belle impulsion de loyauté ; quelque
chose comme le mouvement du chef généreux et prévoyant
qui couvre la faute d'un subordonné imprudent, afin de
laisser à celui-ci l'occasion ou le temps de racheter cette
faute : « Je voudrais bien, Madame, réparer le mal *que j'ai*
« *fait* à Mme de La Maisonfort. Je comprends que je puis
« lui en avoir fait beaucoup avec une très bonne intention.
« Elle m'a paru scrupuleuse et tournée à se *gêner* par mille
« réflexions subtiles et tortillées (1). Ce qui paraît néces-

----

(1) Telle est, en effet, l'excuse que Fénelon, mystique très suffisamment rationnel pour son propre compte, se donne à lui-même lors-

« saire aux esprits de cette sorte (à savoir le sans-*gêne,* la
« passivité qui réprime l'inquiétude mentale) devient fort
« mauvais dès qu'on le prend de travers ou qu'on ne le prend
« pas dans toute son étendue *avec ses correctifs.* Quand vous
« le jugerez à propos, j'expliquerai à fond, autant que je 'e
« pourrai, dans une lettre, les cas dans lesquels les *maximes*
« *de mes écrits,* quoique *vraies* et utiles en elles-mêmes pour
« *certaines gens,* deviennent fausses et dangereuses *pour*
« *d'autres* à l'égard desquels elles sont déplacées ! » Voilà
qui est fort sage : ces maximes d'hygiène morale affective
sont à leur place, en effet, dans le cas de préparation rationnelle soigneuse : elles sont dangereuses dans le cas contraire, qui est tellement plus fréquent, par malheur. Et nous
avons ici le plan des futures *Maximes des saints,* avec leurs
articles *vrais,* immédiatement suivis des articles *faux* correspondants.

« Je marquerai aussi, poursuit-il, les bornes qu'elles doi-
« vent avoir pour les personnes même à qui elles convien-
« nent davantage. Pour peu qu'on les pousse trop loin, on
« les rend pernicieuses ; on en fait une source d'illusions.
« Il y a longtemps que j'ai eu l'honneur de vous dire,
« Madame, que non seulement on pouvait abuser de ces
« maximes, mais encore que je savais très certainement que
« certains faux spirituels (la sœur Rose?) en abusaient d'une
« étrange façon. C'est pour cela que j'avais toujours souhaité
« *que vous ne montrassiez point à Saint-Cyr* ce que j'écri-
« vais pour vous et pour d'autres personnes incapables d'en
« faire un mauvais usage (pour des rationnels, suffisamment
« confirmés dans la morale stoïco-chrétienne). Les personnes
« *faibles* ne prennent de ces vérités que certains morceaux
« détachés, selon leur goût, et elles ne voient pas que c'est
« s'empoisonner soi-même que de prendre pour soi le *remède*
« destiné à *un autre malade d'une maladie toute différente*

---

qu'il combat la raison chez ses pénitents et par exemple chez le duc
de Chevreuse, son plus intime ami, ou chez le duc de Bourgogne, son
élève : il les juge trop raisonneurs pour être véritablement raisonnables et prétend les ramener à la sagesse en les détournant d'une
excessive contention d'esprit habituelle. C'est, au surplus, en ceci
que lui-même a senti les bienfaits de l'hygiène morale guyonienne ;
il est donc de très bonne foi quand il espère améliorer d'autres névropathes par les méthodes dont il a recueilli le bénéfice.

« et de n'en prendre que la moitié! » Tout cela ouvre des
jours précieux sur ce que sera le mysticisme rousseauiste et
romantique, issu de la féminisation de l'esprit moderne et de
la déchristianisation des esprits, qui devait énerver de plus
en plus le frein rationnel jadis conservé à ces impulsions
affectives. Tout cela est fort perspicace, bien que Fénelon
ne marque pas encore avec une netteté suffisante en cette
page la cause psychologique de ces effets, si différents, issus
d'une même hygiène morale dans des âmes diversement pré-
disposées à s'en servir : les unes pourvues d'une préparation
morale rationnelle suffisante pour rendre, non seulement
inoffensif, mais encore fécond l'élan affectif qui sera super-
posé à cette préparation par la métaphysique guyonienne ;
les autres, dont le dressage conscient demeure inachevé, en
sorte que l'affectivité débridée fera prédominer la volonté
de puissance irrationnelle de façon fort dangereuse pour
l'ordre social. Les névropathes se montrent tous avides
d'un remède qui procure un soulagement au moins temporaire à leur maux, mais les effets *sociaux* de ce remède sont
régis chez eux par la loi psychologique que nous venons de
rappeler une fois de plus, après l'avoir invoquée tant de fois
déjà.

Suivons pourtant le correspondant de la marquise, tandis
qu'il continue de déployer, sur ce terrain difficile, toutes les
ressources de son fertile et brillant esprit : « Quand on ne
« prend, insiste-t-il, que la liberté de ne point réfléchir sur
« soi-même, sous prétexte de s'oublier et de se renoncer, on
« tournera cette liberté en libertinage et en égarement. Le
« *qu'importe* étouffera tous les *remords* et tous les *examens :*
« si on ne tombe pas dans des maux affreux, du moins on
« sera indiscret, téméraire, présomptueux, irrégulier, im-
« mortifié, incompatible et incapable d'édifier son prochain.
« Mais la liberté fondée sur le vrai renoncement à soi-même
« est un assujétissement perpétuel aux signes de la volonté
« de Dieu, qui se déclare à chaque moment (par les sugges-
« tions de la raison devenues habituelles). C'est une mort
« affreuse dans tout le détail de la vie et une entière extinc-
« tion de toute volonté propre pour n'agir et pour ne vou-
« loir que *contre la nature*. Le *qu'importe*, bien entendu,
« retranche *tous les retours intéressés sur soi-même*, qui

« sont le plus grand soulagement de l'amour-propre dans 'a
« pratique de la vertu la plus avancée... L'erreur de ceux
« à qui le *qu'importe* ne convient pas et qui en abusent.
« n'empêche pas qu'ils ne soit vrai et bon en lui-même quand
« il est pris dans toute l'étendue de son *vrai* sens par ceux
« à qui il *convient!* » Tout ceci est l'expression de la sagesse
même, mais ne pouvait empêcher Mme de Maintenon de se
dire désormais, dans son bon sens raffermi par sa récente.
expérience : « Si une telle discipline morale ne convient pas,
« même à une personne aussi heureusement douée, aussi
« sincèrement pieuse que Mme de La Maisonfort, à qui donc,
« grand Dieu, pourra-t-elle s'appliquer utilement ici-bas? »
Et, au vrai, il faut des Sainte Catherine de Gênes pour en
accepter les suggestions sans fléchir. Mais Fénelon croyait
avoir sous les yeux un exemple vivant de son efficacité mer-
veilleuse quand il regardait vers la cousine de la trop expan-
sive Saint-Cyrienne, vers la veuve souriante et diserte, dont
quatre années de relations étroites n'avaient pu ni le déprendre, ni le fatiguer, ni même le distraire. Par malheur, la
marquise ne sentait plus comme lui à cet égard, et son
méfiant regard de parvenue, grandie à travers les compéti-
tions et les concurrences, commençait de mieux discerner
dans la béate de Montargis l'orgueil mal contenu et l'indépendance fardée de docilité feinte.

Fénelon achève cependant de dessiner, dans ce premier
plaidoyer *pro domo*, l'attitude dont il ne se départira plus
par la suite, au cours de la Controverse célèbre : « Il y a,
« dit-il, des gens dans une autre extrémité (Bossuet, Godet)
« qui, voyant dans les premiers le *mauvais usage* de ces
« máximes, *se préviennent contre les maximes elles-mêmes,*
« et, faute d'expérience (mystique) poussent trop loin leur
« zèle avec de justes intentions. Peut-être que, moi qui parle,
« je suis plus prévenu qu'un autre et que je favorise trop
« une spiritualité extraordinaire ; mais je ne veux en rien
« pousser la spiritualité au-delà de Saint François de Sales
« ou du bienheureux Saint Jean de La Croix, et d'autres
« semblables que l'Eglise a canonisés dans leur doctrine et
« dans leurs mœurs. Je condamnerais peut-être plus sévère-
« ment qu'un autre tout ce qui irait au-delà. Je ne permet-
« trais pas même d'imprim   caines choses, quoique je

« les crusse bonnes à un certain nombre de gens, et vérita-
« blement *conformes à la doctrine des saints.* Quelque res-
« pect et quelque admiration que j'aie pour Sainte Thé-
« rèse, je n'aurais jamais voulu donner au public *tout .ce*
« *qu'elle a écrit* (1). Enfin, je voudrais tout examiner, faire
« expliquer jusqu'aux moindres choses susceptibles de deux
« sens (c'est l'objet de sa correspondance infatigable avec
« Mme Guyon), laisser *peu de choses* écrites pour le public,
« tenir surtout les femmes pieuses et les filles de commu-
« nauté dans *une grande privation des ouvrages de spiritua-*
« *lité élevée,* afin que la simple *pratique* et la pure opération
« de la grâce leur enseignât ce qu'il plairait à Dieu de leur
« enseigner lui-même et qu'ainsi l'ignorance des livres les
« préservât de l'entêtement et de l'illusion ! »

―――――

(1) Il est singulier que Fénelon conserve ces scrupules sur les écrits
de Sainte Thérèse, une femme de si ferme raison le plus souvent, et
n'en exprime aucun sur les écrits de Saint-Jean de La Croix (seulement bienheureux à son époque) qui procède à notre avis de Sainte
Catherine de Gênes et forme avec elle la véritable source, encore orthodoxe, du quiétisme hétérodoxe (voir notre appendice). Il n'est
d'ailleurs pas exact de dire que l'Eglise canonise les Saints « dans
« leur doctrine aussi bien que dans leurs mœurs », et Bossuet saura
rectifier cette erreur dans sa *Préface sur l'Instruction pastorale de
M. de Cambrai.* Citons ce texte utile à connaître : « Quelque honneur
« que l'Eglise rende aux Saints canonisés, écrit l'évêque de Meaux,
« c'est toujours une fausse règle qu'on n'oserait condamner ce qu'on
« trouve dans leurs écrits... Une *erreur* crue et enseignée de bonne
« foi, sans esprit de schisme, n'est pas un obstacle à la Sainteté.
« Saint Cyprien a soutenu une erreur avec la force que l'on sait
« sans laisser le moindre vestige de correction. Sa sainteté en est
« elle moins éclatante dans l'Eglise? Saint Augustin a dit à propos
« de lui qu'il peut se trouver des erreurs dans les écrits, quoique
« chrétiens, des orateurs et qu'il ne s'en trouve point dans les écrits
« des pécheurs... L'obéissance couvre tout et c'est plutôt l'orgueil
« ou l'esprit de division qui nous damne que l'erreur... L'Eglise, en
« canonisant les Saints, n'a pas prétendu adopter ni garantir tous
« leurs sentiments, mais seulement déclarer leur sainte *intention.* Il
« est vrai qu'on loue leur doctrine dont l'Eglise est éclairée, mais
« une tache dans le soleil n'en affaiblit point la clarté. Il est vrai
« qu'on en fait quelque examen (à Rome avant la canonisation), mais
« le fond de l'information regarde leur sainte vie et l'Eglise se ré-
« serve toujours la révision des points de doctrine qui peuvent être
« échappée aux auteurs et examinateurs, surtout avant que les ma-
« tières aient été *discutées* par les théologiens compétents ». Voilà
la véritable règle ecclésiastique en pareille matière, et Fénelon ne
s'en est pas assez souvenu, sauf contre les jansénites à la fin de sa
vie, lorsqu'il leur rappellera que les œuvres de Saint-Augustin « n'ont
« aucune autorité que celle que l'Eglise leur donne! »

Mais, encore une fois, Mme de Maintenon, n'ayant aucune raison pour penser de Mme Guyon aussi haut que l'abbé de Fénelon, n'avait devant les yeux aucun exemple de solide vertu qu'on lui pût expliquer par la métaphysique « intérieure » (car Fénelon se donnait comme théoricien, non comme pélerin de cette voie éminente). Son opinion devait donc se rapprocher désormais de celle que Phelipeaux, le familier de Bossuet et le premier éditeur des lettres que nous venons d'étudier, exprimera plus tard au sujet des affirmations qu'on y rencontre : « Jamais aucun Père a-t-il enseigné que la « morale de l'Évangile la plus relevée ne soit vraie et utile « qu'en de certains cas, pour de certaines gens et qu'elle ait « besoin de bornes pour les personnes même à qui elle con- « vient? C'est ainsi que ce *bel esprit* prévenu d'un *système* « qui n'a qu'une pompeuse apparence, s'engage à le soutenir « sans bien pénétrer toutes les suites de ce qu'il avance! » Et si ce jugement est dicté par l'animosité, il ne laisse pas de mettre en évidence quelques-uns des inconvénients de la métaphysique guyonienne, fut-elle soigneusement rationalisée par un Fénelon (1).

V. — Consultations de docteurs

Pourtant près de deux ans se passèrent encore sans que Mme de Maintenon prit décidément son parti sur le guyo-

---

(1) Rappelons en quelques mots quel fut le destin de Mme de La Maisonfort. Expulsée solennellement de Saint-Cyr par le Roi en personne, elle obtint de se retirer à Meaux sous l'égide de Bossuet. Deux autres dames de Saint-Louis qui furent pareillement exilées le même jour s'élevèrent bientôt aux premières dignités dans leurs nouveaux monastères: elle s'effaça dans le sien au point de disparaître entièrement du champ de l'histoire; on ignore la date et le lieu de sa fin! Il nous parait que c'est elle dont il s'agit dans cette froide lettre de Mme de Maintenon, qui l'avait tant aimée: « Je voudrais bien, « écrit la marquise au cardinal de Noailles le 3 mai 1700, ne point « voir la dévote de M. de Meaux. Il y a bien des choses qui sont « plus belles de loin que de près. Je ne suis *ni intérieure, ni expéri-* « *mentée dans les voies de Dieu,* et je n'entends pas la moitié des « consultations que cette personne faisait à son directeur. Sauvez- « moi donc, si vous pouvez, cette visite, inutile pour elle et pour « moi. Mais, si vous ne le pouvez, si je vous fais le moindre plaisir « en vous procurant ce qu'elle désire, qu'elle vienne samedi ou di- « manche après dîner à Saint-Cyr : ce sont les jours où j'y vais le « plus ordinairement. » Epilogue inattendu de ce curieux épisode sentimental.

nisme. Si, comme on le croit aujourd'hui, ses lettres à la comtesse de Saint-Géran, publiées par le fantaisiste La Beaumelle, ont tout au moins un fond d'authenticité, elle connaissait l'opinion de son royal époux sur la dévotion nouvelle : « J'ai eu pendant deux mois, écrit-elle à cette amie « le 12 mai 1694, une copie de l'*Explication du Cantique* (de « Mme Guyon). Il y a des endroits obscurs, il y en a d'édi- « fiants : il y en a que je n'approuve en aucune manière. « L'abbé de Fénelon m'avait dit que *le Moyen* court conte- « nait *les mystères de la plus sublime dévotion,* à quelques « petites expressions près qui se trouvent dans les écrits des « mystiques. *J'en lus un morceau au Roi, qui me dit que* « *c'était des rêveries.* Il n'est pas encore assez avancé dans la « piété pour goûter cette perfection. J'ai bien prié Mme notre « Supérieure de ne plus mettre ces livres entre les mains de « nos dames. Cette lecture est trop forte pour elles ; il leur « faut un lait proportionné à leur âge. Cependant, Mme G... « les édifie. Je l'ai priée de cesser ses visites, mais je n'ai pu « leur refuser de lire les lettres d'une personne pieuse et de « bonnes mœurs... M. de Paris (Harlay) paraît fort animé « contre elle, mais il avoue que ses erreurs sont plus dan- « gereuses *par leurs suites* que par le principe et qu'il y a « *plus à craindre qu'à blâmer!* » Jugement très pénétrant sur cette subtile et parfois presque imperceptible déviation de la mystique féminine orthodoxe ; mais il y avait donc à craindre, en tout état de cause, et Mme de Maintenon, prise de crainte, se décida, peu après avoir écrit cette lettre, à consulter quelques théologiens de poids, afin de s'appuyer sur des avis autorisés, si le Roi venait à lui parler de ces choses.

Cette consultation de docteurs se place au mois de juin 1694. Depuis près d'un an déjà Bossuet examinait officieusement, sur la demande du duc de Chevreuse, les écrits de Mme Guyon, car celle-ci, confiante dans ses capacités de séduction, espérait de l'évêque de Meaux une approbation qui la mettrait à l'abri de toute inquiétude nouvelle. Peut-être Mme de Maintenon était-elle informée de cette enquête? Mais elle en trouvait sans doute le résultat trop lent à venir, puisqu'elle préféra se renseigner de façon plus expéditive. Parmi les consultés, furent l'abbé Tiberge et l'abbé de Brisacier, directeurs spirituels attitrés des dames et demoiselles de Saint-Cyr, ainsi que M. Tronson, le chef vénéré de la congrégation des Sulpiciens, mais nous ignorons le verdict de ces trois prêtres de marque : pour le dernier, nous pouvons conjecturer seulement que sa réponse dut être évasive et dilatoire, car nous le trouverons sans cesse d'une excessive circonspection dans cette affaire : il avait quelque « expérience » mystique personnelle et il aimait Fénelon, son ancien disciple. Au contraire, nous possédons les réponses du Père Bourdaloue, de M. Joly, supérieur de la Mission, fondée par Saint Vincent de Paul et de M. de Noailles, alors évêque de Châlons, bientôt archevêque de Paris et cardinal.

Le grand prédicateur jésuite se montre sage et judicieux, mais, trompé comme la plupart de ses contemporains par le titre et par le contenu du *Moyen court,* il ne voit dans le système, dont ce livre est le catéchisme qu'une méthode particulière d'*oraison ;* sa critique ne porte donc que sur les premiers pas du fidèle dans la voie « intérieure » et par conséquent sur un trait assez secondaire en réalité de la métaphysique nouvelle. Joly, plus pénétrant déjà, relève dans le *Moyen court* ce que cet opuscule enseigne au sujet des sacrements de Pénitence et d'Eucharistie ; il juge ces suggestions directement opposées à la doctrine, ainsi qu'à la pratique de l'Eglise et les déclare accompagnées de mainte proposition fausse, absurde ou erronée! Dans l'*Explication du Cantique des cantiques,* il découvre même des affirmations contraires à la foi « comme celle-ci qu'on peut posséder la « béatitude essentielle en cette vie et qu'une âme arrive en « la vie présente à un état où elle ne peut plus pêcher ! » C'est donc le troisième degré de la mystique guyonienne, l'état déiforme, qui a particulièrement choqué cet esprit droit.

Enfin Noailles, homme de bon sens et de bonne foi — peut-être aidé d'ailleurs par quelque acolyte de savoir, — se montre plus clairvoyant encore puisque, seul, il fait porter sa critique sur le second état du guyonisme, celui de la purification *passive,* qui est en effet le nœud du système et qui se caractérise à ses yeux, comme il convient, par ces tentations prétendues *divines* que sont les épreuves névropathiques. De même qu'à Godet des Marais, les commentaires

de la béate sur ce point lui ont dès l'abord remémoré les
Béguines et Beghards du XIII° siècle : « On y trouve, écrit-il,
« des maximes condamnées, il y a près de quatre cents
« dans un concile général, tenu à Vienne, en France... Au
« lieu de porter les chrétiens à se faire continuellement la
« *violence* nécessaire pour vaincre leurs défauts et *surmonter*
« *leurs tentations,* de les mettre *toujours aux mains avec*
« *eux-mêmes* (formule heureuse pour définir l'hygiène mo-
« rale stoico-chrétienne)... elle excuse leur paresse et leur
« négligence et les regarde même comme un moyen utile pour
« conserver la paix dans leur intérieur que l'empressement
« à s'instruire de leurs devoirs et à les *remplir* pourrait *trou-*
« *bler!* Elle les dispense, pour ne pas leur faire perdre leur
« prétendue union avec Dieu, de l'application qu'ils doivent
« avoir à *combattre les tentations.* Les fautes mêmes qu'elles
« (à savoir ces tentations) peuvent leur faire commettre *ne*
« *souillent point leurs âmes,* à cause de la sublimité de leur
« oraison (ou état mystique)! » On ne saurait mieux mettre
le doigt sur la plaie! Et Noailles, dans son simple bon sens,
aura plus d'une fois, au cours de la Controverse du Quiétisme, cette clairvoyance que tout le savoir de Bossuet ne
lui donna pas au même degré.

Avertie de la sorte, Mme de Maintenon ne devait plus
jamais rendre sa confiance entière à la direction fénelonienne,
bien qu'elle n'en fût pas encore à la confondre avec la direction guyonienne comme elle le fera pas la suite. Le prologue
de la Controverse s'achève : le premier acte va s'ouvrir par
la décision de Bossuet sur les manuscrits guyoniens et la
constitution du tribunal d'Issy. Nous allons entrer dans le
vif de cette discussion fameuse, qui conduisit deux hommes
de génie à traiter, sous des déguisements métaphysiques
étranges et compliquées, les questions les plus essentielles
de la psychologie expérimentale et de la morale sociale.

CHAPITRE III

Passes d'armes préliminaires entre deux illustres champions.

Il nous paraît fort exagéré de dire, après Fénelon, que l'évêque de Meaux ne connaissait pas les mystiques approuvés par l'Eglise lorsqu'il commença l'examen des manuscrits de Mme Guyon (1). Son panégyrique de Sainte Thérèse témoigne de l'admiration que sa jeunesse avait voué à la grande extatique d'Avila et ses procédés de direction, tels qu'on les constate dans sa correspondance avec Mme Cornuau, par exemple, ont de frappantes analogies avec ceux de Fénelon en tout ce qui n'est pas guyonisme plus ou moins rationnalisé. Il savait dès longtemps utiliser, au profit dès âmes de bonne volonté morale, ce que l'Eglise permet de considérations affectives toniques et autorise de confiance en l'affectueuse partialité du Créateur à l'égard de sa créature de choix! Pourtant, dès 1691, nous le voyons prévenir la pénitente dont nous venons de prononcer le nom contre les mystiques *excessifs* : dès 1692, il l'avertit qu'il n'y a aucun « mérite » à renoncer aux « attraits » divins dans l'oraison quotidienne et dans la vie chrétienne. Puis, à dater de 1694, les lettres du prélat, alors engagé dans l'examen du guyonis, se remplissent de griefs contre les *faux mystiques*, et s'expriment dans le sens qu'allaient préciser les articles d'Issy, puis l'*Instruction sur les états d'oraison*.

Ce fut sans doute Mme Guyon qui porta son fils spirituel à s'exagérer l'ignorance de leur redoutable adversaire en

---

(1) « Quand vous entrâtes dans cette affaire, écrit Fénelon à Bossuet le 9 février 1697, vous m'avouâtes ingénuement que vous n'aviez jamais lu ni Saint François de Sales (?) ni le bienheureux Jean de La Croix! Il me parut que les autres livres du même genre nous étaient aussi nouveaux! »

matière de théologie mystique : « Ce que j'aurais souhaité
« de M. de Meaux, écrit-elle dans son Autobiographie (1),
« était qu'il ne jugeât pas de moi *par sa raison, mais par son
« cœur!* Les difficultés qu'il me faisait ne venaient que du
« peu de connaissance qu'il avait des auteurs mystiques
« *qu'il avouait n'avoir jamais lus* et du peu d'expérience
« qu'il avait des voies intérieures. Il avait été frappé, a
« quelques occasions, des choses extraordinaires qu'il avait
« vues en certaines personnes ou qu'il avait lues et qui lui
« faisaient juger que Dieu avait des routes particulières, par
« lesquelles il les faisait parvenir à une grande sainteté.
« Mais cette voie de foi simple, *petite, obscure,* c'était un
« jargon qu'il regardait comme l'effet d'une imagination
« creuse et dont les termes lui étaient aussi inconnus qu'in-
« supportables... Cette *fixation* de M. de Meaux me faisait
« une peine infinie parce que, quoique je pusse faire pour
« *éclairer au dehors,* c'est à Dieu à remuer le *dedans.* Mais
« comment le peut-il faire si on demeure retenu, ne fut-ce
« que par un cheveu? » Exigence qu'elle marquera bientôt
vis-à-vis de ses trois examinateurs d'Issy, lorsqu'elle leur
demandera de ne prononcer sur son cas qu'après avoir ensemble prié Dieu, ne pouvant douter, dit-elle, que Dieu ne
touchât dans le moment leur cœur de *la vérité indépendante
de leur esprit,* parce que, hors de là, l'esprit *prend le dessus*
et l'on ne juge plus que selon l'esprit! Une foi si robuste
serait respectable si le principe n'en était trop évidemment
dans l'orgueil qui naît de l'alliance mystique. Mais c'était
bien cependant *par l'esprit* que Bossuet prétendait juger enfin
un système, trop souvent pesé jusque-là par le *cœur,* c'est-à-
dire par l'affectivité avide des toniques affirmations de la
faveur divine ; et tel est le malentendu qui présida constamment aux relations de la béate avec ce prélat de ferme doctrine qu'on nommait dès lors un « Père de l'Eglise ». Par là
s'explique le défaut de bonne foi chez l'une, la sévérité enfin
éveillée chez l'autre et les prétendues persécutions ou trahi-
sons de l'évêque de Meaux, dont Mme Guyon a fait tant de
bruit par la suite. Nous nous arrêterons un instant sur ces
faits.

(1) II, 156.

I. — L'EXAMEN OFFICIEUX DE MME GUYON PAR BOSSUET.

Lorsque, par l'entremise de son « bon tuteur », la béate
eut obtenu de Bossuet qu'il voulut bien examiner méthodiquement son « système », elle mit à sa disposition tout
d'abord son *Moyen court* que, dit-elle, il avait déjà lu peu
auparavant et qu'il avait trouvé bon (?) : puis, son manuscrit, dès lors si répandu, des *Torrents ;* puis encore, « sous le
sceau de la confession », sa *Vie* manuscrite (avec les cinq
feuillets décisifs, dont nous avons mainte fois parlé, ce qui
fut sa plus grosse imprudence) ; enfin, son immense commentaire (également manuscrit) sur l'écriture sainte : le tout
rédigé par elle avant le milieu de 1689, n'hésitons pas à le
faire remarquer une fois de plus. Au cours des mois qui suivirent, l'infatigable travailleur de Meaux, — le *Bos suetus
aratro,* pour rappeler un jeu de mots célèbre, — lut avec soin
cette montagne de documents, où l'on trouve tant de répéti-
tions et de fatras : il les lut la plume à la main et en fit de
nombreux « extraits ». De là, comme nous l'avons marqué
déjà, son appréciation du Guyonisme, si différente de ce
qu'avait été le jugement de Fénelon. De là l'origine, insuffisamment aperçue jusqu'ici, de la Controverse du quiétisme
et l'explication de l'égale sincérité de conviction qui anima les
deux grands adversaires. L'archevêque de Cambrai n'écrira-t-
il pas à Mme de Maintenon dans son décisif Mémoire du
2 août 1696 : « Je n'ai jamais défendu et ne défendrai jamais,
« ni directement, ni indirectement, les *livres* de Mme Guyon
« comme réguliers dans leurs *expressions*. Mais je connais
« tellement ses *intentions* par la confiance sans réserves
« qu'elle a eue en moi, que *je dois juger de ses écrits par ses
« sentiments* et non pas de ses sentiments par ses écrits! »
Cela est-il assez net! « Les *autres,* qui ne la connaissent *pas,*
« peuvent censurer ses écrits dans *toute la rigueur des ter-
« mes,* s'ils le jugent à propos. Pour moi, j'ai un *autre rôle,*
« dont la *justice* (?) ne me permet pas de me départir! »
Cet autre rôle, c'est de défendre une autre Guyon, toute
différente de celle des écrits! Ainsi, l'un jugeant sur les
écrits et les *expressions* d'avant 1689, l'autre prononçant sur
les confidences et les *intentions* d'après 1688, — confidences
qu'il avait lui-même influencées si largement dans le sens

rationnel, bien qu'il ne s'en soit pas rendu compte, — la
matière de l'examen ne fut *pas la même* de part et d'autre ;
c'est pourquoi les conclusions furent radicalement *opposées*
entre elles, la vie intellectuelle et morale de Mme Guyon
ayant été coupée en deux, pour ainsi dire, par sa rencontre
avec l'abbé de Fénelon, par la commotion émotive qu'elle en
reçut et par l'action que cet esprit merveilleusement doué
exerça tout aussitôt sur sa pensée théorique.   .

Oui, ce sont les manuscrits de Mme Guyon qui l'ont perdue, et, chose singulière, elle ne l'a jamais compris, parce
qu'elle restait persuadée de les avoir rédigés sous la dictée
même de l'Esprit-Saint. Elle poussa souvent Fénelon à les
lire, mais celui-ci s'y refusa toujours, par une sorte d'instinct défensif de sa personnalité affective qui redoutait le
verdict de sa claire raison sur les toniques assertions de son
infatigable correspondante. Et celle-ci n'avait pas senti
nettement, d'ailleurs, l'évolution qu'elle dût accomplir sous
l'action de la pensée fénélonienne, son orgueil n'ayant voulu
voir, dans leur échange de vues théoriques, que les concessions faites par ce prêtre d'esprit supérieur à ses propres
convictions métaphysiques.

Bien mieux, convaincue qu'il était impossible de recons·
tituer exactement son système par la seule lecture des deux
minces imprimés qu'elle avait donnés au public, — ce qui
avait été le procédé des évêques dont elle avait déjà subi
la censure et des docteurs consultés par Mme de Maintenon,
— elle insista pour que ses manuscrits entrassent en ligne
de compte dans l'appréciation des commissaires d'Issy. « Je
« vous conjure, écrit-elle pendant leur examen, et très pro-
« bablement à Fénelon (1), je vous conjure qu'ils examinent
« *tous mes écrits.* Si l'on veut juger de mes sentiments, c'est
« en lisant tout cela qu'on les verra et non dans les deux
« livres (publiés) qui ne disent les choses qu'en abrégé! »
Certes, mais les manuscrits exagéraient grandement la doctrine du *Moyen court,* loin d'en corriger l'impression irrationnelle. Ce qu'il eût fallu soumettre aux examinateurs
d'Issy, de Meaux, ou de Paris, s'il avait été possible, ç'aurait
été bien plutôt la correspondance avec Fénelon, dont nous

---

(1) *Lettres,* **IV,** 594.

avons dit le caractère tout autrement prudent et rationnel.

Quoiqu'il en soit, dès le début de l'examen de Bossuet et avant même que celui-ci eût fait pressentir les conclusions de son enquête, l'enquêtée semble avoir traversé une période de profonde dépression mentale. C'est, en effet, une situation déjà fort pénible pour un allié prétendu du Très-Haut que de voir mettre en suspicion cette alliance : comment échapperait-il, en effet, à cette objection du sens commun qui lui demande de soutenir aussitôt sa prétention par quelque manifestation imposante? Or, les miracles, tout psychologiques, de Mme Guyon restaient sans action sur son juge. Dès août 1693, elle paraît vouloir renoncer à la lutte, comme en témoignent ces lignes désespérées, dont Beauvilliers est le destinataire (1) : « Je dois vous prier, au nom de Dieu, de « me laisser périr... laissez-moi au torrent de la Providence... « Je suis décriée en tous lieux. Je suis comme vomie de tous « les êtres et toutes les créatures, armées contre moi, sem « blent exécuter par avance une justice divine qui doit durer « éternellement! » Puis, à Chevreuse, quelques jours plus tard : « Mon maître est assez fort pour me tirer de leurs « mains. *S'il ne le veut pas,* j'en serai bien contente! Je « n'ai de peine que celle que vous prenez, que mon Maître « vous paiera selon la magnificence de sa grandeur et de sa « bonté... Un village et un habit de paysanne me dérobera à « jamais aux hommes! »

Elle semble ainsi s'abandonner elle-même et traverser des angoisses analogues à celles que l'Ecriture rapporte de Jésus au Jardin des Oliviers, angoisses qui se renouvèlent pour tout mystique momentanément délaissé par son Allié d'en haut et dont elle a fort bien exprimé l'amertume dans son commentaire de l'Evangile : « Les guerres intestines me sont « les plus terribles, écrit-elle en septembre 1693. Je ne puis. « plus soutenir d'écrire, ni de parler... *Je crois que tout le* « *monde a raison et que j'ai tort!* La vérité est captive : mes « paroles n'ont pu servir à lui donner aucun essor. *Je m'ac-*

(1) Nous empruntons ces lignes aux lettres manuscrites de Mme Guyon qui sont conservées à la bibliothèque du grand Séminaire de Paris dans une copie de la main de du Puy, le *Puteus* de la correspondance fénelonienne. *La Revue Fénelon* en a récemment publié une partie.

« *cuse moi-même. Peut-être ai-je tout mélangé?* » Pourtant,
à une offre d'argent de la part de son « tuteur » elle répondra sur un ton redevenu pleinement messianique : « Ne
« savez-vous pas qu'*étant fille de celui qui possède tous les*
« *trésors,* je ne puis manquer de quoi que ce soit ». Puis
viendront les retours de dogmatisme machinal : « Mme de
« Maintenon a dit à Saint-Cyr qu'on l'avait assurée que
« j'avais gâté une communauté entière, et que, quand j'avais
« été en quelque lieu, c'était comme la tache d'huile qui
« croît et ne s'en va jamais! Cette comparaison qu'on a dité
« en mal me paraît *si propre à l'opération de la grâce!* Votre
« nom, ô mon Seigneur, est comme une huile répandue.
« Lorsque le cœur en est imbibé, il s'en sent toujours péné-
« tré... Je commence à croire que je suis trompée et une
« *misérable,* comme on le dit, mais je ne sais quel remède y
« apporter! »

Pendant ce temps, Bossuet étudiait en conscience les documents qui lui avaient été confiés et il se sentait comme suffo-
qué tout d'abord par le relent d'orgueil sans bornes qui se
dégageait de ces pages : un orgueil « du diable », écrira-t-il
énergiquement par la suite, ou encore une « présomption
« effroyable »! Puis, à y regarder de plus près, il discerna
en outre les aspirations de l'auteur à la réforme de l'Eglise
et à la direction universelle des âmes, ses réserves sur l'usage
de certains sacrements, ses raffinements de précieuse sur la
jalousie divine. Il nota qu'elle se donnait à mots couverts
pour la femme enceinte qui figure dans l'Apocalypse, retint
ce songe du « mont Liban », qui semblait la placer *au-dessus*
de la Vierge Marie dans les affections de l'Homme-Dieu, son
prétendu état apostolique, ses physiques et ridicules écoule-
ments de grâce, sa prétention à lier et délier ici-bas, comme
l'apôtre Pierre et comme ses successeurs, à étouffer dans
l'oraison l'activité intellectuelle consciente, sa hardiesse à
déconseiller l'imploration de la grâce comme une demande
entachée de propriété spirituelle et à jouer, pour ainsi dire,
avec la perspective de l'enfer! Après quoi, suffisamment
éclairé pour agir, il fixa rendez-vous à la dévote dans une
maison religieuse de la rue Cassette, pour les derniers jours
de l'année 1693.

Mme Guyon se rendit, le cœur serré, à cette entrevue.

qu'elle pressentait devoir être décisive. Le matin, l'évêque
la communia de sa main — ce que Fénelon devait lui reprocher tant de fois plus tard, comme une inconséquence de sa
part et ce qui ne fut, au vrai, qu'un acte de sincère charité
chrétienne. — Ils déjeunèrent ensemble, se virent à plusieurs
reprises dans le cours de la journée et causèrent encore très
avant dans la nuit. Les questions de Bossuet furent pressantes, sa mine sévère et soucieuse. Rarement, Mme Guyon
avait-elle aperçu si nettement la portée de ses audaces dogmatiques, au moins sous la forme tranchante et entière qu'elle
leur avait donnée par écrit tout d'abord! Et, de même que,
sept ans plus tôt, elle s'était trouvée mal en présence du
Père Paulin d'Aumale, qui lui présentait des objections analogues, elle souffrit, les jours suivants, d'une grave crise
nerveuse, sous l'influence de la déception, de l'appréhension
et de l'angoisse! (1).

II. — LA RETRAITE EN BON ORDRE POUR LE SALUT DE LA DOCTRINE.

Cette crise de dépression mentale ne paraît pas s'être
prolongée au-delà du printemps de 1694, chez l'examinée de
Bossuet. Sans doute, à partir de ce moment est-elle assurée
de la fidélité de Fénelon, fidélité qui lui importe à peu
près seule en ce monde. Sans doute reprend-elle alors
sa foi en elle-même, sa confiance dans une mission
divine que vient confirmer l'adhésion à ce point inébranlable
d'un témoin si hautement qualifié. Dès les premiers mois
de cette même année, elle a cessé de craindre Bossuet. C'est
alors qu'elle recevait de lui ces belles lettres, toute pater-
nelles, que Phelipeaux nous a conservées. Elle accueille
encore la première avec humilité en paroles et en apparence : « Je ne sais comment j'ai écrit cela? *Il ne m'en
« reste rien dans la tête.* (Ce qui est vrai en partie, comme
« nous l'avons indiqué maintes fois.) Je n'ai nulle idée de
« moi, n'y pensant même pas... Puisque je me suis trompée,
« j'accuse mon orgueil, ma témérité, ma folie... C'est ma

---

(1) On en trouvera l'écho dans un certain nombre de ses *Lettres*
que nous jugeons adressées à Fénelon. I, n° 177. II, p. 543 et p. 562.
III, n° 36, 135, 138.

« folie qui m'a fait croire toutes ces choses (le pouvoir de
« lier et de délier ou celui d'influer sur les démons) et *Dieu*
« *a permis que cela se trouvât vrai dans ces âmes,* en sorte
« que *Dieu, me livrant à l'illusion, a permis que tout con-*
« *courrût pour me faire croire ces choses !* » Mais ceci n'est
plus qu'une demi-concession déjà, peut-être une ironie voilée.
Et sa seconde réponse accentuera grandement cette attitude
de résistance sourde, car elle y résume et répète toute sa
doctrine, dans la forme la plus spécieuse, sous prétexte de
l'abjurer, et en interjetant seulement, çà et là, des restrictions telles que les suivantes : « Mais *je veux bien croire*
« *que je me trompe en ce point...* mais, puisque cela ne vaut
« rien, je le désavoue comme le reste... Si je dis des sottises,
« vous me les pardonnerez, ne devant plus jamais écrire ! »
Sa confiance mystique lui est donc revenue tout entière,
pour rester désormais ferme comme le roc en cette âme
obstinée !

Quelques semaines encore, et elle tiendra tête à son juge :
elle le bravera ; elle refusera de dire autrement que du bout
des lèvres et de façon machinale : « Mon Dieu, je vous prie
de me pardonner mes péchés ! » Car cela est, affirme-t-elle,
contre son oraison, c'est-à-dire contre son « degré » mystique
éminent, contre son état prétendu déiforme, contre le système métaphysique dont elle appuya naguère sa tenace volonté de puissance et qu'elle se reprend à considérer, à présenter comme directement révélé de Dieu. Elle prédit à
M. de Meaux qu'il sentira sous peu *la force de l'Esprit,* et
cela d'une toute autre manière qu'il n'a pu la sentir jusqu'à
cette heure de sa carrière. Elle lui fait soumettre par Chevreuse la singulière proposition que nous avons mention-
née déjà : une séance de communication de grâces, pourvu
qu'il veuille bien rester assis quelque temps, silencieux et
recueilli, auprès de la béate ! Suggestion téméraire à laquelle
le prélat riposte, avec autant de finesse que de dignité : « Je
« n'ai pas besoin de changer de situation pour me mettre
« dans celle que vous souhaitez de moi. Comme je sens le
« besoin extrême que j'ai de la grâce de Dieu, je demeure
« naturellement exposé à la recevoir de quelque côté qu'il
« me l'envoie. Je suis très reconnaissant de la charité que
« vous avez pour mon âme et je ne puis mieux vous en

« marquer ma reconnaissance qu'en vous disant, en toute
« simplicité et sincérité ce que vous avez à faire : en quoi
« je satisferai également à votre désir et à mon obligation. »

Cependant, le temps passe, et Mme Guyon ne se voit
délaissée ni de Fénelon, ni de ses autres amis, comme elle
avait pu le craindre d'abord ; son assurance s'accroît de cette
fidélité inébranlable, ainsi que des ménagements que lui
garde encore son paternel examinateur. Elle réclamera bientôt des juges qui aient été délégués spécialement pour prononcer sur sa doctrine ; ce seront les commissaires d'Issy, et,
lorsqu'ils auront été désignés tous trois, Bossuet et Noailles
contre son gré, Tronson sur le désir de Fénelon et sur le
sien, elle leur adressera la lettre la plus impertinente et la
plus déplacée qui se puisse lire. Sur le ton d'une mesquine
dévote provinciale, elle y dénonce trois ecclésiastiques, qu'elle
prétend acharnés à sa perte : l'évêque de Chartres, directeur
en titre de Mme de Maintenon, l'abbé Boileau, docteur en
Sorbonne et théologien de l'archevêché de Paris, enfin le curé
de Versailles, M. Hébert, également très influent, comme
on le devine, et qu'elle attaque néanmoins avec la dernière
insolence. Elle accuse, en effet, ce prêtre de la jalouser basse-
ment, parce qu'il lui attribue la désaffection de deux pénitentes de marque, dont il dirigeait précédemment la conscience : la comtesse de Guiche et la duchesse de Mortemàrt !
C'est appeler l'attention, au mépris de toute prudence, sur
ses propres prétentions directrices, et elle pousse même la
folie de la provocation jusqu'à écrire de ce dernier : « Le
« curé de Versailles, *qui dit avoir présentement l'oreille de*
« *Mme de M*(aintenon) ! » Nouvel et grossier accès de ce
« fanatisme » pseudo-prophétique, dont nous avons rencontré
des manifestations plus nobles chez Lacombe et chez Fénelon. Une pareille manifestation devait faire le plus grand
tort à sa cause en la montrant d'abord à ses examinateurs par le côté le moins élevé de sa complexe personnalité morale. Comment concilier, en effet, sa prétention à
l'alliance céleste, à la parfaite indifférence aux choses humaines dans le repos de l'union divine, à la motion continuelle d'En-Haut, avec ces bavardages de commères et ces
ragots de sacristie?

Bientôt pourtant, elle saura choisir une ligne de retraite

qui lui permettra de se replier en bon ordre sur le gros
de l'armée des mystiques et son attitude se fera plus conforme à ses prétentions messianiques. Ne pouvant devenir
sans délai, par le règne de Fénelon sous le nom de son
royal élève, la triomphante dispensatrice des grâces « intérieures », elle sera provisoirement la martyre impassible de
cette dévotion trop subtile ; elle se contentera d'escompter
pour l'avenir les infaillibles revanches de la vérité métaphysique : « Je puis être trompée, la voie est *bonne,* écrit-elle
« à Fénelon, dans une de ses lettres que nous avons utilisées
« déjà ; la voie est droite, sainte, pure et sans tache. Mais
« combien de mauvaises gens marchent-ils par la voie des
« saints?... Si je me suis trompée, ayez assez d'humilité pour
« avouer que vous vous êtes laissé tromper par la personne
« et non par la voie. Car *vous devez soutenir la voie de*
« *Dieu.* » Telle sera désormais sa règle de conduite vis-à-vis
de ses critiques ; vis-à-vis d'elle-même, elle ne s'avouera
jamais son erreur.

Non seulement la voie « intérieure » reste bonne à ses
yeux, mais encore elle estime l'avoir exactement jalonnée
pour sa part, et, tout au plus, reconnaît-elle avoir péché par
le choix de quelques expressions malencontreuses. Tel est
l'état d'âme que traduit, entre autres, ce passage significatif
de sa *Correspondance,* dont Fénelon fut sans doute le destinataire : « Que vous dirai-je, sinon que je suis plus unie à
« vous que jamais! Portons les temps d'affliction, de des-
« truction, de renversement, les temps de colère et d'humi-
« liation. Ce sont les temps de la justice et, par conséquent,
« de la gloire de Dieu. Nous le recevons lorsqu'il vient nous
« sauver : recevons-le lorsqu'il vient pour détruire et pour
« perdre. Qu'aucun reste d'intérêt pour autrui ne nous em-
« pêche de nous unir à ce Dieu vengeur. Sa colère *ne durera*
« *peut-être pas toujours* et elle n'arrêtera pas ses miséri-
« cordes, de telle sorte que Dieu ne pardonne à *ce petit reste*
« *de la maison d'Israël!* » Vis-vis de ses amis intimes, elle
proclamera son désintéressement sans réserves et demandera
qu'on sauve à tout prix la voie « intérieure », sans prendre
aucun souci de ses destinées personnelles. Disposition à la

_____

(1) *Lettres,* I, n° 135.

fois louable et adroite, puisque, au fond du cœur, et sauf la courte période de défaillance dont nous avons fait mention, elle se croira toujours l'exégète privilégiée de cette métaphysique sublime dont le Démon s'efforce de réduire les interprètes au silence.

Tels sont les sentiments qu'elle exprimera de nouveau, après la totale disgrâce de Fénelon, dans ses lettres au duc de Chevreuse : « J'espère que Dieu l'éloignera d'un lieu qui « lui est si funeste... J'ai toujours connu son attache pour « une certaine personne (Mme de Maintenon) ; c'est ce qui « *lui tient le plus au cœur...* J'espère que la tempête le jet- « tera au port et que, lorsqu'il sera éloigné de ce lieu, il « sentira le repos que *son attache lui dérobe!* » Apprend-elle que l'archevêque de Cambrai aurait consenti une démarche en vue d'un accommodement avec ses adversaires : « Cette « démarche affaiblit beaucoup la vérité. Prions Dieu qu'il « lui donne plus de fermeté et plus d'*indifférence pour la* « *faveur...* S'il préfère la cour à la vérité, la cour sera son « écueil. » Enfin, quand l'appel au pape aura été décidé sur son conseil : « Vous ne sauriez croire, écrira-t-elle, la « joie que vous me donnez de me mander qu'on tiendra ferme « et que la chose ira à R(ome). Je donnerais jusqu'à la der- « nière goutte de mon sang pour qu'on demeure ferme dans « cette résolution! S'il reste encore quelque union pour moi, « je n'en veux plus que cette seule marque! »

III. — LES CONFÉRENCES D'ISSY.

Nous passons rapidement sur les Conférences d'Issy et sur la célèbre Déclaration théologique qui en fut le fruit, car ces faits sont suffisamment connus. Nous nous arrêterons toutefois au récit sommaire qu'en a laissé l'un des trois commissaires, l'évêque de Châlons, Noailles, dans sa *Réponse aux quatre lettres* de M. de Cambrai (1697). Nul, en effet, mieux que ce prélat de bon sens et de bonne foi, ne nous paraît avoir restitué l'atmosphère morale dans laquelle se poursuivirent les débats de la Conférence : véritable Congrès de psychologie expérimentale, dont le génie de ses deux participants les plus illustres a fait vivre la mémoire.

« Vous savez, écrira donc publiquement Noailles à Fénelon,
« qu'en 1694 je fus appelé pour examiner les livres de
« Mme Guyon ! » Il s'agit ici de la consultation préalable
instituée par Mme de Maintenon au milieu de cette année-
là. « Vous en fûtes cause en partie. Cette femme que vous
« admiriez et que *vous vouliez qu'on admirât,* détruisit bien-
« tôt par sa conduite (à Saint-Cyr) l'opinion que des per-
« sonnes distinguées par leur vertu (Mme de Maintenon)
« en avaient conçu sur votre témoignage. On me pressa de
« m'expliquer sur son sujet : vous pourrez voir, quand il
« vous plaira, le jugement que j'en portai ; l'original est
« en bonnes mains ! » C'est la lettre de Noailles à Mme de
Maintenon, dont nous avons reproduit quelques passages et
souligné la relative clairvoyance. « Je déclarai, dès lors, que
« les idées de perfection qu'elle débite (son système méta-
« physique d'accession à l'alliance divine étroite) ont été
« *inconnues aux apôtres...* sont opposées aux règles qu'ils
« nous ont laissées. Elle bannissait adroitement les prières
« vocales, la méditation de la Loi de Dieu, l'attention aux
« maximes et exemples de Jésus-Christ, les examens de
« conscience, la mortification des sens ! » Ceci est moins nettement vu qu'en 1694 : c'est prendre de nouveau l'accessoire
pour le principal. « Par des tours étudiés et captieux, on
« insinuait qu'une âme de la nouvelle oraison ne pouvait
« déchoir de la pureté où elle était élevée, comme l'or épuré
« jusqu'à un certain degré ne peut contracter, même en tom-
« bant dans la boue, qu'une impureté tout au plus apparente ;
« on autorisait par là les plus honteuses conséquences du
« Quiétisme ! » Voilà donc un nouveau résumé, incomplet
cette fois et peu méthodique, assez frappant malgré tout, des
conséquences de la nouvelle métaphysique pseudo-chrétienne
en face de laquelle se trouvèrent les examinateurs d'Issy,
réduits à juger de Mme Guyon sur ses livres imprimés ou
manuscrits. Mais voici qui est plus intéressant à titre de
chose vue : c'est le spectacle que ces enquêteurs eurent sous
les yeux pendant leurs travaux.

« Que n'avez-vous pas fait, poursuit en effet Noailles, —
« avec sa rude franchise de grand seigneur assuré de la fa-
« veur royale, — pour changer les idées que les livres de
« Mme Guyon et ce que je savais de sa conduite m'avaient

« données... Je fis ce que je pus pour trouver vos explica-
« tions supportables. Mais avec tous vos mémoires, toutes
« vos *apologies* et toutes vos peines, vous ne pûtes jamais
« justifier ces *livres*, que le Saint-Siège avait déjà condam-
« nés... Vous vous donnâtes bien du mouvement pour dé-
« fendre Mme Guyon. Vous n'avez pas oublié ce que je
« vous disais si souvent dans nos conférences : *Pourquoi*
« *faites-vous un tel personnage? Vous devriez être juge, non*
« *partie !* Ne voyez-vous pas à quoi vous vous exposez en
« soutenant avec tant d'ardeur une femme *qui dogmatise sans*
« *vocation, sans science et contre toutes les règles?* » Dans
ces lignes se précise, une fois de plus, l'attitude du christianisme rationnel et traditionnel devant le hardi et bizarre
système métaphysique qu'avait façonné l'affectivité féminine de plus en plus émancipée au cours des deux siècles
précédents.

Mais, continuons d'écouter ce précieux témoin : « Sur ce
« que nous rejetâmes des additions qui, sous prétexte d'éclair-
« cir notre doctrine, comme vous le disiez, la ruinaient, en
« effet, de fond en comble, vous déclarâtes que vous ne signe-
« riez point (les articles d'Issy) par persuasion, mais simple-
« ment par *déférence*. C'est-à vous à voir comment, après
« cela, vous avez pu déclarer, à la face de l'Eglise, que les ar-
« ticles d'Issy sont *votre ouvrage comme le nôtre !* » Incrimination trop sévère, à notre avis, car Fénelon avait obtenu quelques légères modifications au texte primitivement arrêté des
articles : il pouvait donc, en forçant un peu les termes, se présenter au public comme un de leurs auteurs. Ces constatations faites, l'archevêque de Paris rappelle encore la période d'apaisement qui suivit les conférences : période trop
courte par malheur et à laquelle Mme Guyon mit un terme
par ses folles imprudences de conduite, de langage et de
plume, durant les derniers mois de 1695. « On abusa de
« votre bonté, écrit-il avec quelque ménagement. Cette fem-
« me, si justement censurée, vous fit pitié. Vous refusâtes
« d'approuver le livre de M. de Meaux (les *États d'oraison*)
« parce qu'il *censurait votre amie !* Ce fut là votre excuse,
« (c'est-à-dire l'excuse que mit en avant Fénelon). Si vous
« l'avez oublié, *on peut vous le montrer par écrit !* » Et cette
dernière phrase est à retenir, car elle fait allusion, pour la

première fois, au néfaste Mémoire justificatif que Fénelon
avait adressé à Mme de Maintenon le 2 août 1696 et sur
lequel nous aurons à revenir longuement : elle annonce l'usage, si discutable, qui devait être fait de ce document par ses
détenteurs et sa publication partielle dans un écrit polémique de Bossuet, la célèbre *Relation sur le quiétisme*.

Le récit de Noailles donne, à notre avis, une assez exacte
impression de ce que durent être les conférences d'Issy. Ce
prélat y était venu sans autre préjugé que sa lecture préalable des rares livres imprimés de Mme Guyon, et il resta
longtemps indulgent à Fénelon, jusqu'à l'heure où ce dernier, par une insigne maladresse, tenta d'exploiter cette
bonne volonté mêlée de réserve, pour s'en faire un rempart
contre les assauts de Bossuet. C'est même par un reste de
ménagement, sans nul doute, que l'ancien évêque de Châlons, évite de signaler dans la riposte que nous venons de
parcourir une scène dont les détails avaient dû pourtant se
fixer dans sa mémoire : scène presque aussi tragique, à notre
avis, que la première entrevue de Bossuet avec Mme Guyon,
rue Cassette. Ce fut la lecture faite en séance et en présence
de Fénelon par l'évêque de Meaux, de ces cinq feuillets si
particulièrement significatifs de l'Autobiographie guyonienne
où l'abbé était représenté, d'une façon très suffisamment
transparente, comme le Messie de la religion nouvelle. Bossuet les lut tous peut-être, le dernier des cinq en tous cas,
et, moins clément que Noailles, il a rappelé cet instant mémorable en ces termes dans sa *Relation sur le quiétisme* :
« Dieu m'a choisie en ce siècle, dit Mme Guyon, pour dé-
« truire la raison humaine, pour établir la sagesse de Dieu
« par la destruction de la sagesse du monde ; il établira les
« cordes de son empire en moi et les nations reconnaîtront
« sa puissance. Son esprit sera répandu en toute chair ; on
« chantera le cantique de l'Agneau comme vierge, et ceux
« qui le chanteront seront ceux qui seront parfaitement dé-
« sappropriés : ce que je lierai sera lié, ce que je délierai
« sera délié. Je suis cette pierre fichée par la Croix sainte,
« rejetée par les architectes, — *et le reste que je lus à*
« *M. l'abbé de Fénelon! Il* sait bien ceux qui assistaient à la
« Conférence *et que c'est lui seul que je regardais!* » Regard
qu'on n'imagine pas sans un serrement de cœur ; regard

chargé sans doute encore d'affection paternelle ancienne ou
même de déférence pour la confraternité du génie, mais
aussi d'appréhension, de reproche, de menace, peut-être, car
l'homme reste un homme, c'est-à-dire un affamé de pouvoir,
sur les sommets de la plus lumineuse sérénité intellectuelle,
et Bossuet qui recevait à ce moment de Fénelon les lettres
les plus soumises ne laissait pas volontiers mettre en question son autorité, que l'on comparait dès lors à celle des
Pères de l'Eglise. Pourtant, ce regard manqua son but, car
il glissa sur une cuirasse de préventions, d'obstination et
déjà d'hostilité latente. Par des précédents qu'il avait cru
constater chez Saint Paul, Sainte Thérèse, Saint François de
Sales même, Fénelon s'était rassuré d'avance sur les explosions d'orgueil mystique dont il savait son amie coutumière (1). Rien ne pouvait l'étonner en ce genre et le coup
de théâtre préparé par Bossuet resta donc sans effet sur
celui qu'il avait pour objet de convertir !

Consacrons enfin quelques lignes à ces articles d'Issy, dont
la rédaction fut consciencieuse et dictée par une entière
bonne foi, mais qui, à notre avis, sont présentés sans ordre
logique et ne pénètrent ni le sens véritable, ni le réel danger
de la doctrine guyonienne ; si bien que leur insuffisance a
conduit les générations immédiatement suivantes à méconnaître ce sens et à ignorer ce danger. Ils exposent que tout
chrétien doit produire dans l'oraison des actes distincts et y
pratiquer la vertu théologale de l'*espérance,* car un acte
d'abandon, consenti une fois pour toutes entre les mains de
Dieu, ne suffirait pas pour satisfaire aux préceptes divins.
Les paragraphes numérotés de xxi à xxvi reconnaissent
toutefois l'existence d'oraisons *extraordinaires,* réservées à
de rares privilégiés, mais nullement nécessaires au commun
des chrétiens pour faire leur salut ; le don prophétique est
accepté avec précaution, l'état « apostolique » entièrement
refusé aux laïques (exception étant faite de ces réserves au
profit de la mère du Christ). Enfin, les derniers articles de
la Déclaration précisent l'attitude convenable aux directeurs
spirituels, lorsqu'ils voient leurs pénitents soumis à cette
suprême « épreuve » mystique, qui est le consentement du

---

(1) Voir notre appendice théorique.

fidèle à sa damnation éternelle ; ceux qui portent les numéros XXXIII et XXXIV furent sans doute arrachés à ses collègues par le précepteur des princes, car ils permettent un demi-acquiescement du chrétien éprouvé à cette tentation de source divine, et ils introduisent de la sorte, en ce monument du christianisme rationnel, un peu de fénelonisme furtif.

IV. — MADAME GUYON A MEAUX.

Pendant le cours des Conférences, Mme Guyon, cédant à une inspiration tactique assez habile si elle avait été mieux soutenue, s'était faite la prisonnière bénévole de son principal adversaire ; elle avait obtenu d'être hébergée dans un couvent de Meaux, où elle se laissait catéchiser par l'évêque, cherchant à le contenter par sa souplesse. Fénelon lui envoyait régulièrement le canevas de ses réponses, et leurs rôles se trouvaient entièrement renversés de la sorte à cette heure de leurs relations spirituelles, puisque Mme Guyon, estimant avoir assez instruit son dirigé de la veille, se laissait souffler par lui désormais les déclarations qu'elle avait à faire ; elle se confiait à la dextérité de ce souple esprit pour concilier la théologie traditionnelle et l'éthique rationnelle du catholiscisme romain avec leur récente déviation affective, résumée dans les affirmations métaphysiques et dans l'hygiène morale du guyonisme. On nous a conservé l'un de ces mémoires dictés par Fénelon et la correspondance qui s'y rattache (1) : c'est là une bonne fortune qui nous permettra de jeter un regard curieux dans les coulisses de la négociation d'Issy.

Tout d'abord, le duc de Chevreuse, intermédiaire désormais attitré entre son ami de longue date et sa plus récente amie, adresse à celle-ci un projet de réponse aux difficultés soulevées par Bossuet : « Ce projet, écrit-il, a été refait une « seconde fois (par lui-même) parce qu'On (Fénelon) avait « trouvé beaucoup de choses à changer... On n'a pas vu ce « second projet. Aussi, quand vous aurez fait le vôtre — il « faut qu'on y voie votre tour et votre style, — On vous prie

---

(1) *Lettres* de Fénelon (Edition Leclerc), VII, p. 84 et suiv.

« de l'envoyer avant que d'en faire aucun usage. » Il s'agit
donc d'un mémoire justificatif de Fénelon pour Mme Guyon :
mémoire mis ensuite au point par Chevreuse sur des indications orales de l'abbé, mais non revu alors par celui-ci.
La recluse de Meaux doit y mettre sa marque, afin d'en dissimuler l'origine véritable, et le soumettre enfin à son auteur
pour une révision dernière.

Si nous parcourons, ce document, nous y reconnaîtrons
avant tout la préoccupation d'atténuer cette extrême vulgarisation ou *démocratisation* des voies mystiques les plus hautes
qui est un des caractères du guyonisme initial. Fénelon tente
d'établir, par des textes tirés des deux livres imprimés de son
amie, qu'elle n'a destiné ses propositions plus spécifiquement
quiétistes que pour des âmes toutes pleines de Dieu et déjà
parvenues à une grande virtuosité dans l'oraison. Il soutient
qu'elle n'eut jamais la pensée d'étendre *la contemplation à
tout le monde* et que, bien au contraire, très-peu de chrétiens en reçoivent, à son avis, la faveur.

Mme Guyon s'est-elle sentie rebutée par ces arguties qui
ne sont pas de son invention propre et qui peut-être contredisent ses convictions intimes? Toujours est-il qu'elle ne se
sent pas en verve, qu'elle ne trouve rien à broder sur le
canevas qui a été remis entre ses mains et qu'elle ne réussit
qu'à copier « mot pour mot » le texte de N. G. C'est, en
effet, par ces deux initiales qu'elle désigne à ce moment
Fénelon dans ses lettres, et le sens en est, selon nous, Notre
Général, l'abbé ayant été proclamé par elle supérieur général
de l'ordre mi-sérieux, mi-plaisant des « Michelins ». En
d'autres termes, elle commet précisément la grave imprudence que Chevreuse lui avait prescrit d'éviter : elle risque
de compromettre son avocat bénévole en laissant reconnaître
le style de ce théologien par les commissaires d'Issy. « J'ai
« écrit à peu près la moitié, mande-t-elle au duc le 4 novem-
« bre 1694... Je sens bien que j'achèverai de le copier *mot
« pour mot*, ne m'étant rien *donné* (par Dieu) sur cela ; j'ai
« même au cœur que cela ne fera qu'aigrir, mais il n'im-
« porte... Je n'ajouterai sûrement rien du mien, ne le pou-
« vant. Voyez donc, mon bon tuteur, si vous n'avez rien de
« nouveau à y mettre... La bêtise que j'expérimente vous

« étonnerait... Mandez-moi ma leçon tout au long. Vous êtes
« trop bon de me souffrir ! » Voilà l'état d'esprit dans lequel
elle s'excuse, et se défend dès lors : c'est dire qu'il n'y a
plus aucune sincérité dans ses rétractations dès cette date :
elle est la proie d'une sorte d'atonie mentale et se sent incapable, non seulement de résoudre, mais même d'envisager les
difficultés logiques que soulèvent ses anciennes affirmations
affectives.

Elle se montre pourtant docile à les rationnaliser de son
mieux, dans le sens que lui dicte son conseiller masqué de
chaque jour. Qu'on en juge par quelques-unes de ses réponses à un interrogatoire de MM. de Meaux et de Châlons
qui est daté du 6 décembre 1694 et dont nous possédons le
procès-verbal (1) : « Elle dit toujours constamment *qu'on*
« *peut déchoir de la grâce* (dans l'état déiforme, évidem-
« ment), et, *quand on lui fait voir des expressions contraires*
« (dans ses écrits), elle avoue qu'elle a mal parlé. Sur ce
« qu'elle a dit (dans son *Explication du cantique des can-*
« *tiques*) que c'est Dieu qui met (dans l'âme éprouvée) les
« petits renards, c'est-à-dire les défauts ; qu'il affaiblit et
« couvre l'âme de misère et que c'est l'ardeur du soleil de
« justice qui la rend *brune ;* elle répond (en présentant seu-
« lement l'aspect rationnel de cette doctrine étrange qui est
« la salissure (2) de l'âme passive par la main de Dieu) que
« par l'impression puissante de l'opération de Dieu on est
« moins sensible et moins précautionné pour les défauts exté-
« rieurs et légers, quoique la lumière de Dieu les fasse parai-
« tre davantage et qu'*ils fassent d'étranges ravages dans les*
« *communautés !* » Ce dernier aveu est évidemment une suggestion des examinateurs.

Tant de souplesse et docilité la firent bientôt regarder par
ses juges avec une certaine bienveillance : elle avait en outre
gagné l'affection des religieuses de Meaux qui l'hébergaient
pendant cet hiver angoissant de 1694-1695, car la supérieure
du couvent, la mère Le Picart et les autres nonnes lui déli-
vreront par la suite un certificat collectif qui lui fait honneur. Bossuet signa donc en fin de compte à son profit une

---

(1) *Lettres* de Fénelon, VII, 114.
(2) Voir notre appendice théorique.

attestation d'obéissance et de bonne volonté dont elle tenta d'abuser par la suite. — Lorsque George Sand dut compter elle aussi avec le jugement de l'opinion publique pour avoir trop pratiqué le mysticisme passionnel issu du quiétisme et de Rousseau, elle se retira à la Châtre, sous le toit d'une famille estimée et se donna pour tâche de faire oublier la légende d'indépendance et de singularité que lui avait faite, dans sa province berrichonne, les excentricités de sa jeunesse. Elle y réussit et gagna peu après son procès contre son mari ; mais, pendant le temps de sa retraite, elle écrivait à Mme d'Agoult, héroïne d'un autre scandale de même nature : « Quatre mille bêtes, (les habitants de la petite « ville) me croient à genoux dans le sac et dans la cendre, « pleurant mes péchés comme Madeleine. Le réveil sera ter- « rible. Le lendemain de ma victoire (la sentence du tribu- « nal), je jette ma béquille : je passe au galop de mon cheval « aux quatre coins de la ville. Si vous entendez dire que je « suis convertie à la raison, à la morale publique, ne vous « étonnez de rien ! » Et, à Mme de Saint-Agnan : « Vous « ririez si vous pouviez voir de quel air patelin je traverse « les places couvertes d'oisifs... Je suis obligée à mener une « vie très régulière au yeux dès imbéciles au milieu desquels « je vis ! » Eh bien, avec moins de désinvolture dans l'hypocrisie, Mme Guyon dut penser à peu près de même pendant son séjour à Meaux. Une fois les conférences d'Issy terminées, Fénelon sacré archevêque et une sorte d'acquittement arraché par elle à ses juges ecclésiastiques, elle se dérobera soudain à ses engagements par la fuite, ne tiendra plus aucun compte de ses promesses et se conduira pendant quelques semaines en véritable folle — attitude qui amènera son arrestation dans les derniers jours de décembre 1695.

CHAPITRE IV

Fénelon cède à la passion pour une heure.

Fénelon vivait cependant les derniers mois de sa faveur de cour et bientôt les premiers de son épreuve. Ses lettres d'entière soumission à Bossuet, son attitude pleinement déférente pour les commissaires d'Issy préparèrent sa nomination par le Roi au siège de Cambrai ; et son sacre se fit à Saint-Cyr au printemps de 1695, dans une atmosphère d'exceptionnelle et véritablement grisante sympathie. On a dit que cette distinction avait été un commencement de disgrâce, un prétexte pour éloigner de son élève le précepteur du duc de Bourgogne, une manœuvre pour l'écarter du siège de Paris, que ses amis auraient voulu pour lui. Nous ne le pensons pas quant à nous puisque, d'une part, l'archevêché parisien avait pris, sous Harlay, une telle importance qu'on n'y pouvait guère élever sans transition un simple prêtre : Cambrai était, au contraire, une fort belle situation d'attente, avec la couronne ducale, celle de prince du Saint-Empire, cent mille livres de revenu : et rien n'empêchait d'en revenir.

Par malheur, les derniers mois de l'année qui avait vu ces différents événements compromirent de nouveau grandement Mme Guyon. Son ami prit, plus que jamais, son parti, et se laissa très mal conseiller par son dépit ; en sorte que Noailles lui fut préféré.

I. — LES FAUX PAS D'UN DIPLOMATE ABANDONNÉ DE SON SANG-FROID.

Dès le 26 février 1696, M. Tronson qui était demeuré secrètement indulgent aux mystiques convictions de son ancien élève, apprend de lui qu'on veut arracher à sa plume

archiépiscopale une condamnation formelle de Mme Guyon.
Le prélat proclame qu'il ne s'y résoudra jamais, à moins
qu'un formulaire ne lui soit envoyé de Rome pour l'y contraindre. Cette personne a été son *amie,* dit-il ; elle l'a *infiniment édifié.* Comment pourrait-il se joindre à ses ennemis
pour l'accabler? Il préfère écrire un ouvrage dans lequel il
condamnera, en toute rigueur, les mauvaises maximes qui
ont été hasardées au sujet de l'oraison : c'est-à-dire, remarquons-le dès à présent, qu'il projette de refaire, à sa mode,
les articles d'Issy, après les avoir signés naguère par « déférence », mais non par « persuasion », comme nous le savons;
et c'est ici la première mention de ses *Maximes des saints,* qui
seront publiées un an plus tard. Il termine cette lettre, déjà
fort amère, en déplorant qu'*on* ait *indisposé* Mme de Maintenon contre ses amis et contre lui-même par des discours *em-
poisonnés.* Cet « *on* » vise certainement Bossuet.

Beauvilliers écrit, trois jours après, au même ecclésiastique, exactement dans le même sens : « Je ne lui conseillerais
« pas (à Fénelon), quand il le voudrait, de faire une con-
« damnation formelle des livres de Mme Guyon. Il donnerait
« *aux libertins de la cour un trop beau champ* (!) et ce serait
« confirmer ce qui se débite au sujet de la piété... Ce serait
« donner lieu de croire qu'il est complice de tout ce qu'on
« impute à cette pauvre femme! » Ce serait aussi, remarquons-le, diminuer l'influence des amis de Beauvilliers, au
profit des cabales adverses que le duc désigne sous le nom
de *libertins!* Tronson semble percer à jour ces prétextes
spécieux, car il obéit cette fois au bon sens, abandonne sa réserve habituelle et, répondant à M. de Cambrai, lui conseille
de céder à la nécessité en s'associant aux censures que MM. de
Meaux, de Châlons et de Chartres vont diriger conjointement
contre la métaphysique guyonienne.

Ces discussions sous le manteau restaient toutefois sans
grand péril pour Fénelon, car M. Tronson était la discrétion
même et ne se montrait, le plus souvent, que trop renfermé.
Mais, dès le 7 mars 1696, c'est vers Mme de Maintenon en
personne que l'archevêque se tourne pour exhaler son amertume, et, cette fois, le pas sera de bien autre conséquence
pour celui qui le hasarde! Sa lettre est, en effet, un plaidoyer
en faveur de la triste prisonnière de La Reynie, un âpre

réquisitoire contre ceux qui lui ont préparé cette épreuve
(donc, contre Bossuet et Godet, en première ligne). Il parle
d'elle comme d'une personne qu'« il croit *sainte* » ; il se porte
caution pour son amie sans réserve ! « Je répondrais encore
« (aujourd'hui) de lui *faire donner* une explication très pré-
« cise et très claire de toute sa doctrine, pour la réduire
« *aux plus justes bornes !* » Ces derniers mots sont caractéristiques, car tel avait été l'objet et, en partie, le résultat
de son influence sur la doctrine guyonienne, nous l'avons
souvent répété. Si parfois, elle a passé ces justes bornes,
ajoute-t-il, c'est qu'elle est « naturellement *exagérante* et peu
« précautionnée dans ses *expressions !* »

Puis voici venir l'attaque la moins mesurée, l'incrimination
la plus hardie contre Bossuet : « M. de Meaux vous a redit
« comme des impiétés des choses qu'elle lui avait confiées
« avec un cœur soumis et *en secret de confession !* » S'il n'est
pas exact que Mme Guyon se soit jamais confessée à Bossuet
— car ce dernier s'y refusa toujours — il est certain qu'elle
lui avait remis ses manuscrits à titre de confessions et qu'il
eut donc agi de façon plus délicate en renonçant à les utiliser et vis-à-vis de Mme de Maintenon dès le début de 1696,
et, plus tard, vis-à-vis du public, dans sa *Relation sur le
quiétisme*. Quoi qu'il en soit, Fénelon s'empresse à défendre
l'accusée sur tous les points qu'il croit avoir été touchés dès
lors par M. de Meaux dans ses conversations avec la marquise. Il veut ne compter pour rien les prétendues prophéties
ou révélations de la béate, parce qu'elle les a dites à ses
supérieurs par soumission, simplement, et sans y attacher
d'importance ! Si elle s'est donnée pour la « pierre angulaire »
de l'Eglise renouvelée, elle a seulement voulu dire qu'elle
édifiait, unissait entre elles plusieurs personnes pieuses, ani-
mées d'un louable désir de perfection. La « petite église »
est un terme emprunté à Saint-Paul. Quant au songe qui la
transporta sur le mont Liban pour la placer au-dessus de la
Vierge Marie dans les prédilections du Christ, Bossuet est
inexcusable d'avoir considéré et présenté comme une affirmation doctrinale ce qui n'était qu'un rêve ou quelque expression figurée. Plus généralement, toutes les choses avanta-
geuses qu'elle a dites d'elle-même doivent être excusées par
l'exemple des bons mystiques. Saint Paul en a dit tout autant

ou même davantage, et ce sont là des déclarations dont on
ne doit jamais se scandaliser dans les inspirés de Dieu. Enfin
pour excuser ses prétentions de directrice, on se souviendra
qu'Angèle de Foligno, Catherine de Sienne, Catherine de
Gènes, Sainte Thérèse ont également *dirigé* des âmes.

Bossuet n'est pas seul mis en cause dans ce malencontreux
document, car Fénelon y semble accuser également la marquise elle-même de prévention et de légèreté ; il se souvenait
sans doute qu'elle acceptait de lui quelques années plus tôt
de bien plus sévères reproches ; mais l'accent de ces reproches était alors purement sacerdotal, entièrement désintéressé, et désormais il n'en était plus de même. Comment
Mme de Maintenon aurait-elle toléré volontiers ces libertés
apostoliques de la part d'un homme auquel elle conservait
quelque sympathie peut-être, mais qu'elle ne regardait plus
comme inattaquable au point de vue de la doctrine : « On
« prépara, lui dit l'archevêque, plusieurs moyens de vous
« ébranler : vous en fûtes frappée ; vous passâtes de l'excès
« de simplicité et de confiance à l'excès d'ombrage et d'ef-
« froi! Voilà ce qui a fait tous nos malheurs ; vous n'osâtes
« suivre votre cœur et votre lumière... J'aurais, *en trois*
« *jours,* mis en paix tous les esprits échauffés de Saint-Cyr,
« si vous m'aviez parlé à cœur ouvert! » Et l'on songe ici
malgré soi à la parole évangélique : Je détruirai ce temple et
je le rebatirai en trois jours! Il y a certes trop de présomption dans cette sorte de parodie du langage divin! « J'aurais
« fait écrire par Mme Guyon, poursuit-il, les explications
« les plus précises de tous les endroits de ses livres qui pa-
« raissent excessifs ou équivoques! » Mais comment Fénelon
ne se rendait-il pas compte qu'une doctrine qui avait à ce
point besoin de commentaire, et dont l'aspect se modifiait du
tout au tout selon la nature de ce commentaire, aurait dû lui
être plus suspecte à lui-même.

Voici le recours à l'argument sentimental : « Pourquoi
« croire que vous ne pouvez avoir le cœur en repos et en
« union avec *nous!* » Mais ce « nous », réitéré, est maladroit ;
il fait songer à l'alliance étroite qui associe Fénelon à Mme
Guyon, ou tout au moins, il trahit l'esprit de coterie et les
espérances fondées par cette coterie sur la bonne volonté de
la marquise. Puis c'est le recours à l'argument mystique :

« Pourquoi défaire ce que *Dieu avait fait si visiblement?*...
« La lecture de Saint François de Sales vous est bien meil-
« leure que celle de M. Nicole (dans ces mordantes pages
« des *Visionnaires*, sans nul doute) qui a voulu décider d'un
« style moqueur sur les voies intérieures! » Le prélat termine en annonçant une fois de plus qu'il se prépare à s'expliquer fortement *vers le public* (par les *Maximes des saints*)
ce qui, sous le régime gouvernemental de l'époque, n'était
pas le bon moyen pour retenir ou reconquérir la faveur de la
cour.

Nous n'avons aucune indication sur les sentiments que
cette lettre, à tout le moins teintée de « fanatisme » elle
aussi, éveilla dans le cœur de sa destinataire, mais on les
peut imaginer sans beaucoup de peine : la haute raison de
la marquise, sa prudence et son tact mondain, durent en être
à la fois choqués ; elle ne reconnut plus le pieux et discret
abbé de naguère dans ce prélat hautain, obstiné, soupçonneux et débordant d'amertume.

II. — Le Mémoire justificatif de M. de Cambrai
a Mme de Maintenon.

Ce fut bien pis cinq mois plus tard, lorsque Fénelon eut
provoqué, le 2 août 1696, chez M. Tronson, une réunion à
laquelle assistèrent Beauvilliers, Chevreuse, Noailles et Godet des Marais, — mais non point Bossuet avec qui ses relations étaient déjà singulièrement refroidies. Il s'efforça d'y
justifier devant cet auditoire de choix son attitude passée et
présente vis-à-vis de Mme Guyon, sa répugnance à la condamner de façon expresse, ainsi que son refus anticipé, et
bien plus étrange encore, d'approuver le livre dès lors annoncé par l'évêque de Meaux sur les *Etats d'oraison*. Son
éloquence réalisa ce miracle de le faire approuver du bout
des lèvres par les deux évêques dont l'appui lui aurait été
si nécessaire, mais ce succès apparent l'aveugla par malheur
et les fit commettre la faute capitale de sa carrière : il déposa
peu après, par écrit, entre les mains de Mme de Maintenon,
le Mémoire justificatif qu'il avait rédigé à cette occasion et
commenté de vive voix le 2 août. Il nous faut étudier maintenant de près ces pages révélatrices, dont l'accent trahit une

surprenante agitation intérieure, une amertume plus que
jamais extrême et débordante, un dévouement sans réserves
et sans bornes aux intérêts de Mme Guyon (1).

L'auteur entreprend tout d'abord de tracer, par antiphrase
ou par ironie, le portrait moral de son amie, non telle qu'il
la connaît et l'estime de longue date, mais telle que la voit
et la décrit présentement Bossuet, c'est-à-dire comme un
monstre digne du feu! « Les erreurs que l'on impute à
« Mme Guyon, dit-il, ne sont point excusables par l'ignorance
« de son sexe : il n'est point de villageoise grossière qui n'eut
« d'abord horreur de ce qu'on veut qu'elle ait enseigné! »
Peut-être, aurait-on pu lui répondre, dès ses premiers mots,
mais puisque vous assurerez, un peu plus loin, n'avoir jamais
lu les manuscrits de Mme Guyon, comment pouvez-vous savoir ce qu'elle y enseigne à ses lecteurs? « Il ne s'agit pas,
« poursuit cependant Fénelon, de quelques conséquences sub-
« tiles et éloignées qu'on pourrait, contre son intention, tirer
« de ses principes spéculatifs, ou de quelques-unes de ses
« expressions. » Et, pour sa part, il ne s'imagine même pas
qu'on puisse équitablement reprocher autre chose à sa correspondante, car il n'a jamais trouvé davantage à reprendre
en ses lettres ou discours : « Il s'agit de tout un dessein
« diabolique qui est, dit-on, l'âme de tous ses livres. C'est
« un système *monstrueux* qui est lié dans toutes ses parties
« et qui se soutient avec art d'un bout à l'autre! » Mais lui-
même n'a-t-il pas vu dans la métaphysique guyonienne, un
système très suivi (2), un système « simple, clair, suivi et
« qui développe tout » (3) ; avec cette différence qu'il ajoutait : un système *très beau?* Si Bossuet juge le système très
mauvais, au contraire, c'est qu'il le contemple sans voiles
et sans retouches, sous l'aspect qu'il avait revêtu dans la
Bible commentée et dans l'autobiographie de la béate.

« Ce ne sont point, insiste pourtant le rédacteur du Mé-
« moire, des conséquences obscures qui puissent avoir échap-
« pé à l'attention de l'auteur ; au contraire, elles sont (don-
« nées par Bossuet pour) le formel et unique but de tout son

---

(1) L'abbé Gosselin date ce Mémoire, ou du moins sa remise à
Mme de Maintenon, de septembre 1696.

(2) *Lettres,* VII, 78.

(3) *Lettres,* VII, 350.

« système. Il est évident, dit-on, et il y aurait de la mauvaise
« foi à le nier, que Mme Guyon n'écrit que pour détruire,
« comme une imperfection, toute la foi explicite des per-
« sonnes divines, des mystères de Jésus-Christ et de son
« humanité !... Elle soutient que, quand on fait d'abord acte
« de foi et d'amour, cet acte subsiste perpétuellement, toute
« la vie, sans avoir besoin d'être jamais renouvelé : qu'on
« est toujours en Dieu sans penser à lui et qu'il faut bien
« se garder de réitérer cet acte. Elle ne laisse aux chrétiens
« qu'une indifférence impie et brutale entre le vice et la
« vertu, entre la haine éternelle de Dieu et son amour éter-
« nel, pour lequel il est de foi que chacun de nous a été
« créé ! Elle défend, comme une infidélité, *toute résistance*
« *réelle aux tentations les plus abominables ;* elle veut que
« l'on suppose que, dans un certain état de perfection où
« Dieu élève les âmes, on n'a plus besoin (?) (1) de concu-
« piscence, qu'on est *impeccable,* infaillible et jouissant de
« la même paix que les Bienheureux, et qu'enfin tout ce
« qu'on fait sans réflexion, avec facilité et par la pente de
« son cœur est fait passivement et par une pure inspira-
« tion ! Cette inspiration qu'elle attribue à elle-même et aux
« siens n'est pas l'inspiration commune des justes : elle est
« prophétique, elle renferme une autorité *apostolique* au-
« dessus de toute loi écrite ; elle établit une tradition *secrète*
« sur cette voie qui renverse la tradition universelle de
« l'Eglise ! »

Sauf l'exagération voulue de l'accent et des épithètes qua-
lificatives, jamais à notre avis le guyonisme de la première
manière, celui qui procéda de l'inspiration lacombienne, n'a
été résumé de façon plus magistrale qu'en ces lignes. Bossuet
n'approche pas de cette virtuosité dans l'ordonnance exacte.
Mais, chose singulière, ce résumé est dicté par une intention
d'ironie amère et par le refus de concevoir que ces convictions
puissent être seulement supposées dans la béate ! Nous avons
ici la quintessence de ce que Fénelon traitera d'articles *faux*
et condamnera dans ses *Maximes des saints,* et c'est bien
cependant le premier guyonisme, tel que le vigoureux esprit

---

(1) Le mot « besoin » est sans doute une faute de lecture de la
part de l'éditeur de ce texte. Nous proposons de rectifier ainsi : « On
n'a plus *en soi* de concupiscence ».

synthétique de Bossuet l'a tiré des documents soumis à son examen ; mais M. de Cambrai ne connaît pour sa part que le guyonisme rationalisé d'après 1689, celui qu'il résumera dans les articles *vrais* de son subtil traité dogmatique. C'est pourquoi, avec un sourire de triomphe, il va conduire par la pensée la première Guyon, celle de Lacombe, la seule que connaisse Bossuet, jusque sur les bûchers de l'Inquisition : « Voilà ce que l'*on* dit, insiste-t-il d'un ton vainqueur. Je « soutiens qu'il n'y a point d'ignorance assez grossière pour « pouvoir excuser une personne qui avance tant de doctrines « *monstrueuses*... On est inexcusable de ne pas brûler un « tel monstre... la plus exécrable créature de la terre ! »

Puis il aura recours à un argument tout personnel qui laisse transparaître ce fond d'orgueil irréductible, dont il n'a jamais contenu que péniblement les saillies dans son sein : « Je l'ai vue souvent, écrit-il encore de Mme Guyon. « *Tout le monde le sait !* Je l'ai *estimée* ; je l'ai laissé esti- « mer par des personnes illustres, qui avaient confiance en « moi. Je n'ai pu, ni dû ignorer ses écrits ? » Comme il affir- mera un peu plus loin qu'il ne les a pas lus, il veut donc dire ici que le public doit nécessairement l'en croire instruit, bien qu'une telle opinion soit erronée ! « Je n'ai pu l'estimer « sans éclaircir à fond ses sentiments avec elle. Aussi est-il « vrai que *j'ai traité souvent la matière avec elle plus à fond* « *que ses examinateurs ne sauraient le faire,* parce qu'elle « était bien plus libre et plus *dans son naturel avec moi,* à « qui elle se confiait pleinement ! » C'est, en effet, de cette façon que Fénelon a étudié le guyonisme ; il ne le connaît donc que comme une doctrine accommodée en grande partie déjà à ses désirs et à ses exigences rationnelles : « J'ai « approuvé (dit-on) sa doctrine en approuvant sa personne ; « tout au moins faut-il dire que j'ai toléré son système im- « pie. Ce qui fait horreur et doit me couvrir d'une éternelle « confusion ! Non seulement j'ai approuvé le fond de sa « doctrine, mais encore mon estime pour elle et tout notre « commerce n'a roulé que cette *damnable spiritualité !* Voilà « ce que signifierait mon approbation (du livre prochain de « Bossuet qui la condamne) ! » Ici le plaidoyer se réduit donc à ce syllogisme. J'ai approuvé la doctrine de cette femme ; or, je suis ce que l'on sait : comment donc la doc-

trine serait-elle ce que l'on prétend? Mais l'argument personnel est périlleux en semblable matière. Si, en effet, il ne
convainct pas du premier coup l'auditeur, il laisse en fâcheuse
posture celui qui s'est à ce point découvert. Ne pourra-t-on
lui répondre alors : La doctrine est évidemment mauvaise
dans les documents que nous possédons ; qu'êtes-vous donc,
vous qui la couvrez avec une obstination si imperturbable !

Enfin, ces diverses imprudences culminent en quelque
sorte dans les traits qui terminent le développement, dont
nous venons de donner la substance : « Voilà, écrit l'arche-
« vêque, ce qu'il faut que *j'avale* à la face de toute l'Eglise
« en approuvant ce livre (le livre, dès lors annoncé, de Bos-
« suet sur les *Etats d'oraison*)... dont le but, répandu par-
« tout, est de convaincre *mon amie* de toutes ces infamies
« et de toutes ces horreurs... Je ne veux point imputer avec
« M. de Meaux à mon amie une doctrine diabolique que je
« sais à fond qu'elle a toujours (?) détestée, imputer ces
« horreurs et ces infamies à une femme que j'ai *révérée* à
« la vue de tout le monde, à cause de sa spiritualité, qui m'a
« paru très pure après *l'avoir approfondie avec d'extrêmes*
« *précautions*... Pourquoi vouloir que je me flétrisse à jamais
« en flétrissant mon amie, dont j'ai révéré la piété *après*
« *l'avoir approfondie plus que personne!* » Oui certes, mais
non pas dans les mêmes manifestations de cette spiritualité
ou de cette piété que Bossuet ; c'est là ce qui a fait leur
dissentiment déplorable !

III. — « Ni simplicité, ni passivité » dans l'épreuve.

Après avoir parlé pour Mme Guyon, le prélat songe à se
justifier lui-même près d'une femme vis-à-vis de laquelle il
avait naguère une attitude bien autrement dominatrice. A cet
effet, il va user à nouveau du raisonnement par l'absurde,
et avec une imprudence non moindre, puisqu'un an ne s'écou-
lera pas sans que les extrémités qu'il présente comme impos-
sibles à concevoir ne se soient réalisées pour une bonne part,
en ce qui le concerne ! « Et pourquoi donc (pour un autre
« motif que son honneur de gentilhomme et sa dignité d'évê-
« que) refuserais-je de détester en apparence Mme Guyon?
« N'avais-je pas d'assez grands intérêts à ménager pour

« sacrifier une femme *que je ne verrai jamais* (dorénavant)?...
« Dans un doute si frivole de ma bonne foi, *chassera-t-on de
« la cour,* comme un infâme Quiétiste, un archevêque qui a
« instruit les princes pendant sept ans et qui préside à une
« grande province frontière, au milieu de la guerre et des
« hérétiques, où il faut tant de réputation et d'autorité?...
« On ne doit pas me diffamer sans me déposer... Mais sur
« quoi fondera-t-on ma déposition? Attaquera-t-on mes
« mœurs? Mettra-t-on en doute ma foi? Je confondrai ceux
« qui l'entreprendront... Je publierai sur les toits ce que je
« n'ai dit jusqu'ici qu'à l'oreille! *Je ferai taire à mon tour
« ceux à qui je me suis livré comme un enfant!* » Allusion
sans doute à ces récentes lettres de soumission sans réserves
que Bossuet avait entre les mains et pouvait produire. Mais
quelle amertume de sentiment, quelle violence ou même
quelle trivialité de langage! Pourquoi laisser avec ces lignes
fâcheuses une nouvelle arme entre des mains dès lors peu
sûres et qui en devaient bientôt abuser.

Le tout se couronne par une allusion à la mort possible
du Roi (hardiesse bien faite pour indisposer la femme qui
devait tout perdre par ce trépas), et en outre, par un appel à
l'opinion qui sonne déjà comme un appel au peuple, en ce
siècle d'absolutisme monarchique : « Quand même on userait
« de pleine autorité contre moi, une prévention si aveugle
« et une si criante injustice me prépareraient un *retour* en
« des temps plus équitables, et le *public* ouvrirait *enfin* les
« yeux sur *une oppression si odieuse de la plus claire inno-
« cence.* Il ne suffirait pas de me chasser, ni de me renfer-
« mer : mon exil et ma prison ne feraient qu'avancer, et
« *du côté du public* et du côté de ceux qui examineront les
« choses sans passion dans la suite des temps, ma justifica-
« tion et *le rétablissement de mon autorité!* Il faudrait *me
« faire mourir pour s'assurer que je ne reviendrai jamais en
« crédit et que je n'y mettrai jamais ma doctrine!* » Que tout
cela est peu mesuré, trahit d'arrière-pensées ambitieuses, prépare de futurs orages!

Et les récriminations contre Bossuet de reprendre : « Si
« *on* se fiait à ma bonne foi et à ma modération, comme *on*
« affecte de le dire, me pousserait-*on* contre ma conscience et
« contre mon *honneur?* Serait-on avec moi dans une amer-

« tume et dans un serrement de cœur qui est insupportable
« de part et d'autre?... On devrait me dire :... Faites *un*
« *livre* sur le plan des trente-quatre propositions (d'Issy)
« et condamnez tout dogme et toute expression qui vont plus
« loin ; mais ne réveillez jamais, par aucune discussion, le
« souvenir de la liaison que vous avez eue avec cette femme ;
« n'*affectez* point d'abjurer son amitié en approuvant qu'on
« lui impute tant d'impiété (!)... un livre où je parlerai
« *seul* sur la doctrine, sans faire aucune mention de
« Mme Guyon, ni de ses écrits. On sait assez que j'ai
« compté pour rien sa personne quand il a été question de
« ne plus la voir, de ne plus lui écrire, de la laisser con-
« damner et renfermer avec les derniers opprobres. Ce n'est
« donc pas de sa personne que je suis entêté ; *c'est plutôt de*
« *ses maximes et de son genre le vertu!* » Quel aveu! Et
combien ne devait-il pas surprendre, par son accent d'émotion et d'emportement, la femme de grand sens dont Fêne-
lon avait gardé jusqu'à ce moment la sympathie, sinon 'a
confiance. Oui, ces pages ont tranché les derniers liens qui
les unissaient encore l'un à l'autre.

Le prélat sait d'ailleurs qu'on lui objectera les *écrits* de
Mme Guyon, les manuscrits surtout, dans lesquels Bossuet
prétend avoir relevé tant d'énormités contre le dogme ou
contre la discipline chrétienne : « Pourquoi, dira-t-on, n'avez-
« vous pas approfondi l'examen de ses écrits? A cela, je
« réponds que je n'ai examiné que deux de ses livres impri-
« més, qui m'ont paru susceptibles *d'un bon et d'un mauvais*
« *sens*, et que j'ai déterminés *au bon* sur les *explications*
« naïves qu'elle m'a donné *cent fois*, et qui est conforme à
« toute sa *pratique!* » Et voilà donc définis une fois de plus,
de façon fort nette, les deux points de vue différents auxquels se sont placés Bossuet et Fénelon pour juger le guyonisme de si diverses manières : point de vue des manuscrits
antérieurs à 1689 pour la plupart ; point de vue des explications verbales ou épistolaires fournies, après cette date, à
un directeur à la fois révéré et chéri, dont il s'agissait d'obtenir l'approbation, tout en satisfaisant à son appétit de
consolations mystiques. « Il n'est pas même possible, reprend
« ce directeur dirigé, qu'elle m'ait trompé dans toute l'éten-
« due d'un *système très bien lié et très suivi*, qu'elle m'a

« donné souvent et qui est, *aussi correct pour le fond de la*
« *doctrine* que sa manière de l'*expliquer* dans ses livres a
« été peu correcte et précautionnée. Après tout, il n'était
« pas question (entre eux, sans doute) de ses livres impri-
« més ; c'était à son évêque à les permettre ou à les con-
« damner... Il me suffisait d'être convaincu qu'elle n'y *vou-*
« *lait* donner qu'un sens catholique. Pour ses manuscrits, je
« n'avais *ni le loisir,* à cause de mes fonctions, ni la liberté le
« tête nécessaire pour les examiner. Mais je *comptais que je*
« *ne pourrais y trouver que le système tant de fois éclairci,*
« qui pourrait y être mal *expliqué,* mais qui se réduisait tou-
« jours à ce qui paraissait catholique! » Et c'est précisément
en quoi il ne comptait pas juste, car il comptait sans l'évolution accomplie sous son influence dans l'esprit de sa pénitente. Le document capital que nous analysons avec soin conduit donc, par tous ses arguments, à l'explication que nous
avons proposée de la querelle:

« Quoi qu'il en soit, répète une dernière fois l'obstiné mé-
« taphysicien, il *ne s'agit pas de ses écrits* (!) que je ne veux
« ni justifier, ni excuser dans leurs *expressions.* Je me borne
« à ne vouloir pas imputer à cette personne un système *abo-*
« *minable,* que je ne crois pas qu'elle ait jamais cru et *qui me*
« *flétrirait par contrecoup aussi bien qu'elle!* » Ceci dit, il
« prend congé de Mme de Maintenon avec cette formule de
vague déférence : « Dieu seul sait combien je souffre de
« faire souffrir par mon refus (d'approuver le livre de Bos-
« suet) la personne du monde pour qui j'ai le plus d'attache-
« ment et de respect! »

Il peut être utile de rapprocher de ces lignes les déclarations que Fénelon fit par la suite dans sa réponse latine à la
Lettre publique de l'archevêque de Paris, Noailles, sur les
origines de la Controverse du quiétisme, lettre dont nous
avons déjà cité quelques passages afin de peindre l'atmosphère
morale dans laquelle se déroulèrent les conférences d'Issy.
« Je l'ai jugé très pieuse, écrit alors Fénelon de Mme Guyon,
« quoique ignorante à la vérité, mais très expérimentée dans
« la vie intérieure... J'ai désormais abandonné cette femme
« au jugement de ses supérieurs. Quelle qu'elle soit, en quoi
« cela me concerne-t-il? (*Utui sit, quid ad me!*) » C'est en latin seulement que le fils spirituel de Mme Guyon a osé cette

renonciation, qui rappelle celle de l'apôtre Pierre : car il
savait que sa mère de grâce ne pourrait pas le comprendre.
« Que reste-t-il de cette femme, ajoute-t-il encore. Je ne
« l'abandonnerai pas. Je l'ai dès longtemps abandonnée (*De-*
« *femina quid superest? Non deseram, jamdudum deserui*)...
« L'évêque de Meaux avait dès longtemps promis ce spec-
« tacle à la foule (*turbae*, on pourrait presque traduire à la
« tourbe) de ses familiers. Etait-il convenable que je con-
« sentisse à cette mise en scène? Lui convenait-il à lui-même
« de me dresser ces *embûches*, afin de me donner en spectacle
« au monde?... Il avait promis à la foule de ses amis que
« bientôt, par ses soins, je renierais cette femme qui m'avait
« trompé. Convenait-il à mon caractère de justifier cette
« rumeur et de me porter fort pour l'accomplissement de cette
« promesse? » L'argument était vraiment trop faible pour
faire naître la conviction dans l'esprit de Noailles ou des lecteurs de ce plaidoyer confus : un motif de vanité et de suscep-
tibilité à ce point humaines ne pouvait que mettre en évidence l'extrême amour-propre qui continuait de vivre en ce
théoricien, peu conséquent, de la totale destruction du Moi.

Nous voilà donc en présence d'un Fénelon bien différent
de celui que la tradition rousseauiste nous accoutuma de
considérer comme l'incarnation de la mansuétude poussée
jusqu'à la faiblesse? Et l'attitude qu'il crut devoir prendre
en cette heure décisive justifie pleinement, au contraire, l'appréciation si topique que Mme de Maintenon formulera vis-
à-vis du même Noailles, peu de semaines après avoir reçu
le Mémoire que nous venons d'étudier. « La cabale (fénelo-
« nienne) devient de jour en jour plus grande et plus hardie.
« *Je n'y vois ni simplicité, ni passivité!* » Oui, certes, la
volonté de puissance se retrouve tout entière au gouvernail
de la personnalité humaine dans ces pèlerins de la voie « intérieure », lorsqu'ils se sentent menacés de diminution dans
l'opinion royale ou dans l'opinion publique. C'est l'honneur
aristocratique, — si éloigné de l'humilité chrétienne et bien
plus encore d'un abandon véritable à la volonté de Dieu, —
qui parle ici par la bouche de Fénelon, comme ce dernier le
reconnaît lui-même : ce qui nous conduit à juger peu fécond,
au total, ce prétendu travail de destruction du Moi auquel
l'archevêque s'est livré depuis huit ans sous la direction de

son amie. En réalité, le Moi subconscient, que tous deux s'efforçaient, de bonne foi, à porter au premier plan de leur activité vitale est *plus* orgueilleux, moins *rationnellement* impérialiste que le Moi conscient, façonné par la plus récente expérience de l'espèce. Lui laisser un rôle prépondérant dans la personnalité humaine, c'est donc exposer celle-ci à d'étranges incartades passionnelles, si un frein très solide d'habitudes morales conscientes n'a pas été préalablement préparé contre de tels écarts. Après le quiétisme molinosiste, le rousseauiste romantique en donnera très amplement le spectacle aux esprits de sang-froid.

IV. — ENTIÈRE DÉFECTION DE LA TOUTE-PUISSANTE. —
LES « ÉTATS D'ORAISON ».

Nous venons de reproduire le jugement de Mme de Maintenon sur l'attitude de ses anciens amis féneloniens, au début de la Controverse du Quiétisme. Comment s'étonner, en effet, d'une grandissante déception chez la femme de sens droit qui voyait avec stupeur se manifester un tel résultat de l'influence guyonienne dans l'homme éminent qu'elle avait tant goûté naguère, pour qui elle était même demeurée longtemps indulgente et partiale? Mme de La Maisonfort, la favorite, lui avait déjà procuré un enseignement analogue. Après la publication subreptice et mal expliquée des *Maximes,* le charme fut entièrement rompu qui l'avait encore quelque peu retenue jusque-là : « Je vois chaque jour de plus « en plus, écrira-t-elle le 26 mai 1697 à Noailles, en deve- « nant amère à son tour, combien j'ai été trompée par *tous* « *ces gens-là* (par la coterie des duchesses guyoniennes), à qui « je donnais ma confiance *sans avoir la leur,* car, s'ils agis- « saient simplement, pourquoi ne *me mettaient-ils pas de tous* « *leurs mystères?* » C'est un souvenir de ces dîners d'étroite intimité, dont a parlé Saint-Simon : agapes enviées qui donnaient à leurs habitués un incroyable prestige, car la marquise acceptait ainsi le patronage de la « petite église », et semblait devoir placer toute son immense influence secrète au service du pieux cénacle.

On ne rompt guère des alliances sentimentales si étroites sans passer aux excès contraires. L'année suivante nous

montrera la correspondante de Noailles véritablement acharnée à la perte de ses familiers d'autrefois : « Les amis de
« Mme Guyon, écrit-elle au cardinal le 29 mai 1698, savent
« que vous l'avez vue (dans sa prison) et que vous lui avez
« porté la lettre du Père Lacombe. Ainsi la nécessité de *res-*
« *serrer* cette femme augmente. Cependant, vous avez oublié
« d'en parler au Roi qui *pense comme vous.* Il faut ôter les
« deux filles qu'elle a auprès d'elle... J'ai parlé au Roi pour
« ôter les Quiétistes qui environnent les jeunes princes et j'ai
« fini mon discours par lui dire que je ne pouvais pardonner
« au duc de Beauvilliers' d'avoir chez lui les amis de l'amie
« de M. l'archevêque de Cambrai, les connaissant depuis
« longtemps pour opposés à la Sorbonne... Le Roi me paraît
« disposé à parler franchement au duc de Beauvilliers. S'il
« ne le fait pas demain, ce sera une grande marque du
« *crédit de ce ministre.* Poussez M. d'Argenson. *Faites-le*
« *prévenir que nous le croyons gagné par les amis de Mme*
« *Guyon!* » Quel emportement révèle cette dernière et assez
perfide suggestion !

La prudente personne ne laisse pas de s'en apercevoir à
la réflexion, et elle revient donc sans délai à marquer plus
de sang-froid, d'autant que le « crédit » de Beauvilliers se
maintient, et finira par préserver ce ministre de la
disgrâce : « Le Roi, reprend-elle quelques jours plus tard,
« cherche des raisons de différer, et, tout cela, par la
« peine d'en faire au duc de Beauvilliers. Je lui dis
« tout ce que je puis pour le presser, sans pourtant lui mon-
« trer là-dessus un empressement qui pût le *scandaliser.* Je
« n'en ai pas, en effet, et *je ne veux que ce que Dieu veut !* »

Vis-à-vis de Mme de Brinon, son accent se fera bientôt
plus circonspect encore : « Les affaires de M. de Cambrai
« m'affligent toujours, mais elles ne m'inquiètent plus et
« j'attends dans une grande paix la décision du Saint-Siège.
« M. l'évêque de Meaux a montré (par la *Relation du quié-*
« *tisme*),la liaison qui est entre M. de Cambrai et Mme Guyon
« et que cette liaison est fondée sur *la conformité de la doc-*
« *trine.* On voit aisément le danger d'une erreur soutenue
« par un homme d'une telle vertu, d'un tel esprit et dans
« un tel poste. Nous l'avons cachée tant que nous avons
« espéré y remédier ; nous l'avons découverte quand nous

« avous cru le devoir à l'Eglise. Voilà ce qui dépendait de
« nous ; c'est à Dieu à pourvoir au reste ! »

Enfin, quelques années plus tard, après la Controverse
close, la lettre du 13 juillet 1704 aux Dames de Saint-Louis
(le corps enseignant de Saint-Cyr) résumera avec un accent
fort apaisé les souvenirs de la marquise sur cette période
de sa vie spirituelle : « Vous savez dans quelle intention
« j'osai vous donner la connaissance et les écrits de M. de
« Cambrai. C'était un homme d'une grande réputation et
« qui me parut un saint... Je remplis vos maisons de ses
« ouvrages. Vous savez *le mal qu'ils y firent...* j'avais beau-
« coup ouï parler du Jansénisme dans ma jeunesse ; je n'en
« ignorais pas les maximes... mais je n'avais pas la moindre
« idée du Quiétisme ; aussi, je donnai dans les sentiments
« de M. de Cambrai sans en connaître le danger. Il me devint
« suspect aussitôt que je le vis contredit par ses confrères
« et par ses meilleurs amis ; et, me faisant instruire (par
« sa consultation de docteurs en juin 1694), je vis bientôt
« l'illusion dont il a plu à Dieu de me préserver. En atten-
« dant le jugement de Rome où l'on avait porté l'affaire, je
« me trouvai souvent embarrassée entre le zèle qui me por-
« tait à parler (au Roi) contre cette doctrine et *l'amitié qui*
« *m'invitait à parler pour M. de Cambrai.* Je consultai M. Jo-
« ly, général de la Mission, votre supérieur, et bien digne
« de toute mon estime. Il me répondit que, non seulement
« il fallait crier contre les Nestoriens, mais encore contre
« Nestorius, parce qu'il était difficile de faire haïr l'erreur
« tandis que l'on ferait aimer l'*hérétique !* » C'est donc sans
nul doute cette seconde consultation de M. Joly (déjà mis
une première fois à contribution par la marquise en 1694),
qui marqua le point d'inflexion décisif dans la conduite de 'a
toute-puissante. Nous l'avons vu passer, en effet, assez brus-
quement de la condescendance à l'animosité vis-à-vis de son
ancien conseiller spirituel, mais il faut avouer que Fénelon
n'avait pas peu favorisé, pour sa part, une évolution si fâcheuse à ses intérêts temporels : nous venons d'en fournir les
preuves.

Pour terminer ce récit succinct des antécédents de la
Querelle fameuse, consacrons quelques lignes au grand traité
dogmatique de Bossuet, à son *Instruction sur les états d'orai-*

son, qui appartient, par l'époque de sa rédaction, à la période préliminaire de la Controverse. Dès l'automne de 1696, l'auteur en communiqua le manuscrit à Fénelon dans une intention manifeste de conciliation. Mais nous avons vu l'état d'esprit de l'archevêque de Cambrai : aussitôt qu'en feuilletant l'ouvrage il eut constaté que les écrits de Mme Guyon y étaient mentionnés et condamnés à plusieurs reprises, quoique le nom de l'auteur n'y fût pas prononcé, il refusa de lire cet important travail et le renvoya avec une excuse dérisoire à son auteur. C'était achever délibérément la rupture, car le moderne « Père de l'Eglise » était accoutumé à voir traiter d'autre sorte les manifestations de sa pensée ou de sa plume.

Le 16 avril 1696, l'évêque de Meaux avait d'ailleurs pris position publiquement dans la controverse naissante par son *Ordonnance* pastorale à ses diocésains sur les états d'oraison, à propos des travaux de la conférence d'Issy. Il y condamne, dans le mysticisme nouveau, une dangereuse manière de *prier*, qu'il définit par cinq caractères distinctifs : la Sainte Humanité de Jésus écartée volontairement de la méditation du chrétien ; le désintéressement pratiqué dans les demandes spirituelles même dans celle du salut éternel ; la suppression de l'effort vertueux ; le dédain de la mortification ; enfin la totale démocratisation des voies mystiques les plus hautes par la *facilité* prétendue des méthodes proposées à *tous* les fidèles pour les initier aux oraisons extraordinaires. Nous remarquerons que les troisième et quatrième caractères, qui sont bien à notre avis fondamentaux dans le Quiétisme, ne se rapportent pas directement à l'oraison ou à la *manière de prier :* en sorte que c'était créer quelque confusion dans les esprits que de réduire le mysticisme nouveau à une condamnable méthode d'oraison : il fallait l'aborder plus directement sur le terrain de la morale, car les conceptions chrétiennes traditionnelles étaient sensiblement modifiées par la métaphysique guyonienne.

M. de Meaux employa encore deux ans à parachever son *Instruction sur les états d'oraison,* volumineux ouvrage qu'il présente cependant comme devant être bientôt suivi de quatre autres de même importance sur les mêmes matières ; mais ceux-là n'ont jamais vu le jour. Mme Guyon n'est pas nommée dans ces pages : ses deux ouvrages imprimés sont

seuls mis en cause et désignés par leur titre : « Ceux qui
« sont composés par une femme, écrit le prélat, sont ceux
« qui ont le plus piqué la curiosité et qui ont peut-être le
« plus ébloui le monde. Encore qu'elle en ait souscrit la
« condamnation, ils ne laissent pas de courir et de susciter
« des dissensions en beaucoup de lieux d'où il nous vient
« de sérieux avis. Toute la nouvelle *Contemplation* y est
« renfermée et réduite méthodiquement à certains chapitres.
« On y voit l'approbation des docteurs, dont une apparence
« trompeuse a surpris la simplicité ! » Et ailleurs : « Mais
« le livre où on s'explique le plus hardiment et avec le moins
« de mesure sur ce sujet (de l'oraison) *comme sur les au-*
« *tres*, c'est le *Moyen court* ! »

Dans ce dangereux *Moyen court*, Bossuet aperçoit du moins
avec clairvoyance l'un des traits essentiels, en effet, de la
métaphysique de Mme Guyon : à savoir la démocratisation
des plus hauts degrés de la perfection chrétienne, car elle
y présente sa dévotion « intérieure » comme capable de restaurer à peu de frais, et de *facile* manière, dans tous les
enfants d'Adam, leur *bonté naturelle* disparue par la faute
de leur premier père ; assertion qui fournira leur base aux
mysticismes plus ou moins laïcisés du siècle suivant. Mais
l'évêque de Meaux s'élève, en homme d'expérience et en
psychologue chrétien traditionnel, contre des espérances que
rien ne justifie en ce bas monde. L'amour-propre, dit-il, ne
saurait être extirpé en nous jusqu'à ses racines. Affirmer
le contraire, c'est changer la nature de la grâce chrétienne
par une fausse idée de perfection qui a fait Pélasge et Jovi-
nien, ces hérétiques des premiers temps de l'Eglise, puis,
au Moyen Age, les Beghards et Béguines des régions ger-
maniques de la chrétienté ; enfin, au XVIIe siècle, les Quiétistes, sortis du mysticisme féminin orthodoxe, dont ils ont
exagéré les tendances. Il relève comme une énormité dans
le *Moyen court* cette assertion que l'âme chrétienne peut être
rapidement conduite, sur la voie passive, à la *pureté de sa*
création, comme si elle avait passé dès cette vie par le Purgatoire ; et il juge plus pernicieux encore d'ouvrir une pareille
prespective à *tous* les fidèles pour salaire de *faciles* pratiques.
Ce sont bien là, en effet, les promesses de cet opuscule enthousiaste, où l'on peut lire que nous sommes *tous* appelés à

l'oraison radicalement purificatrice, de même que nous sommes tous appelés au salut éternel ; et qu'à la vérité tous ne peuvent pas *méditer,* puisque même très peu d'esprits sont propres à cet exercice pieux, dont l'intelligence fait les frais , mais aussi que Dieu ne le demande pas à tous et que l'oraison de *simple présence* lui plaît même davantage. Or, celle-là peut-être pratiquée de chacun, et le Père Lacombe y appelait expressément jusqu'aux enfants de quatre ans !

En dépit de la très réelle clairvoyance de Bossuet sur ce dernier point, il est certain que ses *Etats d'oraison,* cette œuvre de sa vieillesse sont un monument de ferme bon sens plutôt que de perspicacité psychologique entière ; le nœud de la question n'y est ni tranché, ni même clairement aperçu. Les *Maximes des saints* sont rédigées avec beaucoup plus de talent, à notre avis, et l'hygiène morale affective y revêt les plus séduisantes couleurs.

LIVRE IV

La controverse du Quiétisme

Nous venons de voir à quel point Fénelon brûlait de donner au public ses propres « articles » sur ces difficiles problèmes, puisque les articles d'Issy avaient été bien loin de le satisfaire. Il sent, à ce moment, le besoin de résumer, pour lui-même aussi bien que pour les chrétiens de choix qu'il gouverne, les acquisitions psychologiques et morales que lui a fournies, depuis huit ans, sa collaboration, si active, avec Mme Guyon. L'ouvrage dogmatique qu'il médite, il le rédige en toute bonne foi, nous devons le proclamer d'abord à sa décharge. Il s'astreignit même d'abord à confirmer chacune de ses thèses par d'amples citations tirées des mystiques approuvés ou du moins tolérés par l'Eglise, et ce sera sur le conseil du nouvel archevêque de Paris, Noailles, qu'il allègera son livre de ces références encombrantes pour le réduire à ses portions essentielles.

· Remarquons encore qu'à l'exemple de Mme Guyon, qui avait obtenu sans difficulté l'*Imprimatur* de l'autorité ecclésiastique pour tous ses ouvrages publiés, l'archevêque de Cambrai eut l'approbation expresse de Noailles en personne, après celle des scrupuleux théologiens de l'archevêché de Paris, pour son guyonisme si soigneusement rationalisé ; et cela, en un temps où l'attention était infiniment plus éveillée sur ces matières que lors de la publication du *Moyen court*. Muni de la sorte, il ne pouvait guère mettre en doute l'or-

thodoxie de sa doctrine ; nul ne sera donc plus étonné que lui
de l'accueil fait à son livre par l'opinion théologique de
l'époque : c'est que l'atmosphète du temps se faisait défavo-
rable aux mysticismes extrêmes et que la possession par
Dieu trouvait désormais presque autant d'incrédules que la
possession par l'Esprit Malin. Les bûchers de Lorraine
étaient à peine refroidis depuis un demi-siècle que déjà l'esprit moderne marchait à pas de géant sur la voie des exigences rationnelles. La mystique féminine nouvelle devra
laïciser son cadre pour s'assurer l'immense succès qui l'attend. En d'autres termes, l'infinie virtuosité psychologique
qui s'affirme dans ce gracieux édicule théorique des *Maximes* ne venait plus à son heure. Elle ne préservera pas l'ar-
chitecte contre la foudre.

CHAPITRE PREMIER

La publication des « Maximes des saints ».

Après les strictes prescriptions des articles d'Issy et l'arrestation de Mme Guyon, Fénelon était toutefois suffisamment averti pour ne hasarder jamais plus ces libres chevauchées dans le bleu dont sa correspondance de direction avait jusque-là reflété les ivresses. Sa lettre à la sœur Charlotte de Saint-Cyprien sur les matières d'oraison, lettre qui est datée du 10 mars 1696, arrachera l'adhésion de Bossuet, bien qu'écrite, à notre avis, exactement dans le ton qui sera peu après celui des *Maximes des saints* : on y trouve ces « il est vrai seulement » et ces « mais toutefois », qui, dans les pages consacrées par Fénelon à la critique du Molinosisme, trahissent les concessions passagères de son affectivité séduite, puis les retours au gouvernail de sa ferme raison. Nous réservons pour notre *Appendice* théorique l'analyse de ce curieux prologue inédit des *Maximes,* qui est l'*Explication et réfutation des soixante-huit propositions de Molinos condamnées par le pape Innocent XI ;* nous y donnerons également une étude sommaire des *Maximes des saints* elles-mêmes et nous abordons immédiatement l'accueil réservé par l'opinion théologique à ce dernier et retentissant ouvrage.

I. — Les premiers critiques du livre de Fénelon.

Les *Maximes des Saints* suscitèrent tout d'abord les appréciations les plus divergentes. M. Tronson, si savant, si pieux et si sage, les approuva en donnant à cette approbation toute la netteté compatible avec son extrême prudence et son caractère si scrupuleusement réservé ; bien plus, il nous

8.   14

paraît qu'au fond de son âme il ne cessa jamais de les approuver. L'archevêque de Paris, Noailles, si prévenu cependant par les incidents d'Issy, se comporta de même, et le sévère théologien de l'archevêché, Pirot, que Bossuet avait sommé d'y regarder de près, déclara le livre *tout d'or!* Mais, d'autre part, on vit s'élever presque aussitôt le concert de récriminations ou même de vitupérations, dont nous allons entendre quelques échos. Comment expliquer, en bonne psychologie, ces contrastes?

A notre avis, les théologiens véritablement initiés à la mystique féminine orthodoxe de l'amour pur, par l'étude des œuvres de Sainte Catherine de Gênes, de Sainte Thérèse, de Saint Jean de La Croix, de Saint François de Sales, ainsi que de Jean de Saint Samson, du cardinal Bona ou autres commentateurs suffisamment rationnels, de ces saintes ou saints, surent rendre justice au travail de rationnalisation infiniment ingénieux et sincère que l'archevêque de Cambrai avait accompli sur les suggestions des disciples de ces saints, afin de ramener ces derniers sans violence, par le chemin de la persuasion, dans le giron de l'Eglise. Au contraire, les moins savants en ces matières, ceux qui abordèrent le livre de Fénelon sans s'être acclimatés par degrés dans l'atmosphère transcendante où s'était développée cette plante délicate et subtile que fut la mystique féminine de la Renaissance, ceux-là se sentirent choqués par les affirmations insolites de son mysticisme hardi. En agissant comme guides spirituels, plusieurs d'entre eux avaient pu constater les résultats fâcheux produits par l'hygiène morale affective dans quelques âmes. Certes, Fénelon avait redit en termes pressants dans son livre l'indispensable nécessité de l'état *actif* et de l'effort stoïco-chrétien à la base de la parfaite adaptation sociale : nous avons plus haut commenté cette belle page. Il avait insisté sur les périls redoutables que la métaphysique nouvelle ferait courir à toute affectivité qui ne serait point encadrée d'habitudes morales rationnelles par un persistant effort préalable. Mais la soigneuse « mortification » des appétits impérialistes de l'être humain est si rare que les résultats obtenus jusque-là par la dévotion « intérieure » avaient été trop souvent médiocres ou franchement mauvais. C'est pourquoi, mis en présence de la doctrine des *Maximes.*

les ecclésiastiques d'expérience devaient être tentés de juger l'arbre à ses fruits probables, sans s'arrêter à la délicate ciselure de ses ramifications logiques.

Bossuet réunissait en lui, au plus haut degré, ces deux prédispositions de méfiance : érudition mystique tout au plus moyenne, ou du moins tardive ; expérience des résultats produits à Grenoble, à Saint-Cyr, à Issy par les suggestions guyoniennes. C'est donc à lui que nous demanderons ses impressions tout d'abord. Lorsque les *Maximes* parurent à l'improviste, en violation flagrante de l'engagement qui avait été pris par l'auteur de laisser le pas aux *Etats d'oraison,* et portant par conséquent le caractère d'une sorte de provocation à l'égard de M. de Meaux, celui-ci agit en chrétien maître de ses nerfs et demeura, dit-on, deux jours à Versailles sans ouvrir la bouche à ce propos ; mais son émotion n'en fut pas moins vive, comme le prouvent ces lignes, écrites par lui le surlendemain de l'événement (1) : « Il (M. de Cambrai) « a depuis deux jours imprimé un livre sur la spiritualité, « où *tout tend à justifier Mme Guyon sans la nommer!* » C'est ici un effet de la prévention créée dans ce théologien illustre par l'étude des manuscrits de Mme Guyon et des mémoires justificatifs de Fénelon au temps des conférences d'Issy ; il ne peut plus voir le Fénelonisme qu'à travers le Guyonisme, et cette propension décidera de son attitude. « Il veut se mettre à la tête du *parti,* reprend Bossuet! Le « livre est fort peu de chose ; ce n'est que propositions *alam-* « *biquées,* phrases et *verbiage!* » Et encore, un peu plus tard (2) : « Tout le style du livre a paru d'une arrogance « infinie, et tout est tellement alambiqué, que la plupart n'y « entendent rien. »

Après avoir donné ce premier intervalle de temps au recueillement, à la méditation de l'attitude à prendre, M. de Meaux emporta le livre à Paris, où il l'étudia quinze jours encore à la lumière des articles d'Issy, qu'il crut y voir contredits à toutes pages. Il en écrivait à Godet des Marais le 13 février 1697 : « Le livre fait grand bruit : les uns disent qu'il « est mal écrit (!), les autres qu'il y a des choses très har-

(1) Bossuet. *Œuvres* (Edit. Lebel, XL, 256.
(2) *Ibid.,* 277.

« dies, les autres qu'il y en a d'insoutenables ; les autres
« qu'il est écrit *avec toute la délicatesse et la précaution ima-*
« *ginables,* mais que le fond n'en est pas bon ; les autres que,
« dans un temps où le *faux mystique* fait tant de mal, il ne
« fallait écrire que pour le condamner et abandonner le vrai
« mystique à Dieu. Ceux-là ajoutent que le vrai (mystique)
« est si rare et *si peu nécessaire,* et que le faux est si com-
« mun et si dangereux, qu'on ne peut trop s'y opposer ! »
C'est assurément son propre sentiment qui se trouve exprimé
dans ces dernières lignes.

Cependant, les ennemis de Fénelon avaient parlé au Roi
des *Maximes,* et le bruit soulevé autour du livre réveillait
vraisemblablement chez le monarque le souvenir de la lettre
anonyme de 1693. De là sa colère, désormais inapaisée, contre
le *bel esprit chimérique,* que Beauvilliers avait eu le tort de
préposer à l'éducation des jeunes princes : « Le Roi, écrit,
« en effet, M. de Meaux, est *ému au-delà de ce qu'on peut*
« *penser,* et dans l'impatience de savoir mes sentiments.
« M. de Cambrai est fort abattu ; il n'en fait pas moins le
« fier. Je suis sa bête (sa bête noire, probablement)... Il est
« *superbe et consterné...* Mme de Maintenon n'a de bonne
« volonté que par rapport à M. de Paris ! » C'est-à-dire que
Bossuet ne la considère pas encore comme une auxiliaire très
sûre à cette date : il ajoute que M. de Cambrai est « inexo-
rable et d'*un orgueil qui fait peur !* » Derrière le silence du
Roi, chacun sentait, en effet, gronder l'orage, et l'opinion
des courtisans s'orientait rapidement vers l'attitude que leur
suggérait cette trop visible disposition du monarque. Empruntons à *la Relation du quiétisme* un tableau rétrospectif
et sans doute partial, mais fort intéressant, de l'état des
esprits au début du printemps 1697 : « Il (Fénelon) voudrait
« qu'on oubliât, écrit Bossuet, combien fut prompt et univer-
« sel le soulèvement contre son livre !... Tous les ordres
« sans exception furent indignés de l'audace d'une décision
« si ambitieuse, du raffinement des expressions, de la *nou-*
« *veauté inouïe,* de l'entière *inutilité* et de l'*ambiguïté* de la
« doctrine. Ce fut alors que le cri public fit venir aux oreilles
« du Roi ce que nous avions si soigneusement ménagé : il
« apprit par cent bouches que Mme Guyon avait trouvé un

« défenseur dans sa cour, dans sa maison, auprès des prin-
« ces ses enfants... Chacun sait les justes reproches que
« nous essuyâmes de la bouche d'un si bon maître pour ne
« lui avoir pas découvert ce que nous savions, etc... »

Eloignons-nous maintenant de la cour pour interroger le
célèbre abbé de Rancé, le plus vraiment. *expérimenté* des
ascètes ou des contemplatifs de ce temps, puisque, mystique
lui-même, il gouvernait depuis quarante ans des âmes mystiques dans son monastère de La Trappe. Ce solide chrétien
ne vit dans la métaphysique fénélonienne que des *imaginations* contraires à tout ce que l'Eglise enseigne, des opinions
fantastiques, un système monstrueux, une impiété consommée bien que cachée sous des termes extraordinaires, des
expressions affectées, des phrases *toutes nouvelles* qui n'ont
été imaginées, dit-il, que pour imposer aux âmes et pour
les séduire. C'est que Rancé, comme Bossuet, était de ces
ecclésiastiques qui n'avaient point parcouru toutes les étapes
de la mystique féminine orthodoxe, moins encore celles
du mysticisme féminin exagéré par les Malaval ou les Molinos. Se trouvant placé tout à coup devant l'aboutissement,
même soigneusement rationnalisé, d'une si subtile exégèse de
la possession divine, il ne pouvait que reculer stupéfait, que
se croire en pays étranger et se refuser à reconnaître une ra-
mification du christianisme traditionnel dans cette métaphysique à l'usage des pieux névropathes.

L'abbé de Brisacier, un des principaux directeurs de
Saint-Cyr et un conseiller fort apprécié de Mme de Maintenon, formula des reproches analogues, et le fit sur un ton
plus émouvant parce qu'il s'adressa directement au novateur
tandis que Rancé parlait à son adversaire : cette lettre respectueuse, amicale même, et pourtant si durement critique,
écrite d'ailleurs « dans le silence de la nuit » et sous le
coup d'une émotion évidente, en devient émouvante aussi
pour nous, par contagion ; c'est un cri de stupeur attristé.
Mais l'auteur ne conclut pas par une condamnation moti-
vée. Nous préférons donc nous arrêter un instant à un très
curieux jugement qui fut adressé à Mme de Maintenon vers
le même temps, et nous est parvenu sans nom d'auteur (1).

_____

(1) *Correspondance* de Fénelon. — Edit. Leclerc, VII, 381.

Ne serait-il pas de l'abbé Tiberge, l'autre directeur en titre de Saint-Cyr? Car il dut être également sollicité par la fondatrice de se prononcer sur des problèmes qui avaient si fort troublé naguère le recueillement de la pieuse maison.

Ce théologien proclame d'abord, de façon fort clairvoyante et fort impartiale, qu'il n'a pas remarqué dans le livre une seule proposition, expression ou terme quelconque dont il se soit senti choqué. Il s'étonne même de n'y trouver rien de ce qu'il entend condamner si hautement et de façon quasi-unanime dans son entourage. Fénelon lui paraît expliquer avec soin tous les termes dont les quiétistes ont fait abus, et les réduire ensuite, dans ce qu'il en approuve, à des sens *assez raisonnables*. C'est ici fort clairement perçue cette rationnalisation du Quiétisme par l'auteur des *Maximes* que nous avons tant de fois signalée. L'auteur anonyme ajoute même à ce semblant d'approbation préliminaire une assertion frappante. Il faut, dit-il, qu'on condamne en particulier Saint-François de Sales dans son *Traité de l'amour de Dieu*, pour condamner M. de Cambrai dans cet ouvrage, « puis-« que l'un n'est que le commentaire de l'autre! » Mais ce dernier jugement est à notre avis excessif : depuis que le suave évêque d'Annecy-Genève avait donné sa prudente synthèse du mysticisme féminin de son époque, s'étaient produites les déviations affectives les plus caractéristiques de mysticisme séduisant ; or, ce sont ces dernières que Fénelon commente pour sa part, afin de les ramener autant que possible à des proportions logiques et rationnelles.

En revanche, poursuit notre théologien perspicace, lorsque le prélat en vient à des sentiments ou explications qu'il condamne après les avoir résumées dans ses articles *faux*, il les pousse à des extrémités qu'on ne trouve pas dans les écrits des nouveaux mystiques : et, comme d'ailleurs il ne mentionne jamais l'existence de ceux-ci, comme il parle toujours en termes généraux de leurs erreurs, *ses condamnations ne tombent pas sur eux!* Il semble *avoir passé artificieusement par dessus leur sentiment* et leurs véritables expressions pour condamner seulement *ce que personne n'approuve*. « Là est le *danger de son livre*, écrit le correspon-« dant de Mme de Maintenon en propres termes, et je dois « le relever! » Cela est bien finement vu, quoique une fois

encore exagéré à notre avis : car il est très vrai que dans
les écrits guyoniens, l'exposition du mysticisme féminin
dévoyé se mêle de restrictions rationnelles passagères, ce
qui n'arrive pas dans les articles *faux* des *Maximes* : mais
ceux-ci résument fort bien au total le système de la possession
par Dieu, tel que Fénelon, étudiant tous les écrivains mystiques récents afin d'éclairer les commissaires d'Issy, l'a re-
constitué sans peine, en vertu de son vif et pénétrant génie.
Ce système ne lui paraît ressembler que de loin à celui de
Mme Guyon parce qu'il n'a pas lu les manuscrits de son
amie et n'a recueilli de sa bouche ou de sa plume que le même
système déjà largement rationalisé sous sa propre influence !
Il ne le lui attribue donc pas à elle, non plus qu'à aucun
novateur en particulier, mais le donne pour le résumé de
ses lectures qui ont porté sur tous les auteurs nettement
condamnés par Rome, sur Malaval, Godin, Lacombe, Molinos et autres. Le grief du correspondant anonyme de la
marquise n'en restera pas moins celui des adversaires modé-
rés des *Maximes* qui suspecteront ce livre avant tout comme
reflétant les relations amicales de l'auteur avec Mme Guyon :
car cet auteur n'a pas voulu condamner, diront-ils, une personne dont la doctrine avait été condamnée pourtant par ses
supérieurs ecclésiastiques, par l'archevêché de Paris, en particulier.

L'ouvrage fût-il sans danger qu'encore serait-il superflu,
insiste notre critique ignoré : inutile à tout le peuple qui
ne saurait le comprendre ; inutile à l'Eglise qui a suffisamment et plus sagement proscrit la secte quiétiste en la réduisant au silence ; inutile même à ces sectaires eux-mêmes
pour leur conversion puisqu'on n'y condamne pas *précisément* leurs sentiments, qu'il eût fallu rapporter dans leurs
propres termes, et qu'on y veut censurer seulement des propositions ou expressions outrées et exorbitantes *qui ne sont
point d'eux*. Un tel procédé les *confirme* au contraire dans
leurs sentiments par dessus lesquels on a passé sans y toucher, si ce n'est en les *expliquant* (en les rationalisant)
adroitement dans les propositions qu'on *approuve* ! — Il y a
beaucoup de vrai dans le point de vue, puisque Mme Guyon
en lisant les *Maximes* ne s'y jugea pas condamnée ; mais
son premier système l'était toutefois ! Nous avons assez ré-

pété, en effet, que, par une sorte de chassé-croisé théorique, elle était devenue à peu près orthodoxe au cours des huit années précédentes, tandis que son dirigé s'appliquait au contraire à faire rentrer de gré ou de force dans le cadre de l'orthodoxie (articles *vrais*) les propositions guyoniennes qui, sous leur forme première et ignorée de lui, ressemblaient singulièrement aux articles *faux* de son exposé doctrinal.

La conclusion tacite de ce consultant inconnu dont nous avons recueilli le sentiment, c'est que le mieux serait de faire le silence sur les *Maximes* : ce qui eût assurément beaucoup mieux valu pour la paix de l'Eglise, pour la discipline morale conservée du pays, pour la tranquillité des consciences et pour l'avenir du catholicisme français. Mais Mme de Maintenon et ceux à qui elle communiqua sans doute l'avis de ce docteur en retinrent surtout cette insinuation redoutable qu'on y trouvait *une clef générale pour éluder toutes les censures du quiétisme*. C'est ainsi que Fénelon lui-même traduira leur imputation dans une lettre à l'abbé de Chantérac, le 8 décembre 1697. Et le reproche n'était pas sans fondement, nous l'avons vu, car la rationalisation, merveilleusement habile, de ce mysticisme hardi est en effet l'objet de son ouvrage.

II. — LES INCRIMINATIONS DES COMMISSAIRES D'ISSY.

Mais la suspicion se donna bientôt plus libre carrière. On crut reconnaître un véritable portrait moral et une apologie dissimulée de Mme Guyon en personne dans le XXXIXe article des *Maximes,* où il est question des défauts et imperfections conservées par les chrétiens parvenus à l'état déiforme. Les commissaires d'Issy (sauf M. Tronson) restaient hantés du souvenir de cette femme dont ils avaient vu Fénelon uniquement occupé pendant leurs laborieuses discussions de l'hiver 1695. Lors de la publication brusquée des *Maximes,* ils crurent la discerner encore une fois derrière leur confrère dans la pénombre, lui inspirant cette nouvelle manifestation de sa plume comme elle lui inspirait naguère les *Justifications* de détail dont il les avait accablés. Ecoutons

plutôt Bossuet, dans sa *Relation sur le quiétisme* : « C'est
« visiblement son intérieur (l'intérieur de Mme Guyon) que
« le prélat a voulu dépeindre et ses manifestes défauts qu'il
« a voulu pallier. C'est ce qu'on ressent dans sa *Vie* (manus-
« crite), où elle parle d'elle-même en cette sorte : « Les âmes
« des degrés inférieurs paraîtront souvent *plus parfaites!*
« On se trouve si éloigné du reste des hommes et ils pensent
« si différemment que le prochain devient *insupportable.* »
« Mais la merveille des merveilles, c'est qu'on éprouve dans
« la nouvelle vie qu'on couvre l'intérieur (l'alliance inté-
« rieure parfaite avec la Divinité) par des *faiblesses appa-
« rentes!* » L'évêque de Meaux ne s'aperçoit pas qu'il touche ici au centre même de la dévotion quiétiste et que Fénelon a cru peindre dans ces lignes non pas son amie en particulier mais toutes les âmes parvenues au terme de la voie passive. Bossuet ajoute cette remarque plus topique que Fénelon
n'a voulu justifier l'orgueil apparent chez les âmes déiformes
que pour avoir constaté chez Mme Guyon cet orgueil : « Les
« âmes prétendues parfaites parlent d'elles, disent les *Maxi-
« mes,* par pure obéissance, simplement, en bien et en mal,
« comme elles parleraient d'autrui... A toutes les pages de
« sa *Vie,* Mme Guyon se laisse emporter à dire : Oh, qu'on
« ne me parle plus d'humilité : les vertus ne sont plus pour
« moi : non, mon Dieu, qu'il n'y ait plus en moi ni vertu,
« ni perfection, ni sainteté! Partout, dans la même *Vie,* les
« manières *vertueuses* sont les manières *imparfaites* : l'hu-
« milité vertu est une humilité feinte, du moins affectée ou
« forcée. M. de Cambrai a adopté ses paroles : de là vient
« dans ses écrits tout ce qu'on y voit pour abaisser les ver-
« tus (stoïco-chrétiennes) ». Oui, cette malencontreuse autobiographie de 1688, cette quintessence du guyonisme lacombien qui était restée ignorée de Fénelon avait fort mal préparé l'évêque de Meaux à la lecture des *Maximes,* car il en
retrouvait l'écho dans la plupart des articles *faux* de son adversaire, et s'étonnait de l'aveuglement de celui-ci. C'est
ainsi que l'abbé de Chantérac put mander de Rome à son
archevêque : « Votre livre, disent vos parties, n'est qu'une
« *apologie de cette femme, dont vous dépeignez l'intérieur!* »
Le second commissaire d'Issy, Noailles, avait parlé plus
nettement encore dans sa dure *Réponse* aux quatre lettres

apologétiques répandues par Fénelon dans le public à l'appui
de sa cause dès le début de la controverse. Cette *Réponse*,
que nous avons utilisée déjà, est comme une première rédaction de la *Relation de Bossuet* : elle donna le signal de la
polémique personnelle, directe et sans ménagements dans
cette affaire : « On croit, écrit donc tout crûment Noailles,
« que l'article XXXIX° (des *Maximes*) a été composé pour ef-
« facer adroitement les impressions fâcheuses que sa con-
« duite (la conduite de Mme Guyon) a données et donne
« encore contre elle... Cette disproportion d'un état sublime
« avec quelques défauts grossiers qui font juger à quelques
« directeurs peu expérimentés que l'oraison d'une âme par-
« faite est fausse ; ces épreuves extraordinaires où ces âmes
« montrent un esprit irrégulier, affaibli par l'excès de la
« peine et une patience presque épuisée : ces infirmités qui
« tiennent les dons de Dieu cachés sous un voile qui exerce
« la foi de cette âme et des justes qui la connaissent, qui,
« quelquefois même, lui attirent des mépris et des croix qui
« *cachent le secret de l'époux* et de l'épouse aux sages et
« aux prudents du siècle, tous ces traits, dit-on, font fine-
« ment dans votre esprit le *portrait* de cette dame, si élevée
« selon vous, dans l'état du pur amour... Tout ce qu'on
« trouve à redire au portrait est qu'il est trop flatté... Mais
« quoique le beau soit outré dans votre portrait et le mal
« fort adouci, il y reste certains traits de ressemblance qui
« sautent aux yeux. Car, assurément, cette âme parfaite,
« si c'est elle que vous avez voulu marquer, est très irré-
« gulière, très impatiente et *très humaine !* » Ceci fait allusion sans nul doute à la fuite de Mme Guyon, évadée de
Meaux à la fin de 1695 et à la rupture des promesses de modération et de silence qu'elle avait faites à Bossuet.

    « Vous avez eu raison, reprend l'archevêque de Paris, de
« faire entendre que Dieu l'a rabaissée afin qu'elle ne s'énor-
« gueillisse point de ses révélations. Jamais personne n'eut
« moins sujet d'en tirer vanité ! » Et, plus loin : « Vous avez
« trouvé le secret de dire, dans les articles *vrais*, aussi posi-
« tivement mais plus *délicatement* (rationnellement) que
« Mme Guyon, qu'une âme parfaite tombe dans le déses-
« poir par une persuasion réfléchie et invincible... puis vous
« avez censuré très rudement, dans les articles *faux*, ceux

« qui établiraient une indifférence pour le salut... On s'était
« imaginé, à ce qu'on dit, que de *bonnes gens* comme nous
« n'y regarderaient pas de si près, que ce que vous détrui-
« sez dans l'article *faux* nous rassurerait contre ce que vous
« établiriez dans l'article *vrai!* » Interprétation excessive à
notre avis. Mais c'est ainsi que la mystique féminine dévoyée, puis rationnalisée tant bien que mal, agissait sur
les esprits qui n'en avaient pas suivi l'évolution par leurs
lectures ; c'est ainsi que des tempéraments doués d'équilibre nerveux ne parvenaient point à comprendre les préoccupations et les besoins affectifs auxquels répondait cette
mystique nouvelle qui était aussi une thérapeutique, par
suggestion, de certaines affections mentales légères. Et il est
certain qu'à travers ce manuel de rédaction si ingénieuse et
de contenu si sage en général, l'écho du *Moyen court,* l'écho
plus redoutable encore des thèses affectives de Molinos se
laissait entendre çà et là, en dépit de deux rationalisations
successives. Ç'en était assez pour faire reculer avec méfiance et anxiété les esprits doués de quelque prudence ou
chargés de quelque responsabilité morale.

CHAPITRE II

La fausse manœuvre de M. de Meaux

Bossuet était à tous points de vue fort qualifié pour parler au nom des évêques de France, pasteurs responsables de leur troupeau : on sait qu'il ne se déroba point à cette tâche. Phelipeaux rapporte qu'il avait interpelé en termes fort vifs le théologien le plus en vue de l'archevêché de Paris, Pirot, lorsque ce docteur en Sorbonne lui parla du projet, annoncé par Fénelon, de publier un livre sur les matières qui avaient fait l'objet des conférences d'Issy : « Eh bien, Monsieur, « qu'il écrive donc! Mais dites-lui bien qu'il prenne garde « pour peu qu'il s'écarte du chemin de la vérité ou qu'il « biaise! Il me trouvera partout sur sa route. J'élèverai la « voix et en porterai mes plaintes jusqu'à Rome s'il le « faut!'» Pirot s'acquitta de la commission sans nul doute ; mais Fénelon, fort de sa bonne foi, se croyait invulnérable et il n'hésita pas à passer outre.

Nous ne rechercherons pas si certains sentiments, trop humains, de concurrence ou même de jalousie eurent leur part dans l'ardeur polémique dont fut animé Bossuet ; si, par exemple, les privilèges d'étiquette concédés au précepteur gentilhomme du duc de Bourgogne purent froisser comme on l'a dit, le précepteur bourgeois du Dauphin qui n'avait pas joui des mêmes prérogatives dans le même poste? L'inquiétude doctrinale suffit parfaitement, à notre avis, pour expliquer la résolution prise par M. de Meaux. Il avait été sincèrement effrayé par la découverte du guyonisme lacombien dans les manuscrits dont il eut à scruter le contenu : à Issy, il avait vu Fénelon obstiné à couvrir tous les excès qui l'avaient si justement ému pour sa part. Il ne pouvait plus dès lors discerner dans les *Maximes* autre chose qu'un guyonisme rationalisé sans doute, mais par là précisément plus spécieux et plus que jamais séducteur. « *Il y* « *va du tout pour l'église!* » Telle avait été la formule première de son anxiété pastorale et cette même formule devait lui servir, pendant tout le cours de la querelle, pour rallier ses partisans autour de la bannière du christianisme rationnel et traditionel, qu'il jugeait, non sans raison, menacé.

« M. de Cambrai, écrit-il par exemple à l'abbé de Mau- « levrier, ne se résoudra jamais à condamner les livres de « Mme Guyon... Cela est d'un si grand scandale que je ne « puis, en conscience, le supporter... Qui peut me dispen- « ser de faire voir à toute l'Eglise combien cette dissimu- « lation est dangereuse?... La vouloir défendre, c'est vou- « loir rétablir et remettre sur l'autel une idole brisée (à sa- « voir le quiétisme de Molinos et celui du *Moyen court*). « Voilà la vérité à laquelle je sacrifie ma vie... Dieu en qui « je me fie me donnera la force pour éventer la mine! » « Ou encore, dans sa *Préface sur l'instruction pastorale de M. de Cambrai* : « Il s'agit de prévenir une illusion qu'on veut « faire à toute l'Eglise. On y veut faire passer un amour « pur qui trouble, qui scandalise les saints. Loin qu'ils y « soient appelés, la plupart (de ces saints) n'ont ni lumière, « ni grâce pour y atteindre : il en faut faire un mystère « à la plupart des saintes âmes et n'en point parler que « Dieu ne se déclare et n'y détermine. Voilà ce que l'on « veut aujourd'hui faire passer, et, avec cela, toutes sortes « d'illusions qu'on y voit très clairement attachées. Il s'agit « de trouver un dénouement (une explication métaphysi- « que d'apparence logique) à ce prodige. On veut mettre « ce dénouement dans quelque chose de nouveau dont on ne « trouve rien dans les livres : on entreprend tout pour enve- « lopper ce mystère et l'introduire parmi les fidèles comme « la plus haute spiritualité où puisse monter l'esprit hu- « main. Qu'on juge du *péril de l'église* et de la nécessité « où l'on est d'en peser en rigueur toutes les preuves sans « rien laisser passer que de bon aloi! »

Mais Fénelon n'était pas embarrassé pour trouver dans les mystiques récents, ou, au besoin, dans ceux des premiers siècles de l'Eglise des assertions plus ou moins voisines de celles du guyonisme : les tirant alors à lui quelque peu, il en prenait avantage. C'est ainsi qu'il avait conçu ses *Maximes des Saints* que M. de Noailles lui conseilla de réduire à leur partie théorique, mais dont le titre s'expliquait mieux tout d'abord. Aussi Bossuet finissait-il par écarter toutes ensemble, d'un même geste impatient, ces autorités mystiques que Fénelon invoquait à l'appui de son système et dont les juges d'Issy avaient eu l'attention fatiguée par cet infatigable plaideur. En parlant de ces traités dogmatiques par lesquels devaient se compléter *ses États d'oraison,* il a donné libre cours à son humeur en ces termes peu mesurés : (1) « Saint Augustin (parmi les autorités « qu'il invoquera) ira partout à la tête et Saint-Thomas « sera le premier à la suite. Je n'oublierai pas les autres « Saints, sans *mépriser* les mystiques que je mettrai à leur « rang qui sera *bien bas,* non par mes paroles, mais par lui-« même, comme il convient à des auteurs *sans exactitude!* « Je ferai pourtant valoir ce qu'ils ont de bon, afin que « ceux qui les aiment ne se croient pas méprisés... Si l'on « ne s'élève une fois au-dessus des mystiques, *même bons,* « non pour les condamner, mais pour ne point prendre pour « règle leurs locutions peu exactes et ordinairement outrées, « *tout est perdu.* C'est une illusion dangereuse de pousser à « bout ceux qui ont dit, dans leurs excès, qu'ils n'avaient « souci ni de leur salut, ni de leur perfection, mais seule-« ment de la grâce de Dieu! »

Enfin, pour achever de faire connaître l'état d'esprit du principal adversaire de Fénelon dans la Querelle, rappelons la foudroyante apostrophe qui se lit dans sa *Réponse* (2) aux quatre lettres rendues publiques par M. de Cambrai dès le début de la controverse : « Oseriez-vous nier, selon vos « principes, que, pour exercer le pur amour que vous nous « vantez, il ne faille aimer comme si l'on était *sans rédemp-« tion, sans Sauveur, sans Christ,* et protester hautement « que, quand tout cela ne serait pas, et qu'on oublierait en-« core la Providence, la bonté et la miséricorde de Dieu, « on n'aimerait ni plus, ni moins! » C'est ici la protesta-tion du catholicisme rationnel qui, trouvant trop de pédan-

---

(1) Bossuet. *Œuvres* (Edit. Lebel), XLII, 80 et 152.
(2) *Ibid.,* XXIX.

tisme historique dans le paulinisme ou l'augustinisme étroit
des Luther, des Calvin ou des Jansen, ne trouve plus en revanche la moindre trace d'historisme ou de théologie dogmatique dans ce mysticisme purement affectif et d'inspiration
principalement féminine qui prépare, à notre avis, ce qu'on
peut appeler la seconde Réforme, celle dont Rousseau sera
le prophète laïque et dont les pays qui avaient résisté à
l'assaut de la première se laisseront particulièrement séduire.

I. — LA NÉGATION DE L'AMOUR DÉSINTÉRESSÉ PAR BOSSUET.

Nous estimons que Bossuet, qui voyait si bien le danger
de la métaphysique nouvelle, n'a pas su bien voir où il convenait de l'attaquer pour l'atteindre en sa racine. Cette racine, elle est selon nous, dans la systématisation purement
divine de toutes les impressions, au besoin de toutes les défaillances sociales du chrétien « intérieur » ; dans la tendance à substituer la notion de l'*épreuve,* envoyée du ciel, à
celle de la *tentation,* venue de l'Enfer et simplement permise
ou tolérée par Dieu pour confondre l'orgueil humain. Cette
tendance conduit en effet à l'élimination du Tentateur, à
la négation de la concupiscence, héritage du péché d'Adam,
à la réhabilitation de l'instinct sous toutes ses formes affectives, enfin à la proclamation de la *bonté naturelle* qui aurait
été conservée par l'homme après comme avant la chute originelle. — Soucieux de ne pas heurter de front le dogme, les
Quiétistes présentent seulement cette bonté comme très *facilement* restaurée dans l'homme par l'élan affectif : les rousseauistes l'espéreront facilement réveillée d'un regrettable
sommeil par la suppression de la culture sociale consciente,
qui n'a fait que fortifier le Moi impérialiste dans l'homme.

Or, Bossuet, s'il a plus d'une fois entrevu cet aspect du
mysticisme nouveau, attaqua néanmoins le guyonisme et le
fénelonisme par une tout autre face qui est l'affirmation
d'un amour *désintéressé* pour le Créateur. Or, il devait les
trouver de ce côté infiniment moins vulnérables. Fénelon
l'avait peut-être conduit sur ce terrain sans le vouloir par sa
lettre, encore toute cordiale et respectueuse, du 28 juillet

1694, où il marque les trois points qui feront la matière de leur controverse future et qui, à y regarder de plus près, pourraient être considérés comme résumant trois étapes successives de cette controverse. Le premier de ces points est la question de *ce qu'on nomme l'amour pur et sans intérêt propre* : « Quoiqu'il ne soit *pas conforme à votre opinion particu-* « *lière*, écrit l'abbé à l'évêque, vous ne laissez pas de *per-* « *mettre* un sentiment qui est devenu *le plus commun dans* « *toutes les écoles* » : à savoir la possible existence d'un amour *désintéressé*. Nous verrons que Bossuet ne se montra pas sur ce sujet aussi tolérant que l'avait espéré le collaborateur de Mme Guyon. Le deuxième point regarde la contemplation ou oraison passive *par état* : c'est-à-dire l'existence d'un mode particulier de progression vers la perfection morale pour certains chrétiens de choix, la métaphysique de la purification par la main de Dieu. Et le troisième point, destiné à éclaircir le second, touche à la différence entre les *tentations* d'origine diabolique et les *épreuves* d'origine divine.

C'est sur le premier point qu'a porté d'abord et principalement la controverse théorique : quand elle est venue à traiter des deux autres, la polémique personnelle y avait pris le premier plan et la question de l'amour désintéressé a donc jusqu'à la fin paru le nœud du débat. Bossuet proclame un principe psychologique fort sain et fondé sur une antique expérience de la nature humaine, mais il ne tient pas un compte suffisant des réactions de l'affectivité dans le sein de l'homme et des illusions que celui-ci se fait parfois sincèrement, utilement même, sur le caractère et sur la portée de ces élans venus du fond de son être. « Voici, prononce-t-il « en effet, du ton le plus décidé dans sa *Réponse aux quatre* « *lettres*, voici le principe inébranlable de saint Augustin « *que personne ne révoqua jamais en doute. La chose du* « *monde la plus véritable, la mieux entendue, la plus éclair-* « *cie, la plus constante, c'est non seulement qu'on veut être* « *heureux, mais encore qu'on ne veut que cela et qu'on veut* « *tout pour cela : Quod omnes homines beati esse volunt,* « *idque unum ardentissimo amore appetunt, et propter hoc* « *caetera quaecumque appetunt !* C'est, dit ce saint, ce que

« crie la vérité, c'est à quoi nous force la *nature : hoc veritas*
« *clamat, hoc natura compellit.* C'est ce qui ne peut nous
« être donné que par le seul Créateur. *Creator indidit hoc !*
« Ainsi, quel que soit cet acte où l'on suppose qu'on voudrait
« pouvoir renoncer à la béatitude, si c'est un acte humain
« et véritable, on ne peut le faire que pour être heureux,
« ou le principe de saint Augustin est faux, ou on l'em-
« porte contre la *nature,* contre la vérité, contre Dieu
« même ! » Nous noterons que c'est ici la psychologie de
Hobbes (ou même de Spinoza) dans toute sa rigueur, à cela
près que le terme de « recherche du bonheur » est substitué
dans le raisonnement à celui d' « amour du pouvoir » qu'employa le penseur anglais.

Pourtant, si la controverse du Quiétisme a presque constamment porté sur l'amour désintéressé, en raison de la fausse
manœuvre initiale dont la responsabilité incombe à Bossuet,
celui-ci n'a pas laissé de discerner également dans le Fénelonisme la tendance à une systématisation purement divine
de toutes les impulsions affectives dans le chrétien engagé
sur la voie de la purification passive. Saint François de Sales, fait-il remarquer dans son *Troisième écrit* sur les *Maximes des Saints,* ne connaissait pas ce genre de *tentations*
tout *nouveau,* et d'une nature, comme dit l'auteur, si différente des tentations *communes,* puisqu'il y faut *acquiescer,*
ce qui, d'ordinaire servira pour mettre l'âme en paix et pour
la calmer parce que la tentation n'était faite que pour ce
résultat ! Voilà donc, poursuit M. de Meaux, un nouveau
genre de tentations auquel on ne remédie qu'en y *consen-
tant,* un nouveau genre de tentations qu'on *met au rang des
grâces* en sorte que leur résister, ce soit résister à la grâce
et que le moyen de les apaiser, ce soit de n'y point chercher
d'appui aperçu, comme serait *celui de la résistance.* C'est
là ce qu'on appelle se *laisser purifier de tout intérêt,* jusqu'à celui du salut par l'amour *jaloux.* Ces tentations singulières, conclut-il, sont entièrement inconnues du saint évêque de Genève. — Oui, François de Sales qui connaissait
Catherine de Gênes, mais non Jean de la Croix, et n'a pu
connaître les artisans de la mystique féminine dévoyée au
cours du XVIIe siècle, les Saint Sorlin, Malaval ou Molinos,
n'avait pas eu à envisager nettement cet aspect décisif de la

métaphysique nouvelle qui commençait seulement à se préciser de son temps.

Enfin Bossuet aperçoit, par intervalles, combien le Fêne-
lonisme favorise l'hygiène morale guyonienne qui tend à
remettre au Subconscient, à l'instinct, les rênes de la personnalité humaine et à réaliser de la sorte ce que nous appelons volontiers l' « ahurissement » quiétiste. Tout le livre des
Maximes, écrira-t-il en effet dans la *Préface sur l'instruction
pastorale de M. de Cambrai*, accoutume les âmes à agir dans
tout un *état* par *impulsion*, c'est-à-dire par *fantaisie* et par
impression *fanatique*. Car la grâce actuelle ne doit nullement être regardée comme un moyen de faire connaître à
l'homme la volonté actuelle de Dieu : on ne *discerne* pas
assez cette grâce pour lui attribuer sans péril une si étonnante vertu : elle se confond trop facilement avec notre *inclination* du moment, — de même qu'au siècle suivant s'y
confondra la prétendue *conscience* de Jean-Jacques et de son
Vicaire savoyard, qui ne sera au vrai que la subconscience
ou l'affectivité déchaînées, avec leur léger verni de préparation morale consciente et chrétienne antérieure. — Oui, nous
donner pour règle la grâce actuelle sans collaboration de la
raison humaine, c'est se mettre en danger de nous donner
pour règle *notre pente et nos mouvements naturels!*

Et Bossuet d'insister sur cet abus, l'un des plus graves,
à son avis, de tous ceux qui favorisent les Quiétistes. Sous
ce nom respecté de grâce actuelle, on nous donne pour guide
notre volonté propre, dit-il. On prend pour *divin* ce qu'on
pense : illusion qui conduira, quoiqu'on en puisse dire, à un
pur *fanatisme*, (c'est-à-dire à un mysticisme désencadré
d'expérience et de raison)! Il est vrai que les *Maximes* s'ef-
forcent de mettre des bornes à ce fanatisme en soumettant la
grâce actuelle à la *loi de Dieu*, — nous dirions, pour notre
part, en soumettant les impulsions affectives à la règle chrétienne traditionnelle longuement pratiquée. — Mais tout ce
qui n'est pas nettement défini par la Loi écrite, tout ce qui
peut être tourné à bien ou à mal n'en reste pas moins *à
l'abandon*, et c'est cependant la plus grande partie de la vie
humaine. Le mariage, le célibat, le choix d'un état, d'une
profession, d'un directeur, les exercices de la piété, tout
cela, sous le nom de *grâce actuelle* est abandonné à la fan-

taisie du croyant, qui demeure dans l'attente de ce qu'il appelle un mouvement divin, mais, en réalité, dans une illusion *fanatique*!

II. — MM. DE PARIS ET DE CHARTRES A LA RESCOUSSE.

Appuyons sans tarder Bossuet de ses deux fidèles acolytes au cours de la querelle, M. de Paris, ancien juge d'Issy, et M. de Chartres, surveillant assez mal édifié de Saint-Cyr. — Le premier fut longtemps considéré comme un tacite allié par Fénelon, qui, nous l'avons dit, lui soumit ses *Maximes* avec pleine confiance : « Je crus, a-t-il écrit, que M. de Châ-
« lons avait plus de connaissance des choses de la vie spiri-
« tuelle et des voies intérieures que M. de Meaux et que
« *mon discours lui serait moins barbare*! » — Mais nous avons indiqué déjà que Noailles, cet homme de bon sens et de bonne foi, avait vu d'un œil surpris, inquiet et affligé l'attachement inébranlable et inexplicable du précepteur des princes pour Mme Guyon pendant les Conférences d'Issy. L'archevêque de Cambrai acheva de l'indisposer en le prenant publiquement pour garant de l'orthodoxie des *Maximes*, qu'il avait approuvées sans doute, mais à titre purement privé et non pas dans leur texte définitif, avec les erreurs d'impression que Fénelon dut y dénoncer lui-même. C'est pourquoi Noailles, devenu archevêque de Paris, fut des plus empressés à saluer la publication des *Etats d'oraison* et le fit en ces termes décisifs : « Le démon, connaissant la prière
« comme le grand moyen de tout obtenir de Dieu, la cor-
« rompt par l'illusion. L'orgueil a donc séduit *certaines per-*
« *sonnes* qui se sont flattées de pouvoir, par des *méthodes de*
« *leur invention,* rendre *faciles et communs à tout le monde*
« les dons les plus précieux et les plus rares que le Saint-
« Esprit n'accorde qu'à quelques âmes choisies de Dieu! »
Puis, à la fin d'octobre 1697, il donna son *Instruction pastorale* contre les *faux* mystiques, qui est pleine de bon sens, mais dépourvue d'originalité, car elle réfute le quiétisme par l'opinion chrétienne moyenne, sans grand effort d'argumentation, et, par conséquent, sans grande chance de modifier une conviction fondée, comme celle de Fénelon, sur des

années de spéculation psychologique ou métaphysique souverainement ingénieuse. — Le trait le plus remarquable de cet écrit est peut-être l'étonnement marqué par le prélat devant les idées *bizarres* de son confrère sur la prétendue *jalousie* de Dieu et la citation qu'il fait, à ce propos, d'une assez topique opinion du théologien Richard de Saint-Victor. Le démon, a dit cet attentif observateur de la nature humaine, *trouble* les justes, mais *calme* les pêcheurs en revanche (ou si l'on veut, les « quiétise ») — ce qui est une pénétrante interprétation des réactions impérialistes excessives de la Subconscience quand elle n'a pas été suffisamment imprégnée de raison. — Fénelon fut profondément surpris, déçu, froissé de ce désaveu qu'il n'avait pas prévu : « Pour l'Ins-« truction Pastorale de M. de Paris, écrira-t-il à Chantérac « le 7 janvier 1698, elle paraît douce et modérée, et elle a « plus de *venin* que toute la véhémence de M. de Meaux. Il « me mêle avec Molinos et Mme Guyon pour faire un tout de « nos paroles... Il m'attaque plus *dangereusement* et plus « vivement que M. de Meaux ! » Peut-être au surplus ne se sentait-il pas jusque-là, très *dangereusement* attaqué par M. de Meaux, et nous avons dit pourquoi. Mais le mot de *venin* était beaucoup trop fort pour caractériser les dispositions de Noailles, qui, inébranlable sur la discipline, resta conciliant sur les questions personnelles : ce fut lui qui sauva, dit-on, de la disgrâce royale, Beauvilliers et les restes du « petit troupeau » fénelonien.

Venons à M. de Chartres qui était resté longtemps, lui aussi, un admirateur sincère du brillant précepteur des princes : nous le savons par la lettre qu'il écrivit à Mme de Maintenon lors des premiers soupçons de celle-ci sur la doctrine de son directeur consultant « Son bon esprit et sa « piété, dira-t-il encore de Fénelon à la marquise au temps « des incidents de Saint-Cyr, lui ont fait écrire des choses « admirables pour vous sur le renoncement que Dieu vous « met si fort dans le cœur... Je réponds de lui *comme de* « *moi !* » Plutôt que les invectives sans fondement de Michelet, nous en croyons sur Godet le jugement de Saint-Simon qui le plaçait très haut dans son estime, et nous rappellerons cette appréciation de sa quasi-royale pénitente, écrivant de lui à Noailles, alors en difficulté avec ce confrère :

« Vous savez bien que c'est un saint et un saint *très doux!* »
— Pourtant ce doux devenait un ferme quand il s'agissait
pour lui de faire son devoir : au lendemain des *Maximes,* il
prit très décidément le parti de Bossuet et son approbation
des *Etats d'oraison* ne laisse rien à désirer pour la netteté. Il
prescrit à ses diocésains de ne pas tenir compte aux mystiques quiétistes des *légers correctifs* (rationnels) par lesquels
ceux-ci tentent de mitiger çà et là leurs audaces, car, dit-il,
le *système* importe chez eux plutôt que les détails. Or, si
l'on prend soin d'étudier les différents degrés de leur perfection prétendue, en distinguant dans chacun de ces degrés
comme ils le font, un commencement, un progrès et
un terme, on trouvera que ce qu'ils semblent accorder à la
vérité catholique dans les degrés les plus parfaits n'est vrai,
selon eux, que pour le *commencement* du degré ou tout au
plus pour le progrès qu'on y peut faire ; mais que, quand
enfin on a touché le terme, il n'y a plus rien à opérer pour
la créature !

Il discerne fort bien aussi dans la mystique nouvelle les
éléments et les prétentions d'une seconde *Réforme ;* une Réforme mieux adaptée aux dispositions du temps présent que
la première, déjà vieille de deux siècles à cette date. Ces
gens prétendent, dit-il, à réformer l'Eglise comme l'ont
voulu Luther et Calvin : c'est pourquoi l'on a vu les calvi-
nistes s'employer à l'apologie de Molinos, et les Trembleurs
(Shakers) de l'Angleterre recevoir dans leur communion les
Quiétistes arrivés chez eux d'Italie. — Prétendre avoir extirpé de soi l'amour-propre, dit-il encore, n'est que le comble
de cet amour-propre et « plaise au Seigneur que sous ces
« noms spécieux d'*enfance,* de simplicité, d'obéissance trop
« aveugle et de néant, il n'y ait rien de caché de ce que l'on
« a découvert ailleurs dans ces *orgueilleuses* singularités ! »

Mais sa *Lettre pastorale* sur les *Maximes* (juin 1698) nous
arrêtera surtout parce que, mieux que Bossuet, il nous paraît
avoir cherché à sa source le danger de la mystique nouvelle.
Il en rejette, lui aussi, les thèses principales avec une stu-
péfaction non feinte — d'où nous pouvons inférer une fois
de plus qu'elles avaient surtout conquis les femmes et les
esprits de disposition féminine au cours du siècle qui se ter-
minait alors, puisqu'elle paraissent à ce point inouïes aux

théologiens de savoir après tant d'années de diffusion tolérée. — Lorsque Fénelon lui soumit son livre, il jugea, dit-il, que ces pages pourraient bien réveiller, contre le vœu de leur auteur, quelques-unes des plus spécieuses erreurs du molinosisme : « Je lui rappelai que le correctif n'y venait « qu'après coup et que, *le principe d'où elles suivent étant* « *une fois avoué et établi par un auteur de son poids,* il se « rendait par cet aveu garant et du naufrage des vertus dans « les âmes et de toutes les suites les plus affreuses de cette « monstrueuse doctrine ! » Ce n'est pas, écrit-il encore, une chose pardonnable à un évêque que d'avoir osé donner le nom de *tradition,* ce nom aussi digne de respect que celui de l'Ecriture sainte, à une *invention* de l'esprit humain dont on ne trouve pas la moindre trace dans les Pères ni dans les saints Docteurs du passé !

Godet des Marais n'hésite pas à blâmer en outre l'aversion excessive que les Quiétistes professent à l'égard de l' « impérialisme » essentiel dans l'être vivant. L'auteur des *Maximes,* dit-il en effet, nous présente cet intérêt propre, que la perfection consiste à proscrire, comme un amour naturel, délibéré et bien réglé de nous-mêmes qui nous fait désirer le bonheur éternel ainsi que les vertus qui y conduisent et qui est soumis à Dieu par une résignation surnaturelle et méritoire. Mais, après qu'il a été défini de la sorte, qu'a donc cet intérêt propre de si suspect qu'on puisse le regarder comme un obstacle à la perfection, même la plus accomplie? Qui pourrait espérer d'atteindre à cet état qui nous est donné comme le plus désirable de tous, si les *perfections de la nature,* y font obstacle? Où est le Saint qui n'ait pas même à combattre en soi l'orgueil, l'amour-propre, les convoitises de la chair? « La seule raison, insiste le pré- « lat, suffit pour nous convaincre qu'il ne faut pas combat- « tre, ni, encore moins, *étouffer* la nature quand elle sera « assez heureuse pour suivre la loi que Dieu a gravée dans « notre cœur. Tout ce qu'on peut souhaiter en cette vie, « c'est que les inclinations naturelles soient toujours *réglées* « par les sentiments de la religion. *Faudra-t-il cesser d'être* « *homme pour être parfait?* » Voilà le christianisme rationnel dans sa solide expérience de la nature humaine.

Peut-être M. de Chartres dépasse-t-il pourtant la mesure

lorsqu'il croit démontrer qu'un amour pleinement désintéressé ne peut être accepté par la raison. Mais c'est, lui dirait
Fénelon, qu'en effet, un tel amour ne se « raisonne » point,
étant de la sphère de notre activité affective. Ecoutons cet
argument intéressant malgré tout : « Faudra-t-il séparer
« dans son cœur le désir naturel de la béatitude d'avec l'es-
« pérance surnaturelle, en ne cessant point de regarder cet
« objet (la béatitude éternelle)? Et qui pourra faire ce dis-
« cernement dans les replis de son cœur? Qui saura se dé-
« pouiller précisément de l'un en gardant l'autre? Ne voit-
« on pas que c'est une manifeste illusion, une pratique pour
« ainsi dire *inintelligible* et impraticable, une pratique ca-
« pable de remplir l'être de *présomption?* » Oui, en effet,
le plus souvent, et ce dernier trait porte juste. Mais en tout
ceci, le directeur de Mme de Maintenon se montre peu familier avec les aspirations des nouveaux mystiques. Il parle
comme un bien portant qui ignorerait les maux nerveux et
hausserait les épaules devant un malade « imaginaires » ; or
il n'y a pas de malades « imaginaires » et ceux qu'on appelle de ce nom par erreur ont besoin de toniques pour mener
la vie sociale, trop pesante à leurs épaules débilitées.

Reprenant alors, sous une autre forme, l'argument que
nous avons déjà rencontré chez l'archevêque de Paris, l'évêque de Chartres se demande si la dévotion dite « intérieure »
ne serait pas l'expression d'un mysticisme *diabolique,* une
alliance dissimulée avec le Malin, une illusion de l'enfer :
c'est là en effet l'attitude du christianisme traditionnel en
face des mysticismes qui désertent entièrement le cadre rationnel et qu'il ne peut donc plus reconnaître comme autorisés par le Dieu de l'ordre et de la règle. Quel étrange état
par exemple, remarque Godet, que l'*épreuve* la plus caractérisée de toute, celle qui porte à renoncer au salut éternel !
Quel « sacrifice d'horreur » ! Si l'on acquiesce à cette tentation extraordinaire qui vient de Dieu, on retrouvera la
paix, nous dit-on. Mais l'expérience n'a-t-elle pas appris aux
théologiens qu'il existe une paix fausse, une paix qui vient
du Démon? Qui nous assurera donc que la paix promise à
ces infortunés vienne de Dieu? Ne doit-on pas croire plutôt
tout le contraire, puisqu'elle procèdera du *consentement*
donne par eux à une tentation manifeste? Quel mystère est

ceci? Pourquoi la charité, au moment même où elle devient pure et désintéressée, se montrera-t-elle moins *forte* contre la tentation qu'à l'heure où elle demeurait imparfaite et intéressée? — Non, un amour qui porte des fruits si suspects ne mérite nullement ce beau nom d'amour *pur* dont les novateurs voudraient en vain l'honorer : c'est un amour de Dieu feint, imaginaire, chimérique et plein d'illusions, car la véritable charité marche toujours accompagnée de toutes les vertus pour cortège et ne sacrifiera jamais les motifs de ces vertus. — Remarquons-le pourtant une fois de plus : nous avons affaire ici à un équilibré qui raisonne contre des névropathes sans savoir se placer à leur point de vue pour les comprendre ; il leur est donc impossible de s'entendre.

Aux yeux de Godet des Marais, il s'agit bien, en tout ceci, d'une voie spirituelle (ou d'une conception métaphysique) entièrement *nouvelle* et que l'Eglise n'*enseigna jamais* dans le passé. A des tentations extrêmes telles que les décrit l'auteur des *Maximes*, l'Eglise opposa toujours, dit-il, la mortification intérieure et extérieure (l'ascétisme conscient), les actes d'espérance ou de crainte, enfin toutes ces pratiques volontaires de *vertus* qu'on nous présente comme néfastes en pareil cas parce qu'elles sont encore *intéressées*. Mais c'est justement alors que les *réflexions* importantes et les motifs les plus *intéressés* de la religion deviennent nécessaires, affirme Godet : c'est alors que, bien loin de diviser dans leur action les puissances de l'âme, il convient de les réunir *en mettant les sens et l'imagination sous la direction absolue de la raison et de la volonté* : en d'autres termes, il faut réintroduire autant que possible en ce cas, l'activité subconsciente dans les cadres conscients que lui a tracés l'habitude morale au préalable : et voilà qui va certes plus à fond contre l'illusion quiétiste que la polémique de Bossuet contre l'amour désintéressé. Ajoutons cependant, pour être vrai que cette hygiène consciente, énergique et volontaire réussit peut-être moins en effet contre certaines dépressions nerveuses de l'activité morale que l'hygiène affective dont la mystique féminine a trouvé par instinct les préceptes ; après quoi, les grands directeurs de femmes, les Jean de La Croix, les François de Sales ou les Fénelon se sont avancés tour à tour pour rationaliser ces préceptes, et pour

leur faire une place légitime dans l'enseignement psychologique et moral de l'Eglise.

Enfin, l'évêque de Chartres rappellera que les cadres de
la morale chrétienne rationnelle sont faits pour contenir avec
efficacité les écarts mystiques qu'il signale. On allègue pour
dernière ressource, dit-il, l'inspiration secrète, l'illumina-
tion intérieure et particulière du Saint-Esprit ; mais cette
inspiration elle-même doit recevoir *une règle tirée de nos
livres sacrés et de la tradition de nos pères.* S'il devenait
permis de n'apporter pour preuves de si évidentes *nouveau-
tés,* dans la doctrine et dans la discipline, que le *prétendu
secours intérieur du Saint-Esprit,* tous les hérétiques ou fa-
natiques du passé, du présent et de l'avenir auraient *gain de
cause.* L'Eglise serait destituée de *règles* pour les convaincre
d'erreur. Et l'évêque nous avertit qu'il parle sur ce point par
expérience car il s'est rencontré dans son propre diocèse des
directeurs quiétistes qui, sous prétexte de détachement ou
d'humiliation ordonnée par l'Esprit de Dieu, plongeaient les
âmes dans la *fange,* les dépouillaient de la grâce et des vertus chrétiennes. Il veut donc voir rejeter enfin *l'affreuse*
doctrine des *Torrents,* qui a passé jusqu'à un certain point
dans les *Maximes,* sur la séparation prétendue qui se ferait,
au cours des dernières épreuves de la purification passive,
entre la partie supérieure de l'âme et sa partie inférieure :
— expérience de névropathes gravement atteints dans leur
équilibre mental et que ce solide esprit ne saurait même pas
concevoir ! — Il conclut que Dieu a peut-être permis ce grand
scandale pour *réformer le langage peu correct de quelques
mystiques de ces derniers temps,* pour les remettre dans la
simplicité de l'Evangile et des saintes paroles des apôtres !

Au total, tandis que Bossuet attaquait le Fénelonisme par
son angle le mieux fortifié, celui de cet amour désintéressé,
que tous les mystiques approuvés du passé avaient dû plus
ou moins ressentir et exprimer dans leurs écrits, Godet
voyait plutôt la nouveauté de la doctrine dans la *systématisation* divine de toute l'activité habituelle du mystique, —
défaillances sociales incluses au besoin : — ce qui est beaucoup plus pénétrant. Sur l'amour désintéressé, en effet,
l'évêque de Chartres n'est pas loin de penser comme l'archevêque de Cambrai qui s'en apercevra fort bien et s'empres-

sera de l'en remercier publiquement sur un ton de triomphe. On pourrait donc dire, en reprenant la métaphore dont nous venons de faire usage, que Bossuet attaqua son adversaire sur la position qu'il partageait avec les mystiques autorisés, même des premiers temps de l'Eglise, tels que Clément d'Alexandrie et Cassien (1) : que Noailles le poussa sur ses points de contacts avec les Béguines ou Beghards du XIIIᵉ siècle et que seul Godet, plus clairvoyant, découvrit ses complaisances masquées pour le système qui faisait de la névropathie pieuse une véritable possession de l'âme par Dieu : système métaphysique qui menaçait alors la discipline chrétienne et bientôt devait mettre en danger l'équilibre de la mentalité européenne !

III. — BELLE DÉFENSE DE M. DE CAMBRAI SUR UNE FORTE POSITION.

Considérons maintenant l'auteur des *Maximes* dans les manœuvres de plume par lesquelles il fit face à ces diverses attaques ; car il leur opposa, comme on le sait, la plus opiniâtre, la plus alerte et la plus brillante résistance. Et tout d'abord, il a vite fait d'apercevoir la faute tactique commise par son plus notable adversaire : il riposte en retournant à Bossuet l'inculpation d'hérésie, en l'accusant d'ébranler, par sa négation d'un amour désintéressé, toute la conception chrétienne de l'existence humaine : « Pour vous, « Monseigneur, écrit-il dans sa *Lettre à M. de Meaux sur la* « *charité* (2), quand vous auriez assez de crédit pour éviter « une censure d'un tribunal réglé, vous ne pourriez éluder « celle de tout le public sur les erreurs palpables que je « viens de montrer et que vous nommez vous-même *le point* « *décisif*. Plusieurs personnes de votre parti s'étonnent et « déplorent que vous ayez fait dépendre nos contestations « de ce point décisif. Ils croient qu'en prenant ce parti, « *vous avez gâté votre cause*. Mais ces personnes n'ont point « approfondi vos véritables raisons et je vais tâcher de les

(1) Autorités de second ordre, à vrai dire, et dont la controverse du Quiétisme eut pour résultat de diminuer encore le prestige théologique.

(2) Fénelon. *Œuvres* (Edit. Lebel), IX, 49.

« développer. Il faut regarder la situation où vous étiez
« avant l'impression de mon livre. Vous vous étiez haute-
« ment déclaré contre la notion *commune* (généralement
« acceptée) de la charité. Vous aviez éclaté là-dessus en
« toute occasion, sans ménagement. Vos disciples répan-
« daient partout l'opinion que l'École (l'enseignement théo-
« logique) serait bientôt discréditée et que le temps était
« venu de redresser en ce point les Scolastiques pour ôter
« leur autorité aux Mystiques qui en abusaient. Vous
« regardiez cette doctrine (de l'amour désintéressé) *comme*
« *la source du quiétisme* et il vous paraissait capital de
« profiter de l'effroi où l'on était sur les illusions de cette
« nouvelle secte pour déraciner de la théologie un principe
« si favorable au *fanatisme...* Si vous eussiez attaqué mon
« livre *sans attaquer cette doctrine* (comme le fit Godet,
« nous avons vu), vous auriez manqué à l'attente de tout
« votre parti, à votre engagement principal, à votre *préven-*
« *tion la plus forte.* Vous auriez cru manquer à l'Eglise et
« à la foi : vous auriez cru que le livre entier vous échap-
« pait par ce retranchement et qu'il ne serait point déraciné
« à fond ! »

Si l'on s'en rapportait à Fénelon, seule la pression du pouvoir aurait empêché l'opinion théologique de se ranger à son
opinion dans cette matière : « La Sorbonne commençait,
« dit-il, à se déclarer (en faveur des *Maximes*) sur ce point
« décisif et elle n'a été arrêtée que par *pure autorité.* » Bossuet en était alors l'un des principaux dignitaires, en effet.
« Le pur amour de *bienveillance,* indépendant du motif de
« la béatitude, loin de paraître un raffinement dangereux,
« est reconnu de plus en plus tous les jours, par toute
« l'Eglise, comme *le cœur de la vraie piété* et comme l'es-
« prit vivifiant de toutes les vertus intérieures. *J'en rendrai*
« *à Dieu d'éternelles grâces.* Sa gloire, quoiqu'il arrive, sera
« ma consolation dans mes peines. Je le prie du fond de
« mon cœur qu'il ne donne à ce parfait amour une pleine
« victoire sur vous qu'en vous le faisant sentir avec tous
« ses charmes ! » Que cela est ingénieux et pressant tout ensemble.

Ecoutons encore l'auteur des *Maximes* répondre à ce théologien anonyme qui prit la plume pour appuyer la *Lettre pas-*

torale de M. Chartres et qui semble bien avoir été Bossuet en personne : « En approuvant le livre de M. de Meaux..., « vous avez approuvé qu'on dise que la charité ne peut « jamais se désintéresser de la *béatitude*... que la béatitude « est la raison d'aimer qui ne s'explique pas d'autre sorte « et que, si Dieu ne nous donnait point la béatitude, il ne « nous serait point la raison d'aimer... Par là, on réduit « l'amour le plus sublime des parfaits à une *sainte concu-* « *piscence !* » Le mot est merveilleusement imaginé : mais si en effet la concupiscence, héritage du péché de la race humaine, est en nous indéracinable jusqu'à la mort, comme l'enseigne l'Eglise, c'est seulement à « sanctifier » cette concupiscence que peut tendre et parvenir l'effort moral du chrétien.

Fénelon, de même que la plupart des mystiques, n'accepte pas volontiers la sévère psychologie du péché d'origine : il a recours, en toute confiance, à la grâce, ce noble apport mystique du Christianisme dans la philosophie méditerra- néenne antique et il souligne non sans raison la révolution que cet apport a préparé dans les âmes. L'occasion lui en est offerte par un écrit anonyme publié en Hollande sous ce ti- tre : *L'Apologie du véritable amour de Dieu,* ouvrage d'au- tant plus remarquable et opportun, pense-t-il, que l'auteur étale au grand jour tout ce que M. de Meaux se contente d'*insinuer par des expressions radoucies et enveloppées ;* qu'il s'appuie non plus de Saint-Augustin comme les *Etats d'oraison,* mais des philosophes *païens,* Caton, Torquatus, Velleius, Cotta ou Ciceron, pour établir que tous les hommes recherchent la *vie heureuse !* Et, se redressant alors de toute sa hauteur, l'archevêque lance cette riposte foudroyante (1). Des chrétiens qui connaissent le fait de la création et le souverain domaine du Créateur sur sa créature ne rougiront- ils pas enfin de donner à ses droits les mêmes bornes que les philosophes païens, qui n'ont jamais connu que des dieux faibles et vicieux, sans aucune vue de Créateur ni de création ? Appelleront-ils droits inviolables de la Nature ce qui n'est qu'un sentiment d'amour-propre condamnable et un préjugé déposé en nous par le péché originel ? Eluderont-ils la tradition de tous les saints depuis Moïse, Saint-Paul et

(1) Dans sa *Lettre à M. De Meaux, sur la Charité.*

Saint (?) Clément d'Alexandrie (1) jusqu'à Saint-François-
de-Sales pour écouter Caton, Velleius et Cicéron comme *juges de la charité dont Jésus-Christ est venu allumer le feu
sur la terre?*

Oseraient-ils un tel argument qu'ils seraient encore abandonnés en chemin par ces autorités si singulièrement choisies. Fénelon se fait fort en effet de démontrer que les Stoïciens, que les Epicuriens même ont eu des vues d'amour *désintéressé,* ont connu, spéculativement, une beauté, une
vertu, un ordre, une justice préférable à eux-mêmes et un
amour de cette Beauté suprême qui, loin d'être fondé sur
l'amour de nous-mêmes, doit au contraire poser le fondement
et former la règle de l'amour que chacun de nous se porte à
soi-même. Il cite quelques textes classiques à l'appui de son
affirmation et il conclut par ces lignes charmantes : « Ecou-
« tons donc la Foi. *Faisons taire en nous la nature.* Tenons
« *la raison en captivité sous le joug de la foi,* et, à la vue de
« l'amour pur pratiqué par tant de saints de tous les siècles,
« disons avec une humble joie : *rien n'est impossible à
« Dieu!* (2) » Ou encore, dans une de ses lettres du même
temps : « Les amis de M. de Meaux réduisent tout amour au
« désir d'être heureux. C'est poser que le plus sain des Bien-
« heureux ne tient à Dieu que pour son plaisir. Toute la
« vertu chrétienne se réduit à chercher le plaisir. *Voilà l'épi-
« curisme autorisé.* Les Epicuriens reconnaissaient au moins
« qu'il fallait honorer les dieux pour l'excellence de leur na-
« ture, quoiqu'ils ne fissent ni bien, ni mal. Vous voyez que
« ces gens-là sont *au-dessous des Epicuriens même,* pour
« l'attachement à la nature *parfaite à cause de sa seule per-
« fection!* » (3).

---

(1) Depuis le XVIIIᵉ siècle, on ne traite plus de « saint » dans l'en
seignement théologique cet écrivain du christianisme primitif.

(2) Edit. Leclerc, IX, 411.

(3) Malgré ses protestations en faveur de l'élan affectif spontané,
Fénelon crut devoir tenir compte du point de vue plus strictement
logique qui lui était opposé: il essaya de justifier, en bonne forme,
les assertions émotives de ses *Maximes* par la définition d'un *amour
naturel et délibéré de nous-mêmes,* qui prit, à un certain moment,
quelque importance dans la controverse. Rousseau fera de même par
la suite dans son *Discours sur l'inégalité.* M. de Paris voyait dans
cette concession une *rétractation* dissimulée des principes posés dans
les *Maximes* Nous n'insisterons pas sur ces arguties de langage. .,

Au total, Fénelon eut gain de cause sur le fait du possible désintéressement de l'amour, car on voit Mme de Maintenon elle-même écrire à M. de Paris le 20 janvier 1699 : « Je crois « qu'on demande trop (à la cour de Rome) et qu'à force de « poursuivre le Quiétisme, on attaque le *pur amour!* » Et, dans leur savante édition de la *Correspondance de Bossuet* (1), MM. Urbain et Levesque ont imprimé en partie une lettre adressée par André Morel, suisse et protestant, à l'abbé Nicaise, lettre qui n'est pas dépourvue de bon sens : « Dites- « moi, s'il vous plaît, puisque l'amour du prochain doit être « sans intérêt, voire contre l'intérêt et la raison (selon « l'Evangile), en ce que nous devons aimer nos ennemis et « ceux qui nous haissent, si c'est mal fait de dire que l'amour « de Dieu doive être sans intérêt? » On pourrait répondre toutefois qu'on n'agit nullement contre la raison ou l'intérêt bien entendu en préparant sa reconciliation future avec ses ennemis par un sentiment d'amour préalable à leur égard. « La décision de Rome, poursuit Moreil, ne pourra empêcher « l'amour divin dans l'âme fidèle et ne saurait l'allumer « dans un cœur non régénéré... Est-ce que M. de Cambrai « parle autrement qu'un Tauler, Kempis, Sainte-Thérèse, « Saint-François-de-Sales et une infinité de lumières de « l'Eglise? » Ce qui est exact, au moins quant à ce point particulier de l'amour désintéressé.

Pour résumer notre impression sur le seul aspect du débat où Fénelon ait pu conserver l'avantage, nous emprunterions volontiers une réflexion pénétrante à sa petite fille spirituelle par l'intermédiaire de Jean-Jacques, à la grande interprète du mysticisme féminin de la passion au cours du XIXe siècle romantique, à Georges Sand. Dans une lettre fort pathétique qu'elle écrivit à son fils au temps de ses discussions aiguës avec sa fille, lettre qu'a publiée son plus récent biographe, Wladimir Karenine, elle écrit : « Il est évident que ceux qui « vivent pour aimer ne peuvent pas se rendre compte du « mécanisme intérieur de ceux qui n'aiment pas! » Et la réciproque est encore plus vraie, ajouterions pour compléter cette remarque profonde qui distingue si bien les tempéra- ments demeurés principalement affectifs de ceux qui ont

(1) IX, 429.

marché d'un pas plus rapide sur la rude voie de la formation logique des facultés de l'esprit.

IV. — LES POINTS FAIBLES DE LA POLÉMIQUE FÉNELONIENNE.

Mais si Fénelon parut solidement établi dans les retranchements de l'amour désintéressé, il l'était beaucoup moins sur les positions guyoniennes avancées qu'il avait dû accepter également de défendre. Il avait grand peine à soutenir en particulier cette notion de la tentation *extraordinaire* (impulsion névropathique) qu'on doit *consentir* parce qu'elle ne serait, au vrai, qu'une *épreuve* de source divine, faite pour mortifier l'amour-propre par l'humiliation d'une faute que cet amour-propre eût évitée s'il avait été conseillé par son expérience. Là est à nos yeux, nous l'avons dit souvent, le trait essentiel de la mystique féminine dévoyée. Au théologien anonyme qui appuya la *Lettre pastorale* de M. de Chartres, l'archevêque de Cambrai se voit obligé de répondre sur le sujet par des subtilités peu convaincantes : « Que l'anonyme apprenne donc au moins à « ne blasphémer pas ce qu'il ignore. Qu'il écoute le bien- « heureux Jean de La Croix : il lui dira que l'âme voit plus « clair que le jour (en ce cas) qu'elle est pleine de malice et « de péchés. Mais qui est-ce qui le fait voir à l'âme ? C'est « Dieu qui le lui fait entendre ainsi. Mais encore des con- « fesseurs rigides et dédaigneux ne dissiperont-ils pas ces « vaines imaginations par la pratique des mortifications or- « dinaires? Ne chasseront-ils pas le démon par l'*oraison* et « le jeûne! *Nullement*, et ces confesseurs font que de telles « âmes *épluchent* leur vie passée ; ils leur font faire plu- « sieurs confessions générales et les *crucifient* de nouveau, « n'entendant pas que ce n'est peut-être *le temps ni de ceci*, « *ni de cela*, mais de les laisser *ainsi, dans la purgation de* « *Dieu qui les tient,* les consolant et les encourageant à « vouloir cela tant qu'il plaira à sa divine Majesté, car jus- « qu'alors (jusque là), quoiqu'elles fassent et quoiqu'elles « disent, il n'y a point de remède! » Hygiène très défen- dable, certes, dans certains cas de névrose scrupuleuse, comme nous l'avons dit souvent, mais facilement perni- cieuse au point de vue moral si l'usage en venait à se généraliser quelque peu et si de moins désemparés trouvaient commode de s'en octroyer les licences.

Fénelon achève cependant de résumer Jean de La Croix en ces termes : « Jusqu'à ce que Notre-Seigneur ait achevé « de purger cette âme *en la façon qu'il veut,* il n'y a ni « moyen, ni secours qui lui serve et lui profite pour sa dou- « leur. Les *autres saints* ont tenu le même langage : leur « uniformité (?) doit faire taire un auteur critique qui les « condamne en me condamnant. Qui sommes-nous, Monsei- « gneur, pour oser contredire cette *nuée de témoins,* com- « posée des *amis de Dieu même!* (Et voilà des exagérations « manifestes). Il est vrai que nous pouvons et que nous de- « vons *expliquer* leur langage (tel est l'objet de *l'Explication* « des Maximes des Saints) pour empêcher que des âmes sé- « duites ne le tournent à perte comme elles y tournent « l'Ecriture même. Mais enfin, nous ne pouvons rien contre « ce langage uniforme et consacré par tant de Saints! » C'est ici la racine même de la métaphysique fénelonienne, l'idée de la purgation par la main de Dieu, c'est-à-dire les bizarres imaginations de la névrose pieuse, traduites en langage mystique : et nous verrons par les lettres de direction de ses dernières années que M. de Cambrai ne modifiera jamais ses convictions sur ce point.

Répondant directement à Godet des Marais dans deux *Lettres,* dont la seconde surtout est intéressante, il avait pourtant reconnu les difficultés de sa défense qui l'amenait si près de la mystique féminine outrée : « La cause que je « soutiens, écrivait-il à Godet, en cette heure de sincérité « entière, est très difficile à défendre par une malheureuse « raison. Cette perfection, qui ne laisse rien à l'amour-pro- « pre, révolte le *sens humain* des savants sans expérience « (d'ordre mystique). Elle effraye les personnes de piété qui « sont scrupuleuses. Les prélats qui m'ont attaqué ont em- « ployé contre mon livre toute la fertilité de leur esprit et « toute l'autorité qu'ils ont dans l'Eglise avec la prévention « qu'on trouve dans le conde contre une spiritualité *ignorée* « et rendue odieuse par la profanation impie que les Quié- « tistes en ont faite de nos jours... J'avoue que les Quiétis- « tes, pleins de leur fanatisme, veulent le trouver partout « pour les autoriser. Ces visionnaires ne citent-ils pas, outre

« les Pères de l'Eglise, Sainte-Catherine de Gênes, Sainte-
« Thérèse, Saint-François de Sales, le cardinal Bona et tant
« d'autres Saints canonisés ou révérés de tous les chrétiens,
ı *de même qu'ils pourraient me citer...* Mais faut-il donc,
ı pour guérir ces insensés, peut-être incurables, flétrir ou
« *dissimuler les expériences* ou les expressions des Saints,...
« abandonner les *dons* mystiques et *dégrader la charité,*
« comme M. de Meaux l'a fait? En ne craignant qu'une
« extrémité, on tombe dans une autre qui est encore plus
« *dangereuse,* en ce qu'elle est *plus plausible* et cause moins
« de défiance... Vous vous scandalisez trop facilement des
« *expressions* qu'on trouve fréquemment dans les livres
« mystiques qui sont révérés par toute l'Eglise et c'est ce
« qui m'a fait penser que vous les avez peut-être beaucoup
« moins lus que les autres bons livres auxquels vous vous
« êtes appliqué. » Puis, cherchant toujours à séparer Bossuet de ses alliés : « Je suis assuré que votre doctrine est la
« mienne... Vous vous êtes déclaré pour M. de Meaux dont
« la doctrine est *incompatible avec la vôtre.* Nous sommes
« déjà unis, vous et moi, par le fond de la doctrine, lors
« même que vous croyez combattre mes sentiments! » On
a vu, en effet, que le pieux et scrupuleux évêque de Chartres faisait porter sa critique bien moins sur l'amour désintéressé, que sur la *tentation* élevée à la dignité d'une *épreuve*
divine, à laquelle il faut *acquiescer.* Les rousseauistes romantiques parleront de suggestions ou d'impulsions *divines* perçues par l'intermédiaire de l'instinct, sans leur attribuer aucunement la qualité d' « épreuves » et leur mysticisme passionnel trouvera de la sorte, sur la même voie que
les Quiétistes, cette justification d'ordre métaphysique que
l'esprit humain réclame avec tant d'avidité pour ses décisions volontaires : en vertu de sa constitution originelle sans
doute, mais aussi en raison de l'habitude multiséculaire qui
le porte à s'appuyer de l'alliance surhumaine pour mener
plus allègrement la lutte vitale.

CHAPITRE III

A Rome

Les très nombreux, et le plus souvent très fastidieux écrits polémiques dont nous venons de marquer quelques traits essentiels s'adressaient à la fois à l'opinion française et à la curie romaine, car le procès des *Maximes* avait été porté devant le tribunal sans appel dès le printemps de 1697. Cette période de la Querelle a été analysée avec soin dans le consciencieux livre de Griveau : *Etude sur la condamnation des Maximes des Saints* (1878). Nous ne nous y arrêterons un instant pour notre part qu'afin d'en tirer quelques remarques à l'appui de notre thèse sur la nature et la portée du Fénelonisme.

I. — LES PLÉNIPOTENTIAIRES DES DEUX PARTIES.

Les deux parties eurent leurs plénipotentiaires au-delà des monts : Fénelon y envoya un de ses parents, le respectable abbé de Chanterac, dont il avait fait son vicaire général peu après son élévation au siège de Cambrai. La correspondance entre ces deux hommes dégage un parfum d'élévation morale réelle, en dépit de l'âpreté qu'apporte le prélat à faire triompher sa cause ; certains empressements trop humains sont en effet compensés chez lui par des retours assez touchants d'abandon à la volonté de Dieu. « *Hi in cur-* « *ribus, hi in equis ; nos autem in nomine Domini.* Ceux-ci « combattent en char et ceux-là à cheval, mais nous com- « battons au nom du Seigneur ». Telle est l'exhortation que répète volontiers l'archevêque à son mandataire. Noble devise ! Chantérac l'adopta de tout cœur et l'abbé Bossuet, neveu de l'évêque, voyait juste quand il écrivait de lui à

Meaux : « On dit son esprit assez du même genre que celui
« de M. de Cambrai, sinon qu'il est moins aigü et aussi plus
« solide! » C'est pourquoi par une exception à peu près unique, ce brutal anniversaire ne se permettra jamais contre
Chantérac les incriminations ou injures dont il accable si
volontiers des personnages bien moins directement impliqués dans le procès romain.

L'abbé Bossuet, accompagné de son ex-précepteur en théologie, Phelipeaux, se trouvait par hasard à Rome au début
de la controverse : son oncle lui enjoignit d'y demeurer et
d'y soutenir les griefs élevés contre les *Maximes des Saints*
par les prélats, anciens commissaires d'Issy. Rappelons qu'il
n'était pas prêtre alors, qu'il ne reçut les ordres, après avoir
longuement hésité, qu'à l'âge de trente-neuf ans et que
Louis XIV, peu édifié de son attitude à Rome, refusa toujours de le faire évêque, en dépit des sollicitations de M. de
Meaux. Il n'obtint le siège épiscopal de Troyes qu'à cin-
quante-cinq ans, sous la Régence.

Le cardinal de Bausset, si impartial entre les deux grands
hommes dont il a successivement raconté la vie, marque une
horreur non dissimulée pour ce personnage tranchant et sans
scrupule qui fit, en cour romaine, de la diplomatie à la Bis-
marck, au point de compromettre sérieusement son oncle,
que, peut-être, il a frustré du cardinalat. Nous n'insisterons
pas sur l'affaire scandaleuse à laquelle son nom fut un instant mêlé ; il s'agissait d'une fille du duc Sforza Cesarini,
dont il passa pour posséder les bonnes grâces. Intelligent,
certes, et avisé, mais lourd, présomptueux, plein de sans-
gêne et de suffisance, dépourvu d'onction et de piété, usant
volontiers du ton narquois et mordant, — en Bourguignon
qui a sucé pour lait les vins généreux de la Côte-d'Or, —
il affiche des haines tenaces et d'implacables rancunes. Il
diffame en particulier, presque dans chacune de ses lettres,
le cardinal de Bouillon, ambassadeur du Roi de France près
du Saint-Siège : personnage peu recommandable certes, mais
qu'il poursuit d'une animosité aveugle et dont il a certainement préparé pour une part la retentissante disgrâce, en le
présentant comme entièrement vendu à la cause féneló-
nienne : ce qui était fort exagéré à tout le moins. Il va jusqu'à écrire un jour en France : « Le Pape est haï par le

« cardinal de Bouillon mortellement. Ce cardinal hait le roi
« *autant que le Pape!* »

C'est encore l'abbé Bossuet, qui, à deux reprises, obtint
de M. de Meaux l'emploi des arguments *ad hominem* et de
la polémique personnelle sans merci, contre l'auteur des
Maximes : une première fois, en lui suggérant l'exposé latin des faits qui fut envoyé d'abord à Rome : puis, en insistant pour la totale divulgation du Mémoire que M. de Cambrai avait fait tenir à Mme de Maintenon à la fin de l'été
1696 et pour le coup de théâtre qui fut *la Relation sur le
quiétisme*. Il a donc grandement influé au total sur l'allure
de la Controverse et contribué à lui donner ce caractère
scandaleux qu'elle a revêtu vers son terme : car son oncle
déféra presque constamment à ses conseils et ne marqua jamais ni étonnement, ni déplaisir devant ses étranges façons
d'agir ! Le ton même de la correspondance qu'ils échangent
reste singulièrement sec et précis ; on dirait celle de deux
hommes d'affaires : c'est à peine si l'évêque prononce de
temps à autre le nom de Dieu : « Je suis persuadé, écrira par
« exemple l'abbé, qu'on ne doit jamais porter ici (à Rome)
« aucune affaire de doctrine ; ils sont trop ignorants et trop
« vendus à la faveur et à l'intrigue. Si on avait fait juger
« en France, ou par des évêques, ou par la Sorbonne, ils
« n'auraient rien osé faire, au contraire. Ils savent bien que
« la France est *plus savante* et toute question de dogme les
« embarrasse, dans l'ignorance où ils sont! » Appréciation
dénigrante que M. de Meaux laisse passer sans nulle protestation, qu'il confirme même en la résumant dans une
formule brève. « Tout y est ignorance ou politique », écrit-
il de la métropole du catholicisme! L'abbé n'est pas plus indulgent à ses compatriotes impliqués dans la Querelle :
« Comment se gouverne M. de Beauvilliers, écrit-il? Il me
« semble bien dangereux pour le présent et pour l'avenir
« de le laisser dans la place qu'il occupe... Le manège de
« M. de Paris (Noailles) ne me revient pas? il croit être un
« grand personnage, etc... »

Le successeur de Saint-Pierre n'échappe pas davantage à
sa critique acerbe : « Le pape, opinera-t-il après le pro-
« noncé de la sentence, malgré tout ce qui venait de la part
« du Roi et du Nonce, malgré ses bonnes intentions, fut

« tellement prévenu et contre les évêques et en faveur de
« M. de Cambrai, que j'ose dire que c'est un miracle qu'on
« l'ait pu résoudre à ce qu'il a fait... Sans cesse, il retom-
« bait dans ses premières préventions et dans la résolution
« fixe de sauver la réputation de M. de Cambrai avec sa
« personne... Sans cela, et malgré toute la cabale, M. de
« Cambrai aurait été condamné aussi fortement que Mo-
« linos et avec d'autant plus de justice que, sa doctrine
« étant la même dans le fond, elle n'en était que plus per-
« nicieuse pour être déguisée ou masquée, et lui plus inex-
« cusable d'avoir soutenu avec tant d'artifice et d'opiniâ-
« treté de semblables erreurs après la condamnation de Mo-
« linos... Le Pape m'avoua bonnement qu'il ne s'était jamais
« trouvé dans de pareilles angoisses : Ces mystiques, (di-
« sait-il), ne cessaient de me répéter qu'on ne pouvait con-
« damner les propositions de cet archevêque sans condam-
« ner aussi Sainte-Thérèse, etc... »

Pour achever notre esquisse des forces en présence sur le
terrain romain, il resterait à définir le rôle, assez complexe,
de l'ordre des Jésuites en cette affaire. Ces actifs élabora-
teurs du christianisme rationnel dans les temps modernes
se montrèrent tolérants à la mystique féminine tant qu'elle
ne se dégagea pas trop ouvertement des cadres de la discipline et de la morale traditionnelle. Ils n'existaient pas
encore au temps de Catherine de Gênes : mais ils fournirent à Sainte-Thérèse ses directeurs préférés : ils avaient
été les éducateurs et devinrent les zélateurs de Saint-François de Sales : le père Surin, écrivain fort goûté des Quiétistes, était des leurs. En revanche, ils furent des
premiers à se dresser contre les excès de la mystique nouvelle quand leur bon sens averti en reconnut le danger.
Leur père Segneri fit campagne contre Molinos, et Bourdaloue a été un des critiques les plus nets, sinon les plus péné-
trants, du Guyonisme. Enfin, sur la doctrine de Fénelon
qui avait si largement rationalisé déjà les premiers enseignements de son amie, la Compagnie se partagea tout
d'abord. Certains de ses membres voyaient dans le « pur
amour » une doctrine plus facile à accorder que le jansénisme avec leur conception, sensiblement rationalisée de la

Grâce (1) ; car une action *amoureuse* de Dieu est plus
compatible avec la liberté morale de l'homme qu'une action
trop gratuitement *gratifiante,* telle que l'admettaient Luther, Calvin et Jansen. Quand parurent les *Maximes des
Saints,* le livre ne leur sembla pas dangereux quoique le
Quiétisme le fut devenu à leurs yeux, et le P. de La Chaise,
confesseur du Roi, commença par approuver hautement l'ouvrage : mais le Père de La Rue le condamna dans les chaires
parisiennes, et, une fois la volonté de Louis XIV affirmée
dans le sens de Bossuet, l'ordre adopta une attitude expectante : il n'intervint plus que pour modérer autant que possible les termes de la sentence romaine.

II. — DÉVIATION VERS LA POLÉMIQUE PERSONNELLE. —
LA RELATION SUR LE QUIÉTISME.

Fénelon restant malgré tout assez difficile à convaincre
d'erreur sur le terrain de la doctrine, en raison des précautions prises par lui au préalable et de l'extrême souplesse
de son attitude défensive, ses adversaires résolurent de l'atteindre dans sa considération en l'attaquant au point faible
de sa carrière, en étalant au grand jour sa trop naïve confiance dans les « expériences » surnaturelles de Mme Guyon.
Ce fut M. de Paris qui, le premier, s'engagea sur ce terrain de la polémique personnelle par sa *Réponse* aux quatre
lettres de Fénelon, en mai 1698 : nous avons donné quelque
idée de ce document dont l'accent est déjà fort acerbe par
intervalles.

M. de Chartres fit le second pas sur la voie des personna-
lités et de façon plus osée déjà que M. de Paris, il faut le
reconnaître. Nous avons dit que, dès 1693, Mme de Maintenon l'avait prié d'examiner au point de vue doctrinal les
nombreuses lettres spirituelles qu'elle avait reçues du précepteur des princes : soit que Godet en eût conservé des extraits, soit qu'il en ait alors obtenu communication dere-

---

(1) Joseph de Maistre a dit de Molina, leur principal théoricien en
ces matières difficiles, que ce fut « un homme de génie, auteur d'un
« système à la fois philosophique et consolant sur le dogme redou-
« table qui a tant fatigué l'esprit humain » : il ajoute que ce système
« réalise le plus heureux effort de la philosopcie chrétienne pour
« associer la liberté humaine avec l'autorité divine. »

chef, il n'hésita pas à se servir de ces pièces dans ses écrits publics, afin de pousser au-delà des expressions, si mesurées, des *Maximes,* son exposition du fénelonisme ésotérique, facilitant ainsi de beaucoup son effort critique. On conçoit l'indignation de l'archevêque de Cambrai devant ce procédé peu délicat. Dans sa *Lettre* à un théologien anonyme dont nous avons déjà emprunté quelques passages, Fénelon proteste contre l'abus de confiance qui vient d'être commis à son détriment : « Voici des paroles qu'on m'impute et « qu'on prétend avoir tirées de quelque manuscrit... Je ne « puis reconnaître ni désavouer ces paroles, car je ne puis « me souvenir de ce que j'ai écrit depuis environ dix ans... « Il n'y a qu'une *seule* personne à qui je puis avoir écrit « ces paroles. Je ne puis les avoir données qu'à elle seule. « C'est de ses mains que vous devez les avoir eues, pour- « suit-il en s'adressant à Godet. Je n'ai rien donné à cette « personne qu'en la suppliant de vous le faire examiner, « comme à un vénérable évêque et à un ami intime. Si vous « trouviez dans ces manuscrits des expressions trop fortes, « il fallait, Monseigneur, suivant ma prière, les examiner « avec moi seul et ne pas donner au public ce qui vous pa- « raissait scandaleux. Mais laissons toutes les circonstan- « ces de *ce procédé si amer* et bornons-nous au fond des « choses, etc... »

Enfin, à l'ami de Mme Guyon, une épreuve plus dure restait encore à subir. L'abbé Bossuet était à l'œuvre dans l'ombre et poussait son oncle aux mesures extrêmes : « Les « discours de M. de Chantérac, écrivait-il de Rome dès le « 11 octobre 1697, consistent à dire que M. de Cambrai n'a « eu aucune liaison particulière avec Mme Guyon (et nous « verrons que le plénipotentiaire de Fénelon était de bonne « foi en tenant ce langage), dont la personne et les mœurs « ont reçu de vous un témoignage authentique ; que la haine « que vous avez contre M. de Cambrai vient de *jalousie* « *d'auteur* et d'envie de la supériorité du génie! » Quelles perfides suggestions! Et combien ce véritable Iago diplomatique se montre habile à mettre en jeu la vanité chez celui qu'il veut pousser à l'action violente! « Si l'on pouvait, in- « sinue le terrible arriviste après ce préambule, si l'on pou- « vait faire un *petit détail* de la liaison de M. de Cambrai

« avec Mme Guyon et de ce qui s'est passé dans cette affaire
« entre M. de Cambrai, vous, M. de Châlons, Mme de
« Maintenon et Mme Guyon à l'occasion des trente-quatre
« articles?... Il faudrait y rapporter tout ce qui s'en est
« suivi ! » Voilà le plan de la *Relation* tracé par avance à
son auteur et c'est donc bien l'abbé Bossuet qu'on doit considérer comme responsable de cette aggravation du scandale.

Dès le 4 novembre 1697, Bossuet envoie préalablement à
Rome son opuscule : *De quietismo in Galliis refutato,* qui
contient déjà toute la substance de la *Relation,* mais qui
devait nécessairement faire peu de bruit en raison de son
caractère technique et de son vêtement latin. Si tant est
que cette publication fût nécessaire, il aurait fallu du moins
s'en tenir là. Mais une telle modération n'aurait pas fait le
compte de l'abbé qui applaudit aussitôt avec transport :
«. La Relation est admirable. Térence aurait été embarrassé
« d'écrire aussi bien sur une matière aussi peu divertis-
« sante que celle-là ! » Il s'empresse de lire la pièce à un
certain nombre de cardinaux qui se montrent *ravis de tout
savoir !* Et, mis en goût par ce succès de lecture, il ne
tarde pas à revenir à la charge : « C'est une erreur de
« vouloir encore ménager M. de Cambrai. Il ne faut pas
« hésiter d'employer *tout* ce qui fait connaître l'attache de
« M. de Cambrai pour Mme Guyon et le père Lacombe, et
« leur doctrine sur les mœurs ! » En attendant que ses
objurgations portent leur fruit, il exige une copie du mémoire
justificatif de Fénelon à Mme de Maintenon, mémoire qui
sera l'une des sources de la *Relation* : il exhibe cette copie
aux juges ecclésiastiques, en même temps qu'une déclaration sur les mœurs de Mme Guyon qui fut, sur ces entrefaites, arrachée au père Lacombe, alors prisonnier depuis
près de douze ans et déjà sur la pente de la folie. Il déclare
avec impudence que de telles pièces « font plus d'impres-
« sion que vingt démonstrations théologiques ou mathéma-
« tiques ! » Et on l'en croit de reste, quoique la constatation ne soit pas avantageuse à la nature humaine.

Cependant M. de Meaux a pris son parti. Au moyen des
extraits qu'il a conservés des manuscrits de Mme Guyon, au
moyen des lettres de très humble déférence que Fénelon lui
a écrites avant son élévation à l'épiscopat, au moyen surtout

du mémoire de ce dernier à Mme de Maintenon qui a été remis entre ses mains, il écrit, en bon français cette fois et avec tout le développement qu'il juge convenable, sa célèbre *Relation sur le quiétisme.* Il y expose dans quelles conditions il entreprit l'examen des écrits de Mme Guyon à la fin de 1693, sa surprise devant les énormités qu'il y lut, ses avertissements à Fénelon qui lui répondait avec tranquillité d' « éprouver les esprits » selon le précepte de Saint-Paul, entendant par là que l'intention droite de la béate devait couvrir ses erreurs de langage. « Je me retirai, conclut « l'évêque de Meaux, étonné de voir un si bel esprit dans « l'admiration d'une femme dont les lumières étaient si « courtes, le mérite si léger, les illusions si palpables et qui « faisait la prophétesse ! » Il assure avoir dès lors versé des pleurs devant Dieu sur l'obstination de son ami !

Puis vient le détail des conférences d'Issy. Fénelon écrit sans relâche sur les problèmes posés devant les Commissaires et de façon à *épouvanter* parfois ces prudents personnages, cependant que Mme Guyon leur présente ses *Justifications,* d'inspiration toute fénelonienne. Et c'est ensuite la reproduction, à peu près totale, du mémoire de 1696, accompagné d'un commentaire constamment critique que couronne cette dédaigneuse réfutation : « Votre amie n'était pas même « *un monstre sur la terre,* mais une femme ignorante qui, « éblouie par une spécieuse spiritualité, trompée par ses « directeurs (Lacombe), *applaudie par un homme de votre* « *importance* a condamné son erreur quand on a pris soin « de l'en instruire ! » Bossuet s'étend ensuite sur les incidents qui accompagnèrent la publication des *Maximes des Saints* et sur le contenu du livre qu'il présente comme une spécieuse apologie de Mme Guyon, ainsi que *tout ce qui l'a suivi.* Car l'auteur « pose maintenant comme alors tous les principe pour la soutenir ! » Si, devant les protestations des théologiens clairvoyants, il *enveloppe* désormais sa doctrine, s'il la mitige en quelques endroits, sa manière de l'insinuer n'en est que plus dangereuse. Il y a, selon nous, une erreur psychologique certaine à présenter de la sorte le fénelonisme comme le premier germe d'une falsification du dogme chrétien qui pourra devenir plus osée chez d'autres, alors qu'il était, en réalité, un stade de rationalisation avan-

cée pour un système métaphysique trop purement affectif
qu'il ramenait doucement vers le christianisme, traditionnel.
Mais il est vrai de dire que cette rationalisation, encore inachevée sous la plume de Fénelon, pouvait fournir son point
de départ à une nouvelle hérésie mystique. C'est ce qui est
advenu au cours du siècle suivant par le triomphe du Rousseauisme, à notre avis.

Ici se placent dans la *Relation* de Bossuet les pages qui
ont eu le plus de retentissement lorsqu'elles parurent: C'est
la citation des « cinq feuillets » arrachés trop tardivement par
Chevreuse à l'Autobiographie guyonienne, et le mot fameux
sur cette Priscille « qui a trouvé son Montan pour la défen-
« dre! » Enfin voici quelques phrases qui montrent l'auteur
fort clairvoyant sur les origines vraies de son désaccord avec
Fénelon, quant à l'appréciation du système guyonien : l'un,
lecteur des seuls manuscrits d'avant 1689 : l'autre, lecteur
de la seule correspondance postérieure à cette date. Pour
avoir lieu de défendre cette femme, exposé l'évêque de
Meaux, M. de Cambrai prétend avoir recours à un *sens caché* de ses écrits dont il tiendrait *d'elle la découverte* : il est
contraint de prétendre qu'il a *mieux expliqué les livres de
son amie que ses livres ne s'expliquent eux-mêmes*. Le sens
qui se présente naturellement à la lecture n'est pas *le vrai
sens* : ce n'est qu'un sens rigoureux auquel *il affirme et répond qu'elle n'a jamais pensé* : en sorte que, pour les bien
entendre, il faudrait *lire dans la pensée de leur auteur*, deviner ce qui n'est *connu que du seul M. de Cambrai*, juger des
paroles par les sentiments et non des sentiments par les
paroles (éprouver les esprits, selon le mot de Saint-Paul).
Et c'est bien là, en effet, ce que Fénelon a cru, de bonne
foi, pouvoir faire.

III. — SCANDALE SOULEVÉ PAR LA RELATION.

Ces pages agirent plus encore par tout ce qu'elles laissaient supposer que par les faits dont elles apportaient la
révélation au public. L'abbé Bossuet avait voulu que la
cause de Fénelon se confondît avec celle de Molinos, et, par
malheur, quelques scandales récents venaient aider à cette
confusion. Peu auparavant s'était ébruitée la triste affaire du

curé de Seurre, (en Bourgogne) de qui l'on assurait que Mme Guyon, avait reçu l'hospitalité, en compagnie du Père Lacombe, lors de leur retour à Paris. Ce prêtre, du nom de Robert, était accusé de séduction sur quelques-unes de ses paroissiennes et nous avons de lui une curieuse lettre à une religieuse converse de Sainte-Claire qui est en effet assez lacombienne par l'accent.

En même temps qu'étaient dévoilées les pratiques du curé de Seurre, Rome avait le spectacle de l'abjuration d'un religieux condamné pour excès analogues et l'abbé Bossuet s'empressait d'en faire à son oncle un récit des plus colorés : « Son procès, écrit ce trop partial narrateur, quoiqu'on y « eût retranché le plus sale, était plein de si grandes infa- « mies qu'on ne peut les imaginer... Il fut déclaré *hérétique* « formel et tout ce qu'on lut de ses erreurs se réduisait à la « doctrine de l'amour pur *qu'on nomma plusieurs fois,* à la « conformité à la volonté de Dieu, à l'union avec Dieu, à la « séparation de la partie supérieure avec l'inférieure, aux « *tentations, obsessions* et autres *auxquelles le seul remède* « *est de consentir!* Je reconnus aisément nos Quiétistes « (guyoniens) à toute cette peinture. Je me trouvai placé « assez proche et en face des cardinaux, qui *me faisaient* « *tous publiquement des signes de tête,* toutes les fois qu'on « parlait de l'amour pur. Quand la cérémonie fut finie, je « m'approchai de tous, et chacun me dit son petit mot. *Ecco* « *l'amore puro!* Et je leur répondais : *L'amore purissimo* « *e raffinatissimo!* L'abbé de Chanterac s'en est retourné « tout consterné et indigné, disait-il, contre les cardinaux, « à cause des infâmies qu'on avait lues ainsi publiquement!» On voit ici une fois de plus de quel ton dégagé ce personnage traitait les questions de théologie avec son trop complaisant correspondant de Meaux.

Cette scène, de quelques mois postérieure à la *Relation sur le quiétisme,* nous donne une idée de l'atmosphère morale dans laquelle se produisit la publication de l'ouvrage au commencement de l'été 1698. Dangeau écrit à la date du 26 juin dans son *Journal :* « M. de Meaux présenta au Roi ce matin « un livre dans lequel il explique la conduite qu'il a eue « avec M. de Cambrai... une sorte de condamnation de tout « le procédé de l'archevêque de Cambrai en cette affaire.

« M. de Meaux donna l'après-dîner ce livre à beaucoup de
« courtisans. Le Roi en parla à sa promenade et dit *qu'il n'y*
« *avait pas un mot dans ce livre qui ne fut vrai!* » Une telle
parole du monarque, c'était à cette époque le meilleur « lan-
cement » qui pût échoir à une nouvelle production de la librairie! De son côté, Mme de Maintenon en écrit trois jours
plus tard à M. de Paris : « Le livre de M. de Meaux fait un
« grand fracas ici. On ne parle d'autre chose. Les faits sont
« à la portée de tout le monde. Les folies de Mme Guyon di-
« vertissent. Le livre est court, vif et bien fait. On se le
« prête, on se l'arrache, on le dévore! » Oui, mais on songe
ici à l'épigramme célèbre sur le duel entre M. de Meaux,
champion de l'espérance, et M. de Cambrai, défenseur de la
charité :

C'est la foi qui périt, et personne n'y pense!

« Le livre de M. de Meaux, poursuit la marquise, *réveille*
« *la colère du Roi sur ce que nous l'avons laissé faire un tel*
« *archevêque!* Il m'en fait de grands reproches. Il faut que
« toute la peine de cette affaire retombe sur moi! » Et, quatre jours plus tard encore : « Nos *quiétistes* de la cour
« abjurent Mme Guyon presque aussi mal à propos qu'ils
« l'avaient soutenue. Le livre de M. de Meaux, disent-ils
« *leur ouvre les yeux,* et il n'y a rien dans le livre de M. de
« Meaux qui *ne vienne d'eux!* » Parole imprudente, parole
peu seyante en une telle bouche car les manuscrits de
Mme Guyon et les lettres ou mémoires de Fénelon venaient
du groupe guyonien, sans nul doute, mais par un détour,
par l'intermédiaire de Bossuet et de la marquise qui, les
ayant reçus à titre privé, n'avaient pas hésité à s'en faire
des armes devant le public.

L'effet produit à Rome fut bien autrement considérable
encore parce que les faits étalés de la sorte au grand jour
y avaient été moins soupçonnés jusque-là. Les partisans de
Fénelon se sentirent, pour un instant, écrasés sous le poids
de ces documents accablants. Le cardinal de Bouillon, de
mœurs si suspectes, manda tout aussitôt l'abbé de Chantérac et lui déclara nettement que désormais l'opinion verrait
dans Mme Guyon et Fénelon toute autre chose que des
« amis », au sens correct de ce dernier mot : M. de Cambrai
n'avait donc plus un instant à perdre pour désavouer fran-

chement cette femme, ce qu'il n'avait jamais voulu faire encore. Il revint plusieurs fois sur ce conseil, écrit Chantérac en instruisant son cousin de cette entrevue, et il ajouta même quelques jours après par écrit : « Si je n'avais eu « *jusqu'à présent*, la plus haute idée qu'on puisse avoir de « la vertu en général et de la pureté en particulier de l'ar- « chevêque de Cambrai... j'avoue que je ne pourrais m'em- « pêcher de croire... qu'il ne se fût passé entre lui et « Mme Guyon toutes les choses auxquelles la passion porte « les hommes... Ces sentiments (ceux qui se marquent dans « le Mémoire) ou véritables, ou feints, ne paraissent pas lui « avoir pu être inspirés que *par une violente passion pour* « *cette femme!* Jugez, Monsieur, quelle impression fera la « lecture de cette lettre sur l'esprit des autres cardinaux « du Saint-Office qui, par l'*expérience,* reconnaissent tous « les jours de plus en plus que tous les grands termes du « pur amour de Dieu, de la sainte indifférence, d'abandon « à sa volonté aboutissent, dans ceux qui s'en servent, à « tout ce que la corruption de la nature humaine peut pro- « duire de plus abominable... Plût à Dieu qu'il eût reconnu « des choses, depuis que je suis parti de France, qui lui « eussent ouvert les yeux sur les mœurs de cette dame, qui « puissent lui permettre de les condamner aussi. » Voilà vraisemblablement l'exact écho de l'opinion romaine au lendemain de la publication du livre de Bossuet.

IV. — L'ABBÉ DE CHANTÉRAC ET SON ÉPREUVE.

Mais l'abbé de Chantérac lui-même avait été bien plus profondément navré de ce coup brutal, car nous allons voir qu'il était resté jusque-là dans une ignorance surprenante de la réalité des faits, du moins en ce qui concernait les relations entretenues par son illustre parent avec la béate de Montargis. Il n'avait été aucunement mêlé aux conférences d'Issy, et, lors de son départ pour Rome, il avait reçu pour instruction fondamentale d'y exposer que M. de Cambrai avait *peu connu* Mme Guyon, seulement par l'intermédiaire de Mme de Maintenon, puis avait rompu tout rapport avec cette personne aussitôt qu'elle était devenue suspecte ; tandis que M. de Meaux vers le même temps, la recueillait, la dirigeait, la confessait (ce qui était faux) la communiait (ce qui était vrai) et la nantissait de certificats tutélaires ! L'honnête grand vicaire avait pris au sérieux ce tissu d'à-peu près, en sorte que, lui aussi, il avait plus d'une fois pressé son cousin de sacrifier ouvertement la dame, sans connaître à quelle impossibilité morale il se heurtait par ce conseil : « L'abbé de Chantérac, écrit l'abbé Bossuet le 25 « novembre 1698, avait assuré publiquement ici que M. de « Cambrai n'avait vu Mme Guyon que trois fois en sa vie... « Cet abbé a avoué depuis qu'il avait été trompé par M. de « Cambrai ! »

Il faut bien le dire, l'assertion du malveillant informateur semble à peu près exacte en cette occasion, car nous pouvons juger, sur pièces authentiques, de l'orage qui s'éleva dans la conscience délicate de Chantérac lorsque le réquisitoire de Bossuet vint éclairer à ses yeux tout le passé d'un jour nouveau. L'abbé ne peut croire à ce qu'il a lu : il attend de Cambrai la parole réparatrice : « On dit (à Rome) que la « seule crainte vous retient, que vous voulez ménager « Mme Guyon de peur qu'elle ne parle de vous et qu'elle ne « découvre tous vos secrets de même que le Père Lacombe « a découvert ceux qu'il avait eus avec elle... ! Voilà l'extré- « mité où votre silence vous réduit : et je dois avoir cette « fidélité de vous dire, quoiqu'il m'en coûte, que votre perte « est infaillible et pour le livre, et pour la réputation et « peut-être même pour la *doctrine,* si l'on ne vous voit par- « ler hautement ! »

Il rapporte encore qu'un cardinal, plus mesuré dans ses termes mais non moins décidé dans son sentiment que Bouil- lon, lui a tenu, quelques heures auparavant, ce discours : « On voit que M. de Cambrai est toujours en sollicitude pour « excuser l'intention de cette femme. Il condamne bien ses « livres, mais *in sensu obvio* (dans le sens qui se présente à « première vue) et ce sens, selon lui est un sens de rigueur. « Je m'en vais vous dire en confidence ce qu'on peut penser « là-dessus et ce que j'ai cru moi-même, car il faut vous « l'avouer de bonne foi. J'ai cru qu'il estimait cette dame, « qu'il la croyait pieuse et véritablement spirituelle, qu'il « voyait qu'elle s'était mal expliquée en plusieurs endroits

« de ses livres et que, par là, ils étaient dignes de censure :
« mais, néanmoins, que ses maximes étaient bonnes en elles-
« mêmes de la manière qu'elle les lui avait expliquées de
« vive voix (c'est exactement notre thèse) et que, là-dessus,
« il avait voulu expliquer cette même doctrine et ces mêmes
« maximes sous des expressions plus correctes (plus ration-
« nelles) ! » On ne saurait mieux dire, à cela près que les
explications fournies de vive voix par Mme Guyon étaient
déjà des rationalisations plus ou moins conscientes de ses
premières maximes lacombiennes, rationalisations accom-
plies sous l'influence de son interrogateur : mais cela, le cardinal romain, ignorant de la longue correspondance spirituelle entre les deux mystiques, ne pouvait l'apercevoir en
son temps comme nous le faisons sans peine aujourd'hui !

Il poursuit cependant son très fin et très italien commentaire : « L'endroit où M. de Cambrai dit : Les bons mysti-
« ques m'entendront bien, semble être pour elle, mais, en
« cela même, il ne serait pas blâmable, car il croit la doc-
« trine bonne et corrige beaucoup de mauvaises expressions
« de cette femme... S'il était ici, je crois qu'il m'avouerait de
« bonne fois qu'il a fait son livre dans cette intention ! » Impossible de juger avec plus de clairvoyance, et l'abbé Bossuet avait donc grand tort de taxer d'ignorance ces subtils
dignitaires de la Curie! Mais la Relation de Bossuet venait,
il est vrai, de contribuer à préparer chez eux une telle clairvoyance en leur permettant désormais de juger sur documents authentiques ces très délicates contestations psychologiques et morales.

Au surplus, Fénelon continua de refuser tout désaveu de
son amie, après comme avant les objurgations de son mandataire : il envoya seulement à Chantérac de véritables excuses sur l'ignorance où il l'avait laissé jusque-là du fond
de la querelle et sur le grave embarras où il le plaçait par
cette réserve, au moins étrange : « A Dieu ne plaise que je
« vous aie jeté dans une mauvaise affaire en vous cachant le
« fond! Vous savez que je vous ai montré le livre manus-
« crit avant qu'il parût. Vous savez que je vous ai dit que
« M. de Meaux voulait faire condamner les intentions de la
« personne dont j'avais été édifié et que je ne croyais pas
« devoir le faire. Je l'ai estimée, la croyant bonne. S'ils ont

« *des preuves concluantes, je n'aurai qu'horreur pour elle !* »
Il songe aux prétendus aveux du Père Laçombe : mais c'est
toujours l'atermoiement et le verbe au *futur* sous sa plume,
dès qu'il s'agit d'une directe condamnation de l'amie ! Il
ajoute encore : « Ce n'est pas vous avoir *trompé* que de vous
« avoir parlé comme je l'ai fait ! » Mais sans doute Chantérac ne pensait-il pas ainsi, dans son for intérieur, à ce
moment : car il se plaignait non point de n'avoir pas connu
les *Maximes,* mais de n'avoir pas été mis au courant des intimes relations de son cousin avec l'auteur du *Moyen court,*
relations dont Bossuet, Noailles, tant d'autres encore avaient
été mieux informés par le témoignage de leurs propres yeux :
et, sur ce point, son correspondant ne jugeait pas à propos de
lui répondre ! Pourtant, le cours du temps fit son œuvre
d'apaisement et la brillante *Réponse à la Relation* étant venue sans délai présenter le passé de Fénelon sous un meilleur jour, Chantérac s'apaisa insensiblement : il reprit de
bon cœur et de bonne foi sa pénible tâche romaine.

Cette *Réponse* à la *Relation sur le quiétisme* eut un grand
succès de lecture à son tour et parut rétablir l'équilibre un
instant détruit entre les deux éloquents adversaires. Nous
ne pouvons la goûter grandement pour notre part, l'impression du sophisme, ou tout au moins de l'insécurité morale,
étant celle qui s'en dégage constamment à notre gré. Aussi
bien la position de Fénelon n'était-elle pas, sur ce front, dé-
fendable ! De ses relations, si étroites, avec Mme Guyon, il
avait dès le début banni toute franchise à l'égard de l'opinion, comme en témoignent les précautions extrêmes qu'il
prenait pour la voir et le soin avec lequel il se faisait resti-
tuer les moindres billets de sa main : il persista dans ce système de dissimulation jusqu'au terme de sa vie et la vérité,
si longtemps éludée, eut, au jour de la *Relation,* sa revanche.

Lorsqu'il parle de son amie, dans cette prestigieuse *Réponse,* il se montre même moins net qu'il ne l'avait été dans
sa lettre latine antérieure à M. de Paris (au chapitre : *De
Domina Guyon*) : lettre que d'ailleurs il *cachait* en France
ne l'ayant écrite que pour être montrée à Rome et qu'il par-
vint probablement à dérober à la connaissance de celle qui
y était quelque peu sacrifiée : au contraire, Mme Guyon de-

vait nécesairement lire sa riposte française à M. de Meaux,
et le texte s'en ressent. Nous ne nous arrêterons donc pas
sur ce morceau de bravoure, non plus que sur les deux autres qui le suivirent de près : Les Remarques (de Bossuet)
sur la Réponse à la Relation sur le quiétisme, et la Réponse
(de Fénelon) aux Remarques sur la Réponse à la Relation
sur le quiétisme, le caractère de ces nouveaux écrits étant le
même que celui des précédents. L'abbé Bossuet, exaspéré du
succès imprévu de la Réponse dans les milieux romain, n'y
vit que « le caractère d'un charlatan, d'un déclamateur et
« du plus dangereux de tous les hommes! » C'est le moment où il se laisse emporter à traiter M. de Cambrai de
bête féroce qu'il faut poursuivre en ses derniers retranchements, pour délivrer l'Eglise du plus grand ennemi qu'elle
ait eu jamais!

La condamnation des Maximes des Saints fut enfin prononcée au début de 1695. Elle était fort modérée dans ses
termes, et, tout en portant au vaincu le plus sensible coup,
elle ne satisfit nullement les vainqueurs qui avaient espéré
bien davantage. Le pur amour sortait indemne de la tour-
mente et seuls quelques échos de la mystique féminine, dévoyée au cours du XVIIe siècle par tant d'exagérateurs,
étaient stigmatisés dans le livre de Fénelon.

De la soumission de Fénelon et de ses mobiles

On sait que Fénelon se soumit sans délai ni protestation
à la sentence romaine ; mais les avis ont été de tout temps
partagés sur la sincérité de cette soumission quelque peu
théâtrale ! Au lendemain de cet acte, dans l'assemblée an-
nuelle des évêques de la province ecclésiastique de Cambrai
réunis sous la présidence de leur métropolitain en mai 1699,
un incident se produisit qui fut fort remarqué des contemporains. M. de Saint-Omer crut devoir exposer à ses confrères qu'il eut désiré lire, dans le mandement récent de
leur archevêque, quelque expression de son *repentir* et que
ce désir n'avait pas été satisfait. Fénelon riposta aussitôt
qu'il ne pouvait avouer, contre sa conscience, qu'il eût jamais *cru* aucune des erreurs qu'on venait de lui imputer et
l'incident fut clos : mais les évêques lui demandèrent alors,
en *majorité,* de retirer du commerce de la librairie les œuvres polémiques publiées par lui à l'appui de *Maximes,* et il
dut adhérer sans empressement à cette motion significative.
Une pareille attitude, ainsi que sa correspondance de cette
époque avec Chantérac suffisent à nous révéler le fond de sa
pensée : rien ne fut changé à ses sentiments par la décision
de la Curie ; il fit un geste de raison et de discipline extérieure en s'inclinant, pas autre chose !

I. — Un geste d'insuffisante humilité.

Nul ne le sentit davantage et ne l'exprima mieux que
Bossuet, le plus intéressé, et par suite, le plus aisément
perspicace des observateurs en cette circonstance : « Tout le
« monde a remarqué d'abord, écrira-t-il à son neveu après

« la publication du mandement fénelonien, qu'il ne dit pas
« que le livre soit de lui ! Il s'en est désapproprié et il a écrit
« en quelque endroit, dans un de ses livres imprimés, qu'il
« n'y prenait point de part ! Mme Guyon en a usé de même !
« On est encore plus étonné que, très sensible à son humi-
« liation, il ne le soit nullement à son *erreur* (nous venons
« de voir qu'en effet il n'admettait pas, *en lui*, cette erreur)
« ni au malheur qu'il a eu de la vouloir répandre. Il dira,
« quand il lui plaira, qu'il n'a point avoué d'erreur (il devait
« le dire en effet par la suite) et il lui sera aussi aisé de
« s'excuser qu'il a excusé Mme Guyon ; car, encore qu'il ne
« puisse pas se servir du prétexte de l'ignorance, il saura
« bien, s'il veut, en trouver d'autres et il n'en manquera
« jamais ! La clause de son mandement où il veut qu'on ne
« se souvienne de lui que pour reconnaître sa docilité supé-
« rieure à celle de la moindre brebis du troupeau, n'est pas
« moins extraordinaire. Il veut qu'on oublie tout, excepté
« ce qui lui est avantageux. Enfin ce mandement a été
« trouvé fort sec et l'on dit qu'il est d'un homme qui n'a
« songé qu'à se mettre à couvert de Rome sans avoir aucune
« vue de l'édification publique. Les rétractations qu'on a
« dans l'antiquité, entre autres celle de Leporius, dictée par
« Saint-Augustin, sont d'un autre caractère ! »

Et l'abbé Bossuet de faire aussitôt chorus, avec l'âpreté
d'accent que nous lui connaissons : il parle non du mandement, mais de la lettre de soumission adressée au Pape : « Il
« ne me fut pas difficile d'en reconnaître *tout l'orgueil et*
« *tout le venin* et il me semble qu'il n'y a qu'à la lire sans
« passion pour en être indigné. Bien loin d'y trouver M. de
« Cambrai humilié, repentant et consolé de sortir enfin de
« ses ténèbres pour découvrir la lumière, on voit un homme
« outré de douleur, qui en fait gloire, qui se donne pour
« innocent, (*Jam non commemoro innocentiam*),qui a la har-
« diesse de nommer *probra,* des outrages, les justes et néces-
« saires procédés des évêques qui n'ont été que trop justifiés
« par la condamnation du Saint-Siège : qui ose enfin parler
« de ses explications comme si elles mettaient sa doctrine à
« couvert, au lieu qu'on a jugé tout le contraire, *totques ex-*
« *plicationes ad purgandam doctrinam scriptas !* » Cela est
partial, sans nul doute, surtout en ce qui concerne les ou-

trages, car la *Relation* n'était pas un « juste procédé » ; cela est chargé, il faut le proclamer encore, mais non pas totalement contraire à la vérité cependant.

Mme de Maintenon, après quelques années écoulées, jugera de même, quoique sur un ton plus mesuré. Dans son instruction du 13 juillet 1704 aux Dames de Saint-Louis, elle appréciera en ces termes le dénouement de la controverse qui lui a préparé tant de soucis : « Rome condamna la doc-
« trine de M. de Cambrai : il accepta : il se soumit. Je me
« trouvai dans un autre embarras. Pouvais-je croire cette
« soumission *sincère* tant que je ne voyais pas le prélat de-
« venir, comme Saint-Paul, prédicateur de la foi qu'il avait
« combattue? Cette disposition de mon cœur me donna quel-
« ques scrupules que je consultai à (*sic*) un homme de bien.
« Il me dit que la règle dont je me servais pour juger de
« *la sincérité de la soumission* de M. de Cambrai était la
« même que Saint-Augustin donnait pour juger en pareil
« cas. Dès lors, *je demeurai en repos. Je ne croirai qu'on est
« détrompé* d'une erreur que lorsque je la verrai attaquer
« avec autant de force qu'on en a eue pour soutenir ! » Bien loin d'attaquer le guyonisme rationalisé dont il avait fait sa doctrine, Fénelon le commenta dans ses lettres de direction jusqu'à sa fin, comme nous le verrons bientôt. Aussi, sa soumission suffit-elle à la cour de Rome qui ne l'avait pas condamné de bien bon cœur : mais elle ne satisfit nullement la cour de Versailles où, peut-être, il se fût retrouvé en meilleure posture s'il avait moins écouté les conseils de l'orgueil en cette circonstance : on n'y vit, dans son mandement, que le point final à une discussion déjà trop longtemps prolongée, non pas une satisfaction telle qu'on le dût traiter désormais avec moins de défiance.

En réalité, l'archevêque de Cambrai, toujours passionnément attaché à son possible avenir de pouvoir, n'a voulu rien dire qui pût justifier la conduite de ses adversaires « et
« me flétrir tellement dans le monde, écrit-il, que *je ne
« puisse jamais me relever, ni leur faire ombrage !* » Formule singulièrement « impérialiste » à tout prendre, en un homme qui a fait de la destruction du Moi le centre même de son enseignement métaphysique ! Mais c'est surtout dans sa lettre fameuse au Père Tellier, en 1710, qu'il découvrira

son véritable sentiment sur la conclusion de la Controverse.
« *Cent fois,* dit-il en parlant de ses *Maximes,* MM. de Noail-
« les, Tronson, Pirot avaient approuvé l'ouvrage... M. de
« Meaux persuada à M. de Chartres que j'entendais par in-
« térêt propre l'objet spécifique de l'espérance, à savoir la
« béatitude céleste! » Entre ses dix examinateurs romains,
il en désigne par leur nom cinq, qui le soutinrent jusqu'au
bout, dit-il, sauf en ce qui concernait le trouble involontaire
du Christ durant sa passion, passage qu'il avait lui-même
désavoué dès la première heure comme inséré dans son livre
par suite d'une erreur. « D'ailleurs, ajoute-t-il nettement,
« M. de Meaux a combattu mon livre par prévention pour
« une doctrine pernicieuse et insoutenable qui est celle de
« dire que la raison d'aimer Dieu ne s'explique que par le
« seul désir du bonheur. On a toléré et *laissé triompher cette*
« *indigne doctrine* qui dégrade la charité en la réduisant au
« seul motif de l'espérance. *Celui qui errait a prévalu et ce-*
« *lui qui était exempt d'erreur a été écrasé!* » Voilà son sentiment de fond sur sa condamnation romaine : voilà cet ex-
près *désaveu* de sa soumission qu'avait prévu Bossuet en
lisant son Mandement de 1699!

On trouve dans les *Portraits contemporains* de Sainte-
Beuve (1) un curieux article sur Lamennais, écrit en 1832,
peu *avant* la rupture de celui-ci avec Rome. Le critique se
montre frappé de l'analogie qu'il remarque entre la tournure
d'esprit du prêtre romantique et celle de l'archevêque guyonien : « En étudiant la politique de M. Lamennais, écrit-il,
« M. Ballanche a remarqué qu'elle *donne la clef* de celle de
« Fénelon... tous les deux hommes d'avenir, prêtres selon
« l'esprit, sentant à leur face *le souffle nouveau* du catholi-
« cisme... Si M. de Lamennais *explique et précise* Fénelon,
« s'il est, en ce moment, l'aurore manifeste, bien que labo-
« rieuse, du jour dont Fénelon était *l'aube blanchissante,*
« Fénelon aussi *garantit, absout,* recommande à l'avance
« M. de Lamennais et doit disposer les plus soupçonneux à
« le dignement comprendre! » Quelques semaines plus tard,
les *Paroles d'un croyant* donnaient tort à la prétendue
« garantie » de Fénelon et raison aux « soupçonneux » de

---

(1) I, 146.

la veille. C'est que Jean-Jacques a parlé dans l'intervalle
de l'intervalle de 1699 à 1832, et que Lamennais n'est pas
seulement un fénelonien (1), mais encore un rousseauiste.
Quant à Fénelon, ce fut un Lamennais arrêté à temps sur
la pente de l'hérésie romantique, ou, si l'on veut, un La-
cordaire demeuré fidèle à son vœu d'obéissance sacerdotale.

II. — LE SENTIMENT RETROUVÉ DE LA RESPONSABILITÉ PASTORALE.

En effet, indépendamment de cette attitude qu'il devait
garder toujours vis-à-vis des hommes de doctrine, Fénelon
en adopte parfois une autre, plus chrétienne, plus épiscopale à coup sûr : et c'est celle qu'il tient vis-à-vis de ses
pénitents, sous l'impulsion du sentiment retrouvé de ses
responsabilités pastorales. Comment un chef, qui n'est pas
le chef suprême, espérerait-il en effet d'être obéi s'il ne donnait pas l'exemple de la subordination à ses supérieurs? Il
y a là une tradition rationnelle des aristocraties militaires à
laquelle le fils des gentilshommes périgourdins devait se
dérober moins que tout autre. Voici donc ce que, dès l'année
1700, l'archevêque proposera comme explication du passé à
sa pénitente préférée de cette époque, la comtesse de Montberon : « Ceux qui aiment sincèrement et que l'esprit de
« Dieu enivre de son vin nouveau, parlent une *langue nou-*
« *velle.* Quand on sent *ce que les autres ne sentent pas,* et
« qu'on n'a point encore senti soi-même, on l'exprime comme
« on peut et l'on trouve presque toujours que l'expression

---

(1) Cela est frappant dans ses lettres de jeunesse, où il cite parfois longuement Fénelon et dont l'accent est souvent tout fénelonien : « Sécheresse, amertume et paix crucifiante, voilà ce que
« j'éprouve et je ne veux rien de plus... C'est à toute force qu'il
« faut nourrir cette vie secrète d'amour-propre qui expire faute de
« pâture dans le vide du parfait anéantissement..., cette mélancolie
« aride et sombre, ce noir dégoût de la vie s'emparant de mon âme
« peu à peu, finit par la remplir tout entière... Tout m'est bon
« parce que tout m'est, ce me semble, également indifférent... Tout
« glisse sur un fond d'apathie stupide et amère... Je ne pourrais
« mieux peindre mon état qu'en *répétant ce que Fénelon disait de*
« *lui-même:* seulement il faudrait *rembrunir un peu les couleurs,* »
etc...

« ne· dit là chose qu'à demi. Si l'Eglise trouve qu'on ne
« s'exprime pas correctement, on est tout prêt à se corriger
« et on n'a que docilité, que simplicité en partage. On ne
« tient ni aux *termes*, ni aux *pensées*. Une âme qui aime
« dans le véritable esprit de désappropriation *ne veut s'ap-*
« *proprier ni son langage, ni ses lumières!* » Ces derniers
mots, s'ils étaient développés davantage, exprimeraient
une soumission vraie puisqu'enfin, ce sont bien les « pensées » ou les « lumières », et non plus seulement l'expression
ou la formule sur lesquelles il se reconnaît capable de faillir.

Mais tout cela reste insuffisant et imprécis. Il en sera à
peu près de même quelques années plus tard lorsque Fêne-
lon s'épanchera dans le sein de Ramsay, ce protestant écossais, converti par lui au catholicisme qui devait jouer un
rôle capital dans la diffusion des idées féneloniennes (ou
même guyoniennes), comme on le sait mieux aujourd'hui, et
qui, dans son attrayante biographie de l'archevêque, nous
a rapporté très fidèlement ses entretiens avec lui.

Précisons d'abord les circonstances dans lesquelles se déroulèrent les dialogues que nous allons rappeler. Ramsay,
venu à Cambrai en 1710, pour s'éclairer sur les matières de
religion et déjà à demi-converti du déisme au catholicisme
par le pasteur du diocèse, conserve pourtant sur le caractère
de celui-ci des scrupules significatifs qui le jettent dans une
agitation étrange : « J'eus alors, écrit-il dans sa *Vie de Fé-*
« *nelon* (1), une tentation violente de le quitter. *Je commen-*
« *çais à soupçonner sa droiture!* Il n'y avait qu'un seul·
« moyen de surmonter mes peines, c'était de lui en faire la
« confidence. Quels combats ne souffris-je point avant de
« pouvoir me résoudre à cette *simplicité!* Il fallait cepen-
« dant passer par là. Je lui demandai donc une audience se-
« crète : il me l'accorda : je me mis à *genoux* devant lui et
« lui parlais ainsi! » Une fois encore, devant l'atmosphère
mystique qui enveloppe ce tête-à-tête, se présente à notre
souvenir l'entrevue du Père Lacombe avec M. d'Aranthon
d'Alex, car la mise en scène et l'état d'esprit sont à peu près
les mêmes de part et d'autre, ainsi qu'on le voit. « Pardon-
« nez, Monseigneur, à l'excès de mes peines, commence donc

---

(1) **Pages** 93-5.

« Ramsay ! *Votre candeur m'est suspecte* et je ne saurais
« plus vous écouter avec docilité. Si l'Eglise est infaillible,
« vous avez donc condamné la doctrine du pur amour en con-
« damnant votre livre des *Maximes*. Si vous n'avez pas con-
« damné cette doctrine, votre soumission était *feinte*. Je me
« vois dans la dure nécessité de vous regarder comme un en-
« nemi de la charité ou de la vérité ! » Et cette déclaration se
termine par un flot de larmes. Que pouvait faire un prélat sincèrement pieux, facile à émouvoir, et conscient de ses devoirs
de pasteur en pareille occurence ? Ce que Fénelon fit, en effet,
comme nous allons le dire : « Il me releva, m'embrassa avec
« tendresse et me parla ainsi : L'Eglise n'a point condamné
« le pur amour en condamnant mon livre : cette doctrine est
« enseignée par toutes les Eglises catholiques. Mais les *ter-
« mes* dont je m'étais servi pour l'expliquer n'étaient pas
« propres pour un ouvrage dogmatique. Mon livre *ne vaut*
« *rien! Je n'en fais aucun cas!* C'était *l'avorton de mon es-
« prit* et nullement le fruit de l'onction du cœur. *Je ne veux*
« *pas que vous le lisiez!* » Désaveu non de fond peut-être,
mais du moins d'opportunité et de fait, qui fut déjà un méritoire sacrifice consenti par l'orgueil humain.

Griveau, le très consciencieux historien de la condamnation des *Maximes* a cru pouvoir tirer de cette conversation
racontée par Ramsay toute une théorie des étapes successives de la soumission fénelonienne. Selon ce juge, assez com-
pétent en matière psychologique, car il avait été magistrat,
l'archevêque fut d'abord un révolté au fond du cœur — tel
Lamennais à l'heure des assertions rassurantes de Sainte-
Beuve — et il l'établit par des documents irrécusables,
comme nous venons de le faire par d'autres textes encore
plus décisifs à notre avis. Mais, avec le temps, le prélat se
serait soumis en toute sincérité d'âme et sans nulle réserve
comme en témoigneraient d'une part ses conversations avec
Ramsay, d'autre part, l'ostensoir d'or qu'il donna, dit-on, dans
les dernières années de sa vie à son église métropolitaine :
assertion qui a fait couler beaucoup d'encre depuis la fin du
XVIII⁰ siècle. Cette œuvre d'art, anéantie par la Révolution,
aurait représenté, d'après quelques témoignages peu précis,
une figure de la Foi foulant aux pieds des livres hérétiques,
parmi lesquels celui des *Maximes!* Le fait demeure, à notre

avis fort douteux, mais non pas inconcevable peut-être, au moins vers 1712, date à laquelle on le rapporte. Toutefois, il faudrait pour adopter le sentiment de Griveau, n'avoir pas sous les yeux la lettre au Père Tellier que nous avons citée plus haut et qui est *postérieure* aux conversations avec Ramsay (fin de 1710). La vérité psychologique nous semble plutôt être celle-ci : avec le temps, avec la mort de Bossuet (1704), avec ce printemps de 1711 qui fit son élève Dauphin de France et ouvrit à Fénelon la perspective, trop vite évanouie, d'un triomphe temporel prochain, sa plaie d'orgueil se ferma peu à peu. Il lui devint alors facile de parler sans amertume d'un épisode, qui, tout compte fait, avait grandi sa réputation d'écrivain. Peut-être aussi devant les progrès du jansénisme d'une part, et d'un libertinage incrédule d'autre part, à la veille de la Régence que présageaient déjà tant de traits de mœurs, fut-il sincèrement effrayé des ravages accomplis par la retentissante Querelle de 1695-1699 dans les traditions de la discipline catholique. Lorsqu'on y regarde en effet avec attention, on trouve cette querelle à la source de mainte profession de foi hétérodoxe, au début du siècle nouveau : chez Ramsay, Poiret, Gueudeville, Bayle peut-être et assurément Shaftesbury, si influent à sa date. Après la mort du duc de Bourgogne, la dépression née de ses espérances déçues et les avertissements venus de sa santé déclinante auraient suffi, si nous voyons juste, pour le maintenir désormais dans cette disposition, enfin pleinement chrétienne, du cœur et de la pensée.

Au risque de surprendre nos lecteurs, nous irons demander à Mme Guyon en personne un jugement définitif sur cette soumission, si contestée. Dans une lettre à ses « chers enfants » qui doit être tardive sous sa plume et qu'il faut apporter aux dernières années de sa vie, elle a stigmatisé, en termes excellents, toute soumission des lèvres que n'accompagne point la docilité du cœur : « Nous qui croyons tou-« jours avoir raison, écrit cette chrétienne sincère quoique « égarée longtemps par l'orgueil (1), nous qui nous soutenons « jusqu'à l'extrémité et qui, ne pouvant plus nous soute-« nir, *feignons de nous soumettre* et faisons valoir *une sou-*

---

(1) *Correspondance spirituelle*, III, n° 19.

« *mission feinte comme une grande vertu*, de sorte que nous
« nous donnons ce double mérite devant les hommes d'avoir
« raison **et de** *soumettre cette raison*, quoique *l'un et l'autre*
« *soit une imposture...* je ne connais le divin petit Maître
« *en aucun de nous!* » N'est-ce pas là, dans cette femme
inexplicable, une bien étrange clairvoyance? Sous l'empire
de quelle humeur imprévue, devant l'assaut de quel souvenir personnel a-t-elle pu jeter sur le papier ces quelques lignes qui jugent 'et condamnent si franchement son illustre
disciple, au nom de la véritable discipline chrétienne : plus
franchement à coup sûr que ne l'ont fait et les contemporains des événements et les historiens plus récents qui se
sont occupés de la question? Les conditions défectueuses
dans lesquelles son pieux éditeur Poiret nous a transmis sa
correspondance ne nous permettent pas de dater cette étonnante déclaration et il ne nous reste qu'à l'offrir à la méditation de nos lecteurs comme un digne épilogue de la trop
humaine et trop retentissante Querelle!

III. — DERNIÈRES RELATIONS ENTRE FÉNELON ET MME GUYON

On a cru longtemps, sur la foi des biographes ecclésiastiques de Fénelon, Bausset ou Gosselin, que ses relations
avec Mme Guyon avaient cessé sinon après 1695, tout au
moins quatre ans plus tard, à la suite de la condamnation
des *Maximes*. On sait maintenant qu'il n'en fut rien. Et,
tout d'abord, certains passages maintenus dans la correspondance de Fénelon par ses éditeurs, auraient pu, dès longtemps,
en fournir la conviction à tout lecteur quelque peu attentif
de ces pages si séduisantes. Voici, par exemple, une lettre
du prélat à la duchesse de Mortemart, née Colbert, qui est
datée du 9 janvier 1707 (1). Par cette correspondante de longue date, l'archevêque a su que leur ami Leschelle (2) s'est
mis en tête de donner à Dieu toute sa famille (par la dévotion
« intérieure » naturellement) et qu'il engage ses proches dans
des lectures spirituelles trop avancées : c'est ainsi qu'il leur

---

(1) *Lettres* (Edit. Leclerc), I, 195.
(2) Un fénelonien de marque qui, menin du duc de Bourgogne, se
vit chasser de la cour en même temps que son collègue du Puy,
pendant le procès romain des *Maximes*.

a mis entre les mains les écrits d'un auteur désigné par l'initiale anonyme N. dans les œuvres de Fénelon ; et l'avis de la duchesse est que ces personnes ne les sauraient lire avec fruit *dans leur degré*. Or, selon nous, il ne peut guère s'agir ici d'un autre écrivain que Mme Guyon, car il suffit, pour s'en convaincre, d'écouter ce commentaire de son ancien directeur : « Je vous dirai là-dessus que, *pour me défier de ma* « *sagesse,* je crois devoir me borner à vous proposer d'écrire « à *l'auteur* (1), afin qu'il examine l'usage qu'on doit faire « des écrits qu'il a *laissés.* N'y en a-t-il point *trop de co-* « *pies?* Ne les communique-t-on pas trop facilement?... Je « ne blâme aucun de *nos amis.* Mais, en général, je voudrais « qu'ils eussent là-dessus une règle de l'auteur lui-même qui « les retint. Il y a, dans ces écrits, un grand nombre de « choses excellentes pour la plupart des âmes qui ont *quel-* « *que intérieur :* mais il y en a beaucoup qui, étant *les meil-* « *leures de toutes* pour les personnes *d'un certain attrait* et « d'un certain *degré,* sont capables de causer de l'*illusion* « et du *scandale* en beaucoup d'autres qui en feront une lec- « ture *prématurée.* Je voudrais que la personne en question « vous écrivît deux mots de ses intentions là-dessus, afin « qu'ensuite nous puissions, *sans la citer,* faire suivre *la rè-* « *gle qu'elle aura marquée...* Il importe aussi de bien pren- « dre garde à son frère (le frère de Leschelle, ecclésiastique « et directeur de consciences) qui a été trompé plusieurs « fois. Il veut trop trouver de l'extraordinaire : il a *mis ses* « *lectures* en place de l'expérience : son imagination n'est ni « moins vive, ni moins raide que celle de Leschelle, etc... » Ces derniers mots prêchent la prudence, toute relative d'ailleurs, qui a déjà dicté les restrictions des *Maximes,* mais les lignes précédentes, si révélatrices, nous montrent comment se faisait la propagande des idées guyoniennes par le prêt des manuscrits de la béate à ceux qui s'en montraient dignes, et aussi comment Fénelon persistait sans scrupules dans ses principes de métaphysique et de morales guyoniennes : enfin, — et si toutefois notre hypothèse est exacte sur le N. mystérieux dont il est ici parlé, — à quel point Mme Guyon demeu-

---

(1) Est-ce lui-même ou la duchesse qui devra écrire à N.? Sa phrase est ambiguë: mais il s'agit de la duchesse, d'après ce qui suit: « Je voudrais que la personne en question *vous* écrivît. »

rait l'oracle de la « petite église » dans son exil du Blaisois, huit ans après la condamnation de ces trop spécieuses *Maximes*.

Plus de quatre ans se passent encore, et, le 4 septembre 1711, pendant que le « petit prince » est Dauphin de France, le duc de Chevreuse écrit à Fénelon ce qui suit(1) : « Vous « avez reçu, mon bon archevêque, la copie d'un extrait de « la lettre de N. que Put (*Puteus,* sobriquet fénelonien de « du Puy) vous a envoyée. J'avais écrit sur la même chose. « Voici ce qu'*On* me répond, du 31 août : Il est vrai que « *je ne désire pas* que S. B. réponde sur les choses qui le « regardent personnellement. » N. est cette fois Mme Guyon, presque nécessairement, car S· B. a été, dès longtemps, sa très fréquente formule pour désigner Fénelon dans les lettres authentiques que nous possédons de sa plume (2). Chevreuse achève cependant comme il suit sa citation du texte de N. : « Il me paraît qu'il faut laisser tous nos intérêts à « Dieu. Si, néanmoins, cela est nécessaire, et jugé tel au « poids du sanctuaire, *je ne m'y oppose pas!* » On voit quelle autorité conserve encore N. sur ce groupe fanatisé qui la consulte comme un oracle ou comme une Pythonisse inspirée d'En-haut ! « Je crains toujours que la *nature ne se* « *mêle,* achève d'un accent tout guyonien le correspondant « masqué de Chevreuse. Vous pouvez lui mander ceci, car « je suis sûre que, s'adressant à Dieu, Il ne le laissera pas « méprendre. Que je compte pour peu tout intérêt de la créa- « ture et que, lorsqu'on est pénétré du seul intérêt de Dieu, « tout le reste devient des balivernes! Cependant, pour con- « tenter ces hommes, il faudrait devenir humain comme « eux, etc... » A nos yeux, cette consultation se rapporte à ces projets de réforme, à ces choix de personnes qui s'agitaient alors autour du duc de Bourgogne en prévision de son règne prochain et sur lesquels Saint-Simon nous a si am-

---

(1) *Lettres* (Edit. Leclerc), I, 491..

(2) Nous avons proposé plus haut de traduire N. G., autre formule très usuelle, sous la même plume, par Notre Général (des Michelins), S. B. rapproché de St-B. et de Bi, qu'on trouve également, ne pourrait-il s'interpréter, en songeant au mot anglais de Bishop ou allemand de Bischoff, par le *saint Evêque?* Outre Ramsay, Mme Guyon avait alors plus d'un britannique et d'un germanique parmi ses *trans.* ainsi qu'elle nommait ses disciples étrangers.

plement renseigné. Mme Guyon, assagie par la vieillesse et connaissant à fond son directeur-dirigé après un quart de siècle d'étroites relations spirituelles, craint que *la nature ne se mêle* dans ses vues de pouvoir, l'engage à se tenir *personnèllement* sur la réserve et conseille de remettre toutes ces choses entre les mains de Dieu. Ce qui, comme bien d'autres traits de sa plume mûrie, — en particulier comme ce jugement sur les soumissions feintes que nous avons commenté plus haut, — témoigne de la très pénétrante raison qui était venue, avec les années, faire son habitation dans cette tête, de tout temps si remarquablement douée selon nous.

Enfin, le 24 mars 1712, un mois après la fin prématurée du « petit prince », Chevreuse songe à conseiller Fénelon sur la décision que celui-ci devra prendre s'il vient à être nommé membre du conseil de Régence (par le duc d'Orléans, sans nul doute, ce qui prouve entre parenthèses, que les amis de l'archevêque l'avaient rapidement orienté vers le soleil levant, s'il n'avait pas pris en personne l'initiative de cette démarche). Voici quelques lignes de ce morceau à demi cryptographique (1) : « B. D. (c'est-à-dire bon duc, ou bonne « duchesse, un des époux Beauvilliers) en mandera quelque « chose à N. pour se *confirmer*. Je n'en aurais pas besoin et « me tiendrais pour moi à la décision de St-B. (Fénelon). « si le cas arrive, préférant la volonté de Dieu, *par lui connue, à tout !* » Si N. est bien la Pythie de Blois, Chevreuse toujours ambitieux pour son ami, conseille de se passer de son avis, en cette occurrence, redoutant peut-être une suggestion d'entière retraite, après tant d'avertissements et de coups venus d'En-haut !

Il nous semble que ce soit ce commerce, le plus souvent indirect sans doute, mais constant, mais décisif comme naguère, que Fénelon a voulu peindre au début du XVIII⁰ siècle, dans un charmant passage de ses lettres spirituelles à Mme de Montberon : « Dans les unions que Dieu opère, « écrit-il en effet (2), on se communique, on s'entend, on « se console, on se nourrit sans se voir et sans s'entendre. « Dieu *prend plaisir* à suppléer à tout... Est-on à mille

(1) *Lettres*, I, 588.
(2) *Lettres*, VI, 337.

« lieues les uns des autres, sans *espérance de se voir ni de*
« *s'écrire,* la seule correspondance de volonté détruit toutes
« les distances. Il n'y a point d'*entre-deux* des volontés dont
« Dieu est le centre commun. On s'y retrouve, et c'est une
« présence si intime que celle qui est sensible n'est rien en
« comparaison. Ce commerce est tout autre que celui de la
« parole ; les âmes mêmes qui sont dans cette union sont sou-
« vent ensemble *sans pouvoir se résoudre à parler.* Elles sont
« trop unies pour parler et trop occupées de leur vie com-
« mune pour se donner des marques d'attention. Elles sont
« ensemble une même chose en Dieu comme sans distinc-
« tion : Dieu est alors comme une même âme dans deux
« corps différents! » Quelle puissance de vie affective suppose une telle conception de la parfaite amitié!

Les textes que nous venons de commenter n'impliquent
pas une *directe* correspondance de Cambrai à Blois : ils don-
neraient plutôt l'idée de relations continuées par intermé-
diaires. Mais, après que la disparition du duc de Bourgogne
eut à peu près anéanti la perspective d'un avenir politique
devant les pas de l'archevêque, (en dépit de l'espoir qu'il s'efforça de mettre, ainsi que ses amis, dans le futur Régent) ;
après que sa santé défaillante éteignit chaque jour davantage,
devant son regard fatigué, ces mirages de puissance mondaine qui l'avaient si longtemps charmé, la prudence et la
circonspection se firent pour lui sur ce point moins nécessaires. Qu'avait-il désormais à ménager ou à craindre? Et
pourquoi ne pas céder à l'impulsion de son cœur? Ce fut sans
doute à ce moment que la correspondance redevint directe
entre les deux amis. Une bien intéressante publication de
M. Albert Chérel, dans la *Revue Fénelon* de septembre et
de décembre 1910 (1), est venue nous renseigner sur ces suprêmes relations entre les deux mystiques. On y apprend
que — à tout le moins depuis mais 1714 jusqu'à septembre
1715, — Ramsay, le converti de Fénelon, séjourna près de
Mme Guyon en Blaisois, lui servant au besoin de secrétaire.
Nul doute que l'Ecossais n'eut été envoyé là par l'archevêque. Celui-ci avait également remis entre les mains de son
amie la direction spirituelle de son neveu, le marquis de Fé-

_____

(1) *Mme Guyon, directrice de conscience.*

nelon, chef de nom et d'armes de la maison de Salignac, le
« Fanfan » de la correspondance intime du prélat et le futur
ami de Voltaire à ses débuts. Les lettres d'édification qu'elle
adresse à ce jeune homme sont remplies de détails qui nous
montrent l'intimité rétablie entre Blois et Cambrai. Elle
embrasse de loin le « bon Panta », l'abbé Pantaléon de Beau-
mont, autre neveu de Fénelon : elle échange des souvenirs
affectueux avec Mmes de Risbour, qui sont des dirigées fla-
mandes de l'archevêque, des amies ou parentes de Mme de
Montberon.

Par une curieuse analogie avec cette branche du Rousseauisme mystique que fut le Saint-Simonisme, les chefs de
la secte, Fénelon et Mme Guyon, sont devenus le *cher père*
et la *chère mère,* pour tous les fidèles de la petite église « intérieure ». Ce qui nous permet d'affirmer que la béate écrivait de nouveau à Fénelon sans intermédiaire en ce temps,
puisque nous lisons dans une de ses lettres, qui est datée du
19 septembre 1714 : « Nous avons perdu le bon duc (Beau-
« villiers).. J'ai écrit *plusieurs lettres de consolation à notre*
« *cher père...* Il ne laisse pas d'être fort affligé! » C'est que
ces lettres n'étaient plus de la même qualité que par le passé,
peut-être. Celles dont elle gratifiait vers ce temps le marquis
de Fénelon sont aussi orthodoxes désormais d'inspiration
que médiocres de pensée et de style : nous sommes bien loin
de la très fine et très vivante correspondance de 1689, et l'on
ne comprend guère le prix que les initiés attachaient encore
à ces vagues exhortations.

Leur action reste néanmoins réelle puisque l'église guyonienne pousse alors ses ramifications au-delà des frontières
de France, en Angleterre, en Ecosse, en Allemagne, en
Suisse, c'est-à-dire en pays protestants, partout où se rencontrent des âmes avides d'une *seconde Réforme* plus propre
que la première à contenter les aspirations affectives et plus
particulièrement *féminines* du cœur humain. La « chère
mère » dirige paisiblement, avec des gestes fatigués de bénédiction, ceux qu'elle nomme ses *Cis* et ses *Trans (Trans
Fines),* ceux qui sont en deçà et ceux qui sont au-delà des
limites du royaume bourbonien. Dutoit nous a conservé le
nom de quelques-uns des *Trans* : un baron de Metternich,
l'abbé de Wattenville, un certain Otto Homfelt, une Mlle de

Venoge, à Lausanne, et un M. Monod, chirurgien et maître
de postes à Morges : M. Chérel nous a révélé en outre la
lettre d'un Écossais anonyme qui est une page touchante par
la confiance ingénue et la parfaite bonne volonté morale dont
elle témoigne.

On sait que l'archevêque précéda d'environ deux ans son
amie dans la tombe et on lira peut-être volontiers quelques
phrases de la lettre de condoléance qui fut adressée par elle
au marquis de Fénelon à ce propos : c'est une bien calme
oraison funèbre : certes, on pouvait attendre autre chose de
sa plume devant le tombeau récemment fermé de l'homme
qui avait exercé sur elle une action si puissante et dans Tes
destinées duquel elle était intervenue de façon si décisive à
son tour : « Mon cher Boiteux, écrit-elle au gentilhomme
« (qui restait estropié d'une blessure de guerre), quoique
« ma douleur soit plus grande que je peux vous le dire, je
« ne laisse pas de prendre part à la vôtre. Que vous perdez,
« et que nous perdons tous'! On peut dire que l'Eglise de
« France a perdu sa plus vive lumière! Mais là volonté de
« Dieu, qui nous doit être au-dessus de tout, est l'unique
« consolation qui nous reste. Je ne le plains point parce qu'il
« est arrivé au terme qui est sans bornes et sans limites,
« où il jouit de Celui qu'il a voulu, qu'il a cherché et auquel
« il a consacré tous les moments de sa vie. Comme je ne
« doute point qu'il ne soit mort dans un entier abandon en-
« tre les mains de Dieu, aussi ne doutai-je point de sa béa-
« titude. Je vous conjure, si vous avez de ses cheveux ou
« quelque autre chose qui lui ait appartenu de m'en faire part
« pour moi et mes chers amis. Ils ne seront guère moins
« touchés que nous ne le sommes de sa mort. Les ennemis
« de l'Eglise en triompheront, mais les serviteurs du P. M.
« (petit-maître), en quelque lieu de la terre qu'ils puissent
« être répandus prendront part à notre douleur, etc... »

Le ton de cette lettre suffit à faire connaître celui des
exhortations qu'elle écrivit encore durant les années 1716 et
1717 et qui figurent à la fin du quatrième volume de sa
correspondance dans l'édition de Dutoit. Elle s'y montre fidèle à elle-même, quoique dans une sorte d'affaissement psychique causé par l'âge et les infirmités qui accablaient désormais sa santé, en tout temps délicate. Elle ne se fait

plus illusion sur le succès de sa mission terrestre : « Si les
« travaux de Jésus-Christ ont peu servi aux Juifs, qui s'af-
« fligera d'être de même... Si tu as dit la vérité à mon peu-
« 'ple et qu'il ne l'ait pas crue, il périra lui-même et ton
« âme sera sauvée ! » Chose singulière, Karl Marx, le plus
efficace prophète du mysticisme social dans la seconde moitié du xix⁰ siècle et le descendant authentique de Mme Guyon
par Jean-Jacques, affectionnait lui aussi cette formule de détachement toute biblique « *Dixi et salvavi animam meam!* »
L'auteur des *Torrents* n'avait d'ailleurs aucunement sujet
de désespérer de l'avenir. En se ralliant à la bannière de
Rousseau, son continuateur inconscient, le xviii⁰ siècle allait
lui apporter une ample revanche. A-t-elle parlé cependant
pour le bien des peuples qui ont fait si large accueil à ses
suggestions mystiques à travers la version laïcisée, moder-
nisée du Génevois? L'avenir seul se trouvera en mesure de
répondre sur ce point, lorsqu'il deviendra possible d'embras-
ser d'un coup d'œil synthétique les résultats de ce puissant
mouvement rousseauiste que nous vivons encore, pour notre
part, et dont les perspectives exactes échappent, en conséquence, à notre regard. On dirait toutefois qu'elle ait eu
quelque pressentiment des formes inattendues sous lesquelles son enseignement devait trouver un chemin d'accès vers
les affectivités modernes : « Je suis, dit-elle, un néant vide,
« un canal sans eaux. *Chacun trouve par ce canal selon sa*
« *foi* (nous dirions plutôt : selon l'orientation actuelle de sa
« volonté de puissance) afin que rien ne soit attribué à la
« créature. Il y a longtemps que Dieu m'a rendue *enfant*...
« J'espère que s'il permet que vous veniez me voir, il me
« donnera tout ce qu'il faut pour vous! » Ce sont là ses
formules de longue date : on la trouve de la sorte imperturb-
bable jusqu'à sa dernière heure dans ce rôle d'intermédiaire
divin qu'elle avait tenu le plus souvent avec une rare maîtrise;
ses succès avaient été si considérables parfois et si constamment renouvelés que, parvenue près de son terme, elle devait s'en trouver plus que jamais confirmée dans sa mystique interprétation de son rôle terrestre.

LIVRE V

La direction fénelonienne et sa vertu thérapeutique

Le dessein de cet ouvrage est d'établir la filiation secrète, furtive et fugitive qui relie les mysticismes chrétiens dévoyés, de nuance féminine, dont le XVIIIe siècle a subi le charme avec ces mysticismes plus laïcisés, mais d'analogue inspiration dans le fond, dont le XVIIIe siècle a préparé le triomphe. Entre ces deux élans affectifs de l'âme moderne, Fénelon nous paraît former le lien : mais c'est plutôt comme directeur de conscience que comme controversiste qu'il a noué ce lien subtil, bien que sa controverse nous fournisse la clef de sa direction. Il nous reste à étudier cette dernière forme de son activité vitale dans ses rapports avec le Guyonisme rationalisé. Aussi bien n'est-elle que la constante application de ce système aux cas particuliers de la vie pratique.

Rousseau a-t-il lu les *Maximes des Saints*, ce catéchisme de la méthaphysique fénelonienne? Ce n'est pas probable, mais il fut certainement un admirateur de cette correspondance spirituelle ou de ces *Manuels de piété* dont Fénelon lui-même facilita l'édition de son vivant et qui, dès les premières années du XVIIIe siècle, prirent leur place dans toutes les bibliothèques dévotes ; en sorte qu'ils figuraient sans nul doute dans celle de Mme de Warens, venue à la religion romaine et pensionnée par le duc de Savoie pous ses dispositions édifiantes. Dans une phrase de ses *Rêveries,* qui n'a pas été assez soulignée jusqu'ici selon nous, Jean-Jacques caractérise en ces termes la période sincèrement catholique de sa pensée, période qui se place peu après 1730 : « L'étude « des *bons livres* auxquels je me livrai tout entier renforcé- « rent, auprès de Mme de Warens mes dispositions natu- « relles aux sentiments affectueux, *et me rendirent dévôt* « *presque à la manière de Fénelon!* » C'est dans cette étude qu'il a puisé, ajoute-t-il, les convictions psychologiques et morales qui n'ont plus cessé d'être les siennes : c'est par là que fut imprimée « à son âme encore simple et neuve les sen- « timents expansifs et tendres faits pour être son aliment, « la forme qui lui convenait davantage et qu'elle *a gardé tou-* « *jours!* » Rien n'est donc plus important pour comprendre le XVIII* siècle dans sa seconde et décisive moitié que l'examen de la direction fénelonienne.

---

(1) Édit. Musset-Pathay des *Œuvres* de Rousseau. III* rêverie, page 256.

CHAPITRE PREMIER

Commentaire infatigable du guyonisme rationalisé.

Nous savons déjà que les convictions de Fénelon sont devenues toutes guyoniennes après 1688, en sorte que nous
avons pu les définir, à mainte reprise, comme un guyonisme
suffisamment rationalisé pour être toléré par l'orthodoxie
romaine ; tout au moins quand il ne se formulait pas de
façon trop précise dans un livre théorique et dogmatique, comme il arriva dans les *Maximes des Saints*. C'est
ce que l'archevêque de Cambrai fit entendre, en d'autres termes, à Ramsay dans les conversations que nous avons rap-
pelées plus haut. Si en effet les *Maximes* furent solennellement condamnées à Rome, les nombreux ouvrages d'édification qui parurent sous le nom de Fénelon après 1700, —
la plupart avec sa discrète connivence, — n'ont pas subi le
même sort : ils ont fait la nourriture spirituelle d'innombrables catholiques demeurés dans la communion romaine.
Il ne faudrait pas croire toutefois que ces écrits aient été vus
d'un œil bien favorable à l'origine par les interprètes autorisés du chritianisme rationnel : c'est cette attitude significative de réserve, presque d'hostilité de la part de l'orthodoxie qu'il ne sera pas inutile de constater d'abord.

I. — LES SUSPICIONS CATHOLIQUES CONTRE LE FÉNELONISME AU XVIIIe SIÈCLE.

Oui, le Fénelonisme tout entier a conservé comme un relent d'hérésie jusqu'à l'heure où le rousseauisme triomphant
eut porté les cœurs « sensibles » de l'époque à venir vers
Fénelon avec plus de confiance que par le passé, en inclinant
l'autorité ecclésiastique elle-même à l'indulgence pour une

méthode spirituelle qui semblait mûrir désormais, mieux que tout autre, des fruits d'édification dans les âmes modernes. Le cardinal de Bausset nous apprend que, peu après la mort de l'archevêque, le vice-légat d'Avignon, Gonteri, refusa de laisser imprimer en terre papale les *Œuvres spirituelles* du prélat qu'il avait fait examiner avec soin au préalable. Il suspectait donc à la fois et les lettres de direction fénelonienne et le *Manuel de piété,* qui est fait de fragments de ces lettres.

En 1740, le cardinal de Fleury permit de publier ces mêmes textes en France mais non sans les faire précéder de cet *Avis au lecteur* : « On ne doit pas dissimuler qu'on trou-« vera en quelques endroits, et surtout dans la première « partie de ces *Œuvres spirituelles,* des traits un peu forts « et des expressions qui approchent des sentiments condam-« nés dans les *Maximes des Saints.* On sera surpris de cet « abandon total, de cet anéantissement du Moi, de cette en-« tière indifférence, même pour le salut, que l'auteur semble « exiger pour la perfection. On *n'aimera* point à voir traiter « les actes de crainte et d'espérance comme des actes d'im-« perfection que le *feu jaloux du purgatoire doit détruire!* » Ce sont là en effet quelques échos affaiblis de la mystique féminine dévoyée, quoique non pas les plus importants selon nous. Et l'auteur anonyme de cet avis cherchait à excuser Fénelon de ces écarts en invitant le lecteur à se souvenir qu'une grande partie des *Œuvres spirituelles* avait été écrite avant le bref d'Innocent XII portant condamnation des *Maximes des Saints,* mais que l'auteur lui-même avait ensuite condamné avec l'Eglise ses formules ou ses expressions antérieures? Quelque purs qu'eussent été ses sentiments, il convenait pourtant lui-même qu'il ne les avait pas exprimés avec une suffisante exactitude et qu'il ne fallait donc pas s'arrêter à ses termes, souvent trop forts ou même dignes de censure!

Après le milieu du siècle, au contraire, la mémoire de Fénelon est en grand honneur même parmi les incrédules, grâce au rousseauisme triomphant : l'auteur du *Télémaque* est devenu, pour l'opinion, l'antagoniste le plus courageux du gouvernement de Louis XIV. Or, les catholiques français eux-mêmes se montrèrent empressés à recueillir, au moins pour une part, l'héritage intellectuel du mystique de Genève après son succès, comme l'a si bien établi P. M. Masson dans son livre sur la *Religion de ·Rousseau*. Devant cette nouvelle disposition des esprits, l'Assemblée du Clergé de 1782 crut rendre un service éminent à la religion en autorisant, ou même en favorisant une édition complète . des œuvres de l'éloquent prélat (les *Maximes des Saints* exceptées, bien entendu) : et la seconde génération rousseauiste avec les Maine de Biran et les Ballanche allait trouver son aliment de prédilection dans ses écrits.Mais le Père de Querbeuf, chargé de recommander cette publication aux lecteurs, n'en présenta pas moins les œuvres proprement *spirituelles* de l'archevêque comme la partie la *plus embarrassante* pour les éditeurs, comme « un recueil digne à la vérité de cet « écrivain célèbre mais qui n'est pas cependant exempt de « taches et qui *se ressent des erreurs que l'on a reprochées* « *au livre des Maximes!* »

Enfin, en 1784, (le 30 août) le rédacteur des *Nouvelles ecclésiastiques* écrivait nettement que la *Lettre sur la fréquente communion* comme *presque toutes les œuvres spirituelles* de Fénelon au surplus, se sentait du *quiétisme* de l'auteur! Encore une fois, la suspicion se donne cours ici sur des points de détail et ne porte nullement sur les traits, essentiels à notre avis, du système qui restent inaperçus des commentateurs : ces réserves n'en sont pas moins significatives. Lorsque Châteaubriand eut orienté la plupart des catholiques de son temps dans un sens assez nettement rousseauiste et par conséquent fénelonien, il ne fut plus question de semblables chicanes, on le conçoit. Le XIXe siècle a fait de Fénelon un écrivain d'édification au même titre que Bossuet ou Bourdaloue et lui a même fourni beaucoup plus de clients qu'à ces derniers directeurs ou sermonnaires.

II. — LA DIRECTION FÉNELONIENNE AVANT 1689.

La direction de Fénelon fut d'abord d'inspiration principalement rationnelle. S'il nous paraît indispensable qu'il ait senti tout au moins quelque curiosité à l'égard des mystiques avant d'avoir rencontré Mme Guyon pour que cette rencontre put avoir les conséquences que l'on sait, il resta le

disciple de ses maîtres sulpiciens et de Bossuet dans ses écrits
d'édification jusqu'en 1688. La lettre que nous conservons de
lui « sur la manière de faire oraison » (1683),est une page de
piété solide, mais d'ailleurs beaucoup moins attrayante par
le style que ses directions ultérieures. Son célèbre traité de
.l'*Education des filles,* publié en 1687,reste parfaitement pon-
déré et procéde d'une expérience mondaine déjà consommée.
Le mysticisme n'y tient aucune place ; on dirait même que
Mme Guyon soit stigmatisée par anticipation dans ces lignes si sages : « Les filles mal instruites et inappliquées ont
« une imagination toujours errante... elles se passionnent
« pour des romans (nous savons que telle, exactement, avait
« été la disposition d'esprit de Jeanne de La Motte au temps
« de son adolescence) et se rendent l'esprit *visionnaire,* car
« tous ces beaux sentiments en l'air, ces passions généreu-
« ses n'ont *aucun rapport avec les vrais motifs qui font agir*
« *le monde* et qui décident des affaires ! » C'est là une psychologie strictement rationnelle; à peu près celle que Bossuet adoptera du cours de la controverse du quiétisme quand
il traitera des rôles respectifs de l'amour et de l'intérêt dans
les affaires humaines : « Quelques-unes poussent leur curio-
« sité encore plus loin, ajoute Fénelon, et se *mêlent de dé-*
« *cider sur la religion quoi qu'elles n'en soient pas capa-*
« *bles !* » Nous voilà donc bien loin du Fénelon des conférences d'Issy. On dirait qu'il écrive, en cette page d'entier bon sens, une histoire abrégée, mais durement critique
de l'évolution mentale qui nous avons pu constater chez la
béate de Montargis !

Mais, l'*Avis à une dame de qualité sur l'éducation de sa
fille,* qui est presque toujours adjoint au *Traité* dans ses éditions courantes, apparaît nettement guyonien tout au contraire, ou du moins retouché dans le sens guyonien avant sa
publication ; sa dernière partie porte sur l'oraison de quiétude interprétée à la façon de la béate. Nous avons d'ailleurs bien d'autres témoignages de cette sorte d'abîme que
la rencontre de Beyne a creusé entre les deux périodes de la
direction fénelonienne : une lettre de lui à Chevreuse, datée
de 1687 (1), est déjà charmante par le style par l'élan réli-

---

(1) *Corres.,* I, 50.

gieux léger et tendre, mais rien de guyonien n'y apparaît encore : celles qui s'adressent à Seignelay, le beau-frère du duc, en 1690, seront pleinement guyoniennes au contraire. Trois exhortations envoyées au marquis de Blainville avant 1688 (1) ne rappellent aucunement les écrits édifiants de Mme Guyon : dès juin 1689, le même correspondant reçoit des pages visiblement influencées par les conceptions de la béate : et, pour la comtesse de Gramont (2) la transition] sera beaucoup plus nette et plus frappante encore, car nous pouvons la situer exactement en octobre 1688, d'après les nombreuses lettres que lui adresse Fénelon à cette époque de leurs relations spirituelles. Il est vrai que la robuste Écossaise avait peu de penchant pour la dévotion dite « intérieure » et que son conseiller spirituel, si hautement doué de tact, n'insistera donc pas très longtemps pour lui faire accepter cette vue raffinée des relations qu'il convient d'établir entre le croyant et son Allié céleste.

Ajoutons que l'automne de 1688 ayant vu la naissance du fénelonisme guyonien qui n'a plus cessé de satisfaire son inventeur et d'inspirer tous ses écrits, c'est la presque totalité de l'œuvre fénelonienne qui a été composée sous cette influence : en particulier les innombrables lettres de direction dont l'auteur laissa imprimer les plus significatives pendant les dernières années de sa vie. Certes, il avait, comme nous le savons, largement rationalisé le guyonisme lacombien que lui insinua tout d'abord son inspiratrice avant de reconnaître pour sien ce curieux système de la possession divine : les trois états actif, passif et déiforme de la voie « intérieure », il les avait sagement modifiés en les traduisant de la sorte : lutte consciente prolongée contre les tendances insuffisamment sociales de la nature humaine : calme conservé dans l'épreuve névropathique qui grossit indûment les échecs ou les obstacles sociaux : équilibre finalement réalisé, tant bien que mal dans l'âme humaine entre l'impérialisme subconscient, contenu par un dressage préalable et l'impérialisme conscient, orienté jusqu'à un certain point dans le sens social par l'intérêt bien entendu.

---

(1) *Ibid.*, **V**, 480.
(2) *Ibid.*, **VI**.

Plus instamment que son inspiratrice, il a d'ailleurs prescrit d'associer jusqu'au terme de la vie le premier état au
second, et il s'est peu appesanti sur le troisième qui figure,
atténué, dans ses écrits sous cet autre nom, la « sainte liberté
des enfants de Dieu ». Mais, après qu'il a de cette façon
mis au point le schéma guyonien selon les suggestions de sa
fine raison, il y ramène doucement et obstinément toute la
vie chrétienne, avec une variété de formules, avec un charme
de style que sa directrice ne posséda jamais comme lui. A
en juger par leur langue, on croirait qu'une génération ou
même deux séparent ces contemporains : Mme Guyon, née
en 1648 appartient à la littérature Louis XIII, et Fénelon,
né en 1651 annonce celle des premières années de Louis
XV. Ces attraits d'ordre divers ont fait de lui le directeur
favori, le *consolateur* par excellence des âmes modernes,
filles de leur temps, touchées d'usure nerveuse, agitées de
romantisme instinctif, avides d'affirmations toniques sur de
rassurantes alliances dans l'au-delà : d'un Jean-Jacques
attendant la mort, qu'il juge prochaine, sous l'aile maternelle de Mme de Warens : d'un Maine de Biran, éprouvé
par les plus étranges tragédies de la vie.

CHAPITRE II

Les résultats masculins de la direction fénelonienne.

Ayant ainsi résumé en quelques mots les principes de la direction fénelonienne, nous nous permettons de renvoyer nos lecteurs, pour plus ample information sur ce point, à notre Appendice théorique. Puis, avant de confirmer nos assertions par l'étude des efforts thérapeutiques les plus intéressants que cette direction ait jamais tenté, — ceux qui s'adressèrent à deux femmes, inégalement, mais pareillement affectées de névrose, — nous nous arrêtons un instant à scruter les résultats qu'elle produisit dans les âmes masculines qui se sont le plus consciencieusement soumises à ses préceptes : nous voulons parler des ducs de Beauvilliers et de Chevreuse, ainsi que de l'héritier présomptif de la couronne de France, Louis de Bourbon, duc de Bourgogne.

I. — Deux seigneurs embarrassés de scrupules.

Il faut bien le dire, tous ces chrétiens de louables intentions et de haute vertu nous apparaissent, dans leurs relations avec leur illustre conseiller spirituel, comme de pieux « ahuris » si nous ne craignons pas d'employer le terme, exagéré à dessein, que nous avons choisi afin de caractériser l'hygiène morale du guyonisme, même largement corrigée par la rationalité chrétienne sous l'influence de Fénelon. Considérons plutôt, en premier lieu, le gouverneur du Petit Prince, le correspondant timoré de M. Tronson, Beau-

villiers : « Il surmonte autant qu'il peut sa timidité natu-
« relle, en écrit son beau-frère Chevreuse (1). Il désespère
« aisément de persuader ! » Ecoutons-le lui-même lorsqu'il
croit devoir se tourner vers le sage supérieur de Saint-Sulpice pour savoir jusqu'à quel point il peut désavouer
Mme Guyon à Versailles et s'il lui est permis, en conscience,
pour échapper à la disgrâce royale, de proclamer *folle* cette
femme qu'il est si loin de croire telle en réalité (2) : « Je
« suis à la veille d'être éloigné de la cour si je ne dis pas
« précisément que Mme Guyon est une folle ou une mé-
« chante... Mme Guyon a dit ou écrit certaines choses qui
« paraissent extraordinaires, mais, comme j'y ai vu donner
« des sens qui ne sont rien moins qu'extravagants *à des*
« *gens éclairés qui en parlèrent devant moi* (la dextérité
« rationalisatrice de Fénelon est ici clairement caractérisée)
« il ne peut pas, ce me semble, m'être permis de dire posi-
« tivement qu'elle est folle... Je me jette avec confiance
« dans les bras du Père céleste, etc...» Il montre dans la
suite de cette lettre le plus noble détachement des vanités
terrestres : mais son caractère hésitant ne s'y peint pas
moins en traits évidents.

Quant au duc de Chevreuse nous possédons son portrait
moral achevé de la main de Fénelon dans l'ensemble de leur
correspondance qui fut si active : « Les gens que vous avez
« le plus écoutés autrefois, lui écrit le prélat dans les der-
« niers jours d'août 1699 — en faisant allusion aux éduca-
« teurs Port-Royalistes de son ami, — sont infiniment secs,
« raisonneurs, critiques et opposés à la vraie vie intérieure !»
Les « Messieurs » de la colonie pascalienne étaient en réalité des chrétiens trop virils pour ne pas froisser ces esprits,
féminisés par l'affaiblissement de leur système nerveux.
« Si peu que vous les écoutassiez, poursuit l'archevêque exi
« lé, vous écouteriez aussi un raisonnement sans fin et une
« curiosité dangereuse (une tendance plus historiste et logi-
« que) qui vous mettrait insensiblement hors de votre grâce
« pour vous rejeter dans le fond de votre naturel. Quand
« vous cesserez de *raisonner*, vous mourrez à vous-même,

---

(1) I, 290.
(2) IX, 159.

« car la raison est toute votre vie... Abandonnez-vous à la
« simplicité et à la *folie* de la Croix... Plus une vie est pro-
« fonde, délicate, subtile et spécieuse, plus on a de peine à
« l'*éteindre*. Elle échappe par sa subtilité : elle se fait épar-
« gner par de beaux prétextes... Telle est la vie secrète d'un
« esprit curieux tourné au raisonnement, qui se possède par
« *méthodes philosophiques* (stoïcisme) et qui *veut posséder*
« *tout ce qui l'environne*... Qui voudrait à tout moment
« s'assurer qu'il agit par raison et non par passion ou par
« humeur *perdrait le temps d'agir*, passerait sa vie à anato-
« miser son cœur et ne viendrait jamais à bout de ce qu'il
« chercherait... J'ai souvent remarqué que vous êtes toujours
« pressé de passer d'une occupation à une autre et que, ce-
« pendant, chacune en particulier vous mène trop loin. C'est
« que vous suivez votre esprit d'anatomie et d'exactitude en
« chaque chose. *Vous n'êtes point lent, mais vous êtes long !* »
La condamnation de la raison se confond assez subtilement
ici avec celle du raisonnement à contre-temps qui paralyse ;
ce qui est la restauration de la raison vraie au moment même
où on l'attaque d'autre part. Fénelon savait allier en lui ces
constrastes : Chevreuse ne le sut jamais et demeura un esprit de second plan.

Le 27 décembre 1695, Mme de Maintenon écrivait au nouvel archevêque de Paris, Noailles : « Ne tâcherez-vous point,
« Monseigneur, de guérir le Père de La Chaise ou du moins
« de le faire rougir de cette maxime que les dévôts ne sont
« bons à rien? Il est trop vrai qu'il y a des dévôts qui ne
« sont point propres à gouverner, mais c'est la faute de leur
« esprit et non la faute de leur dévotion. La maxime du
« bon père est *générale*, tombe sur tous les dévôts et semble
« dire que la pratique de l'Evangile rend imbécile et sot.
« Elle est *publique* : vous pourrez lui en parler librement ! »
Mais huit mois plus tard, le 16 août 1696, tandis que Fénelon
vient de se perdre dans son esprit par son fâcheux plaidoyer
pour Mme Guyon, elle écrira sur un ton déjà différent au
même prélat : « Continuez d'attaquer (près du Roi) ce qu'il y
a «de mauvais dans les *dévôts* avec votre douceur naturelle» !
Eh bien, nous ne pouvons nous dérober à l'impression que
ces dévôts qui inspiraient au Père de la Chaise une appréciation si sévère, et beaucoup trop générale en effet, n'étaient

autres que ceux de la « petite église », les dirigés de Mme Guyon et de Fénelon. Aussi bien, à leur défaut, ne voit-on pas qui ce pourrait être !

II. — La dévotion du duc de Bourgogne.

Toutefois, le caractère masculin sur lequel il est le plus indiqué de juger l'action morale du fénelonisme guyonien, c'est celui qui en reçut l'empreinte dès le premier éveil de ses facultés intellectuelles. On connaît la page fameuse de Saint-Simon sur la métamorphose quasi-miraculeuse que le duc de Bourgogne parut subir entre les mains de son précepteur : ce fût là, selon nous, un triomphe de ce christianisme rationnel dont l'auteur de l'*Education des filles* n'avait pas oublié les préceptes et qui conserva toujours quelque place en ses suggestions de directeur. Mais, à dater de l'adolescence, et quand le maître qui avait conquis son affection l'initia sans doute de façon plus entière à la dévotion « intérieure », le Petit Prince pourrait bien être devenu à la fois un prodige et une victime de cette formation, exagérément affective. Fils, petit-fils et arrière-petit-fils d'Allemandes, il n'avait pas l'esprit méridional alerte et délié de son éducateur qui, pour sa part, ne se laissa jamais « ahurir » par les suggestions de la mystique féminine extrême. Quelque parfait qu'eût été le dressage moral préalablement reçu par ses impulsions subconscientes, quand il en vint à se laisser conduire, jusqu'à un certain point, par elles, il se trouva certes honnête et plein de droites intentions, mais empêtré dans les résolutions à prendre et peu capable des rapides adaptations conscientes que réclame la lutte vitale : au total insuffisamment préparé à remplir sa place et à gouverner les affaires d'une vaste monarchie militaire. Il était devenu, avec le temps, un parfait « anéanti » pour employer le langage de ses éducateurs, mais l'œuvre d'anéantissement fut en lui trop complète : « Surtout, soyez humble et *petit,* » lui écrira Fénelon dans le premier billet qu'il ait pu lui faire tenir, après quatre ans de silence forcé, en 1701 ! Etait-ce bien là le précepte convenable à l'héritier d'une royauté d'origine conquérante et féodale, au chef responsable d'une nation pourvue de l'hégémonie européenne à cette heure de son histoire?

Mais sans faire intervenir ici les considérations de morale, examinons, sous le seul aspect intellectuel, le point de départ du prince vers sa septième année et son point d'arrivée vers la trentième. Enfant, il est brillamment doué, semble-t-il, car nous avons sur ce sujet des témoignages quelque peu suspects de partialité courtisane, sans doute, mais concordants, insistants et, au total, suffisamment persuasifs : celui de Saint-Simon, qui écrit que « l'étendue et la vivacité de son esprit étaient prodigieuses » ; celui de son sous-précepteur, l'abbé Fleury, qui le juge « un esprit de premier orde » ; celui de son prudent gouverneur Beauvilliers qui parle de lui comme d'un *esprit très avancé :* enfin celui de Bossuet, exprimant sa surprise et son admiration après un examen d'écolier qu'il fut invité à lui faire subir.

Le point d'arrivée, ce sont ces difficiles années de 1700 à 1710 durant lesquelles l'opinion lui sera le plus souvent sévère. On connaît le mot de Mme de Maintenon dans une lettre au cardinal de Noailles du 11 juillet 1706 : « M. le duc « de Bourgogne est extravagant, car on ne peut appeler au- « trement la passion qu'il a pour sa femme et je ne crois « pas qu'on en ait jamais vu une *si désagréable et pour celle* « *qui la cause* et pour les spectateurs! » Ce que Bausset, dans une discrète périphrase, caractérise comme « cette es- « pèce d'ivresse avec laquelle le prince s'abandonnait à une «·passion, même légitime! » Mais Fénelon surtout, si attentif au développement d'un disciple sur qui reposent tous ses tenaces espoirs d'avenir, Fénelon nous renseignera sur les résultats intellectuels de la discipline que s'est choisie le prince, après qu'elle lui a été suggérée par son précepteur aux heures les plus décisives de sa formation mentale. Sans cesse l'archevêque lui reproche, avec la plus apostolique franchise, sa dévotion scrupuleuse et timide, ses expressions modestes et dévotes *à contre-temps* au sujet de ses responsabilités militaires! Mais c'est que ce « contre-temps » là n'était nullement prévu dans le schéma guyonien, car on y vante pour tous les cas la *petitesse* et la souplesse dans la main du Dieu qui possède le chrétien engagé sur la voie de la purification passive.

« Il me revient par le bruit public, écrit le prélat en oc-
« tobre 1708, *qu'on dit que vous vous ressentez de l'éduca-*
« *tion qu'on vous a donnée,* que vous avez une dévotion fai-
« ble, timide (féminine) et scrupuleuse dans des bagatelles,
« pendant que vous négligez l'essentiel *pour soutenir la*
« *grandeur de votre rang et la gloire des armes du roi!* »
Sans doute, pourrait répondre l'incriminé, mais que la conciliation est donc difficile à réaliser entre la passivité exi-
gée des chrétiens dignes de ce nom et la « grandeur » ou la
« gloire » que je suis sommé de soutenir! « On ajoute,
« continue Fénelon, que vous vous êtes *amusé,* inappliqué,
« irrésolu, que vous n'aimez qu'une vie particulière et obs-
« *cure...* que vous donnez votre confiance à des esprits *faibles*
« *et craintifs...* On dit même que vos maximes scrupuleuses
« vont *jusqu'à ralentir votre zèle pour la conservation des*
« *conquêtes du roi. L'on ne manque pas d'attribuer ce scru-*
« *pule aux instructions que je vous ai données dans votre en-*
« *fance!* » Ces lignes démontrent avec quelle perspicacité le
secret de la dévotion fénelonienne était pénétré par les
contemporains ; car ceux-ci voyaient fort juste après tout :
et l'auteur de la lettre anonyme de 1693 à Louis XIV (il était
depuis quatre années précepteur du jeune prince à cette date)
en a trop oublié les suggestions de *paix à tout prix,* et de
restitutions conformes à la justice. Quant à l' « amusement
« enfantin », à la vie retirée et « obscure », à la partialité
pour des esprits portés à ces mêmes goûts « faibles et craintifs », ce sont là des prescriptions guyoniennes sur lesquelles
Fénelon a toujours insisté de son côté vis-à-vis de ses pénitents, quoi qu'il ait su ne les pratiquer que jusqu'à un certain point pour sa part, gardé qu'il était de tout excès en ce
sens par son tempérament malgré tout conquérant. Ce tempérament de bonne race venait à la traverse au besoin et faisait le nécessaire pour rétablir l'équilibre au profit des qualités dont procède la victoire dans la lutte vitale. Mais son
élève, déjà comblé par sa naissance du côté du pouvoir, n'a-
vait pas les mêmes réactions de volonté ambitieuse Au surplus si le gentilhomme, sorti d'une souche militaire, se retrouve dans les lignes que nous venons de lire, le disciple de
Mme Guyon reprend la parole dans celles qui suivent :
alternance fâcheuse, qui devait nécessairement porter quel-

que confusion dans l'esprit de son trop docile auditeur : « Ce
« qui me console de vous voir *si traversé et si contredit,*
« ajoute-t-il en effet, est que je vois le dessein de Dieu qui
« *veut vous purifier par des croix...* pourvu que vous ren-
« triez sans cesse au-dedans de vous pour l'y trouver ! » Soit,
mais le corollaire de telles suggestions, c'est la persistance
dans l'hygiène morale *passive* dont l'archevêque voudrait
voir son pupille se départir un peu, pour le bien de l'état et
pour son bon renom parmi ses futurs sujets.

Au surplus le ton critique s'imposera de nouveau peu après
au courageux conseiller ; car le prince continue de prendre
beaucoup trop à la lettre les conseils d'*enfance* spirituelle qui
lui ont été proposés autrefois par son Mentor. C'est par ce
mot, en effet, que Chevreuse va caractériser, pour Fénelon,
l'attitude du jeune général en campagne : celui-ci se donne
« trop d'apparence de peu de souci ou d'indifférence sur ce
« qui a coutume d'intéresser les hommes, et, pour tout dire,
« laisse voir *quelques restes d'enfance !* » Le bruit public assure qu'il a « passé de grands temps dans des jeux d'enfant
« avec M. son frère, dont l'indécence a soulevé toutes les
« personnes bien intentionnées ! » Et là-dessus le directeur
de gronder : « Vous êtes trop demeuré renfermé dans
« un camp avec M. le duc de Berry, d'une manière peu con-
« venable à votre âge ! » Soit, mais que faisait donc autre
chose naguère le « nourrisson » de Mme Guyon, s'enfermant,
par hygiène morale « intérieure » afin de s'amuser à des
riens et de fredonner, en joignant le geste puéril à la parole
balbutiante, les naïfs pont-neufs de sa « maman-téton » (1) !

Vis-à-vis de Chevreuse, l'auteur de la lettre anonyme de
1693 et du *Télémaque,* se montre encore plus explicite dans
l'expression d'un mécontentement qui lui sied moins qu'à
tout autre : « Le P(etit) P(rince) a dit que ce que la France
« souffre maintenant vient de Dieu qui veut nous faire ex-
« pier nos fautes passées. Si le prince a parlé ainsi, il n'a pas
« assez *ménagé la réputation du roi :* on est blessé d'une dé-
« votion qui tourne à critiquer son grand'père... Il demeu-

_____

(1) **Voir dans P. M. Masson**: *Fénelon et Mme Guyon*, page 356 et
suivantes.

« rera *avili*, comme un homme qui a encore, *dans un âge de*
« *maturité, une faiblesse puérile.* Qu'il soit de plus en plus
« *petit sous la main de Dieu,* mais grand aux yeux des hom-
« mes ! » Sans doute, sans doute, mais que la mesure devait
donc être difficile à trouver entre deux règles de conduite si
parfaitement antagonistes : morale de l'honneur, issue de la
conception militaire, féodale et chevaleresque de la vie : morale de la passivité issue de la conception affective et spécifiquement féminine de l'activité vitale. Tout le monde n'est
pas un Fénelon pour y parvenir, si tant est qu'il y soit parvenu toujours. « On me dit, poursuit le moderne Mentor,
« qu'il demeure content de sa vie obscure, *dans l'avilisse-*
« *ment, dans le mépris public !* » Mais, interrompons-nous
en cet endroit, c'est ici la partie essentielle de l'épreuve divine, selon les enseignements du mysticisme quiétiste et
l'attitude qu'il est recommandé d'y garder ! Puis vient une
allusion aux maladresses conjugales que Mme de Maintenon
jugeait si sévèrement tout à l'heure : « Au lieu d'être atta-
« ché à sa femme *par raison,* par estime, par vertu et par
« fidélité à la religion, il paraît l'être par passion, par fai-
« blesse et par entraînement ! En sorte qu'il fait mal ce qui
« est bien en soi ! » Ces remarques sont sages : mais pourquoi, après avoir conseillé d'aimer *par raison* dans le mariage, proposer peu après ce remède imprévu aux manque-
« ments du présent : « *peu de raisonnement,* mais *simpli-*
« *cité,* force et fidélité dans la pratique ! » Tout cela s'accorde
mal ensemble, à moins de disposer d'une extrême souplesse
mentale ou d'un solide équilibre affectif. Aussi le préten-
dant Stuart, le jeune Jacques III, roi d'Angleterre *in parti-
bus,* ayant traversé Cambrai sur ces entrefaites, Fénelon le
goûtera-t-il comme une antithèse vivante de son propre pupille, *pour la raison* et pour la vertu.

Il est vrai qu'un peu plus tard, les amis du duc de Bourgogne purent concevoir de meilleures espérances pour son
avenir de souverain, et que Saint-Simon, en particulier, nous
le montre transformé, aussitôt après la mort imprévue de son
père, par le sentiment de sa responsabilité nouvelle. Mais il
ne fut Dauphin que pendant quelques mois, comme on le
sait, et sa correspondance avec son frère le Roi d'Espagne

qui a été récemment publiée (1), n'a pas paru confirmer le
jugement, d'ailleurs intéressé, du duc écrivain. — Nous estimons au total que ce caractère, tout d'abord fortement im-
pulsif, fut utilement réformé par le christianisme rationnel
dans son enfance, mais quelque peu paralysé, dans la suite,
par un mysticisme de nuance exagérément affective et féminine.

En effet, l'hygiène morale *passive,* qui suppose la possession de l'âme par Dieu, est une médiocre école pour nos facultés de synthèse et pour notre effort d'efficace adaptation
vitale. Mme Guyon elle-même, en dépit de ses origines bour-
geoises et pondérées, en dépit de sa très remarquable intelli-
gnce, s'est trop souvent conduite comme une folle, ou, qui
pis est, comme une sotte ! Fénelon seul a réalisé ce prodige
de rester lucide dans la voie guyonienne, si l'on excepte cette
fin de l'été 1696 qui nous l'a montré inégal à son épreuve.
Il a résumé certain jour, — au profit de Mme de Maintenon
sans doute (2), — les règles d'un art dans lequel il était
passé maître ; celui d'allier une ligne de conduite très suffisamment rationnelle dans la vie de cour avec les effusions
de la piété la plus « intérieure ». « Il n'est pas facile, con-
« cède-t-il, de comprendre le renoncement aux biens légiti-
« mement acquis, aux douceurs d'une vie honnête et mo-
« deste, enfin aux honneurs qui viennent de la bonne répu-
« tation et d'une vertu qui s'élève au-dessus de l'envie. Ce
« qui fait qu'on a peine à comprendre qu'il faille renoncer
« à ces choses, c'est qu'on ne doit pas les rejeter avec hor-
« reur, et *qu'au contraire, il faut les conserver pour en user*
« *selon l'état où la divine providence nous met.* On a besoin
« des consolations d'une vie douce et paisible pour se soula-
« ger dans les embarras de sa condition : il faut, pour les
« honneurs, *avoir égard aux bienséances :* il faut *conserver*
« *pour ses besoins les biens que l'on possède.* Comment donc
« renoncer à toutes ces choses *pendant qu'on est occupé du*
« *soin de les conserver?* C'est qu'il faut, sans passion, faire
« modérément ce qu'on peut pour conserver ces choses afin

<hr />

(1) Par Mgr Baudrillant et E. Lecestre. — Voir sur ce sujet un
intéressant article dans la *Revue Critique* de novembre 1916, pages 293-5.

(2) *Manuel de Piète,* Édit. Lebel, XVIII, 408.

« d'en faire un usage sobre et ne pas en vouloir jouir et y
« mettre son cœur ! » Voilà la sagesse stoïco-chrétienne dans
toute sa netteté ! Jamais la raison la plus accomplie n'a parlé
un plus séduisant langage ; mais il faut avouer qu'il est
peu conciliable avec les suggestions des mystiques extrêmes;
et Mme Guyon, par exemple, avait cru devoir quitter ses
fils et renoncer à la plus grande partie de son bien pour mener la vie « apostolique » vers laquelle elle se jugeait appelée !

CHAPITRE III

De la cure mystique des dépressions nerveuses.
Fénelon et Mme de Maintenon.

C'est vraisemblablement à Mme de Maintenon que Fénelon adressa la lettre de direction dont nous venons de souligner l'inspiration saine. Il nous faut maintenant consacrer quelques pages à cette direction qui lui tint si fort à
cœur, sur laquelle il fonda tant d'espoirs de puissance future, mais que Mme Guyon ne cessa de considérer d'un œil
malveillant, car nous connaissons l'intensité de ses jalousies
spirituelles! Stimulé par le désir de conserver une si importante conquête, le précepteur des princes fut, avec la
marquise, plus expansif qu'avec tout autre correspondant,
(Mme Guyon exceptée, cela va sans dire). Ne l'avons-nous
pas entendu déclarer à M. de Chartres, en parlant d'un passage audacieux de sa plume qui lui était remis sous les yeux
à l'improviste et dont il avait perdu le souvenir : « Il n'y a
« qu'une *seule* personne à qui je puis avoir écrit ces paroles.
« Je ne puis les avoir données qu'à elle *seule!* »

On connaît la longue lettre-portrait, d'inspiration toute
guyonienne, qu'il lui adressa sur sa demande vers 1690 ;
pages faites pour étonner quelque peu une personne aussi
foncièrement raisonnable, si cette femme, profondément fatiguée dans son système nerveux par son effort prolongé vers
le pouvoir (1), n'avait eu à cette heure de sa carrière, la cu-

_____

(1) « Je connais trop bien les *vapeurs* pour m'en effrayer », écrivait-elle à son frère. Et, à Mme de La Maisonfort: « Ne voyez-
« vous pas que je meurs de *tristesse* dans une fortune qu'on aurait
« peine à imaginer..., tous les états laissent un *vide affreux!* » Ce
dernier mot est celui par lequel Charles Fourier, l'enfant terrible
du rousseauisme théorique, caractérisa de son côté la névrose moderne qu'on commençait de son temps à nommer le « mal du siècle ».

riosité de recourir à la thérapeutique dont quelques amis lui vantaient l'efficacité : celle de la possession divine supposée, de la purification *passive* ou de la dévotion dite « intérieure ». « Vous tenez encore à l'estime des honnêtes gens, lui écrit « alors Fénelon, à l'approbation des gens de bien. Le *moi*, « dont je vous ai parlé si souvent, est encore une *idole* que « vous n'avez pas brisée. Vous voulez aller à Dieu de tout « votre cœur, mais non *par la guerre au moi!* Vous cher- « chez le Moi en Dieu. Le goût *sensible* de la piété et de la « présence de Dieu vous soutient, mais si le goût venait à « vous manquer (c'est l'entrée dans la voie passive), l'atta- « chement que vous avez à vous-même et au témoignage de « votre propre vertu vous jetterait dans une dangereuse « *épreuve* (dans une purification divine particulièrement « rude).» Il y a là une sommaire esquisse de l'effort vers le pouvoir contrarié par la névrose et interprété selon la méta- physique guyonienne.

Les dernières lignes de cette magistrale consultation de psychologie mystique ne sont pas moins teintées de guyo- nisme rationalisé : « Enfin, Madame, soyez bien persuadée « que, pour la correction de vos défauts et l'accomplisse- « ment de vos devoirs, le principal est d'y travailler par le « dedans (méthode affective) et non par le dehors (méthode « stoïcienne). Ce détail extérieur, quand vous vous y don- « nerez tout entière, sera toujours au-dessus de vos forces. « Mais si vous *laissez faire à l'esprit de Dieu* ce qu'il faut « pour vous faire *mourir à vous-même* et pour couper jus- « qu'aux dernières racines du Moi, les défauts tomberont « peu à peu comme d'eux-mêmes et Dieu élargira votre « cœur au point que vous ne serez embarrassée de l'étendue « d'aucun devoir. Alors, l'étendue de vos devoirs croîtra « avec l'étendue de vos vertus et avec la capacité de votre « fond, car Dieu vous donnera de nouveaux biens à faire à « proportion de la nouvelle étendue qu'il aura donnée à votre « intérieur. Tous nos défauts ne viennent que d'être encore « attachés et *recourbés* sur nous-mêmes (c'est là une méta- « phore familière à Mme Guyon) par le Moi qui veut « mettre les vertus à son usage et à son point... Vous verrez « par expérience que, quand on prend pour mourir à soi le « chemin que je vous propose, Dieu ne laisse rien à l'âme

« et qu'il la poursuit sans relâche, impitoyable, jusqu'à ce
« qu'il lui ait ôté le dernier souffle de vie propre pour la
« faire vivre en lui dans une paix et dans une liberté d'es-
« prit infini! » C'est là une récapitulation en quelques traits
de l'hygiène morale *passive*, couronnée par l'évocation sommaire de l'état *déiforme*, récompense et couronne de la docilité devant l'épreuve divine.

Mme de Maintenon n'était pas destinée par la Providence
à faire jusqu'au bout cette mystique « expérience ». : elle
retourna trop tôt sur ses pas, après qu'elle eut entrevu, dans
son voisinage immédiat, quelques résultats fâcheux de la
passivité morale. Mais nous pouvons dès à présent constater, et nous allons constater davantage encore que Fénelon
ne s'est jamais élevé plus haut, pour la dextérité dialecti-
que et pour la souple perfection du langage, que dans cette
correspondance avec la reine masquée de la France. C'est,
nous l'avons dit, qu'il cherchait inconsciemment à se l'attacher par le lien de la reconnaissance spirituelle dans le dessein de se préparer en elle un très efficace instrument de
puissance.

I. — LES QUATRE RECUEILS DE LA MARQUISE.

Entre les différents morceaux qui ont été réunis du vivant même du prélat ou peu après sa mort sous le titre de
Manuel de piété — avec les sous-titres d'*Entretiens affectifs*,
d'*Instructions et Avis*, etc... — on a dès longtemps soup-
çonné ou même reconnu des fragments de lettres adressées à
Mme de Maintenon. L'auteur de l'édition Lebel des *Œuvres
complètes*, écrivait dès le début du siècle dernier que « l'en-
« semble et la suite de ces avis font soupçonner qu'ils sont
« adressés à Mme de Maintenon ». Aussi bien voit-on
par leur texte même qu'ils s'adressent à une personne dont
les soins doivent se partager entre Saint-Cyr et Versailles,
ce qui ne s'applique qu'à une seule des figures marquantes
de ce temps.

Mais quelques précisions se sont ajoutées récemment à
cette hypothèse. Dans l'édition Gaume-Lefort des *Œuvres
de Fénelon*, a été inséré, au milieu du XIXᵉ siècle, un morceau qui s'intitule : *Explication de quelques expressions ti-*

rées des lettres de Fénelon à Mme de Maintenon : et cette
page a été visiblement écrite par le précepteur des princes
lors de l'examen que Godet des Marais accepta de consacrer
à ses lettres spirituelles, sur le vœu de Mme de Maintenon.
De ces lettres, qui lui étaient précieuses en raison de leur
contenu tonique et de leur forme exquise, la destinataire
avait formé quatre recueils soigneusement reliés qui devinrent alors, de la part de son directeur en titre, l'objet d'une
lecture attentive, puis d'un certain nombre de remarques
critiques. Dans l'*Explication* dont nous venons de parler, Fénelon répond à ces critiques en justifiant chacun des passages incriminés ou suspectés par Godet : il offre d'ailleurs
toutes les satisfactions imaginables, jusqu'à celle de jeter
au feu de sa main les quatre recueils, et s'exprime donc sur
ce sujet à peu près dans les mêmes termes que Mme Guyon
employait vers le même temps vis-à-vis de Bossuet, en parlant de ses propres écrits.

Or, tous les passages que cite Fénelon dans son *Explication* en vue de les justifier, ont été retrouvés par Pierre-Maurice Masson (1) dans le *Manuel de piété*. La preuve est donc
faite que ce livre a été composé, pour la plus grande part,
de fragments empruntés aux quatre recueils de la marquise :
fragments retouchés peut-être par leur auteur après la Querelle du quiétisme et avant leur publication, mais qui sont,
en ce cas, restés bien franchement guyoniens, comme nous
allons le voir. Le *Manuel de piété* nous paraît présenter l'apogée et l'épanouissement de la métaphysique fénelonienne,
avant toute suspicion de l'orthodoxie alarmée, avant toute
atténuation de l'auteur averti. On y trouve d'admirables exposés de guyonisme rationalisé : c'est un incomparable guide
pour la thérapeutique mystico-chrétienne des maladies de
l'âme moderne. De là le succès durable de ces pages, leur
action consolatrice efficace et leur popularité conservée jusqu'à nos jours.

Nous choisirons dans le *Manuel* pour les examiner avec
soin, d'abord un morceau magnifique sur l'*Abandon*, c'est-
à-dire sur l'hygiène morale de la passivité, employée au

_____

(1) Voir la *Revue d'histoire littéraire de la France*, janvier-mars
1906.

redressement des inadaptations sociales : puis encore l'admirable fragment XXII⁰ : *Ecouter la parole intérieure de l'esprit saint*, et le suivant, *Sur l'uilité des peines*. Quant au XXXIII⁰, *Nécessité de renoncer à soi-même*, presque également remarquable, nous en dirons quelques mots dans notre appendice théorique. Ces quatre effusions frapperont comme particulièrement guyoniennes, quiconque aura étudié, au préalable, les convictions métaphysiques de la béate ; et ce sont celles-là aussi qui contiennent presque tous les passages dont l'auteur crut devoir fournir à Godet des Marais l'explication ou le commentaire.

Quand on est bien abandonné à Dieu, enseigne donc le précepteur des princes à Mme de Maintenon, quand on est par là prêt à tout, c'est dans le fond de l'abime qu'on commence à prendre pied. On se voit aussi tranquille sur le passé que sur l'avenir et c'est la plus parfaite pénitence, le plus entier martyre de l'amour-propre que cet oubli de soi-même ; car on aimerait cent fois mieux se *contredire, se condamner,* se tourmenter le corps et l'esprit que de s'oublier, l'oubli étant un anéantissement de l'amour-propre où celui-ci ne trouve plus aucune ressource pour se sustenter encore. Autant les réflexions de l'orgueil sur nos propres fautes sont amères, inquiètes et chagrines, autant le retour de l'âme abandonnée vers son Dieu après ses fautes sera recueilli, paisible et soutenu de confiance. « Vous sentirez par expérience, promet « l'attachant directeur, combien ce retour simple et paisi- « ble vous facilitera votre conversion plus que tous les autres « *dépits* sur les défauts qui vous dominent. Soyez seulement « fidèle à vous tourner ainsi simplement vers Dieu dès le « moment que vous apercevrez votre faute. Vous aurez beau « chicaner avec vous-même, ce n'est point *avec vous* que « vous devez prendre vos mesures. Quand vous vous gron- « dez de vos misères, *je ne vois dans votre conseil que vous* « *seule avec vous-même.* Pauvre conseil où Dieu n'est pas ! » Que cela est bien dit. Mme Guyon, parfois si ingénieuse dans l'expression de sa pensée mystique, n'aurait pas trouvé cette frappante image !

« Qui vous tendra la main pour sortir du bourbier, re- « prend l'éloquent exhortateur? Sera-ce vous? Eh ! c'est « vous-même qui vous y êtes enfoncée et qui ne pouvez en

« sortir. De plus, ce bourbier, c'est vous-même : tout le fond
« de votre mal est de ne pouvoir sortir de vous. Espérez-
« vous d'en sortir en vous entretenant toujours avec vous-
« même, en *nourrissant votre sensibilité par la vue de vos*
« *faiblesses?* Vous ne faites que vous attendrir sur vous-
« même par tous ces retours! *Le moindre regard de Dieu*
« *calmerait bien mieux votre cœur troublé par cette occupa-*
« *tion de vous-même...* Sortez donc de vous-même et vous
« serez en paix. Mais comment en sortir? Il ne faut que se
« tourner doucement du côté de Dieu et en former peu à
« peu l'habitude par la fidélité à y revenir toutes les fois
« qu'on s'aperçoit de sa distraction! » Que cela est persuasif
et tonique pour qui aspire avant tout à quelque répit après
une rude campagne de conquête!

Nous avons souvent indiqué que la dépression nerveuse, le
« mal du siècle » qui fut connu des surmenés de la culture
intellectuelle ou de la lutte vitale au XVIIᵉ siècle, aussi bien
qu'aux siècles précédents et aux suivants, est cet état
d'*épreuve* que décrit et interprète à sa mode la mystique féminine moderne. Fénelon, instruit par son expérience personnelle, s'applique donc à commenter ce mal et à le combattre dans sa pénitente : « Pour la tristesse naturelle qui
« vient de mélancolie, elle ne vient que du corps, écrit-il :
« ainsi les remèdes et le régime la diminuent. Il est vrai
« qu'elle revient toujours, mais elle n'est pas *volontaire.*
« Quand Dieu la donne, on la supporte en paix, comme la
« fièvre et les autres maux corporels. L'imagination est dans
« une noirceur profonde : *elle est toute tendue de deuil.* Mais
« la volonté qui ne se nourrit que de pure foi, *veut bien*
« éprouver toutes ces impressions : on est en paix parce
« qu'on est d'accord avec soi-même et soumis à Dieu. *Il n'est*
« *pas question de ce que l'on sent, mais de ce que l'on veut !* »
Quel heureux détour psychologique pour satisfaire encore la
volonté de puissance par des expériences, que, moins habile-
ment réconfortée, elle interpréterait comme des échecs ou
comme des perspectives de futurs échecs sociaux.

Fénelon revient souvent à ces avis qui nous confirment
dans notre opinion sur ce que réclamait alors de lui la marquise et sur l'état vrai de la santé psychique en cette femme
qu'on se représente d'ordinaire comme si solidement équili-

brée : « Pour ce qui regarde une certaine tristesse qui res-
« serre le cœur et l'abat, voici deux règles qu'il me paraît
« important d'observer. La première est de remédier à cette
« tristesse par les moyens que la Providence nous fournit :
« par exemple ne point se surcharger d'affaires pénibles,
« s'égayer, se délasser suivant le besoin. Il faut encore *quel-*
« *que personne sûre et discrète* à qui l'on puisse décharger
« son cœur pour tout ce qui n'est point du secret d'autrui,
« car cette décharge soulage et élargit le cœur oppressé ! »
Nous avons vu Fénelon conseiller de même le duc de Chevreuse et la psychiâtrie la plus moderne, celle du Viennois
Freud, a recours à cette sorte de confession affective, pour
améliorer les névroses tenaces.

« Rien ne tire tant l'âme d'une certaine noirceur profonde,
« conclut Fénelon, que la simplicité et la *petitesse* avec la-
« quelle elle *expose* son découragement aux *dépens de sa*
« *gloire,* demandant lumière et consolation dans la commu-
« nication qui doit être entre les enfants de Dieu... La se-
« conde règle est de mépriser notre découragement et d'*aller*
« *toujours...* Oh ! que ce courage sensible qui rend tout aisé,
« qui fait et qui souffre tout, qui se sait bon gré de n'hési-
« ter jamais *est trompeur !* Oh ! qu'il nourrit la confiance
« propre et une certaine élévation du cœur ! » Peut-être,
mais combien il faut être sûr des habitudes solidement sociales de l'affectivité à laquelle on va laisser prendre la place
de ce courage, pour faire fi, comme vous le suggérez, d'un
si utile auxiliaire de l'action morale !

II. — LE CRÉDO DU FÉNELONISME GUYONIEN.

Venons à cette exhortation d'*écouter en soi la parole intérieure* qui fut, de beaucoup, le morceau le plus critiqué
par l'évêque de Chartres, lorsqu'il eut entre les mains ces
subtiles ordonnances de médecine spirituelle qu'avait collec-
tionnées Mme de Maintenon. Là se retrouvent, en effet, un
très grand nombre des passages que Fénelon cherche à justifier dans ses *Explications* apologétiques à la marquise. L'on
ne s'en étonnera point au surplus, si l'on veut bien constat-
ter, avec nous, que l'abbé s'était décidé, cette fois, à dessiner

en traits sommaires, au profit de sa dirigée, tout le système métaphysique de la purification *passive*.

Au commencement de son entreprise purificatrice, explique-t-il, Dieu nous attaque par le dehors ; il nous arrache peu à peu toutes les créatures que nous aimons trop, contrairement aux préceptes de sa loi. Mais ce travail du dehors, *quoique essentiel pour poser le fondement de tout l'édifice*, n'en fait encore qu'une faible partie : « Oh ! que l'ouvrage du « dedans, quoique invisible, est, sans comparison, plus « grand, plus difficile et plus merveilleux. Il vient un temps « où Dieu, après nous avoir bien dépouillés, bien mortifiés « par le dehors sur les créatures auxquelles nous tenons, « *nous attaque par le dedans pour nous arracher à nous-* « *mêmes*... Oter à un homme ses habits, c'est le traiter mal « ce n'est rien en comparaison de la rigueur qui l'écorche- « rait et qui ne laisserait aucune chair sur tous ses os... » Voilà la purification intérieure qu'il faut passivement supporter.

Sur le caractère de ces dépouillements intimes, Fénelon sera bien autrement pénétrant que Mme Guyon qui les classait et les définissait de façon trop étroite, en s'attachant à leurs cas extrêmes : impulsions charnelles violentes, tentations de désespoir, de blasphème ou de suicide. Une Maintenon n'aurait nullement reconnue sa personnelle expérience dans ces paroxysmes du désordre affectif, ses souffrances névropathiques étant assurément de plus subtile contexture : « On demandera peut-être, écrit son conseiller, en quoi con- « sistent ces derniers dépouillements? Mais je ne puis le « dire. *Ils sont aussi différents que les hommes sont diffé-* « *rents entre eux.* Chacun souffre les siens suivant ses be- « soins et suivant les desseins de Dieu. Comment peut-on « savoir de quoi on sera dépouillé, si on ne sait pas de quoi « on est revêtu? Chacun tient à une infinité de choses *qu'il* « *ne devinerait jamais!* Il ne sent qu'il y est attaché que « quand on les lui ôte. Je ne sens mes cheveux que qand on « les arrache de ma tête. Dieu nous développe peu à peu « notre fond qui nous était inconnu, et nous sommes tout « étonnés de découvrir *dans nos vertus même des vices* dont « nous nous étions toujours crus incapables (psychologie de « Hobbes et de La Rochefoucauld... Ce qui est attendu nous

« trouve préparés et n'est guère propre à nous faire mourir.
« Dieu nous surprend donc par les choses les plus impré-
« vues. Ce sont des riens, *mais des riens qui désolent,* qui
« font le supplice de l'amour-propre. Les grandes vertus
« éclatantes *ne sont plus de saison :* elles soutiendraient
« l'orgueil ; alors c'est une conduite simple et unie : *tout est*
« *commun :* les autres ne voient rien de grand et la per-
« sonne elle-même ne trouve rien en soi que de naturel, de
« faible et de relâché. (Ce sont là les assertions les plus fré-
« quentes ou même les plus ressassées de Mme Guyon). Mais
« on aimerait cent fois mieux jeûner toute sa vie au pain et
« à l'eau et pratiquer les, plus grandes austérités que de
« souffrir tout ce qui se passe (alors) au dedans ! » Ce sont
ici les affres de la dépression nerveuse, mises en plein relief par un homme qui les connaît bien pour sa part et qui
se fait fort d'en fournir l'explication mystique à une femme
dont la vieillesse n'est pas exempte des mêmes épreuves,
ainsi que nous l'avons indiqué.

« Dieu, continue l'incomparable commentateur du guyo-
« nisme rationalisé, ne laisse point l'âme en repos qu'il ne
« l'ait rendue souple et maniable en la *pliant* de tous les cô-
« tés (métaphores favorites de Mme Guyon)... *Il faut par-*
« *ler trop ingénuement, puis il faut se taire !* » Se taire à
contre-temps, évidemment, mais quel singulier rôle que celui
de Dieu en cette occurrence ! « Il faut se laisser condamner
« sans dire un mot qui justifierait d'abord (ceci est dans la
« tradition chrétienne rationnelle) ; *une autre fois il faut dire*
« *du bien de soi* (ceci l'est beaucoup moins, par l'abus qui en
« peut être fait). Il faut consentir à se trouver faible, in-
« quiet, irrésolu sur une bagatelle, à montrer des *dépits de*
« *petit enfant,* à choquer ses amis par sa *sécheresse,* à deve-
« nir *jaloux et défiant* sans nulle raison, même à dire ses
« jalousies les plus sottes à ceux contre qui on les éprouve,
« à paraître artificieux et de mauvaise foi ! » C'est ici la
« salissure » de l'âme passive par la main divine qu'enseigna Mme Guyon et qui n'est peut-être pas encore suffisamment rationalisée par son disciple en ces lignes étranges.
Car la très raisonnable Mme de Maintenon ne se sentait
certes pas exposée à des écarts de conduite ou de langage analogues à ceux de Mme Guyon dans le confessionnal

du Père Lacombe ; et celle-ci seule pouvait avoir l'orgueilleuse prétention de métamorphoser ses incartades sentimentales en « épreuves » imposées par *Dieu* à ses créatures de
choix! « Voilà, écrit pourtant Fénelon avec une parfaite net-
« teté, voilà des exemples de ces dépouillements *intérieurs*
« qui me viennent maintenant dans l'esprit : mais il en a
« une *infinité d'autres,* que *Dieu* assaisonne à chacun *selon*
« *ses desseins!* »

Il sent bien qu'une telle interprétation des inégalités
d'humeur provoquées par l'agitation nerveuse risque de
paraître bizarre. « Qu'on ne me dise point, insiste-t-il, que
« ce sont des *imaginations creuses.* Peut-on douter que Dieu
« *n'agisse immédiatement* dans les âmes? Peut-on douter
« qu'il n'agisse *pour les faire mourir à elles-mêmes ?* Peut-
« on douter que Dieu, après avoir arraché les passions gros-
« sières, *n'attaque au dedans tous les retours subtils* de
« *l'amour-propre,* surtout dans les âmes qui se sont *livrées*
« *généreusement et sans réserves* à l'esprit de grâce ?... Le
« monde n'a point d'yeux pour voir ces épreuves, ni
« d'oreilles pour les entendre ; mais le monde est aveugle :
« *sa sagesse n'est que mort* : elle ne peut compatir avec
« l'Esprit de vérité. Souvent les *conducteurs* (les directeurs
« dénués d'expérience mystique) nous disent que nous avons
« rêvé et que nous demeurions en repos, mais Dieu ne nous
« y laisse point et nous *réveille* jusqu'à ce que nous prê-
« tions l'oreille à ce qu'il veut dire. S'il s'agissait de visions,
« d'apparitions, de révélations, de *lumières* extraordinaires,
« de miracles, de conduite contraire aux sentiments de
« l'Eglise, on aurait raison de ne s'y arrêter pas. Mais
« quand Dieu nous a menés jusqu'à un certain point de déta-
« chement et qu'*ensuite* nous avons une conviction *intérieure*
« qu'il veut encore (de nous) certaines choses *innocentes* qui
« ne vont qu'à devenir plus simples, à mourir plus profon-
« dément à nous-mêmes, y a-t-il de l'*illusion à suivre ces*
« *mouvements?* Je suppose (toujours) qu'on ne les suit pas
« *sans un bon conseil.* La *répugnance* que notre *sagesse* et
« notre *amour-propre* ont à suivre ces mouvements *marque*
« *assez qu'ils sont de grâce!* » Et, certes, voilà un argument
dont il ne faudrait pas abuser, car il ouvrirait la porte à
bien des extravagances, pour ne pas dire davantage.

Qu'advient-il cependant si l'on refuse de croire sur ce point les thérapeutes de la mystique nouvelle? « Quand on résiste, « poursuit l'apôtre convaincu de la purification *passive,* on « trouve des prétextes pour couvrir sa résistance et pour « l'autoriser ; mais, insensiblement, on se dessèche soi- « même : on perd la simplicité, on n'est *point en paix...* Oh! « qu'une âme est digne de pitié quand elle commence à re- « jeter les invitations secrètes de Dieu qui demande qu'*elle* « *meure à tout...* Alors, on est comme les personnes qui ont « *une maladie inconnue.* Tous les médecins emploient leur « art à les soulager et rien ne les soulage! » C'est bien cela : une maladie *inconnue* que Molière appelait *imaginaire,* en réalité, une névrose bien caractérisée, tel est l'état de la plupart des prétendus purifiés du quiétisme. « On ne fait « que la moitié de ce que Dieu demande : on mêle avec *l'opé-* « *ration divine* un certain mouvement propre et des ma- « nières naturelles pour conserver quelques ressources à ce « fond corrompu qui ne veut point mourir. *Dieu jaloux se* « *refroidit...* Il est même jaloux de ses dons parce que l'ex- « cellence de ces dons nourrit en nous secrètement une cer- « taine confiance propre... Malheur à quiconque résiste inté- « rieurement. Etrange péché que celui de pécher contre le « Saint-Esprit (c'est-à-dire contre la possession de l'âme « par Dieu)... Celui-là sera puni en ce monde par le remords « et en l'autre par le feu vengeur du Purgatoire. Il faut faire « *son purgatoire en ce monde,* ou en l'autre! » Toujours la métaphore si féconde de Catherine de Gênes, la souffrance nerveuse envisagée comme une sorte de désindividualisation anticipée et douloureuse de la créature humaine, opération qui la prépare à pénétrer, sans délai, dans le Paradis chrétien après la mort.

Le morceau suivant, *Sur l'utilité des peines* nous montre Fénelon se dégageant tant bien que mal, de l'évidente contradiction logique qui est à la base de cet enseignement guyonien dont il a fait le sien après l'avoir rationalisé de son mieux. Pourquoi, en effet, démontrer aux âmes engagées, par hypothèse, dans la purification passive, que c'est Dieu qui cherche à détruire leur Moi par une faveur toute spéciale à leur profit? N'est-ce pas, en réalité, porter au plus haut point par une telle assurance la confiance que ce Moi met en lui-même et en son futur pouvoir, reflet de celui qui réside en son Allié divin? La nature corrompue (c'est-à-dire la Volonté de puissance), explique-t-il après Catherine de Gênes, se fait *un aliment très subtil* des grâces les plus contraires à la nature, telles que les *épreuves* divines, si pénibles au patient. L'amour-propre se nourrit en nous non seulement d'austérités et d'*humiliations,* non seulement d'oraisons ferventes et de renoncement à soi, mais encore de l'*abandon le plus pur et des renoncements les plus extrêmes.* C'est *un soutien infini de penser qu'on n'est plus soutenu de rien* (sinon du Dieu caché qui opère en nous), et qu'on ne cesse point, dans cette épreuve horrible, de s'abandonner fidèlement et sans réserve au tout-puissant Allié de l'au-delà?

Quel remède à une telle disposition de notre amour-propre? Pas d'autre que celui que nous nommons l' « ahurissement » guyonien, la suppression de la pensée logique, le recours à la rêverie affective. Voici la peinture excellente de cet état d'âme qui ne semble nullement choquer l'ardente conviction de Fénelon : « Dieu arrache tout... il ôte même le goût de « son amour et de sa loi. *On ne sait plus ou l'on en est...* « Ce que vous dites (alors) de votre disposition vous paraît « toujours un mensonge parce qu'il (cela) cesse d'être vrai « dès que vous commencez à le dire... On ne saurait croire « combien cette *inconstance puérile* appetisse et *détruit* une « âme sage, ferme et hautaine dans sa vertu! » Mme de Maintenon a-t-elle jamais songé bien sérieusement à en venir là? Ce serait donc en considération des promesses qui suivent : « Mais attendez que l'*hiver soit passé* et que Dieu « ait fait mourir tout ce qui doit mourir. Alors, le printemps « ranime tout : Dieu rend l'amitié avec tous les autres dons « *au centuple!* » Voilà qui est séduisant en effet. Mais comme on conçoit la surprise ressentie par Godet des Marais devant cet effort extrême, et d'ailleurs contradictoire dans les termes, pour présenter comme la destruction du Moi ce qui en est au vrai l'exaltation suprême et, à proprement parler, l'apothéose!

Fénelon n'était pas d'ailleurs sans prévoir l'accueil qui attendait ces instructions singulières de la part des esprits quelque peu virils : « Qu'on pousse la piété jusque-là, dit- « il, les gens sont *effrayés* et trouvent qu'elle va trop loin!

« Quand elle ne va pas jusque-là, elle est molle, jalouse,
« délicate, *intéressée*. Peu de personnes ont assez de cou-
« rage et de fidélité pour se perdre, s'oublier et s'anéantir
« elles-mêmes : par conséquent peu de personnes font à la
« piété l'honneur qu'on devrait lui faire... Je conclus que
« les gens de bien, et *vous comme les autres*, sont pleins
« d'imperfections mélangées avec leur bonne volonté parce
« que leur volonté, quoique bonne, est encore faible, parta-
« gée et retenue par les *secrets ressorts de l'amour-propre!* »
Mme de Maintenon était femme, quoique d'un ferme caractère. Elle accepta longtemps, goûta même grandement ces
exhortations de la part d'un prêtre que tout mettait hors
de pair, sa piété sincère, sa régularité impeccable, son incomparable talent d'expression. Un jour vint pourtant où les
faits la réveillèrent de sa rêverie reposante, et ce fut la fin
du prestige!

Fénelon et Mme de Montberon.
Consultations spirituelles pour une plus intense névrose.

Mme de Maintenon a obtenu de son conseiller occasionnel des consultations psychologiques bien suggestives. Toutefois, la plus typique des directions féneloniennes est, à nos yeux, l'une des dernières en date, celle qui vint remplir, pour le disgrâcié de 1697, le loisir des premières années de l'exil, celle de la comtesse de Montberon ; car le prélat n'a jamais mieux affirmé que dans ses lettres à cette dame l'inébranlable fermeté de ses convictions guyoniennes.

Lorsqu'il dut se cantonner, sans retour, dans son diocèse septentrional, — parmi ces demi-Belges, *extremi hominum*, comme il les nommait en ses heures de mélancolique *humour*, — le gouverneur pour le Roi de cette place frontière se trouvait être le comte François de Montberon (1632-1708). Ce vieux lieutenant-général prétendait se rattacher à un ancienne maison noble de l'Angoumois, province voisine du Périgord, ce qui fut sans doute un premier lien entre les deux hommes ; des relations parfaitement cordiales ne tardèrent pas à s'établir entre eux. Aux côtés de M. de Montberon, le prélat connut sa compagne, Marie Gruyn de Valgrand dont le mariage remontait à plus de trente ans, ce qui fait d'elle une contemporaine probable de l'archevêque : elle devait, comme lui, toucher à la cinquantaine lorsqu'ils se rencontrèrent.

I. — Interprétation mystique des vicissitudes d'un mal tenace.

Mme de Montberon avait-elle eu l'occasion de voir la cour ? Cela est incertain, mais, à défaut des très grandes dames qu'il avait surtout dirigées jusque-là, Fénelon ne laissa pas de s'attacher à cette dévote provinciale qui l'intéressait par sa très réelle culture morale. La santé de la comtesse laissait à désirer et son équilibre nerveux se trouvait assez sérieusement ébranlé, peut-être par l'âge critique dont elle devait être proche à ce moment de sa vie : elle souffrait d'insomnies cruelles et de toutes sortes de hantises ou phobies. C'était donc un sujet de choix pour la thérapeutique guyonienne qu'une malade disposée de la sorte et l'archevêque ne douta pas qu'il n'eut à faire à une purifiée ignorante de l'action divine ; il se mit dès lors en devoir de l'éclairer prudemment sur ces mystérieuses matières et de la disposer à la passivité qui devait lui procurer, sans trop de délai, la güérison de ses maux. « C'est toujours votre faute quand « votre santé va mal, lui écrit-il en effet. On peut dire de « la paix du cœur ce que le Sage dit de la sagesse : tous les « biens viennent avec elle. D'une certaine *fidélité* simple et « tranquille dépendent *le sommeil,* l'appétit, les digestions, « la vigueur pour les promenades... Tout ce qui vient im- « médiatement de Dieu seul, sans infidélité de notre part, « est sans trouble et porte sa consolation ! »

Contrairement aux prudentes suggestions de ses *Maximes,* il lui donna d'abord à lire des ouvrages mystiques, Sainte-Catherine de Gênes avant tout, semble-t-il : « Je ne suis « point pressé de ravoir les livres... Ces traits de grâce qui « sont si originaux ne sont pas précisément ce que l'on « éprouve, mais c'est *quelque chose de la même source.* Les « paroles des saints sont bien autres que les discours de « ceux qui ont voulu les dépeindre. *Sainte Catherine de Gê-* « *nés est un prodige d'amour.* Le Frère Laurent (1) est, « grossier par nature et délicat par grâce : ce mélange est « aimable et montre Dieu en lui. Je l'ai vu et il y a un en- « droit du livre (de la biographie de ce pieux personnage) « où l'auteur, sans me nommer par mon nom, raconte en « deux mots une excellente conversation que j'eus avec lui « sur la mort, pendant qu'il était fort malade et fort gai ! »

---

(1) Frère Laurent de la Miséricorde, Nicolas Hermann dans le siècle, Alsacien, soldat de la guerre de trente ans et devenu frère-cuisinier d'une des maisons de son ordre; un mystique plébéien qui eut son heure de vogue.

Ou encore : « M. de Montberon a paru croire que la lecture de
« Sainte-Thérèse et des *autres livres spirituels* avait réveillé
« vos scrupules par des idées de perfection. Je n'ai pas in-
« sisté de peur qu'il ne me crût prévenu... *Vous déshonorez*
« *le pur amour!* » Nous allons voir en effet que ces lectures
ne tonifiaient pas pour longtemps la patiente et que l'archevêque eût peut-être mieux fait de s'en tenir à la réserve con-
seillée par lui dans les *Maximes des Saints* quant à l'emploi
des documents *écrits* sur la métaphysique de la possession
divine.

En outre, par ses témoignages d'affection spirituelle, il
fournissait, sans le vouloir, à la malade un *appui* affectif incomparable, contrairement à toutes les prescriptions de l'hygiène morale guyonienne : « Dieu nous a unis en lui, écri-
« vait-il à l'occasion — sur un ton de tendresse qu'il n'avait
« adopté auparavant avec nulle autre dirigée, pas même avec
« Mme de la Maisonfort. — Supportez-moi, et soyez persua-
« dée que vous ne sauriez me fatiguer. Vous ne m'échappe-
« rez point et Dieu ne le permettra pas... Oh, que vous m'êtes
« chère en Celui qui le veut. Cela *croît* tous les jours en moi.
« Mais, quand je vous verrai, je ne vous dirai peut-être
« rien... *C'est moi qui ne veux pas que vous m'abandon-*
« *niez...* Je vous pardonne d'avoir contre moi les pensées les
« plus outrageantes... L'opération est crucifiante, mais il
« faut mourir! » Quel puissant tonique sentimental que de
pareilles assurances, venues d'une telle bouche. C'est par là,
non par des subtilités métaphysiques sur les prétendues
épreuves de source divine, que le prélat illustre a soutenu
en réalité cette victime de la névrose qui ne parvenait pas
toujours à interpréter pieusement les atteintes de son mal
tenace. Fénelon nous apparaît ici sous les traits du pasteur
excellent que devait célébrer le XVIIIe siècle à son déclin.

Il ne s'en rendait nullement compte et il s'employait, avec
une conviction imperturbable, avec une infatigable insistance
à transformer théoriquement en « épreuves » venues d'En-
Haut les diverses phobies de la comtesse (1) : « Si nous pou-
« vions interroger les âmes du Purgatoire sur leur état, elles
« nous répondraient : Nous souffrons une douleur terrible

_____

(1) *Lettres* (Edit. Leclerc), **VI**, 522.

« mais rien n'ôte tant à la douleur sa cruauté qu'un plein
« acquiescement. Nous ne voudrions pas avancer d'un mo-
« ment notre béatitude! C'est le feux de l'amour jaloux et
« vengeur qui les brûle. C'est le feu de la jalousie de
« l'amour-propre qui vous brûle et que Dieu tourne contre
« lui-même (contre l'amour-propre lui-même, sans nul doute)
« pour sacrifier tout au pur amour! » Et ailleurs (1) : « Ac-
« coutumez-vous donc à vous voir injuste, jalouse, envieuse,
« inégale, ombrageuse, et laissez votre amour-propre crever
« de dépit! » Voilà qui est d'une belle énergie dans l'expression comme dans la pensée.

Mais nous aimons surtout la magnifique lettre de mai
1703 sur l'amour-propre dévoilé, un suprême effort du psychologue mystique contre la névrose perfide qui menace
l'équilibre moral d'une âme : « Oui, je consens avec joie que
« vous m'appeliez votre père... Je suis ravi de vous voir dans
« les impuissances où Dieu vous réduit. Sans ces impuis-
« sances, l'amour-propre ne pouvait être ni convaincu, ni
« renversé. Il avait toujours des ressources secrètes et des
« retranchements impénétrables dans votre courage et dans
« votre délicatesse... Il se nourrissait du poison subtil d'une
« générosité apparente (c'est l'attitude stoïque devant la dou-
« leur nerveuse)... Dieu a réduit votre amour-propre à crier
« les hauts cris, à se démasquer, à découvrir l'excès de sa
« jalousie... L'amour-propre, poussé à bout, ne peut plus se
« cacher et se déguiser : il se montre dans un transport de
« désespoir : en se montrant, il déshonore toutes les délica-
« tesses et dissipe les illusions flatteuses de toute la vie : il
« paraît dans toute sa difformité. C'est vous-même, idole de
« vous-même, que Dieu met devant vos propres yeux. Vous
« vous voyez et vous ne pouvez vous empêcher de vous voir.
« Heureusement, vous ne vous possédez plus! » Voilà le
cri antistoïcien par excellence! « Vous ne pouvez plus vous
« empêcher de vous laisser voir aux autres. Cette vue, si
« honteuse, d'un amour-propre démasqué fait le supplice de
« l'amour-propre même. Ce n'est plus cet amour-propre si
« sage, si discret, si joli, si maître de lui-même, si coura-
« geux pour prendre tout sur soi et rien sur autrui! » C'était

---

(1) Ibid., 532.

pourtant le stoïco-christianisme accompli que cette maîtrise
de soi, si chèrement conquise, héritage de générations aris-
tocratiques et religieuses, qui est ici enterrée d'un ton si al-
lègre par l'apôtre de l'affectivité féminine! N'y a-t-il pas
quelque danger à la jeter au rebut, ou du moins quelque
mécompte à la voir disparaître avec tant de satisfaction dans
une âme, sans être entièrement assuré de la tendance pleinement sociale des impulsions d'ordre sentimental qui vont s'y
substituer, dans la direction du Moi? Nous concéderons pourtant une fois de plus que la névrose ayant sapé cette possession de soi, il peut être utile au malade d'interpréter vis-
à-vis de lui-même cette diminution de forces comme le prélude d'un raffermissement de son être moral sur des bases
solides, plus larges, et désormais inébranlables. Telle est
bien l'essence de la thérapeutique guyonienne, portée à son
expression accomplie par le génie d'un Fénelon.

II. — EXPLICATION GUYONIENNE DE QUELQUES FACHEUX ACCIDENTS PSYCHIQUES.

Le prélat va s'acharner cependant contre l'ennemi qu'il
voudrait réduire : « Ce n'est plus, explique-t-il à sa péni-
« tente, ce n'est plus en vous cet amour-propre qui vivait
« de cet aliment subtil de croire qu'il n'avait besoin de rien...
« C'est un amour-propre *d'enfant jaloux d'une pomme* qui
« pleure pour l'avoir. Mais cet amour-propre d'enfant (il
« s'agit de l'impérialisme *subconscient* débridé) est joint à
« un amour-propre bien plus tourmentant. C'est celui *qui*
« *pleure d'avoir pleuré* (il s'agit de l'amour-propre conscient
« qui se réveille et s'afflige en prévoyant les conséquences
« sociales de sa passagère défaillance), qui ne peut se taire
« et qui est inconsolable de ne pouvoir plus cacher son *venin!*
« Il se voit (dans son *alter ego* subconscient) indiscret, gros-
« sier, importun, et il est *forcené* de se voir dans cette af-
« freuse situation. Il dit comme Job : Ce que je craignais le
« plus est *précisément ce qui m'est arrivé!* En effet, pour
« faire mourir l'amour-propre, ce que nous craignons le plus
« c'est précisément ce qui nous est le plus nécessaire... L'opé-
« ration de mort *ne prend que sur la vie du cœur* (c'est-à-dire
« que l'amour-propre subconscient est le moins adroit à se

« dérober aux regards parce qu'il est le moins affiné)... Vous
« me demandez des remèdes, *laissez-vous mourir!* Ne cher-
« chez, par impatience, aucun remède. *Mais prenez garde*
« *qu'un certain courage pour se passer de tout remède,* se-
« rait un remède déguisé et une *ressource de vie maudite...*
« Je vous vis hier un certain courage *naturel* qui me fait
« peur! » Naturel? Oh que non pas, répondrions-nous ici,
mais tout au contraire, un courage acquis à grand peine à
travers des générations sans nombre d'êtres raisonnables qui
ont mené la vie sociale! Quelle hostilité implacable on découvre dans ces lignes contre les restes de vertu morale *consciente* qui livrent un suprême combat pour survivre, en ces
malades dont l'affectivité tente de submerger leur Moï supérieur et logique!

Voici, sur le même sujet, d'autres développements non
moins utiles à retenir, car ils achèveront de nous éclairer
sur les principes de la thérapeutique fénelonienne (1) : « No-
« tre main ne fait jamais en nous que des retranchements
« superficiels : nous ne nous connaissons pas nous-mêmes et
« nous ne savons pas où il faut frapper. Les endroits où no-
« tre main frappe ne sont jamais ceux où Dieu veut couper :
« l'amour-propre nous arrête toujours la main et se fait épar-
« gner : il ne coupe jamais jusqu'au vif sur lui-même : il
« y a toujours un choix propre et une préparation de l'amour-
« propre dans ce choix qui amortit le coup. Mais, quand la
« main de Dieu vient, elle donne des coups imprévus : elle
« sait choisir précisément les *jointures* pour diviser l'âme
« d'avec elle-même ; elle ne laisse rien d'intime qu'elle ne
« pénètre... Le grand point est de *ne se remuer pas sous la
« main de Dieu,* de peur de faire un contre-temps et de re-
« tarder son opération détruisante. Il faut *demeurer immo-
« bile sous le coup* : c'est tout faire que d'être fidèle à ne
« repousser aucun coup. On n'agit jamais tant que quand la
« volonté ne veut pas résister à Dieu... Les âmes sont mer-
« veilleusement purifiées *dans le purgatoire* par leur simple
« *non-résistance à la main de Dieu* qui les fait souffrir! »
C'est toujours la comparaison chère à la thérapeutique nouvelle et la prétention de connaître l'attitude que gardent les

_____

(1) *Lettres,* VI, 447, 150, 460, etc...

chrétiens de l'Eglise souffrante, dans l'au-delà mystérieux. En fait, chaque mystique se représente cette attitude suivant les besoins de sa cause et selon les exigencés de sa théorie d'alliance surhumaine.

« Tout ce que vous imaginez, insiste une autre fois ce mé-
« decin d'âmes, est comme le songe le plus creux et le plus
« bizarre ; mais Dieu permet qu'une tête naturellement très
« bonne ait *cet espèce de songe* pour la punir de s'être écou-
« tée elle-même, pour la convaincre de l'excès de son amour-
« propre par celui de sa jalousie et pour la réduire à un en-
« tier renoncement à elle-même. La tentation aura son fruit.
« Je compatis à vos souffrances. *Je respecte l'épreuve de*
« *Dieu!* » N'est-il pas excessif, ce *respect* pour une prétendue possession divine qui n'est qu'aliénation mentale légère : il y a là quelque chose de la contenance respectueuse
que prescrivent les plus anciens mysticismes du monde devant l'aliéné, qui semble jeté hors de soi par une influence
métaphysique. « Ne songez ni au passé ni à l'avenir sur les
« choses qui enveniment votre jalousie, reprend cependant
« le prélat, ...abandonnez-le tout à Dieu. La jalousie la plus
« grossière et la plus honteuse vous guérira de l'amour-pro-
« pre le plus raffiné et le plus flatteur ». Or, cette jalousie
spirituelle de la comtesse visait surtout Fénelon en personne, de même qu'elle avait jadis tourmenté Mme Guyon
à l'égard de ses deux principaux directeurs : « Souffrez, dit-
« il, que je sois ou du moins que *je vous paraisse* sec, dur,
« indifférent, impitoyable, importuné, dégoûté, plein de mé-
« pris. *Dieu sait combien tout cela est le contraire de la vé-*
« *rité,* mais Il permet que tout cela *paraisse* et c'est bien plus
« par ces choses *fausses et imaginaires* que par mon affection
« et mon secours réels que je vous suis utile, puisqu'il s'agit,
« non d'être *appuyée* et de vivre, mais de manquer de tout
« et de mourir ! »

De toutes ces choses au surplus, Fénelon ne cèle pas qu'il
parle d'après son expérience personnelle : « Les sentiments
« qui vous font horreur sont naturels et ordinaires. *Tout le*
« *monde* les ressent en soi comme vous : mais personne ne
« s'en alarme et ne s'en trouble comme vous le faites. Ce
« qui n'est que pente, que sentiment, qu'impression, n'est
« jamais péché... Vous tombez dans une espèce de désespoir

« dès que vous vous trouvez dans votre cœur quelque senti-
« ment humiliant... Vous n'avez que le sentiment involon-
« taire des choses que vous vous reprochez ! » Remarquons
d'ailleurs que, par les traits généraux de son affection névropathique, Mme de Montberon se rapproche de Mme Guyon,
aussi bien que, par le souci constant de sa « gloire » (au sens
cornélien de ce mot), elle ressemble à Mme de Maintenon.
Son directeur se trouve donc avec elle en pays de connaissance (1) : « Le fond que vous avez nourri dans votre cœur
« depuis l'enfance en vous trompant vous-même est un
« amour-propre effréné et déguisé sous l'apparence d'une dé-
« licatesse et d'une générosité héroïques : c'est *un goût de*
« *roman* dont personne ne vous a montré l'illusion... Tout
« vous ronge le cœur : vous n'êtes occupée que de la crainte
« de faire des fautes ou du dépit d'en avoir fait... vos ja-
« lousies et vos défiances sont outrées et sans mesure...
« Voilà le fond d'idôlatrie raffinée de vous-même que Dieu
« veut vous arracher... Vous ne le laissez pas faire : dès
« qu'il commence l'incision, vous repoussez sa main et c'est
« toujours à *recommencer!*... C'est une espèce de nécessité
« où vous mettez Dieu de vous traiter ainsi. Allassiez-vous
« au bout du monde, vous trouveriez les mêmes peines et
« vous n'échapperiez pas à la *jalousie de Dieu* qui veut con-
« fondre la vôtre en la démasquant... Accoutumez-vous à
« vous voir vaine, ambitieuse pour l'amitié d'autrui, *tendant*
« *sans cesse à devenir l'idole d'autrui pour l'être de vous-*
« *même* (c'est ce que les clairvoyants remarquaient égale-
« ment dans Fénelon), jalouse et défiante sans aucune borne.
« Vous ne trouverez à affermir vos pieds qu'au fond de
« l'abime. Il faut vous familiariser avec tous ces monstres...
« il faut voir sortir de votre cœur toute cette infection : il
« faut en sentir toute la puanteur... Voulez-vous accourcir
« l'opération, ne l'interrompez pas... On peut voir en vous
« depuis quelques jours *un mouvement convulsif pour mon-*
« *trer du courage et de la gaîté,* avec un fond d'agonie! Oh!
« si vous faisiez pour Dieu ce que vous faites *contre* (!),
« quelle paix n'auriez-vous pas! Oh! si vous souffriez, *pour*
« *laisser faire Dieu,* le quart de ce que vous vous faites souf-

---

(1) VI, 471.

« frir pour *l'empêcher de déraciner votre amour-propre,*
« quelle serait votre tranquilité ! » Et nous disons, nous :
Quelle conviction guyonienne enraciv́ suppose, chez ce
grand esprit presque sexagénaire et durement éprouvé par
la vie, une si singulière interprétation de ce qu'il voit !

III. — RÉBELLIONS JALOUSES ET EXORCISMES PATIENTS.

Entre les diverses médicamentations de nature morale que
le prélat crut devoir essayer sur Mme de Montberon, la plus
efficace peut-être fut la sincérité qu'il mit à réaliser sous les
yeux de la malade une sorte d'autopsie de sa propre personnalité psychique afin de l'encourager par son exemple. Il
voudrait lui transmettre un peu de cette coûteuse expérience
des « épreuves » névropathiques qu'il s'est acquise dans le
passé en scrutant les défaillances de son propre cœur et la
comtesse va trouver, nous l'avons dit, dans ces affectueuses
confidences un inestimable appui affectif. Aussi bien cette
correspondance de direction renferme-t-elle les examens de
consciences ou les confessions les plus topiques que nous pos-
sédions de Fénelon : documents incomparables dont ses historiens ont largement fait leur profit. Nous les considére-
rons un instant à notre tour, sous un autre angle, afin d'y
mettre en relief quelques traits de la métaphysique fénelonienne. « *Il n'y a aucun homme à qui vous puissiez dire ces*
« *choses plus librement qu'à moi,* écrit-il pour encourager
« sa pénitente à lui confier ses affres morbides ! (1) *Je les*
« *sais toutes par cœur !* J'entends tout à demi-mot. J'ai la
« clef de votre cœur ! Vous pouvez remarquer que ce que
« vous me dites ne m'aliène nullement de vous, ne me cause
« aucune impatience et ne fait que redoubler ma sensibilité
« pour vos peines ! » Oui, certes, car il la considère comme
un cas typique, comme un cas « classique » pour parler le
langage médical, de la *purification passive,* avec résistance
acharnée de la part de la patiente, avec insistance infatigable de la part du Dieu bienveillant !

« Ainsi, poursuit-il, vous ne sauriez jamais trouver *aucun*
« *homme, sans exception,* qui soit plus en état, en toute ma-

(1) VI, 498.

« nière, de vous écouter et de vous soulager le cœur. Un au-
« tre, quelque bon et discret qu'il puisse être, nourrira vos
« scrupules et ne vous passera point ce que je vous passe
« contre moi. *Je sais la juste valeur de ces choses...* Vous ne
« sauriez nier, quand vous serez paisible et que vous n'écou-
« terez point la fureur de votre jalousie, que Dieu vous a
« unie à moi et que vous me trouvez en lui *sans distinction*
« dès que vous revenez à votre oraison (c'était naguère la
« prétention de Mme Guyon vis-à-vis de son directeur, qui
« lui emprunte à présent ses propres paroles)... Si j'étais
« dans les dispositions que vous imaginez, je me laisserais
« quitter après avoir sauvé toutes les apparences. » Ou encore : (1) « Je ne saurai croire que Dieu permette que vous
« vous éloigniez de moi. *D'autres ne pourront pas même vous*
« *entendre.* Vous leur ferez, dans vos soupçons jaloux, des
« peintures *fausses contre vous-même* de ce qui se passe au-
« dedans. Ils ne pourront que vous donner des conseils dis-
« proportionnés à vos soupçons et à vos scrupules et *aux*
« *voies par ou Dieu vous mène,* car *ils ne les connaissent*
« *pas!* » Cela est généreux, touchant même ; mais en revanche bien surprenant par tout ce que ces lignes supposent de
foi imperturbable au schéma guyonien de la névrose encadrée de piété.

Certain jour, Fénelon a cru devoir décrire à sa correspondante un état non pas de déiformité, certes, car le mot
serait beaucoup trop fort, à son avis, mais du moins un état
d'accoutumance à l'épreuve qu'il est parvenu à atteindre pour
sa part, sans le dépasser jamais et dont il se contenterait
pour elle, à la rigueur : (2) « Ces âmes ne pensent pas à bien
« souffrir ; mais, insensiblement, chaque croix se trouve
« portée jusqu'au bout, dans une paix simple et *amère* (3)
« où elles n'ont voulu que ce que Dieu voulait. Il n'y a rien
« d'éclatant, rien de fort, rien de distinct aux yeux d'autrui
« et encore moins aux yeux de la personne. Si vous lui di-
« siez qu'elle a bien souffert, elle ne le comprendrait pas.

---

(1) VI, 501.
(2) VI, 313.
(3) Ainsi parlait-il quinze ans plus tôt à Mme Guyon: c'est toujours cette épithète qui fait un effet si étrange, accolée à un subs-
tantif dont le sens est à peu près contradictoire.

« Elle ne sait pas elle-même comment tout cela s'est passé.
« A peine trouve-t-elle son cœur et elle ne le cherche pas. Si
« elle voulait le chercher, elle en perdrait la simplicité et
« sortirait de son attrait. C'est ce que vous appelez une
« bonne volonté, qui paraît moins et qui est beaucoup plus
« que ce qu'on appelle d'ordinaire courage ! » On n'a guère
été plus loin dans l'analyse des réactions défensives de l'âme
moderne contre les assauts de la névrose. Cette sorte de langueur psychique, qui refuse de fixer la pensée sur les points
douloureux par où souffre la volonté de puissance, réalise
une forme de l' « ahurissement » qui est systématiquement
recherché par les Guyoniens ; mais c'est un ahurissement
mitigé et tel que le pouvait vivre un aussi exceptionnel esprit que celui de Fénelon.

Ajoutons que la comtesse ne paraît pas avoir tiré grand
profit de tant d'objurgations éloquentes. On a déjà pu pressentir, à travers les derniers textes utilisés par nous, ces alternatives de scrupules fatigants et de révolte ouverte par
lesquels son conseiller la vit passer sans cesse au cours de
leur longue relation spirituelle. Voici quelques passages plus
instructifs encore : la dirigée s'est avisée d'écrire à son directeur qu'elle ne voulait plus le revoir avant d'avoir soutenu
une *épreuve* en personne *raisonnable*. Cette alliance de mots
fait bondir le prélat qui lui enseigne depuis huit années que
l'épreuve divine est faite pour annihiler la raison humaine !
Il riposte sans un instant de retard : (1) « Ce vain projet
« de l'amour-propre qui ne veut revenir à Dieu qu'après
« qu'il aura trouvé sa force et sa ressource *en soi* mérite
« d'être confondu par les chutes les plus honteuses... *Soyez*
« *girouette !... Malheur aux sages* qui se possèdent avec éga-
« lité. Venez, ou j'irai vous poursuivre ! »

Une pareille révolte des facultés conscientes qui se sentent
opprimés par l'hygiène fénelonienne et qui, après des années
de docilité, ne voient pas venir l'apaisement promis par le
médecin spirituel, semble avoir été fréquente chez une malade assurément intelligente (2) : « Pourquoi voulez-vous
« vous éloigner de moi, soupire parfois l'archevêque... *Vous*

---

(1) VI, 102.
(2) VI, 465.

« *accusez la voie de vos maux*, et c'est contre la voie que vous
« les faites ! » Ou encore : (1) « Vous voulez retrouver Dieu
« en quittant l'oraison (*passive*)? Hélas ! l'oraison est *Dieu*
« *lui-même* ou du moins l'union avec lui. Vous voulez lui
« faire la loi, ou du moins ne plus vous donner à lui qu'à
« votre mode pour adoucir votre souffrance... Vous croyez
« que l'amour-propre vous fera moins souffrir quand vous lui
« cèderez et vous ne voulez pas céder à l'amour de Dieu de
« peur qu'il ne prenne trop sur l'amour-propre? En vérité,
« ce dessein est-il selon Dieu? *Prétendez-vous que Dieu con-*
« *sente que la jalousie de son amour cède à la jalousie de*
« *l'amour-propre?*... Entre ces deux jalousies, pourquoi
« craignez-vous davantage celle de Dieu? Le don de Dieu
« vous était donné, mais vous n'en voulez plus! Oh! ma
« chère fille, revenez! » Conviction communicative, et, en
outre, flatteuse démonstration d'attachement spirituel qui
devaient donc atteindre momentanément leur but en rame-
nant l'âme impatiente! Mais bientôt la dépression faisait son
œuvre en réveillant des vélléités de rébellion et tout était à
recommencer. En désespoir de cause, Fénelon consentait de
prendre sur lui une partie de la responsabilité dans ces échecs
réitérés de l'opération divine : « Vous dites, ma chère fille,
« que vous allez *changer de voie*... L'homme doit suivre
« celle que l'attrait de la grâce lui marque, quoiqu'il lui en
« coûte! Devez-vous manquer à Dieu parce que j'ai fait une
« faute?... Pour moi, je ne veux qu'avoir tort, qu'être con-
« fondu et que me corriger pour votre consolation. Je ne
« crains ni ma confusion, ni ma peine! » Ici parle encore le
Fénelon de la tradition ou de la légende, le bon pasteur infatigable au service de ses brebis.

En fin de compte, cette peine ne reçut pas très abondam-
ment sa récompense. Nous l'avons mainte fois indiqué, l'hygiène morale pleinement affective a plus de chance de réussir entre les murailles d'un cloître que sur la scène du
monde où trop d'incidents viennent réveiller la volonté de
puissance, malgré ses résolutions de sommeil. Mme de Montberon fit peu de progrès dans la passivité au cours des longues années que dura sa relation spirituelle avec son apos-

---

(1) **VI**, 481.

tolique archevêque. On le voit en effet contraint de répéter sans cesse les mêmes exhortations, presque dans les mêmes termes, avec une inlassable patience : « Je vous conjure d'at-« tendre pendant quelques jours *la réponse à la consultation* « *que j'ai faite pour vous* », lui écrit-il dans l'une des dernières lettres qui nous soient demeurées de leur correspondance ! Ce qui suppose que l'inconstante menaçait une fois de plus de laisser là toute dévotion passive. Et c'est très vraisemblablement Mme Guyon qui était appelée de la sorte en consultation au chevet de cette âme, malade d'un mal si tenace, si rebelle aux prescriptions de l'art dont elle avait avec tant de soin perfectionné les méthodes.

Jules Lemaitre — qui, à l'exemple de Michelet, mais avec moins de brutalité que celui-ci, cherchait volontiers dans les passions de l'amour le ressort de tous les événements de de l'histoire — a écrit, pour caractériser les relations de la comtesse avec son directeur, qu'évidemment, elle l'aimait ! Interprétation trop fruste d'un sentiment beaucoup plus complexe : à notre avis, elle trouvait en son conseiller illus-que peu l'anarchie dont souffrait sa propre affectivité, désagrégée par la névrose : telle est, selon nous, sur ce cas sin-tre un appui, d'ordre affectif, qui lui permit d'atténuer quel-gulier, — comme sur ceux de Mmes de Maintenon, Guyon, et de La Maisonfort, — la vérité psychologique acceptable et l'explication qu'on ne dépasserait pas sans témérité.

CONCLUSION

Le véritable fondateur de l'ère moderne

C'est par ces mots, nous l'avons dit, que Ballanche a désigné Fénelon, avec une claire vue des orgines du mysticisme contemporain, dont il fut lui-même un des plus enthousiastes adeptes. L'action de la pensée fénelonienne a été en effet considérable au XVIII⁰ siècle, et nous avons l'intention de revenir à bref délai sur ce sujet (1). Disons seulement qu'en 1802, à propos d'une édition de ses *Œuvres choisies*, un critique de talent, l'abbé de Boulogne, qui devait mourir évêque de Troyes, crut devoir protester dans le *Journal des Débats* (2) contre l'abus fait du nom de Fénelon par les « philosophes ». Ce prêtre déclarait ne pouvoir comprendre comment des disciples avérés de Rousseau persistaient à se faire un patron du grand archevêque : « *Tous les maniaques sentimen-* « *taux*, écrivait-il, en termes caractéristiques, *dressent des* « *chapelles en son honneur et le placent sur le même autel* « *avec Jean-Jacques !* Il n'y a pas même jusqu'à ces hommes « qu'on n'appelle plus par leur nom, (les Jacobins terroristes) « tant il est odieux, qui ne l'aient inauguré dans leurs re- « paires après l'avoir plus d'une fois flétri dans leurs tribunes « d'une mention honorable... De là ce refrain éternel ; la « religion de Socrate et de Fénelon, la religion de Fénelon « et de Marc-Aurèle, etc... » Ces derniers rapprochements sont un non-sens, en effet, un effort du prétendu « rationnalisme » révolutionnaire (qui fut, en réalité, un mysticisme

(1) Dans l'ouvrage sur *Rousseau visionnaire et révélateur*, qu'annonce notre avant-propos.
(2) 18, 19 et 20 octobre 1802.

s.   21

de conquête), pour se masquer de raison ; car nous avons montré que rien n'est plus antisocratique, plus antistoïcien que l'hygiène morale du Fénelonisme. Dans son effort tonique et consolateur, elle s'adresse à l'affectivité, non à la raison humaine et c'est ce que nous voudrions faire toucher du doigt une dernière fois en étudiant les jugements qui ont été émis sur Fénelon par un psychologue aujourd'hui considéré comme du premier rang, par Maine de Biran qui, parti du mysticisme rousseauiste le plus décidé, marcha sous l'influence des écrits de l'archevêque, vers un mysticisme chrétien beaucoup plus rapproché de l'orthodoxie romaine.

Au plus fort de l'orage révolutionnaire, ce penseur avait écrit, dans son attachant et sincère *Journal intime* : « Pas-« cal, en ses *Pensées morales*, élève mon âme, mais, lors-« qu'il me parle de la religion, il ne la rend pas aimable : « son tempérament mélancolique perce partout : s'il jette « quelquefois du sublime dans ses conceptions, il y répand « trop souvent du sombre. *O bon Fénelon, viens me conso-* « *ler.* Tes divins écrits vont dissiper ce voile dont ton jan-« séniste adversaire avait couvert mon cœur, comme la douce « pourpre de l'aurore chasse les tristes ténèbres ! »

Longtemps, toutefois, ce fénelonien d'occasion cherchera l'adoucissement de sa presque constante dépression psychique du côté du stoïcisme, que le prélat interdisait à Mme de Montberon. En 1816, il en est encore à écrire : « Il faut que la « volonté préside à tout ce que nous sommes. Voilà le stoï-« cisme ! *Aucun système n'est aussi conforme à notre na-* « *ture* ». Et, parlant des stoïciens : « Voilà des hommes qui, « livrés *au seul secours de leur raison*, semblent s'élever au-« dessus de l'humanité. Ils méprisent la douleur et la mort : « ils foulent aux pieds les passions, et, ce qu'il y a de plus « grand encore, ils placent tout leur bonheur dans le bien « qu'ils font aux hommes : aussi doux, aussi bienfaisants « pour leurs semblables qu'ils sont durs à eux-mêmes. Ils « sont conduits par l'orgueil. Oui, c'est un assez bel orgueil « que celui qui ne craint rien tant que de se dégrader, non « pas aux yeux des hommes, mais à ses propres yeux ! *Qu'on* « *me dise ce que peut faire l'homme de plus, même avec* « *le secours de la grâce?* Qu'un janséniste rabonnisse (amé-« liore) encore un stoïcien ! »

Mais son mal psychique ne cède pas à l'effort de sa volonté, aventure qui fut jadis aussi celle de Mme de Montberon : il se ralliera donc sans nulle réserve au point de vue fénelonien dès l'année suivante : « Les stoïciens pensaient « que l'homme pouvait opposer à tous les maux de la vie un « enthousiasme qui, s'augmentant par notre effort dans la « même proportion que la *douleur* et les peines, pouvait « nous y rendre insensibles. Mais comment peut-il y avoir « *un enthousiasme durable fondé sur la raison seule?* Suf-« fira-t-il de dire que la douleur physique ou *morale* n'est pas « un mal pour ne pas la sentir? Cette morale stoïcienne, « toute sublime qu'elle est, *est contraire au caractère de* « *l'homme* en ce qu'elle prétend faire rentrer sous l'empire « de la volonté des *affections,* des sentiments ou des causes « d'excitation *qui n'en dépendent en aucune manière,* en ce « qu'elle anéantit une partie de l'homme même dont l'homme « ne peut pas se détacher! » C'est-à-dire en ce qu'elle ne compte pas assez avec la relative autonomie de notre affectivité intime. « La raison seule, poursuit ce psychologue ini-« tiateur qu'est Biran, demeure *impuissante* pour fournir « des motifs à la volonté ou des principes d'action! » Le vrai serait de dire que, spéculant principalement sur l'avenir, la raison, chez la plupart des hommes, demeure *moins forte* dans ses suggestions de motifs que l'affectivité qui parle pour le présent. « Il faut que ces principes viennent de *plus haut,* « conclut Biran... Le christianisme pénètre bien plus avant « dans le cœur de l'homme : il lui révèle bien mieux tout le « secret de sa faiblesse que la philosophie tend à lui cacher. « Les consultations et maximes de la philosophie stoïcienne « peuvent être bonnes pour les *forts* (pour les forts par l'équi-« libre nerveux, en particulier), pour ceux qui sont en pos-« session des grandes qualités de l'âme et du caractère, qui « ont *conscience de leur dignité.* Mais quel secours peut-elle « donner aux pauvres d'esprit, aux faibles pêcheurs, aux in-« firmes, à ceux qui se sentent livrés à toutes les faiblesses « de *l'âme* et du corps malade, qui ont perdu ou n'ont ja-« mais eu l'estime d'eux-mêmes? C'est ici que le christia-« nisme triomphe en donnant à l'homme le plus misérable « un *appui extérieur* qui ne saurait lui manquer quand il s'y « fie, en le faisant *s'applaudir* intérieurement de ce qu'il sent

« *ne pouvoir rien par lui-même,* en lui montrant dans cha-
« cune de ses infirmités ou misères spirituelles ou corporelles
« autant d'occasions de *mérite...* La philosophie stoïcienne
« peut apprendre la résignation à tous les maux *extérieurs...*
« mais *aimer la souffrance,* s'en réjouir *comme d'un moyen*
« *qui conduit à une plus heureuse fin,* c'est ce que seul peut
« enseigner et pratiquer le philosophe *chrétien!* » Voilà en
effet, dégagé de cette trop précise affirmation de la possession divine qui déparait le guyonisme et ramené à la pure
tradition chrétienne, le fénelonisme, que ses triomphes ont
montré si capable d'insinuation victorieuse et si doué d'irrésistible séduction.

APPENDICE

Le système métaphysique de Mme Guyon

Les déviations de la mystique chrétienne sous l'influence de la mentalité féminine se marquent très nettement dès la fin du treizième siècle, par l'hérésie des *Béguines* et Beghards que condamna le concile de Vienne en 1311 et les huit considérants de cette condamnation (1) sont fort intéressants à rapprocher des thèses quiétistes. « On ren- « contre parmi ces novateurs, a écrit notre Gerson, *des femmes d'une* « *incroyable subtilité*, dont les écrits contiennent quelquefois de *très* « *bonnes choses*. Mais *leur orgueil et la véhémence de leur excessive* « *passion* leur persuadent qu'elles jouissent de Dieu dans cette « vie, etc... »

Au temps de la Renaissance, c'est sainte Catherine de Gênes, cette grande dame de fine culture sentimentale, qui fut, selon nous, dans la mesure orthodoxe, la véritable initiatrice de la mystique féminine moderne par ses subtils *Dialogues* et par son célèbre *Traité du Purgatoire*. L'originalité de cette grande mystique réside à nos yeux dans son effort, très digne d'approbation, pour substituer la possession divine à la possession démoniaque comme explication métaphysique de certaines modalités de la névrose. On sait quel développement considérable avaient pris les affections du système nerveux au cours du Moyen Age européen, époque de misère physique fréquente et de continuelle insécurité mentale. Michelet, un tempérament romantique bien fait pour comprendre les affres de cette maladie du Moi, l'a décrite, dans sa *Sorcière*, avec un sorte de frénésie pittoresque ; on l'interprétait le plus souvent en ces âges d'ignorance, selon l'antique tradition mystique, c'est-à-dire comme une agression de quelque pouvoir métaphysique *hostile*, comme une possession par quelque esprit *malin* : de là les aberrations de la démonologie, si tôt devenue démonomanie. Une telle interprétation s'imposait à vrai dire quand l'intensité du mal et la grossièreté des instincts déchaînés par lui entraînaient le patient à des actes de grave indiscipline sociale dont le Tentateur infernal pouvait seul être rendu responsable par la conception chrétienne du monde et de la vie. Mais la culture psychologique et morale

---

(1) Voir **Mansi** : *Collection Conciliorum*, **XXV**, 410.

s'étant lentement affinée dans le monde barbare avec le cours des siècles, surtout depuis la Renaissance et principalement dans la haute sphère sociale à laquelle appartenait Catherine Fieschi-Adorno, les anomalies d'attitude sociale, ou même les trangressions légères auxquelles le névropathe (1) se laissait entraîner par son mal devinrent de nature assez vénielle pour comporter une autre interprétation de leur origine. Au lieu d'être rapportées à des *tentations* d'origine démoniaque, elles le furent soit à des tentations permises par Dieu avec la perspective d'y voir succomber le fidèle et de mortifier par là son amour-propre rebelle, soit même comme des *épreuves* directement imposées par Dieu dans une intention analogue.

Cette *épreuve* d'origine céleste ou tentation extraordinaire est en même temps conçue par Catherine comme une lumière d'en haut qui éclaire d'un jour cru les aspérités de l'amour-propre et s'accompagne d'un *feu* qui les brûle, métaphore qui restera fondamentale dans la mystique féminine orthodoxe de ce temps, et surtout dans ses déviations hétérodoxes. Dieu est considéré comme purgeant alors et nettoyant toutes choses en l'homme sans que celui-ci ait à s'en mêler pour sa part, la douce bonté du Seigneur lui enlevant peu à peu, dit la sainte, les imperfections qui le déparent comme si c'était une chose qui ne regardât en rien cet homme et dont il n'eût pas à s'occuper davantage. C'est l'attitude *passive* préconisée devant le phénomène de la purification par la main de Dieu. Catherine de Gênes a paru à l'Eglise être demeurée suffisamment prudente en ses écrits pour que ceux-ci fussent mis entre les mains des fidèles; ses biographes, Marabotto et Vernaccia, avaient toutefois accentué, et peut-être déformé déjà, certains traits originaux de sa physionomie morale. Sa vie et ses œuvres n'en furent pas moins extrêmement répandues et lues dans les diverses traductions qu'en fit le dix-septième siècle français, surtout dans celle de Desmarest de Saint-Sorlin qui traversa vers le milieu de sa vie une période de mysticisme exalté. Ces pages étaient dès lors considérées comme hardies, surtout dans l'interprétation de Saint-Sorlin; tel est en particulier le jugement de Baillet, érudit et hagiographe estimé, qu'ont refuté, sur ce point, les Bollandistes. Bossuet en a écrit de son côté ces lignes significatives. « On a condamné « dans Molinos cette proposition qu'il ne convient pas de rechercher « les indulgences, parce qu'il vaut mieux satisfaire à la justice de « Dieu, *quoiqu'on voie le même sentiment dans sainte Catherine de* « *Gênes,* l'une des saintes dont on *prétend* que l'Eglise a canonisé la « *doctrine avec la personne* [ce qui n'est jamais le cas selon lui]. « La simplicité et la bonne foi de la sainte ont *fait passer* ce qu'il a « fallu relever dans ce pernicieux auteur ! »

Tout au contraire, Thérèse d'Avila, — qui ignora la sainte

---

(1) Sur les manifestations névropathiques qui s'associent le plus souvent à l'activité des mystiques, on consultera avec fruit l'excellent travail de l'abbé Pacheu; *L'Expérience Mystique,* Paris, Perrin, 1911.

génoise, antérieure d'un demi-siècle environ, - - est demeurée une mystique toute de tradition, de précaution et, au total, un modèle de docilité entre les mains de ses supérieurs ecclésiastiques. Mais saint Jean de La Croix, qui passe pour un disciple de sainte Thérèse, dans la familiarité de laquelle il a vécu au temps de sa jeunesse, l'est surtout, selon nous, de sainte Catherine de Gênes dont il dut connaître les écrits par le père Nicolas Doria, génois (en religion, Nicolas de Jésus-Maria), son collaborateur dans la réforme des Carmes et, plus tard, le commentateur de son œuvre mystique. Ce directeur de femmes, hautement expérimenté, a beaucoup fait pour codifier, dans un sens estimé orthodoxe, par l'Eglise, la mystique féminine de son époque. Enfin, saint François de Sales, disciple de sainte Catherine de Gênes et de sainte Thérèse (non pas de saint Jean de La Croix, encore fort peu connu de son temps), a donné leur forme théologique définitive, avec infiniment de bon sens et de mesure, aux suggestions de ces deux âmes d'amour.

Les déviations vinrent vite, par malheur. On sait que Luther, ce mystique emporté dont l'enseignement dut être rapidement rationalisé par ses continuateurs, par Melanchton en particulier, afin de demeurer viable, s'était appuyé sur saint Paul : Calvin et Jansen sur saint Augustin. De même la mystique féminine orthodoxe donna lieu à des hérésies de noms divers. Au xvie siècle, l'Espagne eut ses Illuminés (*Alumbrados*) avec lesquels sainte Thérèse put craindre un instant d'être confondue, dans sa jeunesse. Le xviie siècle français produisit, dès son début, des exagérés de même nuance que connut Pascal, et que combattit le père Joseph, la future Eminence Grise; puis Saint-Sorlin, Epiphane Godin, Malaval, ou ce M. Bertot qui fut le premier directeur influent de Mme Guyon, devinrent suspects à leur tour. Enfin Rome assista, vers le déclin du siècle, au procès retentissant de Molinos. Toutes ces tentatives ont culminé dans l'œuvre de Mme Guyon. Par Fénelon, qui fut jusqu'à un certain point son disciple, elle leur a procuré une durable influence. C'est son système qui va faire l'objet de notre examen.

PREMIÈRE PARTIE

L'œuvre théorique de Mme Guyon sous l'influence lacombienne

Lorsqu'il a démontré l'authenticité de la correspondance entre Fénelon et Mme Guyon, le regretté Pierre-Maurice Masson s'est surtout intéressé au grand archevêque et a traité son amie de *femme sans culture et sans esprit*. Femme sans culture, dit également le père Poulain, théologien récent et commentateur estimé du mysticisme. Mais Mme Guyon, dépourvue de culture classique en effet, avait du moins une culture biblique et chrétienne remarquable : quant à l'esprit il est difficile de le lui refuser si l'on songe à la puissance d'attraction qu'elle exerça sur des âmes éminentes, Saint-Simon et Phelipeaux la proclamaient « spirituelle »; Brunetière la juge « éloquente » et Jules Lemaitre a pensé très haut de sa valeur intellectuelle. Si elle a écrit beaucoup de vers oiseux, elle en a tourné de fort agréables (1) et elle a montré, dans la conception comme dans le développement de son système qui parut à Fénelon si cohérent et si *beau*, une étonnante capacité de synthèse.

Nous avons proposé de distinguer, dans l'enseignement de Mme Guyon, une première exposition de ce système qui fut réalisée sous l'influence du père Lacombe et traduisit des tendances affectives extrêmes : puis, sous l'action de Fénelon, un commentaire déjà beaucoup plus rationnel de l'opération divine dans l'âme chrétienne de bonne volonté. Pour démontrer péremptoirement cette thèse, il fau-

---

(1) Voir en particulier au 4ᵉ volume de ses *Œuvres poétiques*, p. 228 et suiv.; au premier volume de ses *Lettres* celle qui porte le nᵒ 87, et quelques jolis cantiques placés à la fin de son *Autobiographie*.

drait toutefois être assuré de la date qu'il convient d'attribuer à chacun des écrits qui composent ses *Œuvres complètes* : et c'est ce qui est impossible, pour les raisons que nous allons dire.

Trois seulement de ces écrits ont été publiés avant sa rencontre avec Fénelon en 1688 : la *Règle des associés à l'enfance de Jésus*, sans grande importance théorique et qui n'est peut-être pas d'elle en totalité; le fameux *Moyen court et facile de faire oraison, que tous peuvent pratiquer très aisément et arriver par là, dans peu de temps, à une haute perfection;* enfin l'*Explication du cantique des cantiques*, un fragment de son vaste commentaire mystique de la *Bible*. Ces textes nous fournissent des indications certaines sur l'état de sa doctrine à cette époque, mais des indications fort sommaires. Tout le reste a été publié par Poiret, au début du xviiie siècle seulement, c'est-à-dire après la Querelle du Quiétisme et d'après des manuscrits retouchés peut-être ou par leurs détenteurs, ou par Mme Guyon elle-même.

Sa *Bible* commentée remplit à elle seule vingt volumes sur quarante dans l'édition Dutoit et fournit les suggestions théoriques les plus spontanées qui soient sorties de sa plume. De même que ses fameux *Torrents,* elle prétend avoir écrit cet immense commentaire automatiquement, sans songer à ce qu'elle mettait sur le papier, c'est-à-dire, à son avis, sous la dictée de l'Esprit-Saint. Cherchons à en préciser la date. Elle nous apprend qu'elle le commença par la fin, c'est-à-dire par l'explication du *Nouveau Testament* qui remplit les huit derniers volumes de l'édition Dutoit; elle n'indique pas l'époque où elle s'est mise à l'œuvre, mais assure avoir terminé cette première partie de son entreprise en septembre 1683 : car ce fut un fruit de son séjour dans le diocèse d'Annecy. Puis l'*Ancien Testament,* c'est-à-dire les douze premiers volumes de l'ouvrage imprimé, auraient été achevés avec une *célérité inconcevable* en une année environ. Bien que peu précises, ces indications sont encore sujettes à discussion, et, probablement, très approximatives. En effet, dans le commentaire de *L'Apocalypse,* une addition à la page 119 est datée expressément d'octobre 1688 et on y lit que le livre a été écrit quatre ans plus tôt : or il faudrait dire plus de cinq ans, si tout le *Nouveau Testament* avait été terminé avant septembre 1683.

Possédons-nous du moins le commentaire de la Bible tel que Mme Guyon l'écrivit vers 1684? C'est ce qui nous paraît peu probable. Elle répond si directement parfois, surtout dans son *Nouveau Testament,* aux objections qui lui ont été adressées par Bossuet à dater de 1694, qu'il faudrait admettre, pour adopter la date de rédaction indiquée par elle, que toutes ces objections se sont déjà présentées à son esprit ou lui ont été opposées par des contradicteurs en Savoie ou en Piémont dès ce temps? Or, en ce cas, elle aurait été admirablement armée pour y répondre dix ans plus tard : et l'on sait dans quel désarroi elle tomba, tout au contraire, devant les premières objections de Bossuet. Notons quelques-uns des indices qui nous font supposer des corrections postérieures à 1694, au moins dans le *Nou-*

veau Testament. Lacombe, qui n'avait été séparé d'elle qu'à la fin de 1687 et qui examinait tous ses écrits, lui parle de son *Apocalypse* comme d'une nouveauté lorsqu'il lui écrit de Lourdes quelque dix ans plus tard. En outre le manuscrit de cette *Apocalypse* qui fut soumis à Bossuet l'indigna par l'outrecuidance de l'auteur à se donner, fort ouvertement, pour cette femme que saint Jean représente comme environnée de soleils, avec la lune sous ses pieds et une couronne de douze étoiles sur la tête, tandis qu'elle souffre les douleurs de l'enfantement. Or, le texte imprimé que nous possédons interprète très modestement la vision de Jean à Patmos. Cette femme pourrait, selon ce texte, recevoir trois interprétations diverses : il s'agirait soit de la Vérité qui doit être enfantée sur la terre (et aucune allusion n'identifie cette vérité avec la doctrine guyonienne de l'intérieur) ; soit encore de l'Eglise du Christ, ce qui est tout à fait orthodoxe ; soit enfin de l'Oraison prescrite aux fidèles, ce qui n'est pas moins acceptable dans les termes généraux où l'affirmation est présentée. Avons-nous donc bien ici la page qui scandalisa si fort l'évêque de Meaux (1) ? A notre avis, l'*Explication de la Bible,* telle que nous la lisons aujourd'hui, n'est pas identique à celle qui fut mise entre les mains de Bossuet.

Pour rédiger ses vingt volumes de commentaires sur l'Ecriture Sainte, Mme Guyon emploie au surplus un procédé fort simple Tout ce qui par la Bible est blâmé, condamné, puni, sacrifié, qu'il s'agisse d'un peuple, d'un homme ou même d'un animal, lui apparaît comme une figure ou allégorie de la *partie propre* de l'homme, de l'amour-propre condamnable, de la « propriété » spirituelle avec ses modalités infiniment diverses, des âmes « propriétaires » ou « mercenaires » qui ne pratiquent la vertu qu'en vue d'un salaire futur. D'autre part, tout ce qui est loué, assisté ou récompensé par Jehovah, devient un symbole évident des « chers abandonnés », des âmes intérieures, des incidents divers de la purification passive ou de son couronnement, l'alliance déiforme avec le Très-Haut. Ses fervents lui ont fait un mérite d'avoir, la première, expliqué de la sorte de Livre sacré *par l'esprit même qui l'a dicté*. Il y a là le plus naïf des anachronismes. En réalité, c'est le mysticisme platonico-chrétien dévoyé, c'est le romanesque celto-germain des *Amadis* qui interprète à sa mode, en ces pages prolixes, les rudes chroniques de l'antiquité sémitique, rédigées pour une part avant que l'influence grecque se soit fait sentir dans la région palestinienne.

La doctrine mystique de Mme Guyon, qui n'a jamais été étudiée jusqu'ici, dans son ensemble, n'en est pas moins un système métaphysique assez solidement constitué. Il nous rappelle surtout l'œuvre de

---

(1) On sait que, sans un hasard heureux, nous ne posséderions plus ces cinq feuillets détachés par Mme Guyon de son Autobiographie qui ont fixé la conviction de Bossuet sur son illusion et qui ne figurent pas dans les éditions de ses *Œuvres.*

ces deux rousseauistes fameux : Charles Fourier et Arthur Schopenhauer, ce dernier étant d'ailleurs parti des mêmes sources. Eckart,
Tauler, Suso et ayant même fort goûté Mme Guyon en personne, dans
son *Autobiographie* et dans ses *Torrents* tout au moins (1).

---

(1) Si l'on s'essayait à interpréter dans le sens guyonien le monument philosophique élevé par le penseur de Francfort, on pourrait
dire que le livre premier de son ouvrage fondamental pose la *partie
propre* des quiétistes comme l'essence de l'homme ; que le second
montre le Dieu-Volonté ou la Volonté de Dieu à l'œuvre dans la
nature et dans l'humanité ; que son troisième livre est une transpo-
sition esthétique de la voie des *lumières* ou douceurs mystiques
que dédaignait Mme Guyon ; que le quatrième enfin recommande la
purification *passive* et la mort à soi-même presque dans les termes
employés au XVIIᵉ siècle, par les adeptes de la mystique féminine dévoyée. Et l'on notera que, comme tous les mystiques dominés par
leur impérialisme affectif, comme Luther, en particulier, Schopenhauer passe le plus facilement du monde d'une psychologie nettement pessimiste à une autre purement optimiste, en supposant une
révolution dans l'âme humaine à la suite de quelque intervention
métaphysique. On sait quelle influence il a exercée sur ce que nous
appelons, pour notre part, la quatrième génération rousseauiste.

Sur l'état *actif* de la perfection chrétienne; sur la préparation consciente et stoïque à la vie morale, on ne trouvera pas dans l'œuvre guyonienne un très ample commentaire. L'auteur présuppose en effet cette préparation et ne s'y intéresse guère, car ce serait reporter sa pensée vers les années les plus sombres de sa vie. Elle relègue volontiers l'effort stoïco-chrétien sur soi-même dans une première période de la vie morale à laquelle elle prête peu d'attention parce qu'elle y trouve peu d'aliments pour son ardente Volonté de puissance; elle réserve toute son application mentale à une seconde période de cette vie morale où l'affectivité parle presque seule et, sous prétexte de directe opération divine, s'affranchit jusqu'à un certain point des freins sociaux qui l'entravent.

Par exemple, lorsque la commentatrice de l'Écriture y rencontre ces beaux conseils de morale pratique que le vieux Tobie formule au profit de son fils, elle les juge affectés de « propriété » spirituelle, parce qu'ils se terminent sur les instructions nécessaires au recouvrement d'une dette ancienne. Elle les déclare donc bons à la vérité et nécessaires aux *jeunes gens* : mais, ajoute-t-elle aussitôt, comme cet écrit sera *plus utile aux personnes avancées qu'aux commençants*, elle en laissera le commentaire à *quelque autre!* Telle est l'attitude qu'elle a presque constamment gardée depuis le début de sa carrière « apostolique ». — « Je sais bien, écrira-t-elle dans une autre occasion (1), « que la foi sans les œuvres est morte, mais il ne s'agit *point des* « *œuvres ici*, puisque l'âme dont nous parlons n'est anéantie *qu'après* « *avoir été consommée dans toutes les bonnes œuvres*, et qu'ayant « *épuisé* tout le bien de ses *propres opérations*, l'opération de Dieu « devient si forte en elle que d'y surmonter les opérations de la « créature et les absorber toutes, de telle sorte que l'âme se trouve « privée *par excès* des biens qui assuraient son salut. » Par excès peut-être, mais elle n'en est pas moins privée, comme nous le verrons mieux par la suite.

Si, d'ailleurs, elle suppose en général une préparation morale, consciente et ascétique préalable chez ceux que leur Maître céleste engage sur la voie de purification *passive*, elle se montre disposée à concéder en ceci de larges dispenses : « Il y a, dit-elle, un autre

---

(1) **VI**, 84.

« abus [que l'absence de préparation *active*] : c'est que l'on croie
« qu'il faut être quitte de tout péché et déjà *entièrement* mortifié
« pour s'adonner à l'intérieur, ce qui n'est pas une moindre absurdité
« que de dire qu'il faut être déjà rassasié pour manger... puisqu'il
« est certain qu'on ne saurait arriver à la pureté que l'on veut que
« ces personnes aient, sinon par l'intérieur ! » C'est que les voies
de Dieu sont bien différentes de celles que les hommes [rationnels]
imaginent ! Ils ne connaissent en morale qu'un certain travail sur
eux-mêmes qu'ils veulent faire *continuer* toujours. Dieu les laisse
faire *pour un temps,* en voyant leur *bonne volonté;* il semble même
les y secourir; mais, après, *il veut tout détruire* afin de substituer *sa
seule opération* en la place (1). On discerne assez clairement dans
ces lignes la tendance foncière du premier guyonisme. L'état *actif*
de la perfection chrétienne, la période de mortification ou de dressage
conscient de l'affectivité insuffisamment sociale, en ses suggestions
habituelles, y est envisagée comme une sorte de *tolérance* de la part
de Dieu, tout au moins, comme un noviciat qu'il sera bon de dépasser
au plus tôt; car l'Eternel le permet *pour un temps,* par condescendance
pour la *bonne volonté* de sa créature, mais le résultat n'en saurait être
comparable à celui qu'il obtiendra quand il aura décidé de mettre
lui-même la main à l'ouvrage. Affirmation qui, présentée avec mesure,
resterait au surplus dans la belle et bonne tradition chrétienne.

Mme Guyon a d'excellentes analyses de psychologie impérialiste
et chrétienne à ce propos. — Le travail « lumineux » (conscient) sur
les défauts grossiers, reprendra-t-elle (2), satisfait encore grandement l'âme qui s'y livre : outre le soutien intérieur que les « goûts »
ou les « sentiments » lui fournissent alors, cette âme voit son
ouvrage fort en détail et constate la correction de ses défauts *superficiels,* en sorte qu'elle imagine difficilement qu'elle doive aller au
delà. La plupart des chrétiens parviennent au terme de leurs jours
dans ce degré, faute de fidélité ou de courage : ce qui ne les empêche
pas de *passer pour des saints* et de faire l'admiration des personnes
qui n'ont pas sur ce sujet des vues plus profondes. Il leur arrive
même de *faire des miracles :* rien ne leur paraît impossible : leurs
sécheresses spirituelles et leurs tentations sont courtes et rares, bien
qu'ils les regardent comme des peines intolérables et comme des
souffrances extraordinaires ! Plusieurs s'illusionnent même jusqu'à
donner le nom d'état *passif* à ce degré de foi parce que l'opération
de l'âme y est si douce, si aisée, si soutenue, qu'elle-même ne s'aperçoit pas de son opérer, quoiqu'il y en ait un fort réel à la base des
résultats obtenus ! — Voilà qui est magistralement dessiné. Poussée par
son inconsciente jalousie spirituelle, la béate nous a tracé dans ces
lignes le portrait moral des saints « à miracles » qu'elle fait profes-

---

(1) *Lettres,* III, 129.
(2) *Discours,* I, nº 15.

sion de dédaigner : de sainte Thérèse en particulier, dont le tradi-
tionnalisme l'offusqua toujours.

Mais lorsque Dieu entre enfin de sa personne en scène et en action,
la disposition de l'âme devient tout autre. En peu de temps, tout se
dessèche, tout s'amortit dans cet intérieur fleuri et parfumé jusque-là :
ainsi l'hiver vient détruire la végétation de l'été. Les résultats moraux
qu'on avait obtenus jusqu'alors et qu'on trouvait fort admirables,
semblent dès ce moment fort grossiers, parce qu'on tend à un je
ne sais quoi qui, seul, pourrait satisfaire : considérations qui nous
mènent sur le seuil de l'état *passif* dont nous allons esquisser les
diverses étapes.

Ecoutons encore cette exhortation qui s'adresse à un chrétien
parvenu jusqu'à la frontière du mystérieux domaine où Dieu seul
agit désormais sur ses élus, à l'exclusion du Tentateur infernal (1) :
« Votre état me paraît un *avancement*, non pas un mal, comme vous
« le croyez. Vous avez *épuisé toutes les bonnes activités* : vous avez
« travaillé à vous sanctifier et à rendre les autres saints. Tout cela
« est excellent : mais Dieu n'a pas néanmoins tiré de vous toute la
« gloire qu'il prétend et qu'il a droit d'en prétendre. C'est pourquoi
« il a, pour ainsi dire, renversé votre demeure : il vous fait voir ce
« que vous êtes par vous-même et vous fait sentir jusqu'au fond la
« corruption qui est en vous afin que, vous déprenant de vous-même,
« et en concevant de l'horreur, vous n'ayez plus aucun appui dans
« les *œuvres de justice* que vous avez pratiquées jusqu'à présent; mais
« que, vous abandonnant totalement à Dieu, il devienne lui-même
« votre justice ! Dieu examine dès cette vie les justices de ceux qu'il
« aime et il les leur fait voir si *sales* que, bien loin de s'appuyer sur
« ces œuvres, ils en ont horreur... Il nous apprend par là une manière
« de le glorifier qu'on ne comprend que par l'expérience... Une
« année de cet état, jointe à la connaissance foncière de ce qu'on est,
« glorifie Dieu bien plus qu'une longue suite d'années passées dans
« *les bonnes activités,* quoique ces activités aient été déjà beaucoup
« simplifiées par la grâce ! » Certes, une telle hygiène nous paraît
fort acceptable, à titre de couronnement pour l'œuvre morale consciente préalable, dans l'individu et dans l'espèce — n'étant qu'appel
jeté aux puissances affectives de l'être afin de rapprocher de l'automatisme et de muer, autant que possible, en instincts spontanés les
acquisitions sociales réalisées par l'expérience et conservées par la
mémoire.

---

(1) *Lettres*, III, 309.

La psychologie chrétienne le proclame avec pleine raison, Dieu seul pourrait effacer de la nature humaine cet « impérialisme » essentiel que la vie imprima dans le sein de la créature et dont il faut supposer Adam affecté même avant son péché pour qu'il ait voulu agrandir sa science et son pouvoir au mépris de l'ordre de Dieu ; de même qu'on en doit accepter le germe dans les anges eux-mêmes, si l'on cherche à s'expliquer la révolte de Lucifer. A un si grand mal, au point de vue moral et social, il convient donc d'appliquer les grands remèdes, et nul n'a semblé aux névrosés de la culture moderne plus douloureux, ni, par conséquent, plus efficace que leurs souffrances d'ordre psychique ; nulle interprétation de ces souffrances ne leur a paru plus consolante, plus tonique même et plus susceptible d'en atténuer la morsure que celle de la mystique féminine, qui en fait, nous le savons, une opération directe de Dieu, décidé à resserrer son alliance avec les privilèges de son choix, au prix d'une temporaire dépression de leur Moi. Conception d'autant plus douce et plus flatteuse à la Volonté de puissance que le repoussant démon du Moyen Age y voit réduire davantage son rôle d'instrument des desseins du Très-Haut, celui-ci acceptant désormais d'exécuter de ses propres mains une partie de la besogne, dépourvue d'attraits, qui était réservée au Génie du mal social dans l'enseignement traditionnel de l'Eglise. C'est dans cette singulière et subtile interprétation de la réalité psychologique et morale qu'il nous faut pénétrer désormais plus avant.

I. — *La dégradation du Tentateur infernal.*

Oui, un trait d'une extrême conséquence dans le Quiétisme, c'est la dégradation du Tentateur traditionnel, sa mise à l'écart du chemin que parcourt le chrétien quelque peu confirmé dans le bien, sa réduction à certains rôles subalternes ou même purement physiques dans le drame moral où il jouait jusque-là un si considérable personnage. Tout se passera désormais directement entre l'âme chrétienne et son Dieu : trait qui, recueilli et encore exagéré par le rousseauisme, reparaît dans ce mysticisme que nous nommons « passionnel » et dont le romantisme a fait l'un de ses articles de foi.

Mme Guyon enseigne que seules les âmes conduites par la voie des visions, des inspirations ou des miracles — voie qu'elle fait profession de dédaigner — ont des tentations qui viennent du Démon. Celui-ci n'attaque pas les âmes engagées sur la voie de l' « intérieur », mais au contraire les craint et les fuit. Bien mieux, elle envisage un temps prochain où, la dévotion « intérieure » s'étant généralisée, il n'y aura plus du tout de *Tentateur*, où l'enfer sera fermé jusqu'à la venue de l'Antéchrist, où les hommes pourront vivre dans une entière innocence et dans une parfaite pureté. Elle nous parle dans ses Mémoires d'une religieuse qui se conduisait comme une folle et qui était considérée dans son couvent comme démoniaque. Mais, s'étant approchée de cette fille, elle sentit, dit-elle, l'impression « comme « d'une âme du purgatoire » et comprit donc aussitôt qu'il s'agissait d'un état de purification *divine* dans lequel le Démon n'avait rien à voir. En effet, la nonne sortit après quelques mois de cette crise non épuisée, comme après une lutte opiniâtre avec un ennemi péniblement repoussé, mais au contraire rayonnante et *purifiée comme un ange!* Mettre en tout le purgatoire, où Dieu agit seul, à la place de l'enfer où sévit le Malin, est, en général, la tendance de ces femmes au tendre cœur dont sainte Catherine de Gênes fut la plus éminente. Par malheur, la miséricorde ne saurait parler seule dans les affaires humaines où la Justice distributive réclame également son rôle : telle est la conviction virile qu'apporte la pratique de la vie. L'on ne supprime pas impunément, de façon prématurée, les barrières élevées par l'expérience sociale contre les écarts de l'impérialisme individuel. L'histoire du romantisme moral, cet héritier certain du guyonisme, en fournit amplement la preuve.

II. — *La Tentation mise au compte de la Divinité.*

Mais si Satan tente peu ou ne tente plus les âmes intérieures, qui donc les tentera? Dieu devra se charger de cette besogne en personne, et Mme Guyon s'est employée à faire endosser, sans trop de scandale, ce rôle peu attrayant par la Perfection souveraine. Il y a, lisons-nous dans sa *Bible* commentée (1), une différence marquée entre l'épreuve qui est destinée à *introduire* l'âme dans la voie intérieure (les tentations de l'état *actif*) et celle qui a pour objet de conduire l'âme par la voie *passive* vers l'union déiforme entre créature et Créateur. La première épreuve est du Démon, mais la seconde est *de Dieu* : discernement qu'il importe grandement de bien faire, puisque l'ignorance de ces choses pourrait devenir la source d'une infinité de maux. N'est-il pas souverainement dangereux, en effet, de prendre une tentation du Démon, à laquelle on doit résister, *pour un état de Dieu auquel il faut s'abandonner entre ses mains*, et inversement? Au surplus, il est nécessaire que Dieu prenne soin d'*enchaîner le Démon* avant d'introduire l'âme dans le désert de la purification

(1) Voir *Lettres*, I, 91 et III, 136. — *Bible*, XX, 183, et XII, 539. — *Vie*, I, 285.

passive, pàrce que cette âme, errante et vagabonde, n'y pouvant
trouver de refuge, le *Démon aurait sur elle trop d'avantages à la fois*
et trouverait trop de facilités pour ses entreprises. Les suggestions
qui procèdent du Démon ne s'adressent qu'aux âmes qui sont encore
dans la lumière des puissances de l'esprit, c'est-à-dire dans l'état
actif et conscient du perfectionnement moral. Mais pour celles qui
sont en voie de purification passive, les épreuves ne viennent *plus*
par tentations, ni par le Démon, le Malin ne *pouvant plus se mêler là;*
elles procèdent du pouvoir divin qui exerce ces âmes, se servant *de*
leur propre nature ou de leurs propres armes pour les exercer. Ce
qui est déjà distinguer les conseils de la nature corrompue de la suggestion diabolique et réhabiliter cette nature en la présentant comme
très facile à restaurer dans sa bonté primitive.

Faut-il aller cependant jusqu'à dire que Dieu lui-même prétend
nous induire en péché? Pourquoi pas? riposte Mme Guyon, en ses
heures d'assurance logique imperturbable. Dieu fait payer avec usure
par l'apparence du péché et *souvent par le péché lui-même* la plus légère
infidélité. On voit alors des chutes qu'il permet pour rabattre l'orgueil,
le secret de sa conduite demeurant *réservé à son seul jugement.*
Certes, l'apôtre Jacques a écrit dans son Epitre : « Que personne
« ne dise, lorsqu'il est tenté, que c'est Dieu qui le tente, car Dieu
« ne nous incite point au mal et ne tente personne ! » Mais l'Ecriture
nous apprend aussi que Dieu tenta son serviteur Abraham, et, dans
le *Pater,* on le prie de ne point nous induire en tentation. Si Dieu ne
peut nous tenter pour aboutir au mal en fin de compte, *il nous tente*
très souvent pour notre avantage, pour éprouver et pour épurer notre
foi. La tentation que Dieu fait aux âmes qui lui sont chères est une
épreuve qui leur est finalement avantageuse; toutes les épreuves qui
nous sont utiles et se terminent à notre bien sont ainsi des *tentations*
de Dieu. Dieu peut vouloir pour sa gloire une action de péché (1),
détachée de sa malice et de sa qualité de péché. Dieu peut vouloir une
action qui serait mauvaise en elle-même (2), mais seulement si elle
était faite par une volonté rebelle et contraire à Dieu. Faite selon la
volonté de Dieu, elle perd la qualité de péché. Ceci nous engage sur
une pente bien glissante et nous rapproche des suggestions attribuées
à Molinos: il est vrai que Mme Guyon propose une règle assez
rationnelle pour reconnaître ces péchés *voulus de Dieu.* Il faut, dit-
elle, qu'ils ne soient point *à l'avantage* de celui qui les fait, mais à
sa perte ; alors, quoique péchés apparents, Dieu peut les vouloir pour
anéantir cette âme. Et, par un retour sur sa propre destinée, elle
ajoute : « Ne faut-il pas élever ses enfants et n'est-ce pas un crime
« de les abandonner? Cependant, *les laisser pour Dieu mérite une*
« *récompense!* » Mais ce dernier mot la trahit : elle n'a donc point
cru agir à son désavantage, au moins spirituel, quand elle préféra

---

(1) *Bible,* 1, 226.
(2) *Ibid.,* V, 624.

son humeur voyageuse et ses prétentions « apostoliques » à ses
devoirs maternels. De même Abraham, acceptant de sacrifier son
fils par obéissance, pensait s'assurer la plus étroite alliance de son
Dieu. Tous ces développements sur le péché voulu de Dieu laisseront
à bon droit quelque inquiétude dans l'âme des moralistes chrétiens
traditionnels. Par la suite, les romantiques passionnels laisseront
tomber les réserves et garderont le principe.

Veut-on voir en effet s'esquisser, sous cette plume retenue pourtant par les souvenirs d'une éducation chrétienne rationnelle, ce
mysticisme de la passion qui tiendra tant de place dans la littérature
issue de Rousseau? Ecoutons le commentaire qui nous est proposé
par Mme Guyon de ce verset de Jérémie : « Il a été envoyé d'en
« haut un feu dans mes os (1) ! » Feu non de purification à son avis
mais de passion et qu'elle n'explique qu'avec certaines précautions
oratoires. Si ce n'était l'Ecriture qui exprime ces choses, remarque-
t-elle en effet, *on craindrait de les dire*. N'est-ce pas blasphémer en
apparence que d'attribuer quelque mal à Dieu? *Cependant* l'âme,
parvenue à une certaine étape de la voie mystique *ne peut douter
que ce ne soit Dieu qui lui fasse souffrir toutes ces douleurs*, d'origine
passionnelles. Dieu envoie sur l'âme en ce cas un feu dévorant et
troublant qui la brûle jusqu'à la moelle des os, jusqu'en son centre le
plus intime. Nul autre que celui qui l'éprouve ne saurait soupçonner
l'ardeur de ce feu. L'âme croyait être devenue parfaite et qu'elle ne
ressentirait jamais plus le mouvement de ses passions. Mais, lorsqu'elle les sent de nouveau toutes vivantes, elle se dit que Dieu les
retenait seulement entre ses mains, qu'elles n'étaient pas mortes ou
même endormies, *qu'elles veillaient entre les mains de Dieu* (!) afin
de la surprendre avec plus de promptitude et de force qu'auparavant !
— Quel singulier rôle, remarquons-nous, pour la main divine que celui
de refuge et de tutélaire abri pour les passions humaines ! Et combien
plus facilement se résignera-t-on à subir des mouvements affectifs
désordonnés si l'on s'est accoutumé à les considérer sous ce jour
étrange ! « Je suis tombée, se dira l'âme ainsi palpitante sous la
« main *divine;* je suis tombée dans une main d'autant plus dangereuse
« qu'étant entièrement affaiblie par la *perte de toutes vertus*, — à ce
« qu'il me paraît, — je suis moins en état de m'en relever que
« jamais ! » Cet « à ce qu'il me paraît », qui est si peu naturel dans
ce raisonnement de l'âme, et le contredit même de façon directe, est,
très probablement, une addition de Mme Guyon ou de ses éditeurs
après la controverse du Quiétisme.

Presque aussitôt, d'ailleurs, elle atténue davantage encore ce
qu'elle vient de hasarder sous l'empire d'un véritable vertige affectif.
Ce ne sont plus ici, ajoute-t-elle, les premiers péchés que l'on faisait
avec plaisir : c'est un mal que l'on hait et que l'on fait *malgré soi*
(sous l'impulsion de Dieu, notons-le !). Le *corps de péché* ressent ces

---

(1) *Ibid.*, XI, 195.

transgressions : l'âme n'y a nulle part et la douleur extrême qu'on en porte fait assez voir qu'il n'y a pas de volonté. Ce sont *des senti-ments et des souffrances de passion* plutôt que des passions. Soit, et tout ceci se rapporte à ces rébellions de la chair qui sont en effet les épreuves de l'ascétisme et les fruits fréquents de la névrose. Mais Werther, René, Manfred ou Lélia sentiront à peu près de la sorte.

⇸III. — *Les âmes provisoirement « salies » par l'opération divine.*

Quels sont pourtant les effets extérieurs et apparents de la tenta-tion divine? Sainte Catherine de Gênes avait parlé d'un feu purifi-cateur envoyé par Dieu et saint Jean de La Croix, poussant plus loin la métaphore, avait fait remarquer que le bois, qui commence à nourrir la flamme, *noircit* sous l'action purificatrice de cette flamme avant d'être entièrement sublimé par elle. Ainsi, selon cet attentif observateur de la vie mystique, l'action divine noircirait l'âme au début de l'entreprise purificatrice, la rendant obscure et la faisant paraître *plus mauvaise* qu'auparavant, *à ses propres yeux,* — notons-le bien, — parce qu'elle lui dévoile des imperfections auparavant inaperçues de cette âme. En sorte qu'une telle suggestion nous main-tient dans l'utilisation rationnelle de l'affectivité, mise au service d'un progrès moral déjà suffisamment avancé par le travail conscient préalable.

Mme Guyon hasardera un pas de plus et sortira nettement de la tradition. Évoquant en effet le souvenir de ses tribulations conju-gales, elle concevra parfois l'âme passive comme noircie *aux yeux d'autrui* par l'opération divine; et elle pensera trouver dans la *Bible* symboliquement interprétée plus d'une confirmation de cette audace. Telle est, entre autres, son explication, si discutée, d'un passage célèbre du *Cantique des cantiques :* Nigra sum, sed formosa, filiæ « Jérusalem. Je suis noire mais belle, ô filles de Jérusalem » Passage qu'elle croit pouvoir traduire de la sorte : « Je suis noire *aux yeux* « *des hommes,* mais belle au regard de Dieu, ô filles de Jérusalem ! » Elle lit encore dans l'Écriture que le temple si pur et si saint préparé pour la venue du Seigneur (pendant l'état *actif*) sera par lui pollué et souillé lorsqu'il y voudra signaler sa présence : « O Dieu, l'étrange « punition, soupire alors la veuve de Montargis (1) ! Ne pouvez-vous « punir l'orgueil et la « propriété » d'autre sorte? Ceux qui voient « les âmes ainsi punies et qui en jugent humainement n'ont que du « mépris pour elles... On augmente et on accroît extrêmement leur « faiblesse dans le récit qu'on en fait, etc... » A l'en croire, il se produit alors comme une fermeture hermétique (2) entre la partie supérieure et la partie inférieure de l'âme. cette dernière partie étant laissée dans sa malignité et semblant n'avoir plus d'autre affaire

---

(1) *Bible*, VIII, 410.
(2) *Ibid*, VIII, 221-3.

qu'à penser à sa malice. Elle cherche alors de tous côtés sur qui décharger cette malice, mais ne trouve rien, car elle n'a plus nulle correspondance avec la partie supérieure et ne saurait désormais envoyer de ce côté ses vapeurs malignes. Il faut donc nécessairement que, dans la peine où elle se trouve, cette âme *envoie toute sa malignité vers le dehors*, et qu'*en la faisant paraître*, elle l'évacue. La puanteur qui se répand alors à l'extérieur met partout cette âme en opprobre : chacun se plaît à défigurer son histoire et à y ajouter quelque chose qui la rende plus ridicule! — Souvenirs évidents de Montargis, ou des Alpes. Certes, Dieu ne manquera pas d'ôter ces défauts par la suite, mais non pas toujours d'une manière aperçue et sensible, puisqu'au contraire ils deviendront souvent *plus apparents* (1) en superficie et *paraîtront s'augmenter,* ce qui surprendra bien l'âme. Mais c'est là, encore une fois, une sorte de suppuration nécessaire vers le dehors, et *il ne faut rien faire pour la corriger par soi-même.*

En même temps que les défauts grandissent, au moins en apparence et en surface, chez les âmes soumises à la purification divine, les vertus pâlissent et disparaissent. C'est que Dieu prétend détruire et anéantir (2) dans l'âme tout ce que cette âme avait *choisi pour soi,* à savoir les vertus ou pratiques louables qu'elle regardait jusque-là comme son *propre,* se les étant proposées comme des choses dépendantes de sa volonté. Il lui faut donc perdre d'abord toute attache aux choses mauvaises; puis encore aux choses inutiles, si innocentes soient-elles; enfin aux *bonnes* choses (3) elles-mêmes qui sont les plus difficiles à perdre. En effet, Dieu, qui prend son plaisir à tout ce qui nous rend souples et petits (4) ne fait cas d'aucune vertu avant que d'avoir l'âme en sa main, de telle sorte qu'il la puisse élever jusqu'aux nues et enfoncer dans la boue tout aussitôt, sans qu'elle change de situation pendant ces vicissitudes. Un état qui dépendrait encore de quelque *bien* qu'on pourrait *distinguer* ou *concevoir* en nous serait un *état vertueux,* mais non pas un état *divin.* Il y a des *saints du Seigneur,* et ceux-là ne sont pas sanctifiés comme les autres saints par la pratique des vertus, mais par le Seigneur en personne, par une infinie souplesse à sa volonté qui est la réelle possession de toutes les vertus. Ces derniers deviendront d'autant plus les saints de Dieu qu'ils ne seront saints qu'*en lui et pour lui,* qu'ils seront saints *à sa mode et non à celle des hommes :* « O mon Amour, soupire ici « l'ambitieuse mystique avec un rare bonheur d'expression, vous avez « tant d'âmes qui vous servent *pour être saintes :* faites-vous une « troupe d'enfants qui vous servent *parce que vous êtes saint...* Ce « sont ces enfants *pour lesquels* vous vous êtes sacrifié vous-même

---

(1) *Lettres*, III, 368.
(2) *Bible*, VI, 125, et XI, 195.
(3) *Ibid*, XIII, 7.
(4) *Vie*, III, 113.

« et cela leur suffit ! Oh, monstre horrible que la propriété, etc... »
Ce serait là en effet le parfait désintéressement, si la béate ne nous
fournissait involontairement cette indication que c'est « pour » ces
abandonnés sans réserves, que c'est à leur profit que l'Amour divin
déploie toute sa sainteté ; ils trouveront donc quelque jour leur compte
à leur abandon sans réserve !

IV. — *L'hygiène morale de la passivité.*

De la tentation par Dieu en personne, sans intermédiaire diabolique, et de la salissure que Dieu se plait à jeter temporairement
sur les âmes dont il poursuit la purification totale par l'extirpation
de l' « impérialisme » originel, se déduisent les principes d'hygiène
morale *passive* qui forment l'assise principale du guyonisme et dont
Fénelon a pieusement recueilli l'héritage. En voici l'une des plus
précises formules parmi toutes celles que nous a fourni la plume
infatigable de Mme Guyon. Lorsque, dit-elle (1), après avoir dépassé
le degré de l'*activité* morale, on sent encore en soi quelque défaut,
quelque manquement habituel, quelque inclination vers la créature, il
faut *laisser tomber* la préoccupation de tout cela et souffrir la peine
que ce défaut nous fait sans vouloir le combattre directement, effort
qui ne ferait que nous troubler : il faut paisiblement demeurer auprès
de Dieu sans *nous multiplier par des actes,* car un retour amoureux,
tranquille et humble après la transgression est tout ce qui nous est
en ce cas demandé. Et nous ferons remarquer ici une fois de plus
qu'un tel précepte peut être profitable, certes, au moins pour certaines victimes de la névrose. A ces tempéraments, en effet, l'hygiène
stoïco-chrétienne qui commande la lutte consciente pour l'adaptation
sociale réussit moins parfois que le travail affectif subconscient qui
se poursuit spontanément en nous dans un sens moral, *lorsque ce
travail a été préparé par une suffisante habitude morale consciente,
au préalable,* condition essentielle, à laquelle il faut toujours revenir
quand on traite du mysticisme appliqué à la culture des qualités
sociales. Seulement, chez Mme Guyon et chez ceux de ses adeptes en
qui cette préparation fut peu soigneuse, on devait rencontrer, et l'on
a pu constater en effet, les déviations qui naissent du mysticisme
insuffisamment encadré de raison : spectacle auquel nous assistons
en grand depuis près de deux siècles dans les nations ou dans les
classes sociales imbues de rousseauisme et qui n'en ont pas su corriger
à temps, par de viriles maximes, les fallacieuses suggestions.

Les formules de l'hygiène morale *passive* sont innombrables dans
les œuvres de Mme Guyon (2). En voici l'une choisie au hasard (3) :

(1) *Lettres,* II, 104.
(2) **Par exemple**: *Bible,* I, 53. — *Discours,* II, 89. — *Lettres,* I,
167 et 177, et III, 252.
(3) *Lettres,* I, 157.

« Vous voulez avoir de la vertu par effort; c'est ce qui vous sera
« toujours impossible, attendu le dessein de Dieu sur vous. Vous'
« voulez entrer dans un combat nouveau et *actif* contre vous-même,
« et Dieu ne demande de vous qu'un acquiescement humble et simple,
« un abandon total pour porter vos misères et vos peines comme il
« lui plaira, aussi longtemps qu'il le voudra; de sorte qu'*en croyant*
« *combattre contre vous-même, vous combattez contre Dieu!* » C'est
donc bien ici Dieu qui anémie, au moins temporairement, la vertu dans
les âmes soumises à la purification intérieure, et, pendant cette période
de leur vie spirituelle, s'oppose à toute activité contre leurs défauts
de leur part.

A Fénelon en personne, elle adressa, certain jour, le récit d'un
songe qui est très caractéristique à ce point de vue (1). Ce songe lui
montra le précepteur des princes avec une plaie à la jambe : « Vous
« y aviez fait mettre un appareil et chacun convenait que vous y
« aviez bien du mal! Je vous priais de me laisser lever l'appareil et
« je vous assurais qu'il n'y avait que très peu de mal. Vous me fîtes
« *assez de résistance;* cependant vous y consentîtes. Quand je l'eus
« levé, il ne s'y trouva *aucune plaie,* mais bien un peu d'enflure *causée*
« *par le remède!* Vous restâtes fort surpris et me promîtes de me
« croire une autre fois! » Telle est en effet, à cette date, toute la
thérapeutique morale de la directrice à l'égard de son dirigé : proscrire
les remèdes et se fier à la nature! Elle a vu dans un des premiers
versets de la Genèse (2), celui qui constate la création des arbres
variés avec leur vert feuillage au troisième jour de l'œuvre divine,
une allégorie de l'hygiène morale passive. L'état de production de
toutes les vertus dans l'âme intérieure se fait, écrit-elle, le troisième
jour ou degré de la vie mystique, c'est-à-dire à la fin de la purification
passive et au début de l'état déiforme. Alors toutes les vertus viennent
dans cette âme et s'y trouvent établies sans que l'on puisse comprendre
comment cela s'est fait, parce que, *sans nul autre travail* de la part
de l'homme que celui de *se laisser posséder à son Dieu* (voilà la possession divine affirmée en propres termes) et de le laisser opérer en
lui, il est étonné que Dieu fait toutes choses en lui et pour lui! Nous
avons assez dit déjà sous quelles conditions on peut attendre un si
surprenant résultat de l'hygiène morale du laisser-faire : c'est lorsqu'il se passe, dans les profondeurs de la subconscience humaine,
quelque chose d'analogue à ce qui se produit pour l'invention géniale,
ou même simplement lors de la maturation non consciente de certaines
convictions ou résolutions dans notre esprit : dans l'un comme dans
les autres cas, c'est sur une solide préparation *consciente* antérieure
que doivent opérer les puissances mal connues du Moi profond pour
aboutir.

---

(1) *Ibid*, **V.**, 358.
(2) *Bible*, **I**, 13.

V. — *L'obéissance à la voix de l'Esprit.*

Les démêlés de Mme Guyon avec l'autorité ecclésiastique ont rempli la plus grande partie de sa vie. Son autobiographie est pleine de récriminations contre ses successifs directeurs (1) ou préposés spirituels. A la longue, elle en vint à restreindre grandement le rôle et l'opportunité de la confession dans la voie intérieure en même temps qu'elle y conseillait la très fréquente communion : parce que le premier de ses sacrements répond à une préoccupation rationnelle et stoico-chrétienne, le second a un espoir mystique de réconfort par l'opération divine immédiate. Dans sa *Bible* commentée, elle nous présente Judith comme le plus exact symbole de la mission apostolique qu'elle s'attribue. « Il est nécessaire, écrit-elle (2), de connaître « celle qui entreprend de *corriger les prêtres qui bornent le pouvoir* « *de Dieu!* Dieu veut que ce soit une femme pour faire voir qu'il ne « regarde point au sexe et qu'il donne la vertu à qui il lui plait. « Une femme et une femme *veuve*, afin que l'on ne puisse rien attri- « buer à la force que lui aurait donné son mari! » Elle a soin de souligner encore l'humilité des prêtres de Juda qui, après avoir écouté Judith, s'inclinèrent devant l'évidence de sa mission céleste : « Et « pourtant, ajoute-t-elle sur un ton de triomphe et d'amertume tout « à la fois, et pourtant quel est le docteur ou le casuiste [actuel] qui « ne condamnerait pas cela de faiblesse et l'action de Judith d'un « orgueil et d'une présomption effroyable? Cependant ce n'est rien « moins que tout cela! » Il est vrai qu'elle ajoute un peu plus loin — dans un de ces passages suspects qui pourraient bien avoir été intercalés par elle, à titre de paratonnerre, lorsqu'elle relut certaines parties de son texte après la crise de 1693-1699 — : « Dieu veut que « Judith consulte ses ministres, *quoiqu'elle ne soit pas en état de* « *faire ce qu'ils voudraient!* » Démarche assez platonique, on le voit, et qui n'engageait pas à grand'chose celle qui accepta de s'y soumettre !

Dieu, dira-t-elle encore (3), agit par une volonté *déclarée* dont l'Eglise est l'interprète légitime, mais aussi par une volonté *essentielle et non manifestée* dont il réserve l'intermittente manifestation aux alliés de son choix. L'âme chrétienne peut être *dispensée* par Lui d'observer la première, soit pour achever de mourir à la propriété spirituelle durant sa purification passive, soit, après sa résurrection mystique, lorsqu'elle a acquis l'état déiforme. « Je voudrais de tout « mon cœur, écrit la béate, pratiquer la Loi commune tant qu'il m'est « resté la moindre vie, mais Dieu *m'arrache* malgré moi et d'autorité

---

(1) *Vie*, I, 101, 113, 124, 133, 163, 242. II, 24, 44. — *Bible*, IX, 409. XII, 525. XIV, 680. — *Lettres*, II, 247. III, 570.

(2) *Bible*, VI, 143 et suiv.

(3) *Discours*, II, 252.

« cette Loi, m'ôtant tous les moyens de la pratiquer ! Je ne dois
« plus hésiter ni reculer si c'est la volonté de Dieu, quoiqu'elle
« soit *opposée* à la volonté *déclarée* (Ecriture et Eglise) parce que je
« ne suis pas libre de choisir ! » Le chrétien intérieur doit donc
préférer la volonté *inspirée* à la volonté *déclarée* de son Dieu lorsque
la gloire ou l'intérêt de ce Dieu sont en cause. Il s'agit, en ce cas,
d'ôter à la *créature* (c'est-à-dire au corps sacerdotal) pour donner à
Dieu, et *c'est assez pour s'y soumettre* : « Qui vous prêchera un
« autre évangile que celui d'ôter tout à la créature pour donner tout
« à Dieu, *qu'il soit anathème !* » Quelle audace dans le verbe et
s'imagine-t-on les sentiments d'un Bossuet en présence de déclarations
de ce caractère !

L'auteur des *Dialogues sur le Quiétisme* (La Bruyère ?) a bien
discerné la tendance, évidemment schismatique, de la doctrine « inté-
« rieure ». « Je vous entends, fait-il dire au docteur en Sorbonne
« qu'il oppose à un directeur quiétiste, vous ne connaissez, sur le fait
« de la religion, *nulle autorité sur la terre*... Vous faites dans l'Eglise
« *un schisme secret et intérieur* avec le *moins de scandale qu'il vous*
« *est possible !* C'est une imitation telle quelle du christianisme, c'est
« un *enchérissement* (affectif), un *mauvais raffinement* sur la religion
« de Jésus-Christ. Les esprits outrés, subtils, *ambitieux*, viennent trop
« tard pour se faire valoir et s'attirer de la suite par une doctrine
« qui est entièrement opposée à la chrétienne (rationnelle), bien qu'ils
« aient été *obligés* de retenir ses mystères, une partie de sa créance,
« *ses termes et son style*, les mêmes *apparences* dans la morale et
« dans la pratique. » On ne saurait juger plus sainement. Les novateurs ont non seulement conservé, mais exagéré singulièrement dans
le christianisme traditionnel le trait mystique modéré par lequel cette
religion satisfait aux légitimes aspirations affectives des âmes; en
revanche, ils l'ont vidée du contenu rationnel accumulé dans son sein
par l'héritage antique et par quinze siècles d'expérience du gouvernement des hommes. Mais ils ne sont nullement *venus trop tard*, bien
au contraire, car leurs suggestions ont été retenues et leurs continuateurs, plus audacieux encore, se sont « attiré de la suite » !

VI. — *Un effort impuissant contre l'imprescriptible impérialisme*
de l'être.

En dépit de sa prétention essentielle, le guyonisme s'est montré
tout à fait impuissant à détruire ou à faire mourir en l'homme cette
originelle volonté de puissance que le christianisme traditionnel se
contente sagement de refréner en proposant pour cadre à son action
une admirable synthèse de l'expérience sociale accumulée par les races
supérieures. L'Eglise taxe à bon droit d'hérésie ceux qui, promettant
davantage et s'appuyant, pour réaliser leur promesse, sur une hygiène
morale purement affective, n'aboutissent le plus souvent qu'à déchaîner
l'impérialisme subconscient qui ne se connaît pas pour ce qu'il est et

se laisse donc moins facilement guider dans le sens du bien commun
que l'impérialisme devenu conscient et façonné, avec le cours des
siècles, à la conception logique du monde et de la vie.

Tout d'abord, un instant de réflexion sur le guyonisme nous révélera
dans son sein une contradiction étrange. Eh quoi, objecterait-on en
effet à ses théoriciens, le caractère de l'opération divine la plus salutaire consiste, selon votre enseignement, à faire mourir l'âme à soi-
même par l'humiliation où la plonge l'apparent abandon de son Allié
divin, par la honte et le désespoir qui sont la conséquence de cette
feinte disgrâce. Et voilà que vous consacrez des facultés logiques
assurément éminentes, tout l'effort de votre plume et de votre parole
à détromper cette âme sur une erreur qui lui doit être finalement bien-
faisante, à lui montrer l'Allié plus dévoué que jamais à ses intérêts
de tout ordre, et à la tirer ainsi de l'humiliation pour l'installer dans
l'orgueil anticipé de son incomparable grandeur imminente ? Car nous
avons plus d'une fois déjà fait entrevoir quels seront les surprenants
privilèges de l'état déiforme, conséquence de la purification passive !
Vous allez donc directement contre le dessein, contre l'opération du
Dieu dont vous vous prétendez missionnaires.

Il est vrai que Mme Guyon (et Fénelon après elle) répondra que
les âmes éprouvées ne seront jamais, quoi qu'on leur dise, capables de
reconnaître clairement en elles l'opération de Dieu durant leur épreuve,
tant leur esprit est obscurci par la souffrance. « Plus les moyens dont
« Dieu se sert pour nous corriger et nous purifier sont hors de nos
« idées et semblent choquer notre raison, écrit-elle par exemple (1),
« plus ils sont efficaces. Certainement, aucun de nous ne choisirait le
« moyen de mort dont Dieu se sert pour lui... Si l'homme pouvait
« comprendre le moyen de mort que Dieu lui a choisi et qu'il le
« regardât *invariablement comme tel*, il ne mourrait jamais par ce
« moyen-là *et Dieu lui en choisirait un autre auquel il n'aurait jamais*
« *pensé !* » Mais cette remarque n'est qu'un nouvel effort contre l'opération divine dans la purification passive et contre le secret de Dieu,
un avertissement plus raffiné à ceux que ce Dieu s'efforce d'illusionner,
pour leur bien, sur son rôle d'instigateur secret de leurs maux. Lorsque Fénelon dirigera cette névropathe typique qu'est Mme de Montberon, on le verra user à son tour du même illogisme compatissant,
afin d'alléger les souffrances mentales de sa pénitente.

Mme Guyon a, certain jour, traduit de naïve façon les sentiments
d'une âme trop bien instruite du véritable caractère de l'épreuve
divine : « Cette âme éprouvée ne pense point, dit-elle, à sa *cure* : elle
« ne pense qu'à l'expérience qu'elle fait de ses *misères*... Mais lors-
« qu'on se voit impuissant de faire ses affaires, c'est la *plus grande*
« *des sagesses* que de les confier à *une personne toute-puissante* dont
« on est *assuré qu'elle réussira*. La plus véritable *prudence* est de
« s'abandonner à Dieu ! » — Voilà le fond de tous les mysticismes

---

(1) *Lettres*, I, 421 et IV, 337.

d'alliance et celui de Mme Guyon n'échappe pas à la règle, en dépit des subtils détours par lesquels il pense arriver à ses fins. Elle pourra bien, après cela, prêcher la folie sacrée, comme nous allons le voir; nous savons désormais par elle que cette apparente folie sera prudence, sagesse et calcul profond : elle a mis à nu sous nos yeux la racine vraie de son entreprise vitale.

VII. — *Le précepte de l' « ahurissement » salutaire.*

Il n'est qu'un moyen pour empêcher la faculté logique de mettre la conviction mystique au service de la volonté de puissance : c'est de réduire la logique au silence en interdisant la pensée claire au mystique; c'est de donner les rênes de la personnalité humaine aux facultés subconscientes du Moi, à la rêverie vague ou même à l'automatisme psychique. On ne s'étonnera pas dès lors si l'attitude mentale qui est proposée comme désirable au chrétien engagé sur la voie « intérieure » ressemble par quelques traits à celle des somnambules ou des hypnotisés. — Lorsque les spirites contemporains évoquent, par l'intermédiaire d'un *médium,* les âmes de quelques personnages de marque — c'est-à-dire, en réalité, obtiennent de la personnalité subconsciente de leur médium qu'elle leur parle sous le nom de ces âmes — les plus intelligents, les plus géniaux des défunts donnent à leurs auditeurs de bonne foi l'impression de l'incohérence, de la débilité psychique ou de *l'ahurissement.* Car tel a été le mot employé, à la suite de leurs expériences d'évocation, par un William James ou par un Olivier Lodge, les plus éminents entre les investigateurs récents de ces phénomènes (1).

L'ahurissement, tel est aussi le vocable qui résumerait le mieux, à notre avis, l'attitude du parfait guyonien dans la société de ses semblables : et c'est parce que la zélatrice de cette doctrine n'a jamais été fidèle à ces principes ou à ces préceptes qu'elle a souvent mis pour sa part tant de finesse avisée au service de sa volonté de puissance. Elle a pourtant eu ses heures d' « intériorité » sans distraction, à l'en croire, du moins pendant la période qu'elle considère comme celle de sa purification passive, c'est-à-dire pendant sa vie conjugale dans l'Orléanais. Ecoutons-la plutôt se peindre à nos yeux de traits significatifs, dans son rôle d'épouse et de ménagère (2) : « Si l'on « parlait devant moi, je ne concevais rien de ce que l'on disait. Si « j'allais en compagnie, souvent je ne pouvais parler, tant j'étais saisie « par le dedans. On l'attribuait à la stupidité. Quelquefois, on le « disait... J'oubliais presque toutes les menues choses. La grande habi- « tude que j'avais prise de *mortifier mes yeux* faisait que je passais « devant certaines choses sans les remarquer, et ma belle-mère, qui « passait après, les voyait! J'allai un jour *plus de dix fois* dans le

---

(1) Voir sur ce sujet le curieux livre de M. Maeterlinck: *La Mort.*
(2) *Vie,* I, 112 et 157.

« jardin pour y voir quelque chose pour le rapporter à mon mari, et
« je l'oubliai…. Je ne comprenais ni n'entendais plus les nouvelles qui
« se disaient devant moi, de sorte que, lorsque mon mari m'en parlait,
« j'étais étonnée et confuse… Le plus souvent, lorsque je voulais dire
« quelque chose, je demeurais tout court, etc… » Elle s'est bien
rattrapée depuis sur ce dernier point ! Mais voilà, certes, une intériorité que sainte Thérèse aurait énergiquement réprimée chez ses com-
pagnes.

Mme Guyon ne recule même pas devant l'assimilation du parfait
abandonné avec l'animal entièrement dépourvu de raison. Elle a le
sentiment d'agir « comme une pauvre bête qu'on dresse » (1) et à
laquelle on fait faire mille choses qu'elle ne songe point à faire lorsqu'on ne l'exige pas d'elle. Dans son commentaire sur les Psaumes, elle
apostrophe son céleste Allié en ces termes (2) : « O Dieu, vous sauvez
« ceux qui agissent par la lumière de la raison et qui la suivent pour
« vous servir ; mais vous sauverez aussi ceux qui sont devenus comme
« des bêtes devant vous et qui s'abandonnent à la conduite de votre
« Providence comme de pauvres bêtes qui ne sentent rien, qui ne
« s'inquiètent de rien et qui font, sans réplique, tout ce qu'on leur fait
« faire… L'âme devient comme une bête lorsqu'elle ne peut se servir
« de sa raison pour faire quelque chose ou pour s'en défendre ; elle
« ne sait où elle en est : elle ne se connaît plus. Elle n'est alors
« capable, pour ainsi parler ni de bien, ni de mal, et il semble que la
« partie inférieure ait *toutes les inclinations de la bête !* Mais quoique
« l'intérieur soit en obscurité et l'extérieur dans l'*abrutissement (sic)* ;
« l'âme supérieure ne laisse pas pourtant d'être attachée à Dieu par
« l'union de sa volonté à celle de Dieu ! » On voit que le terme ici
employé pour caractériser l'état d'esprit des chrétiens soumis à la
purification passive est encore plus cru que celui dont nous nous ser-
vons pour notre part.

Bossuet n'a jamais manqué de signaler, dans ses *Etats d'oraison,*
le danger de semblables conseils : « Il est maintenant aisé de voir dans
« quel péril on jette les âmes en les rendant si *ennemies des réflexions,*
« puisque, suivant à l'aveugle les mouvements directs qu'on leur donne.
« dans certains états, pour inspirés, elles iront *partout où les portera*
« *leur instinct avec une rapidité sans bornes…* La réflexion est une
« *force* de l'âme et l'attribuer si universellement à la faiblesse est un
« manifeste paralogisme. J'avoue bien qu'en général la réflexion est
« une imperfection de la nature humaine puisqu'on ne la trouve point.
« je ne dirai point dans la Divinité, mais dans les plus sublimes opé-
« rations de la nature angélique et des esprits bienheureux. *Mais, en*
« *l'état où nous sommes, c'est une force de l'âme…* Les actes directs
« ont quelque chose de plus simple, de plus naturel, de plus sincère
« peut-être, qui vient du fond si vous voulez ; mais les réflexions ont
« *la force de les confirmer,* venant par-dessus ! » Il y a là un très

---

(1) *Lettres,* III, 556.
(2) *Bible,* VIII, 474 et 371.

heureux aperçu du rôle respectif des facultés conscientes et des impulsions affectives, soit dans le champ de la morale, soit dans celui de l'invention intellectuelle. Bossuet restait un chrétien rationnel et savait emprunter de la Scolastique, cette fille spirituelle d'Aristote, les saines suggestions de son expérience psychologique lentement accrue au sein des siècles barbares.

VIII. — *L'état passif des Quiétistes est une interprétation mystique de la névrose.*

Nous avons eu plus d'une fois l'occasion de présenter la mystique féminine de l'âge moderne comme un effort thérapeutique instinctif, et parfois heureux, contre les tortures de la névrose : car l'usure nerveuse est la rançon de l'incroyable élan qui emporte l'humanité supérieure vers le progrès matériel et intellectuel depuis quatre siècles. La mystique féminine dévoyée sous ses noms de guyonisme, fénelonisme, rousseauisme ou romantisme présente à notre avis, plus ou moins ostensiblement, ce caractère de remède contre les angoisses nées de la dépression psychique.

Parler sans cesse de soi, s'efforcer d'occuper chacun de soi, traduire les faits de tout ordre en fonction d'une impatiente et inquiète volonté de puissance, voilà l'aspect habituelle de l'activité mentale des névropathes, surtout de ceux qu'on appelle, d'un nom encore assez mal défini, les hystériques. Qui ne reconnaîtrait Mme Guyon à ce portrait ? Elle a donc pu parler de telles anxiétés par expérience et nous a donné en effet de la « purification passive » des observations sur le caractère desquelles les spécialistes ne se tromperont point. Ecoutons par exemple cette description des âmes soumises à l'épreuve divine qui se rencontre dans la *Bible* expliquée à propos des Lamentations de Jérémie (1). L'esprit et l'entendement de ces âmes, nous indique la commentatrice, est plein de fantômes horribles; il leur semble qu'elles aient leur volonté toute portée au dérèglement; leur mémoire ne leur fournit *que souvenirs incommodes ou importuns*. Les chrétiens qui suivent la voie des « lumières » envisagent les épreuves morales de leur carrière terrestre comme des *tentations* que Dieu permet au démon de leur infliger, mais il en est tout autrement des âmes intérieures, car ces âmes *ne sentent point de tentations* et il leur paraît qu'*elles soient leur démon à elles-mêmes*. La différence de ces deux états, de ces deux procédés de communication mystique avec le Tout-Puissant ne sera comprise, ajoute Mme Guyon, que des âmes de grande expérience; et celui des deux qui semble le plus extraordinaire aux yeux du vulgaire est bien moins profond que l'autre ! — Tout cela est parfaitement observé.

Le même Commentaire biblique nous apprend, ailleurs (2), com-

(1) *Bible*, XI, 190.
(2) *Ibid.*, XI, 237 et suiv.

ment une division absolue peut s'établir entre la partie supérieure et la partie inférieure de l'âme éprouvée [entre le Moi supérieur et la Subconscience]. L'esprit parait alors divisé d'avec lui-même et contraire à lui-même, dit Mme Guyon, en sorte qu'il semble à l'âme qu'il y ait en elle deux esprits, l'un qui agit et l'autre qui est *censeur de celui qui agit*, l'un qui se sent entrainé à une chose et l'autre qui condamne cet entrainement: mais celui qui se voit condamné cherche parfois le sujet de sa condamnation et *ne le trouve plus*. Il semble qu'il se fasse alors dans l'esprit comme une armée de raisons qui se combattent, se tuent l'une l'autre et renaissent incessamment. Cette division de l'esprit contre l'esprit est un des plus grands tourments qui se puissent voir! — Combien de fois nos romantiques ne nous ont-ils pas présenté, sur leur propre état mental, des observations analogues, depuis Obermann jusqu'à Patrice del Dongo et Frédéric Moreau (1).

Les *Discours* de Mme Guyon renferment également quelques bonnes analyses cliniques du même mal. Il suffit, écrit-elle par exemple (2), qu'un désir s'élève dans le cœur soumis à l'épreuve divine pour que lui soit aussitôt donné tout le contraire! L'esprit, loin de jouir du recueillement qui le tenait naguère en union étroite avec sa volonté docile, se voit plongé dans un égarement effroyable, dans une divagation continuelle, dans une agitation de pensées, un trouble d'imagination, une privation apparente de Dieu et de tous sentiers qui mènent à Dieu, dans une facilité à se laisser émouvoir qui ne saurait se décrire! La promptitude, les vivacités, les fautes inopinées, tout cela renverse l'âme de fond en comble et « fait pour ainsi dire « tourner tout le vaisseau » sens dessus dessous, en sorte qu'on voie seulement la partie qui avait été cachée jusque-là dans les eaux. Tout se découvre: quoique, en vérité, cela ne soit pas de la sorte, l'âme se croit plus imparfaite que jamais, et ne discerne point l'œuvre de Dieu, mais ne voit que sa misère et sa pauvreté présentes. C'est pourquoi elle combat tant qu'elle peut *contre Dieu*, croyant remédier elle-même à son mal qu'elle augmente plutôt par cet effort intempestif; et, quand elle est contrainte de demeurer en repos, ce repos lui devient *plus douloureux que la douleur même!* — C'est ici le cas de Mme de Montberon tel qu'il fut interprété par Fénelon.

_____

(1) Voir nos études sur Stendhal et Flaubert.
(2) I, n° 13, 15, 19.

SECTION III.

Le chrétien qui, désigné par le décret gratuit de Dieu pour la voie de purification *passive,* en a supporté jusqu'au bout les épreuves avec la souplesse désirable et l'abandon requis, se voit promu à l'état d'union mystique accomplie. Il ressuscite aussitôt que sa mort psychique est achevée et jouit désormais de l'alliance plus ou moins affirmée vers le dehors, mais à peu près inamissible du Très-Haut : avantage qui n'est pas, on le conçoit, une mince satisfaction pour son avide Volonté de puissance ! — Dans ses heures de franchise, ce sera bien de la sorte, c'est-à-dire au pied de la lettre, que Mme Guyon prendra le terme de Déiforme qui a le sens d'assimilé à Dieu : « Le « mot *diviniser* n'exprime assez ce qui se trouve en moi, lisons-nous « dans une de ses lettres (1). C'est le commencement de l'état *divin.* Je « ne me trouve *plus créature...* Le Tout de Dieu a consommé et changé « en Lui ce qui restait de cette créature. O état, qui te comprendra ? « Tu es plus grand que le ciel ! » Et dans son *Explication du Cantique des Cantiques,* on lit cette assertion, sévèrement relevée par l'auteur des *Dialogues sur le Quiétisme,* que l'âme déiforme « ne doit plus « faire de distinction de Dieu et d'elle. Dieu est en elle et *elle est* « *Dieu !* »

Mais la meilleure description que Mme Guyon nous fournisse de l'état déiforme se trouve dans l'une de ses lettres, très vraisemblablement adressée à Fénelon et datée du jour de Pâques sans indication d'année (2). Le début semble d'une pythonisse soudain envahie par le dieu (3) : « C'est aujourd'hui la fête de mon divin petit maître. Il « me saisit si fort que rien plus et vous êtes de la partie !! » Après quoi se fait entendre la plus belle effusion de l'orgueil mystique et le plus reconnaissable écho de l'exaltation née d'une surhumaine alliance : « Cette créature en elle-même est toujours pécheresse et péché ; mais, « lorsqu'il plaît au maître de faire une suspension de ces choses et « de perdre cette âme en Soi, elle *n'est plus rien de cela !* Non par « aucune qualité naturelle, mais par le pouvoir de Dieu ! Qui peut nier « l'étendue de ce pouvoir suprême ? Et qui peut dire que Dieu, dont « l'amour est aussi infini qu'il est gratuit, ne donne pas ces marques « de son amour à qui il lui plait ? Il ne consulte que son amour même

---

(1) II, 572.
(2) On ne saurait guère la placer qu'entre 1690 et 1693.
(3) I, n° 236.

« pour aimer. *Quelle raison a-t-il de m'aimer comme il le fait?* Oui,
« il m'aime et je n'en puis douter, ni que son amour ne le porte *à*
« *faire pour moi ce que je ferais pour lui si j'étais Dieu!...* Je le dis
« parce qu'il est vrai et qu'Il me le fait dire. Je sais qu'il vous aime
« de même et *qu'Il ne m'aimerait pas s'Il ne vous aimait pas!* C'est la
« Vérité éternelle en elle-même qui prouve au dedans ce qu'elle
« exprime au dehors grossièrement! Ce sont les secrets mutuels de
« l'amante et de l'Aimé qui ne sont connus que d'eux. Qui aura la
« témérité de s'en mêler? lorsque je tiens mon Epoux entre mes bras
« et que je le possède, l'on veut me persuader qu'il n'y est pas, qu'il
« est bien loin, que je me trompe! *Je me ris de tous ces discours*
« *et je ne laisse pas de caresser mon Ami.* Je lui dis, sans lui dire
« [nous connaissons cette formule d'alogisme extatique] : Aimons-
« nous, soyons un et laissons crier tous ces gens qui ne sont ni de
« mon pays, ni de mon peuple, qui ignorent que je vous possède et
« que je suis parfaitement contente durant qu'ils s'inquiètent de moi.
« C'est une chose tellement ferme et fixe que rien au monde ne peut
« faire douter d'une possession réelle. On me voudra faire des défini-
« tions et un tas de raisons pour me prouver par telles et telles cir-
« constances que je ne puis point posséder mon Epoux. Je laisse
« dire ces raisons que je ne conçois pas même; je n'y puis répondre.
« Je ne sais pas *jargonner* tous ces termes [théologiques] mais je sais
« en ma langue que mon Bien-Aimé est à moi, que je suis à lui et
« que je ne le laisserai point aller... Mon Dieu que je suis *inno-*
« *cente!'* » Exclamation significative et qui couronne dignement le
psaume singulier dont nous venons d'entendre les versets : c'est l'affirmation de la bonté naturelle restaurée sur laquelle nous allons bientôt
revenir. — Tel est l'état déiforme où l'âme se sent comme *maîtresse
de Dieu par lui-même,* et, par l'appui de l'amour divin, *impératrice
de tout ce qui est* (1). — Une bien frappante formule de l'impérialisme irrationnel de l'âme, n'est-il pas vrai?

I. — *La sainte liberté des enfants de Dieu.*

Les privilèges que l'état déiforme apporte au chrétien « intérieur »
seront donc, comme on le prévoit, considérables. Tout d'abord c'est
une dispense définitive de se mortifier à l'avenir qu'on pourrait
appeler l'immortification *tierce,* parce que cette dispense se rencontre
à trois reprises dans le schéma guyonien de la marche vers l'alliance
divine parfaite. La mortification *volontaire* a d'abord été proclamée
par elle assez peu intéressante, même dans la voie *active* de la perfection chrétienne: et c'était l'immortification *prime:* puis, encore, elle
a déclaré cette forme de l'ascétisme non seulement superflue, mais
illicite et nuisible pendant le temps de purification *passive,* dont le
Tout-Puissant se réserve la conduite, et c'est l'immortification *seconde:*

(1) *Discours,* II, n° LXX.

enfin elle la considère comme impossible et d'ailleurs dénuée d'objet
dans l'état déiforme où il n'y a plus rien à mortifier dans le Moi ! —
On sait que Mme Guyon sera accusée de « vie molle » par les observateurs autorisés qui auront charge d'examiner son apostolat d'âge
mûr.

Non seulement les déiformes doivent pratiquer l'immortification
par principe, mais encore l'impeccabilité leur est parfois très nettement attribuée par Mme Guyon. Quand la mort mystique a été parfaitement réalisée dans une âme, nous apprend son Commentaire sur
saint Mathieu (1), cette âme demeure confirmée en grâce à *tout
jamais* : elle se plonge dans un amour *éternellement* réciproque entre
elle et son Dieu. Et le Commentaire sur saint Paul répétera (2) que
la vie reçue de Dieu dans ces conditions *ne peut se perdre*, car les
robes de ces âmes sont blanchies dans le sang de l'agneau blanc qui
ne *peut plus se salir*. Lorsque le principe du péché est détruit en elle,
l'âme s'en trouve affranchie pour *toujours* et ne pourra plus *jamais*
être séparée de la charité de Jésus-Christ.

Cette impossibilité du péché chez les Déiformes ne doit pourtant
pas s'interpréter comme une impossibilité de toute tache, car l'union
mystique la plus intime avec l'Allié divin laisse dans l'âme sanctifiée
certaines impuretés apparentes ou même réelles. Si en effet dans
l'âme perdue en Dieu, tous *les premiers mouvements sont de Dieu*, si
elle fait tout bien par conséquent (3), cela se doit entendre *du côté
de Dieu*, qui aime ce qui est de son ordre et de sa volonté, mais non
pas selon l'idée de l'homme ou *de la raison*, même de celle qui est
illuminée (par les « lumières » mystiques, visions ou extases) parce
que Dieu prétend *cacher ses élus à tous les yeux afin de les conserver
pour lui-même!* (4) — Telle est l'explication, assez saugrenue, que
Mme Guyon a imaginée et répétera à satiété dans des termes divers
afin de concilier aux yeux de ses familiers, et devant le regard de
Fénelon surtout, ses propres imperfections de caractère avec ses prétentions à la Déiformité la plus consommée. Toutefois Dieu qui
poussait jusqu'au péché les éprouvés de la purification passive pour
les humilier, se contente d'affecter de défauts plutôt extérieurs et
véniels les purifiés déiformes afin de cacher *un si haut état* aux créatures et à ceux-là mêmes qui en ont obtenu le bénéfice. Le Diable a
soin, dit-elle, de faire paraître ses assujétis *sans aucun défaut* quoique
leur cœur soit diabolique : mais Dieu (5) couvre les siens de défauts
apparents comme d'une *écorce grossière*, et comme il tirerait *un
rideau devant l'Arche* (6) quoique leur cœur *soit plein d'innocence* et
serve de trône à sa majesté divine. — Ne sent-on pas ici en germe

(1) *Bible*, XIV, 690.
(2) *Ibid.*, XVII, 124, 129, 176.
(3) *Vie*, II, 107.
(4) *Bible*, VIII, 223.
(5) *Lettres*, V., 164.
(6) *Ibid.*, I, 491.

toute la morale affective de Jean-Jacques et toutes les déviations passionnelles du romantisme.

« J'eus le jour de la Saint-Denis, écrit-elle (1) à un correspondant
« — qui est plus que probablement Fénelon — un *goût exquis de*
« votre âme... Vous êtes de toutes les personnes que je connais, et
« N... (Chevreuse?) ceux qui voyez le plus mes défauts parce que
« je suis avec vous en toute *liberté* et que, de me contraindre le
« moins du monde pour, par sagesse, paraître autre que je ne suis,
« me paraîtrait un crime dont il me semble que Dieu me rend inca-
« pable... Mon Maître veut que je vous dise, et il m'en donne la vue
« actuelle, que si je me possédais le moins du monde et que je vou-
« lusse attirer votre estime, je ne suis point assez dépourvue de bon
« sens, quelque faible que je sois, pour ne point me contrefaire et
« contraindre assez dans le temps que je vous vois afin de ne rien
« laisser échapper qui ne vous édifiât. Mais plutôt que mon cher
« Maître m'enfonce dans l'enfer que de me laisser faire cela. Je ne
« vous trompe point, vous me voyez sans fard et sans rien de composé
« comme la tromperie le fait ! » Lignes agréables qui jettent quelque
jour sur ce que devaient être les entrevues, assez rares d'ailleurs, du
précepteur des princes et de sa mère en initiation mystique ; mais
lignes malgré tout peu sincères car, en fait, Mme Guyon ne cherche
qu'à paraître chaque jour plus intimement alliée de Dieu au regard
de son pieux ami, ce qui exige qu'elle lui inspire sans cesse plus
d'estime et plus d'affection ! Toutefois il est vrai que cette entreprise
de puissance se poursuit de façon subconsciente pour une part.

Voici qui nous renseignera davantage encore sur l'attitude morale
des *déiformes* : « Vous remarquerez, poursuit Mme Guyon, hantée
« par la préoccupation que nous venons de dire, vous remarquerez
« deux choses que le Maître me fait remarquer dans ce moment pour
« vous les dire. La première que, lorsque vous me reprenez — et
« que, dans la suite, vous le ferez encore plus que vous n'avez fait,
« si vous voulez obéir à Dieu [geste d'humilité stéréotypée qui cadre
« fort mal avec ce qui va suivre] — vous remarquerez, dis-je, *que je*
« *m'excuse presque toujours !* » C'est-à-dire qu'elle discute et repousse
l'objection ou le reproche qui lui ont été faits. « Cela vient de ce que
« les défauts ne sont point *subsistants*, et, lorsque je les cherche, je
« ne les trouve point, parce qu'il n'y a en cette créature nulle subsis-
« tance *propre* : en sorte que les fautes n'y impriment nuls caractères
« *comme dans les autres âmes*... Les âmes qui sont encore en elles-
« mêmes ont des défauts qui portent caractère, comme un papier
« écrit avec de l'encre... et ces défauts sont de conséquence, *venant*
« *de source*. Mais ces autres défauts-ci que l'âme ne trouve plus (en
« soi) sont comme une écriture qu'on trace sur le sable lorsqu'il fait
« grand vent... L'autre chose que vous remarquerez en moi est que,
« lorsqu'on vient de me reprendre d'un défaut et que *je m'en suis*
« *justifiée, j'y retombe aussitôt*, sans changer de manière ! C'est qu'il

---

(1) *Ibid.*, I, n° 215.

« n'y a *plus de possession de soi*... La lumière de Vérité est une
« lumière délicate, subtile, qui pénètre dans le fond de l'âme et qui
« y voit comme *défaut ce qui paraît vertu*, et comme *vertu ce qui*
« *paraît défaut* [à l'œil humain]. Lorsque j'étais dans des maisons de
« religieuses, elles disaient qu'elles ne me trouvaient point de défauts
« et j'en sentais cependant, quoiqu'il n'en parût point. Il en paraît
« à présent *et je n'en sens point!* » Jean-Jacques ne parlera pas
autrement vers la fin de sa vie, surtout quand il aura définitivement
abandonné l'affectation stoïcienne pour user de l'hygiène quiétiste
si convenable à son tempérament névropathique.

Cette attitude de Mme Guyon vis-à-vis de Fénelon au cours de
leurs entretiens n'est autre chose que la « sainte 'liberté des enfants
« de Dieu » qui tiendra tant de place dans la direction fénelonienne.
Le mot se trouve en toutes lettres, à l'occasion, sous la plume de la
béate (1). « Les âmes innocentes et pures qui vivent dans une *sainte*
« *liberté*, écrit-elle dans son commentaire de saint Paul (2), ne font
« pas, à beaucoup près, autant de fautes que les gens scrupuleux
« qui, traversant la vie avec une *conscience erronée*, croient que tout
« est faute et péché. Véritablement, insiste cette grand'mère spiri-
« tuelle du Vicaire Savoyard, celui dont la conscience est en paix
« *et qui n'en est jamais condamné quoi qu'il fasse* (ô saint Preux,
« reconnaissez ici votre parenté morale avec celle dont vous avez
« médit plus tard), celui-là est *favorisé du ciel,* car il possède une
« *liberté divine,* une largeur et une immensité inconcevables et il ne
« fait rien qui puisse déplaire à Dieu, *ne faisant rien contre sa con-*
« *science!* Malheureux quiconque n'a pas éprouvé cette paix, cette
« joie, cette grandeur d'âme que cause une conscience tranquille et
« qui *ne reproche rien!* Ces personnes font certaines choses parti-
« culières que *Dieu veut d'elles. Tout le monde les condamne* et elles
« demeurent parfaitement contentes! » Tel est l'aboutissement de la
« liberté des enfants de Dieu » quand elle n'est pas contenue, comme
chez Fénelon, par de solides principes rationnels. Elle débouche, ainsi
qu'on le voit, dans la conscience comprise à la façon de Jean-Jacques,
une conscience qui *ne reproche jamais rien* à l'allié prétendu de Dieu,
quoi qu'il fasse, et dont le calme n'est qu'orgueil sans bornes ou
engourdissement déplorable. Cette conscience-là n'a plus que le masque
et le nom respecté de la conscience *rationnelle et chrétienne,* synthèse
de l'expérience des âges : elle n'est au vrai que *subconscience* émancipée des freins sociaux, qu'affectivité épanouie parce qu'elle est
débarrassée de tout contrôle d'ordre logique ou moral.

Nous n'insisterons pas sur l'*état d'enfance* qui tient tant de place
dans le guyonisme et que Fénelon essaya parfois de pratiquer pour
sa part : c'est, comme la sainte liberté et sous un autre nom, un effort
pour porter l'affectivité au premier plan dans la personnalité humaine.
Empruntons seulement à l'autobiographie guyonienne quelques lignes

---

(1) *Lettres*, II, 280.
(2) *Bible*, XVII, 227.

qui donneront un aperçu de cette mièvre et par trop féminine morale :
« Je fus mise dans la dépendance de Jésus *enfant* qui voulait bien se
« communiquer à moi *dans son état d'enfance*... Le jour de Noël,
« mon enfance devint plus grande... Dieu rendait mon *extérieur tout*
« *enfantin*... Les religieuses remarquaient que j'avais le visage comme
« un petit enfant. Le père Lacombe me disait quelquefois dans son
« étonnement : « Ce n'est pas vous, c'est un petit enfant que je vois ! »
« Pour moi, je n'apercevais rien au dedans que la candeur et l'*inno-*
« *cence* d'un petit enfant. J'en avais les faiblesses. Je pleurais quel-
« quefois de douleur. *Je jouais et riais* d'une manière qui charmait
« la fille qui me soignait, etc... (1). »

II. — *La bonté naturelle restaurée par la dévotion « intérieure ».*

« Lorsque le Démon s'est emparé de la volonté humaine, lisons-
« nous à la dernière page du V⁰ volume de la *Bible* commentée, il
« détruit tout par le feu du péché : il semble même qu'il ôte ainsi
« *toute la bonté naturelle* que l'on avait; enfin il ne laisse rien qu'il
« ne brûle par le feu de la cupidité (ou volonté de puissance). »
Exposé parfaitement orthodoxe de la psychologie chrétienne. Seulement, cette bonté naturelle, l'Eglise n'a jamais considéré qu'elle fût
entièrement restaurée par le baptême, ce sacrement ne supprimant pas
la *concupiscence*, sorte de cicatrice du péché d'origine. Mme Guyon
va, tout au contraire, nous la montrer *restaurée* dans l'homme de
bonne volonté par la voie la plus *facile* en somme, par la faveur la
plus générale et la plus universelle du Très-Haut, en sorte que l'avenir
très prochain de la Chrétienté se peindra devant ses regards à peu
près tel que les rousseauistes, entièrement dégagés du dogme, ont vu
le passé de l'espèce et prédit pareillement son futur.

Quel est en effet l'objet avoué de cette dévotion « intérieure »
et de cette purification passive dont le guyonisme nous trace un si
minutieux, un si prolixe tableau? C'est de détruire dans l'homme,
jusqu'à ses derniers vestiges, la « cupidité » qu'il a héritée d'Adam,
père de sa race. Les zélateurs de l'hygiène morale passive enseignent
à leurs adeptes que la passion est en nous *voulue de Dieu* pour un
temps afin de nous humilier et de préparer par là l'anéantissement de
notre Moi. Mais se sentir « humilié » par le déchaînement de la passion, c'est une survivance du christianisme rationnel : cela suppose
une *conscience* digne encore de ce nom et qui condamne en nous la
transgression sociale. Le quiétiste parfait, logique avec ses convictions
sur l'origine divine de la purification *passive*, ne devrait plus être
nullement « humilié » de ses velléités ou même de ses transgressions
passionnelles. Tel sera en effet l'enseignement de la morale rousseauiste dans celle de ses ramifications que nous appelons le mysticisme passionnel.

(1) Voir encore *Lettres*, I, 191, et IV, 565. — *Vie*, III, 116.

Mme Guyon elle-même débouche pour ainsi dire constamment dans l'affirmation de la *bonté naturelle*, au terme de la voie intérieure. On lit dans son *Moyen court* que l'âme ne peut être unie à Dieu avant qu'elle ne soit dans un repos central et dans *la pureté de sa création !* Bossuet, dans ses *Etats d'oraison*, fait remarquer que le guyonisme propage à la fois deux erreurs assez peu compatibles entre elles : à la base, celle de Luther que le juste pèche en toute bonne œuvre parce que la nature humaine est radicalement mauvaise ; au faite de l'édifice, une assertion entièrement *contraire* et non moins erronée : sous la nature humaine la substance divine se réaliserait à mesure que le Moi accepte de lui céder la place et apporterait avec elle *une bonté absolue et foncière !*

Michelet, l'historien romantique par excellence, a bien mis en évidence sans le vouloir, dans le luthérianisme, cette double et contradictoire tendance psychologique de tout mysticisme chrétien qui tend à s'émanciper du cadre ecclésiastique rationnel : humiliation apparente et momentanée du mystique en vue de préparer une plus audacieuse affirmation de la surnaturelle Alliance. Nous lisons au tome VIII de son *Histoire de France* : « Proclamée de cette voix pure et forte, « héroïque et candide, la doctrine luthérienne devint le *pain des forts,* « un *cordial avant la bataille.* » C'est là en effet le résultat tonique de tout mysticisme d'alliance divine sur l'impérialisme vital. « Elle « fit à l'homme la belle illusion de sentir, au lieu de son cœur, battre « en son sein le cœur d'un Dieu. *Malentendu* sublime ! Quand, de sa « voix tonnante à faire crouler les trônes, Luther criait : « L'homme « n'est rien », le peuple entendait : « *L'homme est tout !* » » Nous avons assez indiqué pourquoi !

Dans l'œuvre guyonienne, le commentaire du *Livre de Job* n'est qu'une longue théorie sur la *réparation* du péché d'Adam par la dévotion « intérieure » qui, en fin de compte, remet l'âme dans son état d'*innocence* première (1). Lorsque la béate vient à expliquer Salomon (2), elle se souvient que le baptême laisse l'âme soumise à la concupiscence, mais c'est seulement *jusqu'à ce que Dieu,* par les longues, fortes et fréquentes opérations de la purification passive, ait effacé cette dernière qualité maligne, *ôtant à l'âme toute son infection,* lui redonnant *une grâce d'innocence* et la perdant finalement en lui !

De certains versets de saint Marc, elle conclura (3) que l'âme après avoir passé le retranchement (état *actif*) et la purification (*passive*), débouche dans un état (déiforme) *où tous les premiers mouvements qui viennent du fond sont de la grâce,* en sorte que l'âme doit suivre dès lors *les instincts de ce fond !* Assertion prérousseauiste qui, nous l'avons dit souvent, n'avait pas d'inconvénient trop grave tant que la discipline chrétienne rationnelle plaçait une période d'entraîne-

---

(1) *Bible*, VII, 159 et suiv.
(2) *Bible*, X, 237.
(3) *Bible*, XV, 187.

ment social conscient, très longue et très active, à la base de toute entreprise mystique ultérieure. Mais, quand cette préparation disparaîtra — et Mme Guyon la discrédite déjà le plus souvent, en attendant que Rousseau se décide à l'ignorer de parti pris — les fruits de l'orgueil mystique s'étaleront au grand jour. C'est d'ailleurs ce que la commentatrice de la Bible indique, sans le vouloir, aussitôt après les lignes que nous venons de résumer : « Par ces premiers mouvements « qui viennent du fond, dit-elle, je n'entends pas *des mouvements* « *déréglés des passions,* car, quand la purification est faite, l'homme « n'en trouve *guère* en soi ! » Peut-être, mais quand on se passera de la purification *passive* et surtout de l'état antérieur et *actif,* c'est-à-dire de la préparation stoïco-chrétienne, on aura les troubles de Saint-Cyr à la fin du XVIIe siècle et, par un rapide crescendo de l'émancipation affective, les excès révolutionnaires à la fin du XVIIIe.

Dans la lettre, datée de Pâques, dont nous avons cité plus haut un passage et qui se distingue, dans la correspondance guyonienne, par une sorte de sincérité exaltée, nous lisons cette déclaration significative : « Mon divin petit Maître me met dans l'esprit que la concupis- « cence, soit de l'esprit, soit du corps, est *enchaînée comme un dragon* « [dans l'âme déiforme telle que la sienne]. C'est lui qui l'a liée comme « Satan fut lié. *Je ne saurais la craindre,* et elle ne me peut endom- « mager ; non par aucune vertu qui soit en moi, mais parce que le « cher petit Maître la tient liée. *Je ne crains pas même qu'il la délie.* « S'il la voulait délier, j'en serais contente, *mais il m'aime trop pour* « *cela.* Ce n'est pas que je désire qu'il en use de la sorte, mais tel « est son bon plaisir et son plaisir fait le mien. Je me moque en lui « de tout l'Enfer ! » C'est l'ivresse de l'Alliance surhumaine avec tous ses fruits psychologiques inévitables ! Et nous trouvons encore, vers la fin de la *Bible* commentée, ces lignes décisives : « Lorsque je « parle de la justice originelle [restaurée], je ne veux pas dire que « l'homme soit comme s'il n'avait pas péché : je dis qu'il sera telle- « ment guéri que sa santé lui sera rendue *plus parfaite* qu'il ne l'eût « dans la justice originelle ! »

III. — *Sociologie mystique et millénarisme naïf.*

Cette restauration de la bonté naturelle dans l'homme par la pratique de la dévotion intérieure peut être considérée, dans ses résultats, selon qu'elle se produit dans le passé, dans le présent ou dans l'avenir : elle a donc conduit Mme Guyon à trois suggestions intéressantes et fécondes qui n'ont pas été remarquées jusqu'ici dans son système : une philosophie déjà rousseauiste de l'histoire ; une politique toute mystique qui fait prévoir celle du XVIIIe siècle ; enfin un millénarisme naïf qui forme le corollaire des deux précédentes convictions chez Mme Guyon et qui persiste également chez nos contemporains, sous des formes quelque peu laïcisées en apparence.

---

(1) *Bible,* XI, 335.

Et tout d'abord voyons comment l'inspiratrice de Fénelon envisage le passé de la race humaine. Voici ce que nous apprend sur ce sujet son commentaire du livre d'*Esther* (1). Le peuple des chrétiens « intérieurs », symbolisé dans le texte sacré par les Juifs dont Mardochée est le patriarche, se trouve être *le plus ancien de tous les peuples*, car la Loi « intérieure » fut gravée dès la création dans l'âme humaine, et, pour les âmes « intérieures » de tous les siècles, elle *n'a pas été effacée par le péché d'Adam*. Les autres lois sont de l'invention des hommes; celle-là est donc leur doyenne à toutes, bien qu'on soit assez hardi pour l'appeler « nouvelle » ! Lorsqu'il n'y avait pas tant de méthodes et tant de manières fabriquées par l'invention de l'homme pour conduire les âmes à Dieu (il s'agit du christianisme ecclésiastique et stoïco-rationnel), avec quelle simplicité n'y allait-on pas ! Aussi pouvait-on rencontrer en ce temps *des milliers de saints où l'on a peine d'en trouver un seul désormais* (2) ! Les hérésies, insiste le *Moyen court*, ne sont entrées dans le monde que par l'oubli de cette dévotion intérieure à laquelle tous étaient ensemble appelés : « Allez, « pauvres enfants, parler à votre Père céleste avec votre langage « *naturel;* quelque barbare et grossier qu'il soit, il ne l'est point pour « lui. Un père aime mieux un discours que le respect et l'amour met « en désordre, parce qu'il voit que cela part du cœur, qu'une harangue « sèche, vaine et stérile, quoique bien étudiée. » Ainsi, voilà une philosophie de l'histoire qui place l'âge d'or de la perfection chrétienne au lendemain de la chute, à l'origine des siècles, et présente, au total, cette mission d'intermédiaire entre l'homme et Dieu que réclame l'Eglise, comme une institution de décadence. C'est ce que les lettres de Mme Guyon précisent, quand il le faut, au profit de ses correspondants les plus instruits. Dieu jugea, explique-t-elle (3), les cérémonies nécessaires dans l'Ancienne Loi, après la mort des anciens Patriarches qui avaient vécu d'une manière patriarcale, c'est-à-dire sans autre cérémonie extérieure qu'un acte d'abandon à Dieu et de dépendance de sa volonté. Ainsi vécurent Abraham, Isaac, Jacob, Enoch, Job, dans un temps où *le cœur seul* était la règle des actions extérieures ! Il fallut qu'Israël se multipliât et devînt un grand peuple pour que Dieu fût amené à lui donner des cérémonies, afin *d'arrêter la volubilité de son esprit !* La nudité noble du désert suscitait désormais le dégoût chez ce peuple inconstant, ajoute l'intrépide interprétatrice — qui semble ici anticiper le mot célèbre (et si discutable) de Renan sur les suggestions monothéistes du désert ! — C'est alors que Dieu ordonna un tabernacle et des cérémonies pompeuses. Que de miracles n'a-t-il pas cru devoir faire en faveur de cette arche qui n'était pourtant qu'un symbole ! Aussi, quand Jésus vint établir l'Alliance nouvelle, ce ne fut pas sans opérer une certaine réaction contre le formalisme légal des Juifs. Il ne pres-

---

(1) *Bible*, VI, 183.
(2) *Bible*, IX, 409.
(3) *Lettres*, III, n° 3.

crivit rien de *surchargeant* en matière de . culte à ses apôtres : les
premiers Conciles ne demandèrent pas davantage aux fidèles ; il suffisait qu'ils s'abstinssent de la fornification et du sang ! [C'est ici la
veine protestaire et réformiste de tous les mysticismes mal contenus
par la discipline ecclésiastique.] Par là, tous les premiers chrétiens
furent des *intérieurs,* comme l'avaient été les patriarches ; mais, ces
favorisés du ciel s'étant multipliés à leur tour et étant devenus plus
grossiers, les cérémonies, les spectacles rituels durent être encore
une fois multipliés à leur intention. — Ce qui est, au surplus, un
effet de la sagesse de Dieu inspirateur de l'Eglise, ajoute ici, par un
reste de prudence, cette caudataire inavouée de la réforme luthérienne.

Au total, la thèse de la priorité de la métaphysique « intérieure »
dans le temps est une de ses convictions fondamentales. C'est pourquoi, devançant les métaphysiciens maniaques du rousseauisme, un
Charles Fourier ou un Arthur Schopenhauer, elle aperçoit partout
des confirmations de son mystique point de vue, soit dans la nature,
soit dans les diverses conceptions qui ont été acceptées de l'humanité
au cours des siècles. Il y a partout, écrira-t-elle dans ses *Discours,*
des traces des voies les plus intérieures de Dieu sur les âmes : on les
a découvertes dans tous les temps, dans tous les pays, dans presque
tous les écrits des *saints,* des *savants,* des *philosophes* même, quoique
d'une manière très enveloppée, Certes, peu en ont écrit clairement
et ceux qui l'ont fait y ont consacré trop peu de paroles : leur témoignage n'en subsiste pas moins en faveur de la seule doctrine véritable !
L'esprit intérieur et le *désintéressement* quiétiste se reflète jusque dans
les choses *naturelles,* jusque dans la fable antique, jusque dans les
lois ou les coutumes les plus barbares. En un mot, c'est un esprit
universel que les yeux éclairés d'en Haut découvrent très clairement
dans ses manifestations les plus indéchiffrables au regard vulgaire. En
résumé, révélation primitive, perfection morale et sociale aux origines,
voilà les conclusions de ce mysticisme intrépide qui se reconnaît sans
peine des précurseurs dans le plus lointain passé de la race humaine.

Voyons maintenant la métaphysique guyonienne interpréter pour
nous le spectacle du monde présent, au lendemain des découvertes
géographiques qui se succédaient de si près depuis deux siècles, et nous
contemplerons une ébauche de cette sociologie mystique qui devait
s'épanouir au début du XVIIIe siècle, préparant les folles affirmations
de Rousseau dans ce domaine. — Nous savons qu'un des premiers
guides spirituels de Jeanne de La Motte à Montargis fut son cousin,
M. de Toissi, un pieux missionnaire qui apparait un instant au début
de ses Mémoires, avec l'auréole d'une piété déjà toute « intérieure ».
Les missionnaires continuèrent sans doute d'agir sur son imagination
par leurs *Lettres édifiantes* : ce périodique si apprécié de l'époque, et

---

(1) *Discours,* I, no II.
(2) *Discours,* II, no III.

voici les propositions qu'elle a tirées de leurs écrits pour les consigner çà et là dans ses ouvrages. Si un païen qui n'a jamais connu Jésus-Christ, ni les moyens de salut dont le Christ a doté les hommes, s'abandonnait seulement à cet *instinct* qu'a reçu l'homme de se *recouler dans son origine* et d'être réuni à sa source, il participerait dès lors *secrètement* à la grâce de *rédemption* que le Sauveur a méritée pour *tous* les hommes et il serait à Dieu par Jésus-Christ *sans connaître Jésus-Christ* (1) ! — Voilà la religion *naturelle*, qui tiendra tant de place dans la théologie du xviiiᵉ siècle, et nous la trouvons placée du premier coup exactement sur le même rang que la religion révélée.

On verra dans le ciel, insiste la béate — qui parle si volontiers comme si elle l'habitait déjà — on verra de ces prodiges de grâce que Dieu aura faits parmi les infidèles qui, *gardant la loi de nature,* vécurent moralement bien et suivirent leur *tendance naturelle* à leur premier Principe et à leur dernière Fin. Oui, à de tels païens, Dieu enverrait plutôt un de ses Anges pour les *instruire* (ce qui est déjà un pas prudent en arrière) que de les laisser périr sans secours ; ou encore, et plus simplement, il leur infuserait une vive contrition et une charité véritable par lesquelles ils se trouveraient justifiés et sauvés. Recevant alors la *grâce* du Sauveur *avant sa connaissance,* ils iraient jouir de Lui avant que d'avoir cru distinctement en Lui. C'est à peu près la thèse du salut des païens de *bonne foi,* mais avec une préférence marquée pour ces païens, devenus directement les alliés du Très-Haut, en sorte qu'on ne voit plus bien la nécessité de la Révélation et de l'Eglise dans cette conception de la destinée humaine.

La préférence pour les païens « intérieurs » se marquera mieux dans un autre passage de la *Bible* commentée (2) : « Oh ! qu'il est
« bien vrai, mon Dieu, que dans toutes les extrémités de la terre
« il y a des hommes cachés et inconnus qui paraissent à l'extérieur
« comme les autres, mais qui vous connaissent et qui vous révèrent.
« Combien, parmi les *infidèles,* de fidèles, que l'on ne connait point !...
« O Dieu, vous ne seriez pas Dieu si vous n'aviez *en tous lieux* des
« adorateurs ! Il se verra un jour que c'est *parmi les infidèles qu'il*
« *y a eu les plus grands saints,* et c'est pour nous prouver cette vérité
« que Jésus-Christ et sa mère ont bien voulu *habiter quelque temps*
« *l'Egypte !...* Si une âme bien à Dieu se trouvait dans les pays les
« plus barbares par la nécessité de son état et la conduite de la
« Providence, elle y adorerait *aussi bien* le vrai Dieu qu'au milieu de
« la chrétienté. C'est en quoi les missionnaires font un grand bien,
« croyant ne rien faire (?), quand ils ne feraient que baptiser des
« enfants : ils leur ouvrent par là le chemin du ciel, Dieu ne laissant
« point l'application de son sang inutile. Oh ! que l'on découvrira de
« *grandes choses dans l'éternité !* » Il y a un peu de flottement, sans doute inspiré par la prudence, dans ces dernières lignes qui contredisent à peu près les précédentes en indiquant qu'à défaut d'instruction

(1) *Bible,* XIV, 598.
(2) *Bible,* V, 620.

chrétienne il faudrait au moins le baptême pour participer au salut. La première assertion était plus sincère.

Quoi d'étonnant, après cela, si les éditeurs protestants de Mme Guyon ont commenté ces suggestions avec enthousiasme dans leurs préfaces apologétiques La purification passive est, disent-ils, une grâce supérieure à toute autre, qui ne peut être contrainte ni par les hommes, ni par les positions, et qui peut être reçue *dans quelque communion qu'on se trouve extérieurement !*

Mme Guyon a écrit en propres termes (1) que la métaphysique de l'intérieur, loin d'être une chimère forgée par l'imagination des mystiques récents, « fait toute l'Œconomie de la Divinité hors d'elle-« même et de *toutes les religions* qui n'ont été établies de Dieu que « pour conduire l'homme en Dieu même ! » Oui, la purification par Dieu est accordée aux païens quand ils sont vraiment disposés à la recevoir, et l'on en a vu des exemples frappants à la côte du Malabar, ainsi qu'en d'autres pays d'outre-mer. — Sans doute s'agit-il ici de quelques fakirs que les jésuites missionnaires avaient vantés, pour leur pureté d'intention, aux lecteurs des *Lettres édifiantes*. Et nous voilà donc en présence du *bon sauvage* qui va bientôt inspirer la sociologie de Rousseau.

Enfin, lorsqu'elle se tourne vers l'avenir pour le présager, la doctrine de la bonté naturelle restaurée engendre le Millénarisme, la croyance au règne prochain du Seigneur sur terre, qui tient en effet une place assez importante dans les écrits de Mme Guyon. Volontiers termine-t-elle ses exhortations pieuses sur cette prophétie réconfortante, de même que les prédicateurs achèvent souvent leurs sermons par la perspective encourageante du salut éternel. Sa *Bible* commentée annonce en toutes lettres (2) *un règne de mille ans de la dévotion intérieure*, lorsque le mysticisme nouveau aura porté par toute la terre le règne de l'Eglise. En ce temps (3), les âmes seront toutes dans le pur esprit et ce grand *extérieur* qui a fait le caractère des premiers confesseurs (voie des « lumières ») ne paraîtra plus en elles. Elles mèneront une vie toute spirituelle et le monde sera renouvelé par cette universelle consommation des êtres dans la pureté du Saint-Esprit ! Déjà cet esprit de Dieu se découvre à beaucoup de personnes, sans distinction de sexe, d'âge, ni d'état (4) ! Combien Dieu va déployer de merveilles ! Il possédera tellement les cœurs et les esprits qu'il fera faire par amour à ces assujétis toute sa volonté, comme les démons la faisaient jadis faire par tyrannie aux infortunés dont ils avaient pris *possession,* tant il est vrai que la purification *passive,* couronnée par l'état déiforme, est essentiellement, comme nous l'avons fait mainte fois remarquer, le fruit d'une véritable *possession divine*.

---

(1) *Lettres,* II, p. 20.
(2) *Bible,* XX, 183.
(3) *Bible,* XVII, 6.
(4) *Vie,* III, 75.

Toutefois, avant cette vulgarisation de la grâce la plus éminente, l'Evangile *intérieur* doit être prêché par toute la terre : « De dire « comment et *par qui* il le sera, c'est ce qu'on ignore ; mais il le sera « infailliblement et *plus tôt qu'on ne pense* (1), » Sera-ce par elle ou par Fénelon à qui elle a fait démission de ses hautes destinées mystiques ? En tous cas, ce sera non par des hommes, mais par des *enfants* (2) ou par des hommes devenus enfants : un enfant (le duc de Bourgogne) sera le pasteur suprême de ces *petits pasteurs!*

IV. — *La démocratisation du haut mysticisme.*

Nous venons de voir que l'Esprit de Dieu se découvre à beaucoup de personnes, sans acception d'*état* ou de condition sociale, vers la fin de ce XVIIᵉ siècle dont les débuts avaient restauré ou maintenu les hiérarchies traditionnelles dans toutes les grandes institutions sociales. C'est un signe des temps, puisque le XVIIIᵉ siècle français verra l'assaut donné à ces mêmes institutions par une vaste armée, sous l'impulsion d'un mysticisme de conquête dont Rousseau sera le plus habile et le plus éloquent vulgarisateur. Oui, le mysticisme individuel, comprimé dans ses écarts par le Moyen Age chrétien, commence dès lors à marquer plus librement ses aspirations de puissance, un des traits les plus frappants de la métaphysique guyonienne étant la vulgarisation sans réserves, la *démocratisation hardie* de l'inspiration divine. Les nouveaux mystiques, dit Bossuet dans son Ordonnance pastorale sur les Etats d'oraison, prétendent « attirer à l'oraison d'exception tout « le monde, avec peu de discernement, jusqu'aux enfants du plus bas « âge... témérité dont l'effet inévitable, surtout dans les Communau- « tés, est, sous prétexte de s'abandonner à l'esprit de Dieu, de faire « tout ce que l'on veut, avec mépris de la discipline et des confesseurs « ou supérieurs ordinaires, quelque éclairés qu'ils soient d'ailleurs, « pour choisir selon ses préventions et présomptions des guides que « l'on croit plus experts ! » Cette vue de l'avenir ne serait-elle pas singulièrement prophétique, si l'on écrivait communauté sociale ou nationale, au lieu de communauté religieuse ?

Nous ne méconnaissons pas qu'en principe ce trait démocratique est dans la tradition chrétienne qui proclame heureux les pauvres d'esprit. Fénelon pourra même citer Cassien (3) (d'ailleurs suspect à l'Eglise) pour avoir écrit que l'oraison d'union, fin de toute la vie monastique, est connue de très peu de solitaires et d'ascètes, tandis que la *grossièreté et l'ignorance* n'excluent nullement les chrétiens de cette voie. — Seulement la mystique de Cassien, et celle de la primitive Eglise, était infiniment moins subtile que celle de Mme Guyon : elle avait les mêmes écueils, mais elle les côtoyait de moins près, avec une

---

(1) *Discours*, I, n° 5.
(2) *Discours*, I, p. 448.
(3) *Justifications* de Mme Guyon, III, 377.

virtuosité moins vertigineuse. Considérons donc avec attention cet aspect de sa doctrine.

Il semble qu'on, y puisse discerner, comme dans tout le système guyonien d'ailleurs, deux inspirations successives : la première procédant de Lacombe, dont nous avons dit les succès d'orateur populaire dans les vallées du Chablais et dont les sympathies allèrent de tout temps aux humbles ; (c'est le *Moyen court* qui en est l'expression la plus nette) ; la seconde, reflétant la pensée de Fénelon et celle du petit cercle de ducs et duchesses qui fit de la dévote provinciale, après 1688, son oracle et sa prophétesse, ce qui conduisit celle-ci à souligner moins habituellement le privilège mystique des simples. Elle ne laissa pas d'y revenir à l'occasion, cependant, pour la force qu'une telle attitude apporte. à la prédication chrétienne dans les milieux privilégiés, placés en équilibre instable au sommet de la pyramide humaine et toujours inquiets ou curieux des mouvements affectifs qui se dessinent au-dessous d'eux dans les masses.

Au surplus, les simples n'avaient pas cessé de donner, en ce temps, des preuves de leur vocation pour la sainteté. On appréciait autour de Mme Guyon les écrits de Jean Daumont, un paysan de Rennes qui venait de publier un livre mystique : *L'Agneau Occis*. On admirait dans les mêmes sphères sociales Armelle Nicolas, dite « la bonne Armelle », une « pauvre idiote » de paysanne et de servante, qui ne respirait que le pur amour de Dieu, écrit Poiret dans sa préface aux *Justifications* de Mme Guyon (1). Celle-ci a parlé dans son autobiographie — et Michelet avait remarqué ce passage (2) — de trois femmes du peuple de Thonon, une lavandière, une marchande et une serrurière, liées entre elles par une étroite amitié et remarquables par leur sainteté ; la première surtout possédait un don d'oraison merveilleux. « Des religieux envoyèrent quérir cette femme, écrit-elle, et lui firent « de grandes menaces si elle ne quittait l'oraison (intérieure), lui « disant qu'elle n'était que pour les religieux et qu'elle était bien « hardie de faire oraison. Elle leur répondit que Notre Seigneur « avait dit à tous de prier. »

Voilà en effet le fond du débat et le nœud de la question sociale telle que l'ont posée les revendications modernes. Faut-il une préparation intellectuelle et morale assez ample pour pouvoir s'abandonner, sans trop de dommage, aux suggestions de l'affectivité privée de ses freins traditionnels ? Ou au contraire cette affectivité, une fois soustraite au contrôle conscient, trouve-t-elle par quelque décret d'En-Haut son canal et son impulsion dans le sens de l'ordre social ? — Il faut reconnaître, qu'au temps où la discipline morale rationnelle proposée par le christianisme ecclésiastique conservait un large champ d'influence, on trouvait des âmes populaires de faible culture intellectuelle et de haute culture morale. On en trouve encore de nos jours

---

(1) II, 194.
(2) *Histoire de France*, **XVI**, 32.

et M. René Bazin en peignait naguère un admirable type dans la mère de son *Gingolph l'Abandonné*. Mais il y a eu, de tout temps, grand danger à supposer ces âmes trop nombreuses, à tailler les règlements sociaux à leur mesure et à généraliser sans prudence la liberté d'action qui leur pourrait être accordée sans témérité.

Il faudrait, pour terminer l'étude du guyonisme lacombien, consacrer quelques pages à cet état *apostolique* dont Mme Guyon se targuait et qui est, à ses yeux, une sorte de cas particulier ou d'apogée de l'état déiforme. On dirait ses prétentions à la maternité spirituelle ainsi que cette sorte de confession affective sans paroles qu'elle exigeait de ses adeptes (1). Nous avons déjà rapproché ces procédés de suggestion tonique de ceux qu'emploie actuellement l'école psychopathologique du Professeur Freud de Vienne. — Il nous faudrait exposer encore comment la béate de Montargis qui a tant médit des « lumières et illustrations », chez les saints canonisés, de leurs extases, visions, inspirations ou révélations, a rétabli toutes ces choses à son profit en se donnant comme favorisée de songes prophétiques (2) — une des plus anciennes illusions mystiques de l'humanité, ainsi qu'on le sait : — enfin comment elle s'est accordé le don des miracles, surtout dans l'ordre psychologique, en particulier le pouvoir de commander aux démons (3). — Mais ces constatations, fort utiles à l'étude de l'orgueil subconscient des mystiques, ne le seraient point au but principal de cet ouvrage qui est l'examen des racines chrétiennes du mysticisme rousseauiste.

---

(1) *Bible*, XVII, 320; VIII, 236. — *Discours*, I, 417. — *Vie*, II, 140. — *Lettres*, II, n° 127.

(2) *Bible*, VI, 209; XII, 415; IX, 560; IX, 390; XI, 36. — *Discours*, II, 103; I, 218. — *Vie*, I, 191, 199, 218; II, 12, 164. — *Lettres*, III, 541; I, 25; III; 236.

(3) *Bible*, XIII, 162, 191, 198; VIII, 141, 147. — *Vie*, II, 28, 131, 126, 172. — *Lettres*, III, 236.

DEUXIÈME PARTIE

La rationalisation du ɡuyonisme.
sous l'influence fénelonienne.

Les contradictions qui se rencontrent dans l'œuvre guyonienne telle qu'elle fut publiée par le professeur Poiret après la Controverse du Quiétisme ont frappé tous les commentateurs de ces pages. Le Père Poulain a écrit récemment de Mme Guyon dans ses *Grâces d'Oraison,* qu'à tout instant elle se contredit sans paraître y prendre garde et, par là, laisse peu de prise à une réfutation dans les règles : « A chaque phrase que vous blâmez, écrit ce religieux, elle en oppose « une autre conforme à vos idées ! » Et déjà, pendant la Controverse du Quiétisme, l'archevêque de Cambrai offrait à l'évêque de Chartres, par l'intermédiaire de Tronson, de faire voir dans les livres de Mme Guyon, *en d'autres endroits, le contraire du mauvais sens* qu'on leur voulait donner. Dans ses livres publiés avant 1688, les contradictions s'expliquent par les souvenirs de son éducation orthodoxe. Mais, pour nous, la plupart d'entre elles s'expliquent mieux encore par des additions ou corrections postérieures à 1688, comme nous l'avons indiqué souvent. A ce point de vue, il est intéressant de comparer entre eux deux résumés de son système : son *Moyen court* et un opuscule qu'elle écrivit à l'intention de Fénelon peu de mois après leur première rencontre, exposé que celui-ci apprécia dans une lettre que nous possédons : c'est le *Petit abrégé de la voie et de la réunion de l'âme à Dieu.* On constatera facilement par cet examen que l'approbation du précepteur des princes, qui fut à peu près entière, porta sur une interprétation déjà sensiblement rationalisée de la purification *passive. —* Nous allons demander à l'ensemble des écrits de Mme Guyon les formules les plus nettes de son mysticisme assagi sous l'influence de son illustre directeur.

SECTION I.

I. — *L'état actif réhabilité.*

Si l'on s'appropriait la distinction dont se sert Fénelon dans ses *Maximes des Saints,* celle des articles *vrais* et des articles *faux* en matière de propositions mystiques, on pourrait appeler les passages que nous allons relever dans l'œuvre guyonienne : les *articles vrais* de Mme Guyon.

Ecoutons-la retirer d'abord ses imprudentes assertions sur ce que nous avons nommé l'immortification prime et renoncer à son attitude dédaigneuse pour l'état *actif* de la perfection chrétienne. « Croyez que « le dénuement [spirituel] qu'on se *procure* est très *dangereux,* écrit- « elle à une correspondante qui pourrait bien être Mme de La Maison- « fort... Le dommage ne se voit que *tard.* En agissant comme ces « personnes qui ont *grâce pour suivre leurs mouvements* [affectifs], « vous vous méprenez. Car, comme vous êtes fort *vivante,* presque « tous vos mouvemens sont *naturels...* Vous aimerez toujours plus « ce qui a l'air d'avancement que *la solidité d'un édifice tout renfoncé* « *au dedans...* on se pare même du *pur amour* et il perd sa réalité « aussitôt qu'il nous sert de parade... l'oraison et la mortification « sont deux sœurs si essentiellement attachées l'une à l'autre que « l'une ne se perd pas plus tôt qu'il en coûte la vie à l'autre ! » (1).

Il y a, indique-t-elle encore dans ses *Discours* (2), des âmes qui ont soif de l'état de dénuement et s'y précipitent d'elles-mêmes avant que d'avoir passé par une *solide pratique de toutes les vertus chrétiennes.* Et pourtant, comment celui qui *n'a jamais rien acquis* pourrait-il *perdre* quelque chose et s'en voir dénuer? — Ce qui est d'ailleurs équivoquer un peu sur les mots, car c'est la perte des ter- testres appuis autant que celle des vertus acquises qui constitue la purification *passive* dans la métaphysique guyonienne. — Se dénuer par-soi-même en ce cas, poursuit-elle cependant, c'est plutôt réaliser *un état de stupidité* [ahurissement] *et de fainéantise* dans lequel on se plonge par paresse *naturelle* et parce que la *nature* redoute toujours de se combattre, de se vaincre et de se surmonter ! — Il faut, reprendra-t-elle dans sa *Bible* (3), mourir à la Loi *par l'exacte observance* de

(1) *Lettres,* I, 108.
(2) *Discours,* I, n° 1.
(3) *Bible,* XVII, 147.

cette Loi, afin d'entrer ensuite dans un état de parfaite liberté où l'on observera la perfection de la Loi *sans gêne ni peine*. Si en effet, à ce moment, on parvient à se passer de la Loi, c'est que les vertus commandées par cette Loi sont devenues *tellement habituelles* [voilà le mot décisif] que l'âme les trouve comme *naturalisées* en elle! Mot plus décisif encore et le plus antirousseauiste qu'on puisse lire car il souligne la véritable origine, c'est-à-dire l'origine principalement *consciente*, de la bonté prétendue naturelle dans l'homme! — Une âme ainsi préparée, poursuit la béate, ne trouve plus aucune difficulté à pratiquer la Loi, de même qu'une personne ayant étudié longtemps une science la possédera si parfaitement qu'elle lui *deviendra* toute *naturelle*. La pratique des vertus n'est plus alors à cette âme ni une Loi, ni une étude, mais une chose qui lui est *rendue naturelle quoi qu'elle soit acquise par son travail!* — Saint Paul *avait été phàrisien*, remarquera plus loin la commentatrice de la *Bible* (1), c'est-à-dire *très strict observateur de la Loi* avant sa conversion, ce qui lui permit de rejeter cette Loi sans dommage, après l'ilumination soudaine qui fit de lui l'apôtre de Jésus. Et cette acceptation, cette réhabilitation du Pharisaïsme au sens exact et historique de ce mot, est bien remarquable sous cette plume. C'est un aveu de la plus haute portée psychologique.

Ecoutons-la enfin redire une dernière fois ces mêmes avis, sous une forme plus directe, à l'un de ses dirigés (2) : « C'est à présent « *le temps de ne vous rien pardonner* pour la destruction des *passions* « au dedans et des défauts extérieurs. Vous ne le pourrez plus en « un autre temps... Votre travail [présent] doit être *de posséder votre* « *âme* et non de la perdre [excellent précepte stoïcien qui contredit « ou du moins ajourne le précepte fondamental du quiétisme]. C'est « *la mort de votre degré*, qui n'est autre qu'une extinction des pas- « sions, des défauts et de la vie de nature... état fort nécessaire « pour passer aux autres, qui sans lui ne seraient qu'*imaginaires...* « Le désordre qu'on voit parmi tant de *faux* spirituels qui s'imagi- « nent l'être et qui en sont très éloignés vient de *n'avoir pas rempli* « *ces premiers degrés*. Ils disent qu'il faut mourir et ils prennent la « mort de l'esprit [ahurissement quiétiste] pour la mort des sens « et des passions [auto-discipline morale]. Et, sous prétexte de faire « mourir l'esprit *qui n'est pas difficile à tuer en eux* dans lesquels il « ne vit qu'à peine, ils étouffent ce peu d'esprit et de vie qui *leur* « *était donné pour travailler* [consciemment] à la destruction d'eux- « mêmes et font *vivre la chair et les passions* en faisant mourir « l'esprit. Il est aisé de concevoir qu'il faut *d'abord* faire mourir « la chair et la nature par l'esprit : puis Dieu vient lui-même dé- « truire cet esprit pour prendre sa place [période de prédominance « affective dans l'activité morale]. Mais si l'Esprit n'a pas première-

(1) *Bible*, XVII, 448.
(2) *Lettres*, III, 63.

« ment détruit la *nature*, Dieu ne viendra jamais lui-même ! » — Et tout aussitôt suit, pour le pénitent, un règlement de journée fort minutieux, fort éloigné de la rêverie dévote et tel que Fénelon lui-même aurait pu le tracer *avant* sa rencontre avec Mme Guyon, alors qu'il conseillait Mme de Beauvilliers pour l'éducation de ses filles.

II. — *L'état passif amendé.*

Nous avons vu Fénelon soulever quelques objections contre les enseignements de sa directrice sur les *épreuves* de l'état *passif* et sur l'attitude convenable au chrétien pendant la durée de cet état. Avertie de la sorte, elle a corrigé parmi ses assertions celles qui choquaient le bon sens psychologique ou l'expérience morale. La tentation démoniaque se verra d'abord rétablie dans son rôle traditionnel et le Ciel ne sera donc plus rendu aussi directement responsable des impulsions désordonnées que subissent les patients de la purification passive. « Je « déclare, écrit-elle dans la Préface à son commentaire du *Livre de* « *Job* (1), que lorsque je parle des *épreuves* où je fais voir jusqu'à « quel excès de misère l'âme est poussée, *j'en exclus absolument* « *toutes sortes de péchés volontaires... Il est vrai* que l'esprit est « alors si obscur et *que le pouvoir que Dieu a donné au démon est si* « *grand* qu'il *paraît* à l'homme qu'il *veut* tout le mal qu'il *souffre :* « mais il en est pourtant bien éloigné ! » Voilà un de ces *il est vrai* que nous retrouverons fréquents sous la plume de Fénelon en semblable occurrence. Le démon n'en reparaît pas moins expressément aux côtés du chrétien passif, ce qui suffit à condamner la « passivité » devant l'épreuve, ainsi redevenue démoniaque.

Quant à la *salissure* par la main de Dieu, cette si choquante conception du premier guyonisme, elle se trouvera réduite à « une petite « crasse superficielle » (2) causée par quelque vivacité du tempérament ou par des défauts purement naturels qui, *n'ayant pas été corrigés dans le temps que la lumière était donnée pour cela*, n'arrêtent pas néanmoins l'avancement de l'âme, n'étant ni considérables, ni volontaires. L'opération divine *semble* salir les dehors, mais ne les salit pas *véritablement*. Elle ôte seulement ce *qui couvrait la saleté* afin de la mieux guérir en l'exposant aux yeux de tous. Aussi bien, serait-ce *folie et malicieuse impertinence* que de dire qu'il faille salir l'extérieur pour purifier le dedans.

Son attitude à l'égard de l'Eglise se modifie de même sous l'influence de Fénelon, ce prêtre fidèle à son caractère sacerdotal dont elle recherche désormais l'approbation avec une si anxieuse sollicitude. Le ton arrogant qu'elle affectait parfois vis-à-vis des pasteurs d'âmes fait place sous sa plume aux protestations d'obéissance, aux promesses de soumission sans réserve. Les assurances de vénération

---

(1) *Bible*, VI, 4.
(2) *Justifications*, II, 261. — Voir aussi *Discours*, II, 201.

à l'égard de Rome se succèdent et se répètent, surtout aux dernières pages de sa *Bible* commentée. Enfin le précepte de l' « ahurissement » quiétiste sera singulièrement atténué ou même contredit par elle comme nous l'avons indiqué plus haut. A Fénelon surtout, elle tient à faire savoir (1) que le Dieu de grâce et de bonté ne *violente pas la nature* pour la rendre autre qu'il ne l'avait d'abord disposée lui-même. Sa divine sagesse commence par *donner des qualités naturelles* conformes à ses intentions sur les élus : après quoi il *perfectionne* encore et purifie les mêmes qualités afin qu'étant devenues plus pures par le soin de sa Sagesse adorable, elles soient désormais des capacités *propres à tous les objets qu'il se propose,* sans toutefois que celui qui possède ces capacités éminentes puisse s'y attacher et se les approprier indûment. Certes Jésus-Christ préfère les fautes que la docilité fait faire à tous les ajustements de la prudence ; mais il ne laisse pas de démontrer ensuite que sa sagesse est plus sage que toutes les nôtres, car il ajuste si parfaitement les choses que, quoiqu'au dedans la sagesse humaine perde terre, *au dehors, tout reste sage* — « surtout « pour les personnes *comme vous* », écrit-elle à Fénelon qu'il s'agit de rassurer sur la signification de l'ahurissement quiétiste !

Cet ensemble de suggestions assagies culmine, à notre avis, dans les excellentes considérations sur la *conscience* chrétienne et rationnelle qui figurent aux dernières pages du Commentaire sur les Epîtres de Saint Paul (2). La plupart des personnes qui ont ouï dire que, dans l'état passif, on doit éviter la réflexion, expose Mme Guyon, croient qu'il faut pour cela négliger la *conscience,* de telle sorte qu'elles ne se mettent plus en peine de ses reproches parce qu'elles y voient des réflexions et des scrupules hors de saison. *Il est vrai* qu'on vient peu à peu, sur la voie intérieure, à la *perte de toute conscience,* mais cela ne se fait qu'après *une longue fidélité* à suivre cette lumière de foi et ce correcteur intime qui nous fait remarquer nos défauts par la peine et la douleur qu'ils nous causent : en sorte qu'on perd enfin les reproches ou remords non à force d'être infidèle, comme *quelques-uns* se l'imaginent, mais à force de *fidélité.* — Ce qui est un nouvel et bien frappant hommage rendu à l'état *actif* de la vie chrétienne.

Au total, comme Fénelon le dira dans les articles *vrais* de ses *Maximes,* ainsi que dans toute la Controverse du Quiétisme, et comme Mme Guyon l'a sans doute appris de lui, c'est seulement la réflexion *inquiète,* — ce fruit habituel de la dépression nerveuse, — qu'il s'agit pour les « éprouvés » de désapprendre. Il faut bien comprendre en effet, ce que c'est, selon Mme Guyon, que la *réflexion* qu'elle déconseille : cette réflexion se fait sur le passé et sur le futur et se trouve inutile à l'âme de foi qu'elle ne ferait que retarder en l'amusant. *Mais ce qui est pour le présent s'appelle vigilance,* attention, fidélité, selon l'état de l'âme et doit être soigneusement conservé. — Dans ces limites,

---

(1) *Lettres,* I, n° 94.
(2) *Bible,* XVIII, 682-4.

le précepte de la folie de la Croix, le *nos stulti propter Christum*, cher à Fénelon, se réduit à la suggestion d'une saine hygiène mentale qui applique *notre raison* tout entière au moment présent en proscrivant les épuisantes anticipations ou rétrospections de la névrose ! Tels sont les contrastes déroutants avec lesquels il faut compter quand on entreprend une étude d'ensemble sur l'œuvre de Mme Guyon moraliste, et que nous imputons, quant à nous, pour une bonne part à la confusion chronologique dans laquelle nous est parvenue cette œuvre, où se croisent sous nos yeux, d'inextricable façon, les influences lacombiennes continuées par les rectifications féneloniennes.

III. — *L'état déiforme atténué.*

Ce sont peut-être les rationalisations de l'état déiforme qui se présentent les plus réitérées sous la plume de Mme Guyon après la rencontre de Beynes; parce qu'elle croit en ce cas décrire son état présent et non plus sur ses expériences mystiques passées. — Tout d'abord une note de sa *Bible* commentée (1) la montre disposée à délaisser ce terme souverainement orgueilleux de *déiformité* pour y substituer celui de *déification* qui l'est déjà moins, puisqu'il exprime une évolution plutôt qu'un résultat obtenu; ou mieux encore celui de *transformation* dont Saint Paul se contente. « Pour *éviter les mé-* « *prises*, dit cette note qui est peut-être de son éditeur, il est bon « d'employer ce dernier mot, qui exprime tout ce que les mystiques « ont voulu dire par le mot de Déification ! » Et l'énergique opposition de Bossuet la contraindra même à renoncer, pour un moment, à cette éminente dignité mystique dont elle s'est targuée jusque-là : « Quoique l'âme écrive des états les plus relevés de la vie intérieure, « dit-elle en ses *Justifications*, elle *ne croit pas pour cela posséder* « *ces états!* » (2). Nous avons vu par ses cinq feuillets à quel point elle croyait parfois posséder l'état déiforme.

Le privilège de l'impeccabilité est de même sacrifié par elle, à l'occasion, comme en témoigne cette confidence frappante à l'un de ses correspondants anonymes (3) : « Je fis hier assurément quelques « fautes après que je fus hors du parloir : j'y fis réflexion et il me « sembla que j'étais toute *sale!* Je ne sais si c'était la réflexion qui « me salit ou une parole que je dis avec une vue propre, non volon- « taire, mais précipitée? Il est certain qu'il y a bien longtemps que « je n'ai éprouvé une pareille saleté... Je fus *rejetée hors de Dieu* « dans une partie de moi-même, comme vous voyez la mer qui jette « hors certaines choses et les reprend après et les engouffre *plus* « *profondément* dans son sein... Il m'a fallu demeurer jusqu'à minuit « *que Dieu m'a repris lui-même!* » Curieuse interprétation mystique n'est-il pas vrai d'une passagère dépression nerveuse, résultat de

---

(1) *Bible*, X, 32-36.
(2) *Justifications*, I, 186.
(3) *Lettres*, III, 531.

quelque diminution appréhendée pour sa puissance d'opinion, puis du rétablissement de l'équilibre en son affectivité instable. « L'âme, dans « son impureté, est demeurée fixe et immobile comme un rocher, « insiste l'adroite exégète métaphysique des fluctuations qui affectent « le sens vital dans la névrose. Et cela sans pouvoir non seulement « faire le moindre reproche à Dieu, mais même sans être fâchée pour « peu que ce soit! Elle ne veut pas même ne l'avoir pas [ce rejet mo- « mentané du sein de Dieu]... ce qui est une peine de souffrance très « grande, mais *non de repentance!* Je n'avais jamais fait épreuve de « cet état! »

Nous avons vu Bossuet reprocher sévèrement à la béate son im- prudente vulgarisation et démocratisation des hautes voies mystiques. Aussi atténuera-t-elle sur ce point les affirmations de son *Moyen court* : « Pour la manière d'oraison, écrit-elle dans ses *Discours* (1), « il y en a une où on ne doit jamais *mettre* personne et où même je « soutiens qu'on ne *peut* introduire : c'est la passive. Mais il y a une « oraison *active* où l'on doit mettre tout le monde... c'est celle du « cœur! Une personne, par cette oraison, acquiert plus de vertus en « un mois que par la seule méditation en toute sa vie!... Lorsqu'on « dit que *tous sont appelés* (2) on ne dit pas que tous soient appelés « aux *mêmes degrés de consommation,* mais tous sont appelés à *prier* « *de cœur,* à renoncer à soi-même, à porter leur croix, à suivre Jésus- « Christ! » Réduit à ces termes, l'enseignement de Mme Guyon resterait pleinement orthodoxe : encore que les directeurs prudents se gardent de donner l'oraison du cœur comme un *facile* moyen d'acquérir la perfection totale à *courte* échéance, car la conquête en demeure, par cette voie comme par tout autre, ardue, longue et fort éloignée d'être complète.

Enfin, bien que, en s'appuyant de l'autorité de saint Paul, ou de l'exemple de sainte Thérèse, Mme Guyon ait persuadé à Fénelon qu'il est un état de perfection mystique *où l'on ne craint pas de dire de soi des choses sublimes,* elle a parfois rationalisé aussi quelque peu cet orgueil mystique qui éclate en traits si frappants dans la plupart de ses écrits. Voici par exemple une lettre de sa plume qui reste d'un accent assez sainement chrétien et qui pourrait bien avoir été adressé à Mme de Maintenon, car la jalousie spirituelle désigna toujours cette rivale aux fureurs difficilement contenues de la béate : « Je sais, « madame, ce que vous êtes et ce que je suis, le ménagement que je « devrais avoir pour vous, à parler humainement Mais, à parler « selon Dieu, je me soucie de votre rang, de tous vos avantages comme « d'une paille : d'être bien ou mal voulue de vous ne m'est rien... « On peut avec d'autres conserver une amitié fondée sur le rapport « d'esprit et de manières, mais, avec moi, il n' y a que Dieu seul. « Aussi n'ai-je rien que de *rebutant,* rien qui flatte ni qui plaise :

_____

(1) *Discours,* II, nº V.
(2) *Justifications,* II, 82.

« il n'y a nul assaisonnement ni pour le cœur ni pour l'esprit à ce
« que je dis. Mais il faut me prendre de cette sorte ou me laisser
« en chemin et c'est ce qui m'arrive d'ordinaire quand je me montre
« *dans toute ma laideur!...* La mort et la vie vous sont offertes,
« Dieu vous en laisse le choix... Si vous choisissez la vie, je vous
« fais la révérence et n'ai plus rien à vous dire. C'est un chemin que
« je connais plus... Je ne dis pas qu'on ne *s'y sauve pas :* c'est le
« chemin de *tous les dévots* et même des personnes intérieures d'un
« certain *rang.* Mais pour le chemin de la mort, il est désert : on n'y
« trouve personne et il y a des précipices continuels... Les temps
« de ménagements sont passés et *si vous êtes deux nuits sans dormir,*
« *j'en ai été bien d'autres pour vous!* » — Il ne faut pas se dissimuler toutefois que l'orgueil continue de parler derrière cette attitude
de quasi-cynisme chrétien et c'est assurément l'aspect du guyonisme
qui a été le moins rationalisé par l'influence fénelonienne ou par les
leçons de la vie, parce qu'aussi bien l'orgueil humain est la racine même
de la conception mystique du monde et de la vie : racine que le mysticisme ne pourrait arracher totalement sans s'éteindre.

---

(1) *Lettres,* I, n° **LI.**

Tandis que Mme Guyon s'efforçait, après 1688, de mettre ses convictions lacombiennes en accord avec les exigences rationnelles de son nouveau et plus éminent directeur, celui-ci se préoccupait pour sa part de résumer les acquisitions spirituelles que lui avait procurées son commerce théorique avec la béate : il tenta un premier effort en ce sens dans sa longue lettre du 11 août 1689 sur le *Petit Abrégé de la Voie et de la Réunion de l'âme à Dieu,* que Mme Guyon lui avait fait tenir — lettre dont nous avons fait connaître les tendances et l'accent. Mais nous possédons de lui des déclarations plus spontanées sur ce point.

I. — *Fénelon critique du molinosisme.*

Tout d'abord, on a publié un important fragment théorique de sa plume sous ce titre : *Explication et Réfutation des soixante-huit Propositions de Molinos condamnées par le pape Innocent XI.* La date en est par malheur ignorée. Peut-être y faut-il voir un de ces écrits justificatifs dont il accablait les commissaires d'Issy vers 1694 et qui tendaient tous à distinguer Mme Guyon des mystiques dès lors condamnés à Rome. Quoi qu'il en soit, le morceau est intéressant : chacun des traits principaux de la mystique féminine dévoyée s'y trouve d'abord condamné nettement, en accord avec Rome, par quelques phrases nettement rationnelles; puis vient un *Il est vrai* qui introduit le point de vue affectif dans ces délicates questions de psychologie et de morale; après quoi un *Mais* final rend la parole à l'homme de bon sens, au prêtre fidèle à la discipline de son Eglise, qui s'efforce de conclure en parfaite communion avec les autorités suprêmes de cette Eglise.

Ainsi, sur l'hygiène de non-résistance à la *tentation* considérée comme une *épreuve divine,* nous lirons d'abord qu'il est entièrement *faux* que l'on doive *réprimer en soi les actes vertueux,* à quelque degré mystique que l'on soit parvenu. En s'oubliant soi-même dans l'état passif, on n'a garde d'oublier Dieu et sa Loi : on n'oublie de soi que son propre intérêt et *la vigilance demeure toujours nécessaire.* Les dépouillements de l'âme, qui sont un des caractères de la purification passive, n'ont *rien de réel;* cette âme ne perd des dons de Dieu que le soutien aperçu qui est une incitation à la propriété spirituelle et

se voit donc privée des imperfections dans l'usage du don plutôt que
du don lui-même. *Il est vrai* que les âmes entièrement conduites par
l'attrait intérieur ne doivent plus rien faire au delà des commande-
ments inébranlables de Dieu et de l'Eglise, *qu'autant qu'elles ont le
signal de cet attrait.* — Ce qui pourrait devenir, remarquons-le, un
encouragement au « fanatisme » ou prétention injustifiée à la directe
inspiration divine. — Mais, s'empresse de conclure le théologien précautionneux, mais cet attrait les porte toujours *à la croix :* leur
adhésion paisible et perpétuelle à la croix, sans mouvement, sans
choix et avec une dépendance sans réserve de l'esprit crucifiant, est
un martyre affreux qu'on ne saurait comprendre, à moins de l'avoir
éprouvé Si on peut en juger par expérience, on trouvera que les mortifications actives et choisies sont douces et épargnent la vie de
l'homme en comparaison des dépouillements de la voie passive.

Considérons encore, à titre d'exemple, la prétendue *impeccabilité*
des âmes déiformes. Fénelon la nie de la façon la plus nette. Toute
âme dédaigneuse des pratiques de la vie *active* et négligente pour
éviter le scandale du prochain est, dit-il, dans une illusion maudite.
Il est vrai qu'on voit des âmes à qui Dieu ne reproche presque plus
rien, comme il paraît par l'exemple de Grégoire Lopez, l'ermite de
Mexico, — un mystique alors assez connu dans les sphères dévotes.
—, *Mais* ce sont là des exceptions très rares. Dire que la *transformation* (car Fénelon ne nomme pas autrement la Déiformité) éteint
toutes les passions, est un terme trop fort : on semblerait affirmer,
avec Molinos, qu'il n'y a plus en ce cas de concupiscence, *ce qui est
une hérésie. Il est vrai* que plusieurs saints ont parlé d'*apathie,* semblant désigner par ce mot une quasi-impossibilité de pécher. *Mais* il
est de foi que la concupiscence ne meurt qu'avec nous et que tout au
plus elle est suspendue ou très ralentie chez les apathiques.

Enfin, quant à la démocratisation des voies mystiques. Fénelon nie
qu'un théologien ait nécessairement une foi *moins pure qu'un homme
grossier,* qu'il soit nécessairement moins humble, moins attentif à son
salut, enfin plus rempli de fantômes et d'opinions contraires à la contemplation. *Il est vrai* toutefois qu'il est à craindre que les hommes les
plus éclairés soient aussi les plus remplis d'eux-mêmes et les plus
opposés à la simplicité de l'esprit de Dieu qui ne se repose que dans
les petits; et ce malheur n'arrive même que trop souvent. *Mais* les
théologiens qui sont devenus simples et petits par leur docilité à l'impulsion divine sont aussi *les plus propres à l'oraison la plus parfaite*
et l'on en pourrait citer un grand nombre d'exemples (sans doute
saint Jean de la Croix et saint François de Sales en première ligne).
Rien n'est *si dangereux que d'exclure toute science des voies intérieures* et de donner l'autorité sans bornes à des *ignorants* qui méprisent la science et qui, *par là, sont plus enflés que les savants mêmes!*
—Donner l'autorité aux ignorants, c'est le mot d'ordre du rousseauisme et le temps présent mûrit les fruits de cette inspiration, née
d'un impérialisme exagérément mystique.

II — *Les Maximes des Saints.*

La critique de la doctrine de Molinos n'avait pas été donnée au public, ni soumise par son auteur au regard critique des Bossuet ou des Godet. Il n'en fut pas de même des *Maximes des Saints*, publiées dès février 1697. Nous n'en retiendrons que quelques traits qui éclairent rétrospectivement le guyonisme (tout en opérant sa rationalisation presque totale) et qui font pressentir le rousseauisme, ce corollaire de la mystique chrétienne dévoyée dont Rome dut condamner quelques résidus dans le livre de Fénelon.

Nous avons déjà étudié, à propos des incidents de Saint-Cyr, le très bel article XVII° du livre, celui qui insiste sur la nécessité de la préparation *active* à la perfection chrétienne, base de toute attitude passive ultérieure du fidèle. Il est même certain, pour Fénelon, que la plupart des saintes âmes ne dépassent pas ce degré et qu'il est inutile de leur proposer de le faire.

Au sujet de l'état *passif*, son avertissement au lecteur insiste déjà sur la nécessité de parler très sobrement de ces matières, bien qu'elles soient manifestement conformes, selon lui, à la règle immuable de la foi; mais le commun des auditeurs n'est pas en état de recevoir une nourriture spirituelle si *forte* (à notre avis, il faudrait dire si molle). Décrire avec trop de détails les étapes de la purification divine, c'est en quelque sorte tendre un piège à toutes les âmes crédules ou indiscrètes pour les faire tomber dans l'illusion, car elles s'imaginent bientôt ressentir tous les états qui sont représentés dans ces livres et par là deviennent *visionnaires* et *indociles,* au lieu que, si on les tenait dans l'ignorance de tous les états qui sont au-dessus du leur, elles ne pourraient entrer dans les voies d'amour désintéressé et de contemplation habituelle que par le seul attrait de la grâce, sans que leur imagination, *échauffée* par ses lectures, soit en mesure de leur procurer l'illusion de cet attrait. — Remarque psychologique excellente : on sait que les névropathes qui lisent les livres de médecine s'attribuent toutes les maladies dont ils trouvent décrits les symptômes; et comme il s'agit, en ce cas, d'une maladie capable de flatter au plus haut point l'orgueil du patient, — une maladie née de la plus étroite alliance divine, — l'effet de lecture est ici d'autant mieux assuré.

Les articles les plus intéressants à nos yeux sont ceux qui traitent des *épreuves* ou tentations de source divine, car c'est en ce point que nous discernons le trait essentiel de l'hérésie quiétiste et plus tard celui de l'hérésie rousseauiste qui continua et vulgarisa la précédente. Ces tentations par lesquelles le Dieu *jaloux* cherche à purifier l'amour humain de tout intérêt propre *ne ressemblent point aux autres tentations communes* (1), écrit Fénelon, et les directeurs sagaces les pourront discerner à des marques certaines. Il importe même grandement qu'ils s'accoutument à faire ce discernement avec soin, parce que *rien*

_____

(1) Article VIII.

*n'est si dangereux que de prendre les tentations communes des com-
mençant pour ces épreuves* qui vont à l'entière purification de l'amour
dans les âmes les plus éminentes. Là est la source de toute illusion,
là le principe d'erreur qui a fait tomber dans des vices affreux quelques âmes trompées. Il ne faut *supposer ces épreuves* que dans un
très petit nombre d'âmes, très pures et *très mortifiées,* en qui la chair
est dès longtemps entièrement soumise à l'esprit et qui ont pratiqué
solidement toutes les vertus évangéliques. Il faut que ces âmes soient
humbles, ingénues, détachées de tout, même de la voie qui leur apprend
ce détachement. Or, *très peu* de chrétiens sont parvenus à cette perfection où il n'y a plus à purifier que des restes d'amour-propre encore
mêlés avec l'amour divin. — Assurément, un double souvenir hantait
à ce moment la mémoire de l'archevêque, celui de Mme Guyon comme
illustration de son article *vrai,* celui de Mme de La Maisonfort comme
avertissement aux adeptes de son article. *faux.* — Mais nous voilà bien
loin de la démocratisation du haut mysticisme qui était l'objet propre
du *Moyen court.*

La discussion de la salissure par la main de Dieu, au cours de la
purification passive, remplit quelques paragraphes fort subtils (1).
Dans quelle mesure et dans quel dessein le péché est-il *voulu de Dieu*
pendant les *épreuves* qui imposent pour ainsi dire ce péché, ou du
moins cette apparence de péché, à l'âme intérieure, afin de la faire
progresser par l'humiliation de ses fautes? — Selon l'auteur des
Maximes, Dieu souffre en ce cas le péché sans l'approuver jamais :
il le permet et le condamne à la fois, ou même il ne le permet pas
positivement, mais plutôt le laisse accomplir. Il ne le veut pas, mais
n'a pas une volonté *positive* de l'empêcher, et, en même temps, il a la
volonté actuelle de le condamner et de le punir. Pour le chrétien
soumis à l'épreuve, la règle sera donc de ne jamais supposer la per-
mission de Dieu *avant* le péché consommé; puis, *après* le péché, de
condamner, de punir en soi ce que Dieu condamne et veut punir, mais
aussi de vouloir la confusion et l'abjection qui procèdent du péché. Ces
derniers sentiments, en effet, ne sont pas le péché, mais au contraire la
pénitence et le remède du péché même : on les considérera comme une
médecine que Dieu a voulu tirer du péché. quoiqu'il n'ait jamais voulu
positivement le péché même ! — On voit à quel point tout cela est
alambiqué : il s'agit de concilier la logique affective avec la logique
rationnelle, ce qui n'est pas une mince besogne, à la vérité !

La « salissure » guyonienne comporte aussi la perte, au moins
apparente, des vertus. En voici l'explication fénelonienne (2). L'âme
éprouvée ne perd ni la grâce prévenante, ni la haine infinie du péché.
Elle ne perd que le goût *sensible* du bien, la ferveur consolante et
affectueuse, les actes *empressés et intéressés des vertus :* car, pendant
le même temps, les actes *directs* (habituels, instinctifs) qui échappent

---

(1) Article XVIII.
(2) Articles IX et XVI.

aux réflexions de l'âme *conservent* en elle toutes ces vertus sans tache (en raison de la préparation active préalable). La perte des vertus pendant les épreuves n'est donc qu'apparente; encore est-elle apparente surtout aux yeux de l'éprouvé, à ce qu'il semble, et elle ne dure que peu. L'amour *jaloux* fait tout ensemble (1) et *qu'on ne veut plus être vertueux* et qu'on ne l'est *jamais tant* que quand on n'est plus attaché à l'être. — Ce qui est fort rassurant, au point de vue moral, sur les conséquences de cette singulière exigence affective qui réclamait la disparition des vertus stoïco-chrétiennes, pendant l'alliance la plus étroite avec le Dieu féminisé des quiétistes

L'état déiforme n'est pas moins prudemment traité dans les *Maximes*. Un pareil état, qui n'est d'ailleurs que l'état *habituel* du plus pur amour, impose en tout *plus* d'excellence et jamais *moins* (2), en sorte qu'on y doit veiller sur soi *incomparablement plus* que le meilleur pasteur ne peut veiller sur son troupeau. L'amour désintéressé *veille, agit et résiste* à la tentation *encore plus* que l'amour intéressé ne veille, n'agit et ne résiste. S'il est dit dans l'Écriture que la loi écrite n'est pas pour le Juste (3), c'est parce que la loi intérieure de l'amour *prévient* toujours le précepte extérieur et que le grand commandement de l'amour *contient tous les autres !* — Expression tout à fait rationnelle de l'hygiène morale affective, et définition fort heureuse des limites dans lesquelles cette hygiène est acceptable ou même salutaire.

Sur l'orgueil des déiformes, il y a quelques fluctuations dans les maximes de l'archevêque (4) ; mais, au total, il conclut, à l'encontre de la pratique constante de Mme Guyon, par ce précepte que toute âme qui ose présumer, par une conviction réfléchie, d'être parvenue à l'état de *transformation*, montre par sa présomption *combien* elle en est éloignée. Le très petit nombre de celles qui y sont *ne savent si elles y sont*. (Alors pourquoi avoir sans cesse accepté de Mme Guyon qu'elle se considérât comme d'un degré fort supérieur à lui ?) Elles sont les premières à croire qu'elles n'y sont pas quand les supérieurs le leur déclarent. (Et Mme Guyon à Meaux !)

Enfin, l'état *d'enfance* des déiformes, qui a été remarqué par les saints, donne, dit-il, la simplicité à l'égard du bien, mais laisse la *prudence* à l'égard du mal (5). On n'y rejette point la sagesse, mais seulement la *propriété* de la sagesse. On y use à chaque moment avec fidélité de *toute la lumière naturelle de la raison* et de toute la lumière surnaturelle de la grâce pour se conduire selon la Loi et selon *les véritables bienséances*. Une âme de cet état n'est plus sage en soi, mais reste *sage en Dieu*, sans y songer. Elle n'admet volontairement aucun de ces mouvements précipités ou irréguliers des passions, de l'humeur

(1) Article XXXIII.
(2) Article XII.
(3) Article XXXII.
(4) Articles XXXII et XLV.
(5) Article XXI.

ou de l'amour-propre, et elle use toujours, sans propriété, de la *lumière,* tant naturelle que surnaturelle, du moment présent. Ce moment *présent* a même une *certaine étendue morale* (de prévision permise) où l'on doit faire entrer toutes choses qui ont un *rapport naturel et prochain à l'affaire dont il est actuellement question.* — Ce qui, remarquons-le, réintroduit dans l' « enfance » mystique toutes les acquisitions de l'expérience humaine et réduit à de justes limites l'enthousiaste « folie de la Croix ». De telles âmes vivent dans le sein de la Providence sans prévoyance *éloignée et inquiète,* comme de petits enfants dans le sein de leur mère, mais avec la *simplicité de la colombe* elles ont la *prudence du serpent :* une prudence empruntée toutefois de la suprême Sagesse et qu'elles ne s'approprient non plus qu'on ne s'approprie les rayons du soleil quand on marche sous sa lumière. Enfin l'archevêque insiste à condamner ceux qui *médisent de la raison comme d'un mal,* alors qu'elle est en réalité le *premier des dons* de Dieu et que, sans son secours, la perfection se changerait en *fanatisme,* comme il advint pour les Manichéens.

Tel est, dans ses suggestions psychologiques essentielles, ce livre, si intéressant, qui résume l'effort mental prolongé d'un grand esprit pour concilier dans les cadres du christianisme orthodoxe, la satisfaction « impérialiste » profonde qui naît de la conviction mystique, avec les conseils de la raison, fondée sur l'expérience sociale de l'espèce.

SECTION III.

Rappelons en terminant quelques-unes des formules de guyonisme
rationalisé qui ont fait le succès de la direction fénelonienne auprès
des âmes modernes. Aussi bien est-ce un plaisir délicat que de feuille-
ter ces pages exquises qui n'ont que bien peu d'égales en notre langue.

I. — *Les épreuves de la voie passive et l'hygiène morale du « laisser-
tomber ».*

La secrète opération purificatrice par la main de Dieu est iden-
tifiée dans le fénelonisme, comme dans la mystique féminine moderne,
à un Purgatoire terrestre (1) : « La douleur et la paix sont dans
« un merveilleux mélange en Purgatoire, on n'y souffre rien que de
« la main de Dieu : la résistance de la volonté n'a aucune part à
« cette douleur. Oh, heureux qui pourrait souffrir dans cette paix
« simple de plein acquiescement et de non-résistance parfaite ! Rien
« n'abrège et n'adoucit tant les peines que de les recevoir ainsi. Mais,
« d'ordinaire, on marchande avec Dieu, on veut toujours poser des
« bornes et voir le bout de sa peine. Le même fond de *vie opiniâtre*
« *et cachée qui rend la croix nécessaire* fait qu'on la repousse par de
« petits coups secrets et qu'on en retarde l'opération. Ainsi c'est
« toujours à recommencer ! » Et encore (2) : « Qui est-ce qui souffre
« comme les âmes que Dieu purifie dans l'autre monde... sans se
« remuer sous la main divine, sans chercher de soulagement et sans
« effort pour abréger l'épreuve, avec un amour paisible qui croit tous
« les jours, avec une joie pure au milieu de tout ce qui est doulou-
« reux... *Tâchons de fonder ce Purgatoire en ce monde comme on
« fonde des hôpitaux !* » Oui, c'est bien un hôpital idéal pour la névropathie que le fénelonisme ; et le rousseauisme ne sera pas autre chose
à son tour, s'adressant seulement à des chrétiens moins confirmés dans
la foi.

Quant à la métaphore guyonienne de la salissure, Fénelon la
recueille aussi (3), non sans la rationaliser de façon à la rendre tout à

---

(1) *Corres.*, VI, 126.
(2) VI, 129.
(3) VI, 22.

25

fait acceptable: « A mesure que la lumière croit, on se trouve plus
« corrompu qu'on ne croyait; on est tout étonné de son aveuglement
« passé et on voit sortir du fond de son cœur, comme d'une caverne
« profonde, une infinité de sentiments honteux semblables à des rep-
« tiles *sales* et pleins de venin. Ce n'est pas que nous soyons plus
« méchants que nous ne l'étions; *au contraire, nous le sommes moins.*
« Mais, tandis que nos maux *diminuent,* la *lumière* qui nous les
« *montre augmente* et nous sommes saisis d'horreur. » Ailleurs, il
indiquera que l'âme et ses vertus sont salies *par l'amour-propre,* et
non point par l'opération divine en voie de supprimer cet amour-
propre, comme l'affirmait imprudemment Mme Guyon : « L'âme est
« si infectée de l'amour-propre qu'*elle se salit toujours un peu par la*
« *vue de sa vertu :* elle en prend toujours quelque chose pour elle-
« même; elle rend grâce à Dieu, mais elle se sait gré d'être, plutôt
« qu'une autre, la personne sur qui découlent les dons célestes. Cette
« manière de s'approprier les grâces est très subtile, très impercep-
« tible dans certaines âmes qui paraissent droites et simples; elles
« n'aperçoivent pas elles-mêmes le larcin qu'elles font... L'attache-
« ment à cette vue de nos vertus les *salit,* etc... »

On rencontre très souvent sous la plume de Fénelon cette expression, si familière aussi à Mme Guyon, du « laisser tomber » : conseil
qui s'applique à toutes les représentations inquiétantes pour la volonté
de puissance que les névrosés doivent, en effet, écarter de leur mieux
loin de leur cerveau fatigué. Voici une heureuse formule de cette
hygiène morale, si utile, en effet, dans les limites que nous avons tant
de fois marquées (1) : « Souvent, une certaine vivacité de correction,
« même pour soi, n'est qu'une activité qui n'est plus de saison *pour*
« *ceux que Dieu mène d'une autre façon* et qu'il veut quelquefois
« laisser dans une impuissance de vaincre ces imperfections pour leur
« ôter tout appui intérieur. La correction de quelques défauts invo-
« lontaires serait pour eux *une mort beaucoup moins profonde* et
« moins avancée que celle qui leur vient de se sentir *surmontés par*
« *leurs misères...* Chaque chose a son temps. La force intérieure sur
« ses propres défauts *nourrit une vie secrète de propriété...* Corrigez -
« vos défauts, comme ceux des autres, *non par effort ou sévérité,*
« mais en cédant simplement à Dieu, et en le *laissant faire...*
« Acquiescez sans savoir comment tout cela se pourra faire ! »

Mais écoutons aussi cette excellente description psychologique de
ce qui se passe dans les profondeurs du Moi subconscient, lorsqu'il fut
façonné au préalable dans le sens social par la préparation morale
active et consciente (2) : « La délicatesse de cet amour *reproche inté-*
« *rieurement tout ce qui blesse* (la conscience rationnelle est toujours

---

(1) VI, 65.
(2) Voici quelques pages de Fénelon, particulièrement guyoniennes:
Corres., V, 349, 378, 387 ; VI, 22, 52-55, 64, 66, 71, 74, 91, 111, 134,
137, 139, 145, 148, 266, 350, 356, 521, 568.

« en éveil)... Quoiqu'il vous *paraisse* que tout se fait chez vous *par*
« *naturel*, il est pourtant vrai que votre naturel ne fait point tout,
« cela et qu'*il faisait tout le contraire*. Il n'est pas étonnant que
« l'opération de la grâce *se confonde insensiblement avec la nature...*
« Dans le fond, *on travaille, malgré ses fautes, à réprimer ses. sail-*
« *lies !* » Nous sommes ici aux antipodes de la psychologie rousseauiste.

II. — *Au faîte de la piété « intérieure ». — Le paradis fénelonien.*

Nous avons dit que Fénelon, en chretien malgré tout rationnel,
s'attardait peu à décrire l'état de transformation déiforme que, d'ailleurs, il ne crut jamais posséder pour sa part, tandis que la prétention
plus ou moins avouée de Mme Guyon était d'y être parvenue de façon
fort précoce au contraire. C'est la métaphore de l'*enfance* qu'il a
utilisée le plus souvent pour traduire, en paroles imagées, les sensa-
tions de plénitude, d'euphorie qui ne lui étaient pas entièrement refu-
sées, en dépit de son tempérament inquiet. « Il faut, écrit-il à la
« comtesse de Gramont, vous apetisser, vous faire enfant, vous
« emmailloter et vous donner de la bouillie ! » Il ne croit guère à ce
Paradis sur terre qui serait l'aboutissement de la dévotion intérieure,
selon les enseignements guyoniens de la première manière ; mais, en
revanche, il a conçu le Paradis de l'au-delà sur le modèle de celui
que Mme Guyon transportait ici-bas à son bénéfice et promettait à ses
fidèles disciples. Dans un morceau du *Manuel de Piété,* qui est une
lettre à Mme de Maintenon, nous lisons en effet cet éclaircissement
singulier (1) : « On croit que cet état (celui de brûlure mystique,
« c'est-à-dire d'angoisse névropathique) est horrible. On se trompe.
« C'est là qu'on trouve [un jour] la paix, la liberté, et que le cœur,
« détaché de tout, s'élargit sans bornes, en sorte qu'il devient im-
« mense. Il est vrai que ce n'est point une possession réfléchie, en
« sorte qu'on se dise à soi-même : « Oui, je suis en paix et je suis
« heureux. » Car ce serait trop retomber sur soi et *se chercher après*
« *s'être quitté.* C'est une *image de l'état des bienheureux* qui seront
« à jamais ravis en Dieu *sans avoir, pendant toute l'éternité, un*
« *instant pour penser à eux-mêmes et à leur bonheur !* Ils seront si
« heureux dans ce transport qu'ils seront heureux éternellement, sans
« se dire en eux-mêmes qu'ils jouissent de ce bonheur ! » C'est ici
l' « ahurissement » guyonien, la suppression de la pensée logique
transportée dans l'éternité bienheureuse. Aussi bien le Paradis chrétien
devait-il être en effet conçu de la sorte par les quiétistes, ces persécuteurs implacables de l'amour-propre, pour ne pas leur apparaître
comme le suprême et inexpugnable refuge de la *propriété* spirituelle.
Mais Godet des Marais, examinant les lettres de direction collection-
nées par Mme de Maintenon, ne fut pas peu surpris de ce passage,

(1) *Œuvres*, XVIII, 355.

et Fénelon dut s'en excuser vis-à-vis de lui, tant bien que mal, sur ce qu'il n'avait voulu donner qu'une *image* du Paradis, plutôt qu'une définition en bonne forme. Chose curieuse, lorsque Bossuet, dans son troisième sermon pour la Toussaint, cherche, de son côté, à faire concevoir la béatitude éternelle à ses auditeurs, il la représente comme l'activité de la *raison toujours attentive et contente.* Tout le contraste du mysticisme viril et du mysticisme féminisé se marque dans ces deux Paradis si radicalement divergents, parce qu'ils sont le reflet de deux volontés de puissance orientées en sens inverse par les dispositions du tempérament.

III. — *Vers l'affirmation de la bonté naturelle.*

On sait que toute la métaphysique fénelonienne aboutit à suggérer la bonté naturelle de l'homme, sans que d'ailleurs aucun texte explicite vienne poser chez lui cette affirmation redoutable, à la fois antihistorique et antichrétienne. Aussi bien Jean-Jacques n'arriva-t-il lui-même que par degrés à formuler le même paradoxe mystique. Jules Lemaître, qui étudia de si près Fénelon, avait été frappé de cette tendance, surtout dans les apologues ou dialogues écrits pour l'éducation du duc de Bourgogne. Il parle de leur auteur comme « du croyant et de « l'homme d'Eglise qui a vu le moins de distance entre la sagesse « païenne et le christianisme », la fusion de ces deux traditions s'étant faite chez lui de façon beaucoup plus intime encore que chez Racine, pourtant si familier des Grecs, parce que ce dernier écrivain eut *bien davantage le sentiment de la chute originelle,* en raison de son éducation janséniste. Certains *Dialogues* de Fénelon sont, dit Lemaître, « d'un « optimisme (psychologique) *fou,* à la Jean-Jacques, « et il y suppose, lui, prêtre catholique, *la bonté de la nature!* »

Sainte-Beuve a soutenu, dans une heure de cécité psychologique véritable, que c'était le XVIIe siècle qui, par la bouche de Bossuet, avait affirmé la *bonté naturelle,* tandis que le XVIIIe serait revenu à une plus saine connaissance de l'homme! C'est le contraire de la vérité historique, à notre avis, car certains grands hommes du XVIIIe siècle, Voltaire et Montesquieu surtout, sont restés, il est vrai, des psychologues à peu près rationnels; mais Buffon déjà et surtout Rousseau ont vulgarisé la notion mystique de la bonté naturelle. Sainte-Beuve (1) s'appuie sur un passage de l'*Oraison funèbre de Condé* pour prêter à Bossuet cette dernière opinion. Qu'on lise pourtant avec attention le texte célèbre : « Montrons, dit l'orateur, dans un prince « admiré de tout l'univers, que *ce qui fait les héros,* ce qui porte « la gloire du monde jusqu'à son comble, — valeur, magnanimité, « *bonté naturelle,* voilà pour le cœur; vivacité, pénétration, grandeur, « *sublimité de génie,* voilà pour l'esprit, — ne seraient qu'une illusion « si la piété n'y était jointe, et enfin que la piété est le tout de

---

(1) *Nouveaux Lundis,* III, 220.

« l'homme. » Il est clair que Bossuet n'accorde la bonté de nature
qu'à certains *héros*, à la différence du commun des hommes, de même
qu'il leur reconnaît, à eux seuls, la *sublimité du génie*. C'est le contraire
de l'affirmation rousseauiste.

Un peu plus loin, il reprend : « Loin de nous les héros sans huma-
« nité... Lorsque Dieu forma le cœur et les entrailles de l'homme
« (avant la chute) il y mit premièrement la bonté comme le propre
« caractère de la nature *divine*... La bonté *devait* donc faire le fond
« de notre cœur et *devait* être en même temps le premier attrait que
« nous aurions en nous-même, etc... » L'affirmation est *condition-
nelle* : la bonté serait naturelle dans l'homme si Adam n'avait pas
péché. Il est vrai que le développement se continue sans que Bossuet
croie devoir insister sur cette réserve; mais c'est qu'elle va de soi
pour des auditeurs chrétiens et qu'il propose précisément une exception à la règle universelle en faveur d'un héros dans lequel quelque
chose de cette bonté naturelle lui paraît s'être conservé. Aussi bien
Sainte-Beuve, en citant le passage, écrit-il que Bossuet y a *escamoté*
le péché originel, et l'on jugera si c'est là une disposition d'esprit que
l'on puisse prêter à ce grand homme. Fénelon a été beaucoup plus
loin sur cette voie lorsqu'il écrit à l'évêque de Chartres, dans ses
Deux Lettres en réponse à l'Instruction pastorale de ce dernier sur
les nouveaux mystiques : « Il n'y a point de nature (créée) qui ne
« soit bonne à quelque degré. *Notre nature en particulier est excel-
« lente, car elle est l'image de Dieu!* » Mais, encore une fois, il est
rare qu'il se montre affirmatif à ce point, et la bonté naturelle peut
se conclure de son œuvre bien plutôt qu'elle n'y est enseignée.

Table des Matières

	Pages
Avant-Propos	1

LIVRE PREMIER

Caractère et formation mystique de Mme Guyon.............. 3

Chapitre Premier. — La Jeunesse de Jeanne de La Motte,............... 5

    I. — Tempérament et dispositions intellectuelles................. 5
    II. — Persécutions et vocation................................. 8

Chapite II. — Le père lacombre 13

    I. — Une mission impérative d'En-Haut....................... 14
    II. — Un « coup d'essai de fanatisme »....................... 18

Chapitre III. — Mme Guyon et son premier directeur,................ 25

    I. — Un directeur dirigé ,................................... 26
    II. — Les déguisements mystiques de la jalousie dévote ,......... 30
    III. — Premières campagnes « apostoliques » de Mme Guyon,....... 43

LIVRE II

La conquête de Fénelon par Mme Guyon...................... 45

Chapitre Premier. — Le tempérament de Fénelon 45

    I. — Névropathie constitutionnelle 46
    II. — Tenace volonté de puissance............................ 50

Chapitre II. — Réciproque adaptation mentale...................... 55

    I. — Rapide interversion des rôles entre directeur et dirigée...... 57
    II. — La docilité de Fénelon 62
    III. — Devant la perspective du très-prochain pouvoir,............ 67

Chapitre III. — Intermittentes rébellions de la logique masculine.... 73

    I. — Instabilité du potentiel nerveux chez Fénelon............... 74
    II. — Une nuit d'insomnie et ses conséquences 78
    III. — Fénelon résume, en les rationalisant, ses acquisitions guyo-
        niennes 83
    IV. — Fénelon précepteur des princes.......................... 88
    V. — Encore un nuage, mais plus rapidement dissipé 91

CHAPITRE IV. — UNE AMITIÉ SPIRITUELLE ASSISE SUR D'INÉBRANLABLES BASES. 97

    I. — Ce que Mme Guyon goûtait dans l'amitié de Fénelon........ 97
    II. — Ce que Fénelon désirait du commerce de Mme Guyon........ 100

CHAPITRE V. — LETTRES PROBABLES DE MME GUYON A FÉNELON, APRÈS 1689 106

    I. — Assurance sans cesse accrue de la directrice............. 108
    II. — Encouragements consentis et exemptions prodiguées.......... 115

LIVRE III

Les fruits portés par le premier guyonisme et le malentendu né du second

.... 117

CHAPITRE PREMIER. — IMPRUDENCES D'ILLUMINÉS..................... 123

    I. — Fénelon sur les voies du prophétisme..................... 124
    II. — Les clients névropathes de Mme Guyon 130

CHAPITRE II. — PREMIERS RÉSULTATS DE L'APOSTOLAT DE MME GUYON...... 136

    I. — Une consultation de l'évêque de Chartres.................. 138
    II. — Les incidents de Saint-Cyr et leur explication psychologique.. 142
    III. — Les échappées d'une St-Cyrienne de marque................ 150
    IV. — Commentaires féneloniens sur le cas de Mme de La Maisonfort 155
    V. — Consultations de docteurs 162

CHAPITRE III. — PASSES D'ARMES PRÉLIMINAIRES ENTRE DEUX ILLUSTRES CHAMPIONS 167

    I. — L'examen officieux de Mme Guyon par Bossuet............. 169
    II. — La retraite en bon ordre pour le salut de la doctrine....... 175
    III. — Les conférences d'Issy 177
    IV. — Mme Guyon à Meaux 182

CHAPITRE IV. — FÉNELON CÈDE A LA PASSION, POUR UNE HEURE 187

    I. — Les faux pas d'un diplomate abandonné de son sang-froid.... 187
    II. — Le mémoire justificatif de M. de Cambrai à Mme de Maintenon 191
    III. — « Ni simplicité, ni passivité » dans l'épreuve............... 195
    IV. — Entière défection de la toute-puissante. — Les Etats d'oraison 200

LIVRE IV

La controverse du quiétisme

.... 207

CHAPITRE PREMIER. — LA PUBLICATION DES « MAXIMES DES SAINTS »........ 209

    I. — Les premiers critiques du livre de Fénelon............. 209
    II. — Les incriminations des commissaires d'Issy............... 216

CHAPITRE II. — LA FAUSSE MANŒUVRE DE M. DE MEAUX................. 221

    I. — La négation de l'amour désintéressé par Bossuet 224
    II. — MM. de Paris et de Chartres à la rescousse............ 228
    III. — Belle défense de M. de Cambrai sur une forte position..... 235
    IV. — Les points faibles de la polémique fénelonienne.......... 240

CHAPITRE III. — A ROME... 243

   I. — Les plénipotentiaires des deux parties 243

   II. — Déviation vers la polémique personnelle. — La Relation
       sur le quiétisme 247

   III. — Scandale soulevé par la relation....................... 251

   IV. — L'abbé de Chantérac et son épreuve.................... 254

CHAPITRE IV. — DE LA SOUMISSION DE FÉNELON ET SES MOBILES.......... 259

   I. — Un geste d'insuffisante humilité........................ 259

   II. — Le sentiment retrouvé de la responsabilité pastorale...... 265

   III. — Dernières relations entre Fénelon et Mme Guyon...... 260

LIVRE V

De la direction fénelonienne et de sa vertu thérapeutique...... 275

CHAPITRE PREMIER. — COMMENTAIRE INFATIGABLE DU GUYONISME RATIONALISÉ 277

   I. — Les suspicions catholiques contre le fénelonisme au XVIII° siècle 277

   II. — La direction fénelonienne avant 1689................... 279

CHAPITRE II. — LES RÉSULTATS MASCULINS DE LA DIRECTION FÉNELONIENNE.. 285

   I. — Deux seigneurs embarrassés de scrupules 285

   II. — La dévotion du duc de Bourgogne 286

CHAPITRE III. — DE LA CURE MYSTIQUE DES DÉPRESSIONS NERVEUSES. —
      FÉNELON ET MME DE MAINTENON 295

   I. — Les quatre recueils de la marquise..................... 295

   II. — Le crédo du Fénelonisme guyonien 299

CHAPITRE IV. — FÉNELON ET MME DE MONTBERON. — CONSULTATIONS SPIRI-
      TUELLES POUR UNE PLUS INTENSE NÉVROSÉE................ 307

   I. — Interprétation mystique des vicissitudes d'un mal tenace.. 307

   II. — Explication guyonienne de quelques fâcheux accidents psy-
      chiques 311

   III. — Rébellions jalouses et exorcismes patients 315

CONCLUSION. — LE VÉRITABLE FONDATEUR DE L'ÈRE MODERNE............. 321

APPENDICE

Le Système métaphysique de Mme Guyon.

PREMIÈRE PARTIE. — L'ŒUVRE THÉORIQUE DE MME GUYON SOUS L'INFLUENCE
      LACOMBIENNE 329

SECTION I. — L'État actif de la perfection chrétienne esquivé........ 335

SECTION II. — De l'état passif. — Le Dieu tentateur.................. 337

   I. — La dégradation du Tentateur infernal................... 337

   II. — La Tentation mise au compte de la Divinité............. 338

   III. — Les âmes provisoirement « salies » par l'épreuve divine.. 341

   IV. — L'hygiène morale de la passivité...................... 343

   V. — L'obéissance à la voix de l'Esprit..................... 343

VI. — Un effort impuissant contre l'imprescriptible impérialisme
VI. —   de l'être 540
VII. — Le précepte de l' « ahurissement » salutaire............. 548
VIII. — L'état passif des Quiétistes est une interprétation mystique
de la névrose.................................. 550

SECTION III. — De l'état déiforme. — Vers la religion de Rousseau.... 558

I. — La sainte liberté des enfants de Dieu.................. 554
II. — La bonté naturelle restaurée par la dévotion intérieure.... 558
III. — Sociologie mystique et millénarisme naïf.............. 560
IV. — La démocratisation du haut mysticisme................. 565

IIᵉ PARTIE. — LA RATIONALISATION DU GUYONISME SOUS L'INFLUENCE FÉNÉLO-
NIENNE 569

SECTION I. — Rationalisation par Mme Guyon en personne............. 571

I. — L'état actif réhabilité................................. 571
II. — L'état passif amendé................................. 575
III. — L'état déiforme atténué............................... 575

SECTION II. — Exposés théoriques de la métaphysique Fénélonienne.. 579

I. — Fénelon critique du Molinosisme....................... 579
II. — Le catéchisme du Fénelonisme. — Les Maximes des saints 581

SECTION III. — Utilisation pratique de Fénelonisme dans la direction
spirituelle 585

I. — Les épreuves de la voie passive et l'hygiène du « laisser
tomber » 585
II. — Au faîte de la piété « intérieure ». — Le paradis fénelonien 587
III. — Vers l'affirmation de la bonté naturelle................ 588

Typ. A. DAVY.

CPSIA information can be obtained
at www.ICGtesting.com
Printed in the USA
BVHW060118061118

532208BV00018B/1978/P